普通高等教育"十一五"国家级规划教材

北京大学经济学教材系列 | 风险管理与保险学系列

2nd Edition
RISK MANAGEMENT

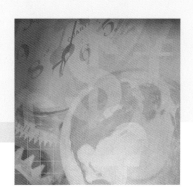

风险管理

（第二版）

刘新立 著

北京大学出版社
PEKING UNIVERSITY PRESS

图书在版编目(CIP)数据

风险管理/刘新立著. —2 版. —北京:北京大学出版社,2014.9
(北京大学经济学教材系列)
ISBN 978-7-301-24672-6

Ⅰ.①风… Ⅱ.①刘… Ⅲ.①企业管理—风险管理—高等学校—教材 Ⅳ.①F270

中国版本图书馆 CIP 数据核字(2014)第 190124 号

书　　　　名	风险管理(第二版)
著作责任者	刘新立　著
责 任 编 辑	郝小楠
标 准 书 号	ISBN 978-7-301-24672-6/F·4021
出 版 发 行	北京大学出版社
地　　　　址	北京市海淀区成府路 205 号　100871
网　　　　址	http://www.pup.cn
微信公众号	北京大学经管书苑(pupembook)
电 子 邮 箱	编辑部 em@pup.cn　总编室 zpup@pup.cn
电　　　　话	邮购部 010-62752015　发行部 010-62750672　编辑部 010-62752926
印 刷 者	河北滦县鑫华书刊印刷厂
经 销 者	新华书店
	787 毫米×1092 毫米　16 开本　22.25 印张　514 千字
	2006 年 3 月第 1 版
	2014 年 9 月第 2 版　2024 年 8 月第 11 次印刷
印　　　　数	37001—39000 册
定　　　　价	69.00 元

未经许可,不得以任何方式复制或抄袭本书之部分或全部内容。
版权所有,侵权必究
举报电话:010-62752024　电子邮箱:fd@pup.cn

总　　序

　　当今世界正经历百年未有之大变局，新一轮科技革命和产业变革深入发展，国际力量对比深刻调整，各种经济活动和经济现象不是趋于简单化，而是变得越来越复杂，越来越具有嬗变性和多样性。面对党的二十大擘画的新时代新征程宏伟蓝图使命，如何对更纷繁、更复杂、更多彩的经济现象在理论上进行更透彻的理解和把握，科学地解释、有效地解决经济活动过程中已经存在的和即将面对的一系列问题，不断回答中国之问、世界之问、人民之问、时代之问，是现在和未来的各类经济工作者需要高度关注的重要课题。

　　北京大学经济学院作为教育部确定的"国家经济学基础人才培养基地""全国人才培养模式创新实验区""基础学科拔尖学生培养计划2.0基地"以及北京大学经济学"教材研究与建设基地"，一直致力于不断全面提升教学和科研水平，不断吸引和培养世界一流的学生，不断地推出具有重大学术价值的科研成果，以创建世界一流的经济学院。而创建世界一流经济学院，一个必要条件就是培养世界一流的经济学人才。我们的目标是让学生能够得到系统的、科学的、严格的专业训练，深入地掌握经济学学习和研究的基本方法、基本原理和最新动态，为他们能够科学地解释和有效地解决他们即将面对的现实经济问题奠定基础。

　　基于这种认识，北京大学经济学院在近年来深入总结了人才培养各个方面的经验教训，在全面考察和深入研究国内外著名经济院系本科生、硕士研究生、博士研究生的培养方案以及学科建设和课程设置经验的基础上，对本院学生的培养方案和课程设置等进行了全方位改革，并组织编撰了"北京大学经济学教材系列"。

　　编撰本系列教材的基本宗旨是：

　　第一，学科发展的国际经验与中国实际的有机结合。在教学的实践中我们深刻地认识到，任何一本国际顶尖的教材，都存在一个与中国经济实践有机结合的问题。某些基本原理和方法可能具有国际普适性，但对原理和方法的把握则必须与本土的经济活动相联系，必须把抽象的原理与本土鲜活的、丰富多彩的经济现象相联系。我们力争在该系列教材中，充分吸收国际范围内同类教材所承载的理论体系和方法论体系，在此基础上，切实运用中国案例进行解读，使其成为能够解释和解决学生遇到的经济现象和经济问题的知识。

　　第二，"成熟"的理论、方法与最新研究成果的有机结合。教科书的内容必须是"成熟"或"相对成熟"的理论和方法，即具有一定"公认度"的理论和方法，不能是"一家之言"，否则就不是教材，而是"专著"。从一定意义上说，教材是"成熟"或"相对成熟"的理论和方法的"汇编"，所以，相对"滞后"于经济发展实际和理论研究的现状是教材的一个特点。然而，经济活动过程及其相关现象是不断变化的，经济理论的研究也在时刻发生着变化，我们要告诉学生的不仅是那些已经成熟的东西，而且要培养学生把握学术发展最新动态的能力。因此，在系统介绍已有的理论体系和方法论基础的同时，本系列教材还向学生介绍了相关理论及其方法的创新点。

第三,"国际规范"与"中国特点"在写作范式上的有机结合。经济学在中国发展的"规范化""国际化""现代化"与"本土化"关系的处理,是多年来学术界讨论学科发展的一个焦点问题。本系列教材不可能对这一问题做出确定性的回答,但是在写作范式上,却争取做好这种结合。基本理论和方法的阐述坚持"规范化""国际化""现代化",而语言的表述则坚守"本土化",以适应本土师生的阅读习惯和文本解读方式。

为深入贯彻落实习近平总书记关于教育的重要论述、全国教育大会精神以及中共中央办公厅、国务院办公厅《关于深化新时代学校思想政治理论课改革创新的若干意见》,发挥好教材育人工作,我们按照国家教材委员会《全国大中小学教材建设规划(2019—2022年)》和教育部《普通高等学校教材管理办法》《高等学校课程思政建设指导纲要》等文件精神,将课程思政内容融入教材,以坚持正确导向,强化价值引领,落实立德树人根本任务。

本系列教材的作者均是我院主讲同门课程的教师,各教材也是他们在多年教案的基础上修订而成的。自2004年本系列教材推出以来至本次全面改版之前,共出版教材22本,其中有6本教材入选国家级规划教材("九五"至"十二五"),9本教材获选北京市精品教材及立项,多部教材成为该领域的经典,取得了良好的教学与学术影响,成为本科教材中的力作。

为了更好地适应新时期的教学需要以及教材发展要求,我们持续对本系列教材进行改版更新,并吸收近年来的优秀教材进入系列,以飨读者。当然,我们也深刻地认识到,教材建设是一个长期的动态过程,已出版教材总是会存在不够成熟的地方,总是会存在这样那样的缺陷。本系列教材出版以来,已有超过三分之一的教材至少改版一次。我们也真诚地期待能继续听到专家和读者的意见,以期使其不断地得到充实和完善。

十分感谢北京大学出版社的真诚合作和相关人员付出的艰辛劳动。感谢经济学院历届的学生们,你们为经济学院的教学工作做出了特有的贡献。

将本系列教材真诚地献给使用它们的老师和学生们!

北京大学经济学院教材编委会

目 录

第一篇 风险管理基础

第一章 风险原理 (3)
- 引 言 (3)
- 第一节 风险与不确定性 (4)
- 第二节 风险的主要学说 (6)
- 第三节 风险的度量 (10)
- 第四节 风险的本质 (12)
- 本章总结 (14)
- 进一步阅读的相关文献 (15)
- 思考与练习 (15)

第二章 企业面临的风险 (17)
- 引 言 (17)
- 第一节 风险的分类 (17)
- 第二节 企业风险的主要类型 (20)
- 本章总结 (23)
- 进一步阅读的相关文献 (23)
- 思考与练习 (23)

第三章 风险管理的实践 (25)
- 引 言 (25)
- 第一节 风险管理的起源与发展 (26)
- 第二节 风险管理的组织 (30)
- 第三节 风险管理的程序 (31)
- 本章总结 (35)
- 进一步阅读的相关文献 (35)
- 思考与练习 (36)

第四章 风险成本与风险管理的目标 (37)
- 引 言 (37)
- 第一节 风险的成本 (37)
- 第二节 风险管理的目标 (41)
- 本章总结 (44)
- 进一步阅读的相关文献 (44)
- 思考与练习 (44)

目录

第二篇 风险的识别与分析

第五章 风险识别 (49)
 引 言 (49)
 第一节 风险源 (50)
 第二节 风险识别的基本方法:风险清单 (53)
 第三节 风险识别的辅助方法 (58)
 本章总结 (65)
 进一步阅读的相关文献 (65)
 思考与练习 (66)

第六章 企业财产风险分析 (67)
 引 言 (67)
 第一节 企业财产的类型与权益 (67)
 第二节 潜在财产直接损失金额的评估 (70)
 第三节 企业财产损失的原因 (73)
 本章总结 (83)
 进一步阅读的相关文献 (83)
 思考与练习 (83)

第七章 法律责任风险分析 (84)
 引 言 (84)
 第一节 民事侵权责任的类型 (85)
 第二节 民事侵权责任的归责原则 (88)
 第三节 损害的赔偿 (95)
 第四节 典型责任问题 (98)
 本章总结 (111)
 进一步阅读的相关文献 (112)
 思考与练习 (113)

第八章 人力资本风险分析 (114)
 引 言 (114)
 第一节 人力资本风险概述 (114)
 第二节 人力资本风险的估算 (117)
 本章总结 (122)
 进一步阅读的相关文献 (122)
 思考与练习 (123)

第九章 金融风险分析 (124)
 引 言 (124)

第一节　金融风险的类型与性质 ……………………………………………… (124)
　　第二节　市场风险的评估 ……………………………………………………… (134)
　　本章总结 ………………………………………………………………………… (139)
　　进一步阅读的相关文献 ………………………………………………………… (140)
　　思考与练习 ……………………………………………………………………… (140)
第十章　损失分布 …………………………………………………………………… (141)
　　引　言 …………………………………………………………………………… (141)
　　第一节　概率论与数理统计的基本概念 ……………………………………… (141)
　　第二节　常用的损失分布及性质 ……………………………………………… (148)
　　第三节　获得损失分布的一般过程 …………………………………………… (151)
　　本章总结 ………………………………………………………………………… (156)
　　进一步阅读的相关文献 ………………………………………………………… (156)
　　思考与练习 ……………………………………………………………………… (156)
第十一章　风险分析模型 …………………………………………………………… (159)
　　引　言 …………………………………………………………………………… (159)
　　第一节　大数定律与中心极限定理 …………………………………………… (159)
　　第二节　损失频率的估算 ……………………………………………………… (161)
　　第三节　损失幅度的估算 ……………………………………………………… (164)
　　第四节　所需暴露单位的数量 ………………………………………………… (168)
　　本章总结 ………………………………………………………………………… (169)
　　进一步阅读的相关文献 ………………………………………………………… (170)
　　思考与练习 ……………………………………………………………………… (170)

第三篇　风险管理措施

第十二章　风险管理的措施 ………………………………………………………… (175)
　　引　言 …………………………………………………………………………… (175)
　　第一节　控制型风险管理措施的目标与理论基础 …………………………… (175)
　　第二节　基本的控制型风险管理措施 ………………………………………… (179)
　　第三节　基本的融资型风险管理措施 ………………………………………… (184)
　　第四节　内部风险抑制 ………………………………………………………… (194)
　　本章总结 ………………………………………………………………………… (196)
　　进一步阅读的相关文献 ………………………………………………………… (197)
　　思考与练习 ……………………………………………………………………… (198)
第十三章　保险 ……………………………………………………………………… (199)
　　引　言 …………………………………………………………………………… (199)
　　第一节　保险的运行与作用 …………………………………………………… (199)

目录

　　第二节　保险的原理：风险汇聚 …………………………………………（201）
　　第三节　风险汇聚与保险公司的偿付能力不足风险 ……………………（204）
　　第四节　保险公司偿付能力不足风险的管理 ……………………………（206）
　　本章总结 ………………………………………………………………………（213）
　　进一步阅读的相关文献 ………………………………………………………（214）
　　思考与练习 ……………………………………………………………………（214）

第十四章　民事侵权责任体系 ………………………………………………（215）
　　引　言 …………………………………………………………………………（215）
　　第一节　民事侵权责任体系的经济目标 …………………………………（215）
　　第二节　为什么需要民事侵权责任体系 …………………………………（219）
　　第三节　民事侵权责任体系的不足及弥补 ………………………………（223）
　　第四节　强制给付员工赔偿的合理性 ……………………………………（225）
　　本章总结 ………………………………………………………………………（226）
　　进一步阅读的相关文献 ………………………………………………………（227）
　　思考与练习 ……………………………………………………………………（227）

第十五章　员工福利计划 ……………………………………………………（228）
　　引　言 …………………………………………………………………………（228）
　　第一节　概述 ………………………………………………………………（228）
　　第二节　社会保险 …………………………………………………………（232）
　　第三节　团体医疗费用保险 ………………………………………………（248）
　　第四节　退休计划 …………………………………………………………（257）
　　本章总结 ………………………………………………………………………（265）
　　进一步阅读的相关文献 ………………………………………………………（266）
　　思考与练习 ……………………………………………………………………（267）

第十六章　套期保值 …………………………………………………………（268）
　　引　言 …………………………………………………………………………（268）
　　第一节　衍生工具简介 ……………………………………………………（268）
　　第二节　利用期权进行套期保值 …………………………………………（270）
　　第三节　利用期货与远期进行套期保值 …………………………………（275）
　　第四节　利用互换进行风险管理 …………………………………………（279）
　　本章总结 ………………………………………………………………………（280）
　　进一步阅读的相关文献 ………………………………………………………（281）
　　思考与练习 ……………………………………………………………………（281）

第十七章　风险管理决策模型 ………………………………………………（283）
　　引　言 …………………………………………………………………………（283）
　　第一节　期望损益决策模型 ………………………………………………（284）
　　第二节　期望效用决策模型 ………………………………………………（288）

第三节 马尔可夫风险决策模型 ……………………………… (294)
  第四节 随机模拟 …………………………………………… (299)
  本章总结 ……………………………………………………… (303)
  进一步阅读的相关文献 ……………………………………… (304)
  思考与练习 …………………………………………………… (304)

第十八章 巨灾风险管理 ………………………………………… (306)
  引　言 ………………………………………………………… (306)
  第一节 巨灾风险的特点与趋势 …………………………… (306)
  第二节 巨灾风险保险与再保险 …………………………… (309)
  第三节 美国的水灾风险管理制度 ………………………… (310)
  第四节 日本的地震风险保险制度 ………………………… (320)
  第五节 其他可能的解决途径 ……………………………… (323)
  本章总结 ……………………………………………………… (324)
  进一步阅读的相关文献 ……………………………………… (325)
  思考与练习 …………………………………………………… (325)

附录1 资产—损失分析表 ………………………………………… (326)

附录2 厦门市防洪预案 …………………………………………… (332)

附录3 本书专用术语英汉对照表 ………………………………… (334)

主要参考文献 ………………………………………………………… (338)

后记 …………………………………………………………………… (340)

再版后记 ……………………………………………………………… (342)

第一篇　风险管理基础

第一章　风险原理

▍本章概要▍

　　风险是一个与不确定性密不可分的概念,但风险究竟是什么,目前尚无定论。本章在对风险的不确定性进行分析的基础上,介绍了风险的不同学说,解释了风险的度量角度,并剖析了风险的本质。通过本章的学习,你可以对风险有一个全面且深入的了解。

▍学习目标▍

1. 了解与风险有关的不确定性的含义
2. 了解风险的不同学说
3. 理解风险的度量指标
4. 掌握风险的本质

引　言

　　"'未来'是风险的游乐场……

　　"通过定义风险承受的理性过程,这些创造者们提供了一些被我们疏忽了的内容,正是这些内容推动科学和事业进入了标志着我们时代的速度、能力、远程通信以及复杂金融活动的世界之中。他们关于风险的性质、选择的科学与艺术之发现是世界上所有国家都积极参与进去的现代市场经济的核心。即使在现存的所有问题和不足的条件下,以选择为核心的自由经济仍然已使人们前所未有地接触到了生活中美好的事物。

　　"预计未来可能发生的情况以及在各种选择之间取舍的能力是当前社会发展的关键。风险管理可以在决策的诸多领域给予我们指导,从收入分配到公共健康保障,从战争到家庭计划,从保险费的支付到系安全带,从种植玉米到玉米片的市场营销。"[1]

　　彼得·波恩斯坦(Peter L. Bernstein)在他的名著《与天为敌——风险的传奇经历》(*Against the Gods—The Remarkable Story of Risk*)一书中对风险做出了深刻的阐释,他指出:"管理风险的能力,以及进一步承担风险以做长远选择的偏好,是驱动经济系统向前发展的关键因素。"[2]风险涉及广阔的领域,各领域对风险定义的重点也各有侧重,但风险的本质是一样的。只有抓住了风险的本质,才能正确理解风险并做出恰当的风险管理决策,进而在未来的竞争中稳步前行。

---

[1] Peter L. Bernstein, *Against the Gods—The Remarkable Story of Risk*, John Wiley & Sons, Inc., 1996.
[2] 同上。

第一节　风险与不确定性

在对未来进行安排的过程中,我们理所当然地想要追求准确无误的预测,因为这样会使我们觉得安全,决策的选择也会比较好判断。世界万物虽有其遵循的运动规律,但它们之间往往相互影响、相互制约,关系错综复杂,人类无法对其运动的结果给出一个唯一的判断,也就是说,很多事物常常表现为不确定的变化形式。因此,我们每天的生活都无法回避地面临种种风险。

虽然我们常常提到风险,也明白风险是和不确定性有关的,但风险涉及哪些不确定性？风险的含义究竟是什么？要进行风险管理,必须先弄清楚这些问题。

一、考察风险的角度

风险可以从三个角度来考察。

首先,风险与人们活动的目标有关。人们从事某项活动,总是在事先有一个预期的目标,希望达到某种目的。如果人们对于这一目标的实现没有十分的把握,存在偏离目标的可能,那么,人们就会认为该项活动有风险。

其次,风险同行动方案的选择有关。对于一项活动,总是有多种行动方案可供选择,应该采取哪种方案才能不受或少受损失？如果这项活动既可能造成损失,也可能带来收益,那么哪种方案才能既减少损失,又保证收益？不同的行动方案,风险是不同的。

最后,风险与世界的未来变化有关。当客观环境或者人们的思想发生变化时,活动的结果也会发生变化。如果世界永恒不变,人们也不会有风险的概念。

二、不确定的水平与风险

风险总是用在这样的一些场合,即未来将要发生的结果是不确定的。我们在解释风险时,很多时候会用到不确定(uncertainty)这个词。但不确定并不等同于风险。为了满足风险测度的需要,有必要将不确定与风险加以区分。

不确定与确定是特定时间下的概念。在《韦伯斯特新词典》(*Webster's New Collegiate Dictionary*)中,"确定"的一个解释是"一种没有怀疑的状态",而确定的反义词"不确定"也就成为"怀疑自己对当前行为所造成的将来结果的预测能力"。因此,不确定这一术语描述的是一种心理状态,它是存在于客观事物与人们的认识之间的一种差距,反映了人们由于难以预测未来活动和事件的后果而产生的怀疑态度。

有的时候,一项活动虽然有多种可能的结果,人们由于无法掌握活动的全部信息,因此事先不能确切预知最终会产生哪一种结果,但可以知道每一种结果出现的概率。另外一些时候,人们可能连这些概率都不能估计出来,甚至未来会出现哪些结果都不可知。这些都是不确定的情况。我们可以把不确定的水平分为以下三级,如图1.1所示。①

---

① 这是从科学的角度来说的。例如对于第1级,结果的概率分布是客观存在的,这里的不确定性并不涉及由于某个人的认识水平有限等原因而不能正确评估出这个概率分布的情况。

不确定程度				
高 ↑	第3级	未来的结果与发生的概率均无法确定		
	第2级	知道未来会有哪些结果，但每一种结果发生的概率无法客观确定	主观不确定	
	第1级	未来有多种结果，每一种结果及其概率可知	客观不确定	
低	无（即完全确定）	结果可以精确预测	风险与不确定性等于零	

图 1.1　不确定的水平

一项活动的结果的不确定程度，一方面和这项活动本身的性质有关，另一方面，也是很主要的一个方面，是和人们对这项活动的认知(risk perception)有关的。

在不确定的这三个水平中，第 1 级是不确定的最低水平，这一层次的不确定只是指不能确定究竟哪一种结果会发生，但未来有哪些结果以及每种结果发生的概率是确定的，所以通常也被称为"客观不确定"。[①] 客观不确定是自然界本身所具有的、一种统计意义上的不确定，是由大量的历史经历或试验所揭示出的一种性质，它是指那些有明确的定义，但不一定出现的事件中所包含的不确定性。例如投币试验就是一个典型的客观不确定的例子。我们无法确定未来一次投币的结果是正面还是反面，但有一点是肯定的，即其正反面出现的概率皆为 0.5。由此可知，客观不确定不是由于人们对事件不了解，而是由于事件结果所固有的狭义的不唯一所造成的，即虽然结果是正还是反不能唯一确定，但结果的概率分布唯一确定。概率论是处理客观不确定的主要工具。

第 2 级不确定的程度更高一些，对于这一级的活动，虽然知道未来会有哪些结果，但事先既不知道未来哪种结果会发生，也不清楚每种结果发生的概率，即这是一种广义的结果不唯一。这种不确定是由于我们对系统的动态发展机制缺乏深刻的认识。这一类活动要么是发生的可能性很小，目前还没有足够的数据和信息判断各种结果出现的概率，例如核事故；要么是影响最终结果的因素很多，事先无法判断，例如一个司机在行驶的过程中可能遭遇车祸，他可以判断车祸造成的结果，但一般情况下很难准确估计卷入到一场车祸中的可能性以及不同损失程度的可能性，除非事先能够掌握车辆行驶的地形、行驶的时间、路况、司机以及其他驾驶员的行驶习惯、车辆的性能、保养程度和维修费用等信息。由于在这一级中，结果发生的概率的不确定主要是由于人们没有足够的信息来进行判断，进而带有一定主观猜测的成分，因此也称为"主观不确定"。

第 3 级的不确定程度最高，早期的太空探险等活动都属于这种类型。

理论上来说，随着历史资料与信息的逐渐增多，高级别的不确定可以转化为低级别的不确定。不确定是存在于客观事物与人们的认识之间的一种差距，有关活动的信息掌握得越充分，人们对此活动的认识越充分，不确定的程度就越小。例如随着时间的推移，如果得到了足够的核事故数据，就可以判断除去人为破坏或疏忽因素之外的核事故的发生概率。

风险中的不确定指的是第 1 级和第 2 级的不确定，而第 3 级的不确定严格来说已不是风险管理的范畴。但在实践中，人们有时也会将第 3 级不确定事件的结果划分为几

[①] Machina, M. J., D. Schmeidler, A more robust definition of subjective probability, *Econometrica*, Vol. 60, No. 4, 1992, p. 745.

类,从而将其简化为第 2 级的不确定事件加以处理。例如,多种形式的责任风险属于第 3 级的不确定,暴露于责任风险的结果取决于法律环境的进一步完善,法律环境包括决定个体或组织是否承担责任和承担多少责任的法律条款。然而保险商一般会对他们承担的责任数量进行限制,至少确定为两个结果(最小和最大的损失),这些限制就使得保险商所面临的不确定由第 3 级降到了第 2 级。

风险的不确定主要来源于以下几方面:

(1) 与客观过程本身的不确定有关的客观的不确定;

(2) 由于所选择的为了准确反映系统真实物理行为的模拟模型只是原型的一个,造成了模型的不确定;

(3) 不能精确量化模型输入参数而导致的参数的不确定;

(4) 数据的不确定,包括测量误差、数据的不一致性和不均匀性,数据处理和转换误差,由于时间和空间限制数据样本缺乏足够的代表性等。

这些不确定的来源分别涉及风险识别、风险分析、风险评价和风险管理措施的选择[1],它们贯穿了风险管理的始终。

第二节 风险的主要学说

究竟什么是风险?它是客观的还是主观的?由于各类研究的角度以及实践中所需结果的不同,在国内外学术界尚无统一的意见。归纳起来,关于风险的学说主要有以下几种。

一、风险客观说

持风险客观说的学者认为风险是客观存在的损失的不确定性(objective uncertainty)。现实论或实证论者都是持这一观点的。因为风险客观存在,所以它是可以预测的。在对风险事故进行观察的基础上,可以用统计观点以客观概率(objective probability)对这种不确定性加以定义并测度其大小,而且所有结果都以金钱来计价。保险精算、流行病学和安全工程领域的风险概念都属于这一学派。经济学与财务理论的风险概念与此稍有不同,在这一领域中,许多结果并不是以绝对的金钱来计价,而是以效用损失或效用收益来代替实际损失或实际收益,但效用值也是以等值金钱来衡量,所以,与后面提到的两个学说相比,仍然偏向此学说,因此也可以将其归在这一类。

在实际中,由于应用领域不同,测度风险的指标又有很多不同的选择。

1. "损失可能性"学派

这一学派的着眼点在于损失发生的可能性,并用概率作为可能性的表达。例如,法国学者莱曼在其 1928 年所著的《普通经营经济学》一书中,将风险定义为"损失发生的可

---

[1] 从这三个阶段的角度来说,可以理解为:说明的不确定,指人们由于认识不足,不能清楚地描述和说明活动的目的、内容、范围、组成和性质以及活动同环境之间的关系;计量的不确定,指由于缺少必要的信息,使得模型以及参数的选择不确定,或者由于数据本身的缺陷而导致结果的不确定;决策结果的不确定,指无法确定一项决策实施后究竟会出现哪一种结果。

能性"。德国学者斯塔德勒也把风险定义为"影响给付或意外事故发生的可能性"。因此,也可将这种观点称为"损失可能性说"。这一学说认为损失发生的可能性越大,即损失发生的概率越大,风险就越大。实践中,很多工程项目的风险评估就是从这一角度出发的,例如江河防洪系统的水灾风险评估就将工程在使用期间内的失事概率定义为风险,认为失事的概率越大,风险越大。这里的失事事件主要指洪水漫顶、防洪堤的倾覆与滑动等。防洪工程的风险评估主要研究在已有的设计洪水标准下,在使用期间内安全保证率能达到多大,内容包括确定影响城市防洪工程可靠性的因素、计算现有城市防洪工程的失事概率以及现有防洪工程的性能评定等。失事概率指因工程失事而引起该地区被洪水淹没的概率,这是工程在预定使用时期内允许承担的最大风险。

2. "损失不确定性"学派

这一学派强调的是损失的不确定,也用概率作为度量风险的指标。与上一种定义不同的是,当概率在 0 至 1/2 之间时,随着概率的增加,不确定性也随之增加,风险也就越大;概率为 1/2 时,风险最大;概率在 1/2 至 1 之间,随着概率数值的增加,不确定性随之减少,风险也随之减少。当概率为 0 或 1 时,也就意味着这个事件肯定不发生或者肯定发生,不确定性也就消失了,就无所谓风险了。

3. "损失差异性"学派

这种观点强调不确定事件所造成的结果之间的差异,差异越大,风险越大。如果结果只有一种可能,即没有差异,这一事件就是确定的,也就不存在风险;如果可能产生的结果越多,变动越大,则风险也就越大。这一学派的重要代表人物就是小阿瑟·威廉姆斯(C. Arthur Williams)和里查德·M. 汉斯(Richard M. Heins),在他们的著作《风险管理与保险》(Risk Management and Insurance, 5th, 1985)中,风险被定义为"在给定情况下和特定时间内,那些可能发生的结果之间的差异"。

结果之间的差异常常用相当于某个期望结果来说可能发生的变动情况来衡量。[①] 例如,一家保险公司承保了 10 万幢住宅,按照过去的经验数据估计一年中每幢住宅发生火灾的概率是千分之一,那么这 10 万幢住宅在未来一年中发生火灾的期望值就是 100 幢。然而实际结果可能和期望值有所不同,保险公司估计可能的偏离是 ±10,即实际结果在 90 幢和 110 幢之间。而如果另外 10 万幢住宅未来一年中发生火灾的实际结果在 80 幢和 120 幢之间,则这些业务的风险就比前面一类业务的风险高。在财务理论中,也常把资产报酬的变异作为风险。

4. "未来损失"学派

这一学派的代表观点是,风险为不同概率水平下的危险性,在某一概率水平(或重现期)下,危险越大,风险越大。

在实践中,以此作为风险定义的工作之一就是洪水风险图。洪水风险图是不同概率水平下洪水及洪水灾害损失特性的制图表达,它与洪水发生频率相关联,具体内容包括

---

① 在概率统计中,比较典型的指标有方差、标准差、全距和差异系数等。

研究区内给定不同概率水平下洪水可能泛滥的最大边界范围及此边界内不同水深、流速、持续时间等的范围。在同一概率水平下,水深、流速、淹没的持续时间等指标越大的区域,人员和财产面临损毁的危险越大,即风险越大。保险公司在五年一遇、十年一遇、二十年一遇等洪水风险图的基础上,按危险程度标明不同的保险费率分区,再按保险标的对水灾的易损程度厘定费率。①

二、风险主观说

风险主观说并不否认风险的不确定性,但认为个人对未来的不确定性的认识与估计会同个人的知识、经验、精神和心理状态有关,不同的人面对相同的事物时会有不同的判断,因此,所谓风险的不确定性是来自主观的。心理学、社会学、文化人类学与哲学等领域的学者都持这一观点。其中,心理学仍保留实证论者的思维,认为风险可用个人主观信念强度来测度②,而社会学、文化人类学和哲学则采用相对论者的思维,认为风险不是测度的问题,而是形成过程的问题。③

自20世纪80年代开始,人文学者就对风险客观说提出异议。④ 他们指出了客观说存在两个主要问题:首先,有些方面的客观是相对的,其中的主观判断成分难以避免;其次,人们在进行风险评估时势必要加入自身的价值观与偏好,例如,同一种损失,对于不同财富的人来说感觉可能不同。这样,在风险评估这一阶段就不存在绝对的客观。由此看出,风险主观说的思维更贴近于实际决策,这种观点会日益受到重视。

三、风险因素结合说

该学说着眼于风险产生的原因与结果,认为人类的行为是风险事故发生的重要原因之一。此外,正是由于人类及其财产的存在,风险事故才会造成损失,才能称为风险。因此,"风险是每个人和风险因素的结合体",灾害的发生及其后果与人为因素有着极为复杂的互动关系。

该学说并不强调风险的客观性或主观性,事实上,这里既有学者认为风险是客观存在的⑤,也有持风险主观说的学者⑥,所以严格来说,这一学说和前面两个学说并不是并列的,而是交叉在一起。

四、风险的定义

在国际标准组织ISO发布的《ISO Guide 73:2009 风险管理——术语》中对风险进行了定义和解释,本书采用了这一定义及解释。这一定义较好地反映了风险的本质,也体

---

① William J. Petak, Arthur A. Atkisson, *Natural Hazard Risk Assessment and Public Policy*, Springer-Verlag New York Inc., 1982.

② Renn, O., Concepts of risk: a classification. In: Krimsky, S. and Golding D. ed., *Social Theories of Risk*, Westport: Praeger, 1992, pp. 53—83.

③ Lupton D., *Risk*, London: Routledge, 1999.

④ Douglas, M., *Risk Acceptability According to the Social Sciences*, London: Routledge & Kegan Paul, 1985.

⑤ Blaikie, P. T. Cannon, I. Davis and B. Wisner, *At Risk: Natural Hazards, People's Vulnerability and Disasters*, Routledge, London, 1994.

⑥ Megill A., Introduction: four senses of objectivity. In: Megill A. ed., *Rethinking Objectivity*, Durham and London: Duke University Press, 1994, pp. 1—15.

现了当前对风险及不确定性的最新理解。这一标准将风险定义为:"不确定性对目标的影响。"

注1:影响是指偏离预期,可以是正面的和/或负面的。

注2:目标可以是不同方面(如财务、健康与安全、环境等)和层面(如战略、组织、项目、产品和过程等)的目标。

注3:通常用潜在事件、后果或者两者的组合来区分风险。

注4:通常用事件后果(包括情形的变化)和事件发生可能性的组合来表示风险。

注5:不确定性是指对事件及其后果或可能性的信息缺失或了解片面的状态。

相比以往的风险的定义,这个定义的一个优点是包容性比较强。过去的风险的定义,往往来自具体的管理领域,如保险、安全管理、财务管理等,对风险的定义往往满足了某些领域的管理需要,但在延伸到其他管理领域时就显得不适合。例如,在金融资产管理领域,常用资产价格分布的波动性来描述风险。但是,这个定义显然不能满足保险业的要求。保险业常用的一个风险定义是"损失的不确定性"。这个不确定性则不仅包含了波动性还包含了可能性的意思。前面提到的通用的风险定义则没有这方面的问题,可以兼容所有已经在各行业使用的风险概念。

目前这个通用的风险定义的另外一个优点就是实用性强,它非常简洁地准确表达了风险这个概念中最基本的三个要素,即目标、不确定性及二者之间的关系。因此,使用这个风险的概念能够指导人们开展各种情况下的风险评估。相比之下,其他的风险定义很难有这种指导实践的普适性。

此风险的概念还有其他优点,如兼顾正面和负面的风险,强调目标的作用和未来的时间段等。

在风险管理实践的发展过程中,人们已经意识到原有的负面意义的风险内涵所带来的局限性和被动型,我们需要从固有的风险图像中解脱出来,冲破日常用语的束缚,在风险管理的领域赋予风险一个更科学、更准确、更合理的内涵,从而使风险管理面向未来,更加有效和主动,并且借助风险管理创造出更大的价值。

这一风险术语的定义使得风险具有更丰富的、与以往不同的内涵,包括以下六个方面。

(1) 未来属性

之前《ISO Guide 73:2004 风险管理——术语》中曾将风险定义为"某一事件发生的概率和其后果的组合",这一定义未能明确体现风险的未来属性。2009年版术语则将对风险的定义改为"不确定性对目标的影响"。目标是我们制定并预期在未来某一时刻或事件范围的目标,因此不确定性也具有未来属性,即风险与未来息息相关,应对未来就是应对风险。风险的未来属性决定了风险管理是一种预防性的方法。

(2) 两重性

以往的风险管理关注风险的负面影响,如2004年版术语对风险的定义虽未直接明确风险的负面性,但其在定义下的注1中明确:风险通常仅应用于有可能产生负面结果的情况,而新定义下的注1则是:影响是指偏离预期,可以是正面的和/或负面的。这一注释将风险中性化,使风险内涵具有了两重性——机会和威胁,彻底纠正了以往皆为负面的风险内涵,和当前流行的全面风险管理的目标——创造价值有了高度的契合。

（3）不确定性

2009年版术语中明确了风险与不确定性的关系。对目标的影响是指风险的结果,而不确定性才是风险的内核,正是不确定性的未来会对预期的目标产生影响,所以我们关注未来,就必须识别和管理不确定性,以期确认它对目标的影响。管理风险,就是管理不确定性。

（4）事件性

2009年版术语有注释"通常用潜在事件、后果或者两者的组合来区分风险",这表明了风险具有事件性。注3强调的是风险具有潜在事件的特征,具有潜在后果的特征,还可以同时具有潜在事件和后果的结合特征。

由于风险的未来属性,与风险相关的事件一定是潜在事件,是今天没有发生的,可能在未来某一时点发生的事件。

关注风险,就应该关注未来可能发生的事件,以及与事件相关的变化,牢固把握风险的这一潜在事件特征。

（5）二维表示

2009年版术语对风险的注4中写道:"通常用事件后果（包括情形的变化）和事件发生可能性的组合来表示风险。"这一注释说明了风险是一个二维组合,一维是事件的后果,另一维是事件发生的可能性。

我们通常用可能性与后果构成的二维平面内的一个点或一个区域来表示某一特定的风险,这个点代表的风险通过在可能性和后果两个坐标轴上对应的数值来反映它的这两个参数:后果和可能性。进一步,可以将后果和可能性划分不同的等级,从而得到二维空间的不同区域,由此形象地反映风险的大小。

（6）信息性

2009年版术语对不确定性做了说明:"不确定性是指对事件及其后果或可能性的信息缺失或了解片面的状态。"这说明了不确定性的核心是信息的缺乏。在目前的环境和信息技术条件下,缺乏信息使得我们对风险发生的后果和可能性无法百分之百地把握,这为决策造成了困难。甚至可以说,就是因为我们今天对未来可能发生的事件缺乏足够的信息才存在风险。

第三节 风险的度量

在现实生活中,我们经常能听到这样的说法:这个事情风险很大,或风险很小,这里所说的风险很大或很小是什么意思呢？实际上,它所谈论的是风险的度量问题。风险是一个客观的概念,这就意味着它是可以被客观度量的。风险度量问题将在第十一章进行深入讨论,这里只做一个简要说明,以利于读者深入理解风险这一概念。

假设一个人被允许参加三项掷硬币赌博,这三项赌博的结果及各结果的概率如表1.1所示。

表 1.1　掷硬币赌博

赌博 1		赌博 2		赌博 3	
结　果	概　率	结　果	概　率	结　果	概　率
+1 元	0.5	+100 元	0.5	+100 元	0.99
-1 元	0.5	-100 元	0.5	-100 元	0.01

注:掷硬币赌博是一种猜硬币正反面决定输赢的赌博方式,表中"+"表示赢,"-"表示输。

在这三项赌博中,每一项的结果事先都不能确定,而且结果中都包括损失,所以这相当于三种风险。那么,通过哪一种指标来判断这三种风险的程度呢?

一般来说,损失概率和损失幅度是度量风险的两个指标。损失概率是指损失发生的可能性,损失幅度是指损失的严重程度,它是指一定时期内,某一次事故一旦发生时,可能造成的最大损失的数值。为得到这两个变量,常常需要运用概率论与数理统计的方法对历史资料进行分析。

对于表 1.1 所描述的例子,首先来看损失概率。在赌博 2 和赌博 3 中,都有可能输掉 100 元,但赌博 2 输掉 100 元的概率是 0.5,远大于赌博 3 的损失概率 0.01。所以从损失概率的角度来看,赌博 2 的风险比赌博 3 的风险大,在现实中我们也是这样感觉的。但如果单纯从损失概率的角度来看,赌博 1 和赌博 2 没有什么区别,因为二者的损失概率都是 0.5,可实际上,赌博 1 中的损失 1 元和赌博 2 中的损失 100 元对一个人来说影响是不同的。因此,在判断风险大小的时候,只比较损失概率还不够,还要比较损失幅度。赌博 2 的损失幅度 100 元大于赌博 1 的损失幅度 1 元,所以,从这个角度来说,赌博 2 的风险比赌博 1 的风险大。

我们可以将损失概率和损失幅度这两个指标绘制在一张图上,如图 1.2 所示,这样就可以形象地比较风险的大小。从图中看出,损失概率和损失幅度均较低的为低风险,损失概率虽然很高,但结果轻微的也可以看做是低风险,损失概率和损失幅度均较大的则无疑是高风险,但对于损失概率较低,而损失幅度较大的风险,则依不同的具体情况有不同的解释,对于巨灾事件,如 Andrew 飓风或 2008 年汶川地震,虽然发生概率很低,但由于后果严重,就被视为是高风险。

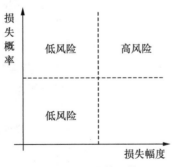

图 1.2　风险的比较

那么,如何对这三种投硬币赌博进行排序?由于每一项赌博的风险大小都要用两个数字来表示,因此这就相当于三对数字之间的比较。对于这种情况,我们只能从这三对数字中派生出三个数字,否则是很难比较的。也就是说,在实践中估算风险的大小时,一般要根据具体的问题,将损失发生的可能性和损失一旦发生的严重性这两方面结合在一起,综合考虑。我们将在第十一章详细讨论这些问题。此外,尽管损失概率和损失幅度是评价风险程度的两个主要指标,但最能代表风险的数学符号还是风险结果的概率分布,它囊括了风险大小方面的所有信息,在很多领域,评价风险大小的指标也是从这个概率分布中提取出来的,例如期望值和差异系数①。

第四节 风险的本质

风险的本质是指构成风险特征,影响风险的产生、存在和发展的因素,我们可以将其归结为风险因素、风险事故和损失。这些因素有时被视为在不同的情况下讨论风险的不同侧面。要真正领会风险的本质,就必须深入分析这三个概念及其相互联系。

一、风险因素

风险因素(hazard)是指促使和增加损失发生的频率或严重程度的条件,它是事故发生的潜在原因,是造成损失的内在或间接原因。例如,房屋内存放的易燃易爆物品、有关人员的疏忽大意、灭火设施不灵、房屋结构不合理等都是增加火灾损失频率和损失幅度的条件,是火灾的风险因素。构成风险因素的条件越多,损失发生的概率或损失幅度就可能越大,有些情况下还可能对这二者都有影响。

根据风险因素的性质,可以将其分为有形风险因素和无形风险因素。

1. 有形风险因素

有形风险因素是指直接影响事物物理功能的物质性风险因素,又称实质风险因素(physical hazard)。例如建筑物的结构及灭火设施的分布等对于火灾来说就属于有形风险因素。假设有两幢房屋,一幢是木质结构,另一幢是水泥结构。如果其他条件都相同,木质结构的房子显然比水泥结构的房子发生火灾的可能性要大。再假设这两所房子都是水泥结构,但一所房子灭火设施非常齐备,而另一所房子灭火设施不很齐备,则两者一旦发生火灾,后者的损失可能会比前者大得多。因此,建筑物的结构对损失概率有影响,灭火设施的分布虽然不能对损失概率发生作用,但可以影响损失幅度。

在这里我们提出暴露(exposure)这个概念。假设一个人驾驶一辆小汽车行驶在公路上,我们就称驾驶者和汽车暴露在与车祸有关的人身风险和汽车风险中。也就是说,暴露是一种处于某种风险之中的状态,人与车称为暴露体,暴露体此时所处环境中的一些有关的物质性因素,如路况、车况、驾驶者的身体状况等就是有形风险因素。

2. 无形风险因素

无形风险因素是指文化、习俗和生活态度等非物质的、影响损失发生可能性和受损程度的因素,它又可进一步分为道德风险因素(moral hazard)和心理风险因素(morale hazard)两种类型。

(1) 道德风险因素

道德风险因素是与人的品德修养有关的无形的因素,指人们以不诚实或不良企图或

---

① 差异系数也称变异系数,它等于标准差与均值之比。

欺诈行为故意促使风险事故发生,或扩大已发生的风险事故所造成的损失的原因或条件,如欺诈、盗窃、抢劫、贪污等。对于在路上驾驶汽车的司机来说,故意违规就属于道德风险因素,对于一个投保了某种财产保险的投保人来说,虚报保险财产价值、对没有保险利益的标的进行投保、制造虚假赔案、故意纵火或者夸大损失等也属于道德风险因素。

（2）心理风险因素

心理风险因素虽然也是无形的,但与道德风险因素不同的是,它是与人的心理有关的,是指由于人们的疏忽或过失,以致增加风险事故发生的机会或扩大损失程度的因素,并不是故意的行为。如驾驶者在行车过程中走神,就会增加车祸的可能;工人在对易燃易爆品进行操作的过程中麻痹大意,也会增加爆炸的可能;人们购买了保险以后,由于保险公司会承担最终的损失,因此被保险人容易对防损和施救工作产生疏忽,与没有保险时相比,这会增加损失发生的概率。

道德风险因素和心理风险因素均与人的行为有关,所以也常将二者合并称为人为风险因素。由于无形风险因素看不见摸不着,具有很大的隐蔽性,往往可以隐藏很长时间,因此在许多情况下,等到人们发觉了,已经酿成了巨大的损失。很多曾经无限风光的大型金融机构都因为道德风险因素或心理风险因素而功亏一篑。例如在巴林银行的案例中,尼克·里森的越权投机就是一种道德风险因素。而对香港百富勤破产事件进行调查后发现,主要责任人的心理风险因素是一个很主要的原因。因此,在对风险进行管理时,不仅要注意那些有形的危险,更要严密防范这些无形的隐患。

专栏1.1

十年辉煌毁于一旦　香港百富勤破产倒闭

香港百富勤投资集团诞生于1988年9月,它是在香港1987年股灾的颓垣败瓦废墟上组建的,筹建人是当时同在花旗银行任职的梁伯韬、杜辉廉。他们自立门户不到10年,已使"百富勤"从一家小公司发展成为拥有240亿港元总资产、126亿港元市值,包括融资、投资、证券、商品期货及外汇经纪与资产管理等多种业务的中国香港地区最大证券集团,也是除日本以外亚洲市场实力最雄厚、影响力最大的投资银行,并跻身于《财富》杂志全球500强之列。梁、杜二人也随之成为香港股坛叱咤风云的人物。在许多人看来,百富勤的成功是一个真正的奇迹。

1997年7月,正当百富勤的发展如日中天之时,东南亚金融危机爆发了。由于百富勤大量投资于东南亚债券市场,这次危机直接给百富勤带来了巨大的冲击。东南亚国家货币的大幅度贬值,在亚洲债券市场的过度扩张,使百富勤陷入了财务困境。在一整套"拯救计划"相继流产后,百富勤投资集团公司无可奈何地进入法律程序,进行清盘。

2001年3月26日香港特区政府正式公开的百富勤事件调查报告指出,并没有发现任何"百富勤"董事、管理人员和顾问有欺诈或不诚实行为,所出现的失责事项主要由于有关人员表现失当,并非蓄意为之。调查员批评与事件有关的6名董事的表现,认为他们没有履行其应尽的职责;独立报告在结论中建议有关管理部门应该考虑向法院申请取消其中4人担任董事的资格。

资料来源:"葬送在细节的魔鬼中　香港百富勤破产深度报道",《南风窗》,2001年7月。

二、风险事故

风险事故(peril)是造成生命财产损失的偶发事件,又称风险事件。风险事故是造成损失的直接的或外在的原因,它是使风险造成损失的可能性转化为现实性的媒介,是风险因素到风险损失的中间环节。风险只有通过风险事故的发生,才有可能导致损失。例如,汽车刹车失灵造成车祸与人员损伤,其中刹车失灵是风险因素,车祸是风险事故。如果仅有刹车失灵而未发生车祸,就不会导致人员伤亡。又如,一段河堤年久失修,经不起大水的冲击,但如果这个区域没有大暴雨,也不会导致水灾损失。

有时风险因素与风险事故很难区分,某一事件在一定条件下是风险因素,在另一条件下则为风险事故。如下冰雹,使得路滑而发生车祸,造成人员伤亡,这时冰雹是风险因素,车祸是风险事故;若冰雹直接击伤行人,则它就是风险事故。因此,应以导致损失的直接性与间接性来区分,导致损失的直接原因是风险事故,间接原因则为风险因素。

三、损失

这里的损失(loss)是指非故意的、非预期的和非计划的经济价值的减少或消失。显然,它包含两方面的含义,一方面,损失是经济损失,即必须能以货币来衡量。当然,有许多损失是无法用货币衡量的,例如亲人死亡,谁也无法计算出其家人在精神上所遭受的打击和痛苦值多少人民币。尽管如此,在衡量人身伤亡时,还是从由此引起的对本人及家庭产生的经济困难或其对社会所创造经济价值的能力减少的角度来给出一个货币衡量的评价。[①]

另一方面,损失是非故意、非预期和非计划的。上述两方面缺一不可。如折旧,虽然是经济价值的减少,但它是固定资产自然而有计划的经济价值的减少,不符合第二个条件,不在这里所讨论的损失之列。

损失可以分为直接损失和间接损失两种,前者指直接的、实质的损失,强调风险事故对于标的本身所造成的破坏,是风险事故导致的初次效应;后者强调由于直接损失所引起的破坏,即风险事故的后续效应,包括额外费用损失和收入损失等。

风险本质上就是由风险因素、风险事故和损失三者构成的统一体,这三者之间存在着一种因果关系:风险因素增加或产生风险事故,风险事故引起损失。换句话说,风险事故是损失发生的直接与外在原因,风险因素为损失发生的间接与内在原因。三者的串联构成了风险形成的全过程,在后面的章节中可以体会到,对风险形成机制的分析以及风险管理措施的安排都以此为基础。

本章总结 》

1. 风险中的不确定包括客观不确定和主观不确定。客观不确定是指未来有多种结果,每一种结果及其概率可知;主观不确定是指可知未来有哪些结果,但每一种

[①] 这是风险客观说的观点。主观心理学领域对损失的含义就别有解释,不仅包括经济价值的减少,也包括心理精神上的痛苦、失望和不舒服的感受,这些损失以所谓的参考性后果来解释(宋明哲,2003)。例如,某大学毕业生心目中的理想月薪是3万元,而工作后他的月薪只有2万元,则他会感觉有1万元的"损失";而如果他工作后的月薪是3.5万元,则他可能感觉"获利"了0.5万元。实际上,他并没有实质的金钱损失,只是实际情况和他的期盼之间有落差。这种心理感受在解释人们的风险行为时极为重要。

结果发生的概率无法客观确定。

2. 由于各领域对风险研究的角度不同,目前对风险也没有一个统一的定义。归纳起来,关于风险的学说主要有:风险客观说、风险主观说和风险因素结合说。风险客观说中,根据测度风险的指标不同,又可以分为"损失可能性"学派、"损失不确定性"学派、"损失差异性"学派以及"未来损失"学派。

3. 本书对风险的定义为:不确定性对目标的影响。

4. 风险可以通过损失概率和损失幅度这两个指标来度量。

5. 风险的本质是指构成风险特征,影响风险的产生、存在和发展的因素,包括风险因素、风险事故和损失。

进一步阅读的相关文献

1. Bernstein, P. L., *Against the Gods—The Remarkable Story of Risk*, John Wiley & Sons, 1996.

2. Blaikie, P. T. Cannon, I. Davis and B. Wisner, *At Risk: Natural Hazards, People's Vulnerability and Disasters*, Routledge, London, 1994.

3. Douglas, M., *Risk Acceptability According to the Social Sciences*, London: Routledge & Kegan Paul, 1985.

4. George O. Rogers, The dynamics of Risk Perception: how does perceived risk respond to risk events? *Risk Analysis*, Vol. 17, No. 6, 1997.

5. Lupton D., *Risk*, London: Routledge, 1999.

6. Machina, M. J., D. Schmeidler, A more robust definition of subjective probability, *Econometrica*, Vol. 60, No. 4, 1992, p. 745.

7. Megill A., Introduction: four senses of objectivity. In: Megill A. ed., *Rethinking Objectivity*, Durham and London: Duke University Press, 1994, pp. 1—15.

8. Renn, O., Concepts of risk: a classification. In: Krimsky, S. and Golding D. ed., *Social Theories of Risk*, Westport: Praeger, 1992, pp. 53—83.

9. S. Kaplan and B. J. Garrick, On the quantitative definition of risk, *Risk Analysis*, Vol. 1, No. 1, 1981.

10. S. Kaplan, The words of risk analysis, *Risk Analysis*, Vol. 17, No. 4, 1997.

11. 《ISO 31000:2009/GB/T 24353-2009 风险管理——原则与实施指南》,北京:中国标准出版社2009年版。

12. 宋明哲:《现代风险管理》,北京:中国纺织出版社2003年版,第2章。

思考与练习

1. 描述下面两种情况可能会给公司带来哪些直接损失和间接损失:
(1) 公司厂房发生的一次毁坏严重的爆炸;
(2) 由于公司排放有毒化学物质导致环境污染而引起的法律诉讼。

2. 有人说,一位信息完全的顾客比信息不完全的顾客风险小,你同意这种说法吗?为什么?

3. 假如你被一家公司雇用为风险经理，你上任的第一件工作就是准确估计来自财产、责任、生命、健康和收入损失风险的最大可能损失。哪些损失比较容易被估计？哪些损失估计起来比较困难？为什么？

4. 风险的本质是什么？

5. 假设你有两个选择：

（1）接受 10 000 元的现金；

（2）做一个游戏，从一个装有 90 颗黑弹子和 10 颗白弹子的罐子中取出一颗，如果取到的是黑弹子，你将得到 1 000 元；假如你取到的是白弹子，你将得到 100 000 元。

你将做何选择？为什么？

第二章 企业面临的风险

▮本章概要▮

本书主要讲授一般企业的风险管理。一般企业都面临哪些风险?这些风险有什么特点?通过本章的学习,你可以了解风险的常见分类,并对企业所面临的风险有一个清晰的认识。

▮学习目标▮

1. 了解风险的分类
2. 掌握企业风险的类型及其影响

引　言

德瑞南公司是一家专门从事家居整修、城市规划和历史建筑物维护的公司,它在费城开始起家,并飞速扩张,现在其分支机构已遍布美国的中西部和东南部地区。

由于德瑞南公司的高速增长,该公司的管理人员除了考虑努力满足客户需要以外,几乎无暇顾及其他,没有人考虑诸如员工受伤的事件或可能损坏客户财产的行为带来的潜在后果。管理层甚至对最基本的由于火灾引起损失的潜在问题也漫不经心。该公司的所有者德瑞南的话恰当地反映了这一态度:"可能明天我们会有时间去考虑那些事情,但目前还没有真正糟糕的事情发生,我们的业务还等着我们去处理。"

也许德瑞南公司不久就会发现,公司考虑可怕事件的时间应在它们发生之前,发生后再考虑也许就太晚了。例如,龙卷风袭击德瑞南公司的总部大厦的可能性看起来很小,但倘若发生,其潜在的后果将是灾难性的。德瑞南公司失去的将不仅是总部大楼,还会失去设备和楼里的存货,计算机内的资料也会丢失,关键人员会受伤,其运营可能会被耽搁数周甚至数月。这种损失也会对德瑞南公司其他分支机构的业务造成巨大冲击,从而使得总损失远远超出管理层所能想象的程度。

任何一个企业在运营的过程中都会面临风险,本章对企业所面临的风险进行了逐一分析。

第一节　风险的分类

对风险进行分类的目的在于理论上便于研究,实务上便于根据不同类别的风险,采取不同的风险管理措施加以处置。

由于分类标准不同,风险有许多种不同的分类。

一、基本风险与特定风险

按照风险的起源以及影响范围不同,风险可以分为基本风险(fundamental risk)与特定风险(particular risk)。

1. 基本风险

基本风险是由非个人的,或至少是个人往往不能阻止的因素所引起的、损失通常波及很大范围的风险。这种风险事故一旦发生,任何特定的社会个体都很难在较短的时间内阻止其蔓延。例如与社会、政治有关的战争、失业、罢工等,以及地震、洪水等自然灾害都属于基本风险。基本风险不仅仅影响一个群体或一个团体,而且影响到很大的一组人群,甚至整个人类社会。

由于基本风险主要不在个人的控制之下,又由于在大多数情况下它们并不是由某个特定个人的过错所造成的,个人也无法有效分散这些风险,因此,应当由社会而不是个人来应付它们,这就产生了社会保险。例如在美国,洪水风险就是由联邦紧急事务管理局制定出一系列措施进行风险管理。此外,社会保险所覆盖的风险也包括那些私营保险市场不能提供充分保障的风险,它被视作是对市场失灵的一种补救,同时也表现出社会对于促进公平以及保护弱势人群利益的愿望。例如,失业风险一般就不由商业保险公司进行保险,而是由社会保险计划负责,又如伤残、健康、退休等保障也是由社会保险来负担。

专栏 2.1

德国有关退休收入的社会保险计划

在德国,85%的员工受到有关退休收入的强制性社会保险方案的保障。保障计划80%的资金来源于工薪税,其余款项从联邦财政收入中拨付。集资金额至少应达员工年收入的17.7%,雇主和员工承担相等的金额,且不得超过规定的缴资上限(约为受保障员工收入的1.8倍)。

给付金额与缴资额密切相关,通常为整个生命期间收入的一定百分比。给付是以该员工收入与国内工人平均收入的比率(上限为2:1)和工作期间为依据,经计算得出。给付额约为工人最终平均收入的70%。

为了适应在职员工与退休员工比率的变化,德国于1989年改革了退休收入保障计划。此次改革削减了给付额,减少了对提前退休的鼓励措施,并建立起相应的机制,以维持给付的正常水平,并在必要时提高集资金额。在计算给付金额时,以净工资代替总工资,由于净工资上升的速度比总工资要慢,从而实际上降低了给付额。这些改革将促使未来工人延长工作时间,缴纳更多的资金,但获得的给付额低于目前的工人。

资料来源:Harold D. Skipper, *International Risk and Insurance: An Environmental Managerial Approach*, McGraw-Hill Inc., 1998。

2. 特定风险

特定风险是指由特定的社会个体所引起的,通常是由某些个人或者某些家庭来承担损失的风险。例如,由于火灾、爆炸、盗窃等所引起的财产损失的风险,对他人财产损失和身体伤害所负法律责任的风险等,都属于特定风险。

特定风险通常被认为是由个人引起的,在个人的责任范围内,因此,它们的管理也主要由个人来完成,如通过保险、损失防范和其他工具来应付这一类风险。

基本风险和特定风险的界定也不是一成不变的,它随着时代和观念的不同而不同。如失业在过去被认为是特定风险,是由于个人懒惰或无能的缘故造成的,而现在则认为失业主要是整个经济结构方面的问题造成的,属于基本风险。

二、纯粹风险与投机风险

按照风险所导致的后果不同,可以将风险分为纯粹风险(pure risk)与投机风险(speculative risk)。[1]

1. 纯粹风险

纯粹风险是指只有损失机会而无获利机会的风险。纯粹风险导致的后果只有两种:或者损失,或者无损失,没有获利的可能性。火灾、疾病、死亡等都是纯粹风险。又如,一个人买了一辆汽车,他立即就会面临一些风险,如汽车碰撞、丢失等。对这个车主来说,结果只可能有两种:或者发生损失,或者没有损失,因此,他面临的这些风险都属于纯粹风险。

2. 投机风险

投机风险是指那些既存在损失可能性,也存在获利可能性的风险,它所导致的结果有三种可能:损失、无损失也无获利、获利。股票是说明投机风险的一个很好的例子。人们购买股票以后,必然面临三种可能的结果:股票的价格下跌,持股人遭受损失[2];股票价格不变,持股人无损失但也不获利;股票价格上涨,持股人获利。又如生产商所面临的其生产所用原材料的价格风险,当原材料市场价格上涨时,生产商的生产成本增大,这是一种损失;而当原材料市场价格下跌时,生产商的生产成本减小,则其盈利就会增大;而当原材料市场价格不变时,生产商无损失也无获利。

3. 二者在风险管理方面的比较

对纯粹风险和投机风险做出区分是非常重要的,因为二者在很多方面都有所不同,这就使得适用的风险管理措施也有所区别。

首先,如果要控制风险[3],则很多纯粹风险可以通过采取一定的措施来影响产生这些风险的原因,从而达到降低风险的目的。例如,一个工厂面临火灾风险,它可以采取安装烟火报警器、自动喷淋系统、防火卷帘等设备以及加强职工防火灭火培训等措施降低火灾发生的可能性及损失幅度。而大多数投机风险则不具备这样的性质。例如一个公司

---

[1] 保险方面的文献中常采用这种分类方法(例如 Athearn, 1977)。这种风险的分类方法,以同一时间同一个体观察时,区别较明确,但很多情况下,"后果"可能会发生连锁反应,这时要区分就会较难。此外,以不同时间或个体来观察,"后果"的含义可能就会不同,对某些个体来说的损失,对另一些个体来说可能会存在盈利的可能性。

[2] 当然,在股票没有卖出之前,损失还只是账面上的,获利也是如此。

[3] 即损失控制,详见第十二章。

面临汇率风险,对于造成汇率波动的经济因素,一个公司是根本无法控制的。面对这类投机风险,风险承受体(即承担风险的组织或个人)可以从提高自身的风险承受能力或回避风险等角度来降低风险。

其次,如果要想在损失发生后获得补偿[①],则大多数纯粹风险都可以选择保险来管理。[②] 这些可以通过保险来转移的风险称为可保风险,它们的损失概率和损失幅度能够比较容易地用大数定律估算出,大数定律是保险公司预估损失以及厘定费率时的一个重要的理论基础。另外,某个被保险人发生损失时,其他的被保险人不会同时都遭受这种损失,这样就可以通过商业保险公司的保险来进行损失的分摊。而绝大多数投机风险事故的发生变化无常,很难应用大数定律预测未来损失[③],当某个市场因素,如利率发生变动时,可能有一大批企业会受到负面影响,这些都不符合传统保险运作原理的要求,不是传统保险业务经营的对象,这就必须要寻找其他的应付措施。如价格风险就通常使用金融衍生合约[④]来管理,由于价格风险在给一些风险承担者带来损失的同时,可能使另一些风险承担者获益,因此和保险的损失分摊不同,金融衍生合约的原理是将可能遭受损失一方的损失风险转移给可能获取收益的一方。

最后,从损失的角度来说,纯粹风险所造成的损失与投机风险不同,它是社会财富和人身的净损失。如 2008 年中国汶川大地震造成超过 8 451 亿元的直接经济损失,又如 2011 年日本"3·11"震灾的直接经济损失高达 16.9 万亿日元,是 1995 年阪神大地震的损失的 1.8 倍。除了这些直接损失以外,纯粹风险还会造成大量的间接损失,如税收减少、社会福利费减少、价格波动、人们实际生活水平降低等。

而投机风险发生后,一部分人遭受了损失,另一部分人却可能从中获利。实际上风险事故并没有改变社会财富的总量,没有产生净损失,只是将社会财富在一定范围和程度上进行了重新分配。因此,从整个社会的角度来说,对一些纯粹风险采取损失控制的做法比进行风险融资要积极。例如水灾风险,即便是有了成熟的水灾保险,如果只是保险,没有一系列相应的损失控制的做法,对于风险承担者个体来说水灾风险可能就降低了,但整个地区甚至国家的水灾风险并没有降低。这里值得一提的是,美国的"国家洪水保险计划"之所以比较成功,就是因为它将保险和损失控制有机地结合在一起,达到了降低全社会水灾总损失的目的。

第二节 企业风险的主要类型

虽然个人与社会的风险管理非常重要,本书在一些地方也介绍了个人与社会面临的主要风险,但本书的主要内容还是分析企业风险以及企业的风险管理。[⑤]

企业风险管理所针对的是任何来源的企业价值的降低。企业价值通常是对股东权益价值而言,股票价值是股东权益的衡量指标,而这从根本上来说又依赖于公司未来净

---

① 即风险融资,详见第十二章。
② 并不是所有的纯粹风险都是可保风险。
③ 赌博是一个例外。
④ 如远期合约、期货合约、期权合约及互换合约,详见第十六章。
⑤ 虽然这里一些内容适用于所有企业,但很多原理都是基于上市公司,这主要是因为上市公司在所有权和经营权上的划分较为明确。

现金流的大小、时间及其变化,即未来的期望净现金流。未来期望净现金流的意外变化就是企业价值波动的一个主要原因。我们在第四章中还会详细讨论企业的价值以及它是怎样被纯粹风险以及其他类型的风险影响的,这里只需意识到,公司未来现金流入的意外减少或现金流出的意外增加会使得企业价值降低。所以,我们要考察企业所面临的风险,就要考察那些可能使其未来现金流入减少或现金流出增加的因素。我们可以把这些风险分为危害性风险(hazard risk)和金融风险(financial risk)①两类,如图2.1所示。

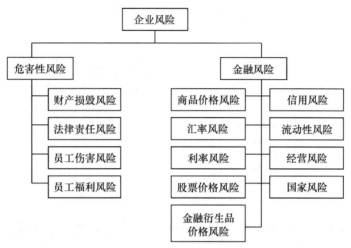

图 2.1　企业风险的主要类型

一、危害性风险

危害性风险指的是对安全和健康有危害的风险,它们都是纯粹风险。对于企业而言,传统上的"风险管理"指的就是对这类风险进行管理。

影响企业的主要危害性风险包括:

(1) 财产损毁风险

由于物理损坏、被盗或政府征收(被外国政府没收财产)而引起的公司资产价值减少的风险。

(2) 法律责任风险

由于给客户、供应商、股东以及其他团体带来人身伤害或者财产损失,从而必须承担相应的法律责任的风险。

(3) 员工伤害风险

员工受到了工伤范围内所指的人身伤害,按照员工赔偿法必须进行赔偿,以及承担其他法律责任的风险。

(4) 员工福利风险

一般公司都会制订员工福利计划,当员工死亡、生病或伤残时同意给予一定的费用支付,而这些费用的支付是不确定的,我们称之为员工福利风险。

---

① 国内也常译为"财务性风险"。

二、危害性风险的损失

危害性风险的损失可以分为直接损失和间接损失,如图2.2所示。

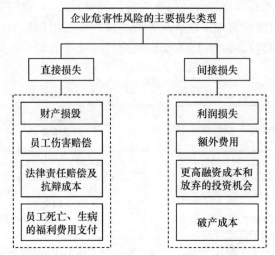

图 2.2　企业危害性风险的主要损失类型

任何一次危害性风险所致风险事故造成的损失形态均离不开这些类型。如一个制造类企业遭受火灾,被烧毁的厂房和机器设备为直接损失,如果有员工受到伤害,或者烧毁了寄托人存放在此的财物,所发生的费用也都是直接损失。

如果机器设备被烧毁,则会使得这些设备未受损失时可以产生的正常利润减少甚至完全丧失;企业的生产中断很可能永久失去一些客户,或者企业按合同必须在一定时期内交付产品,那么企业就可能需要以很高的成本租赁替代设备来继续维持生产;当直接损失很大时,企业的实力下降,这可能会使得其获取贷款或发行新股的成本增加,当融资成本很高时,企业还可能会放弃一些盈利很好的投资项目;如果损失巨大,企业还有可能要进入破产程序,进行费用昂贵的破产清算,以上这些都属于纯粹风险的间接损失。

三、金融风险

大部分金融风险源自市场中商品价格、利率或汇率波动,如果是涉及股票和金融衍生品业务的金融机构,还会受到这些交易的影响。由这些因素造成的风险也常称为价格风险(price risk),它是企业普遍面临的一种风险。例如,一个石油生产商面临石油价格降低的风险,同时又面临劳动力价格上升的风险;他在筹融资的过程中,将面临利率波动的风险,利率上涨会影响授信的条件;如果其产品出口到国外,则汇率波动也会对他产生影响。由此可见,这三种价格风险对企业的影响是广泛的,企业在进行经营管理(operational management)和策略管理(strategic management)①的过程中,不可避免地都会涉及对现有以及未来的产品和服务在销售和生产过程中的价格风险进行分析与管理。

信用风险是企业所面临的另一类风险,它是指企业客户和当事人不能履行承诺的支付时所面临的一种风险。信用风险具有纯粹风险的性质,因为信用风险事故一旦发生,

---

① 经营管理注重操作,着眼于短期;策略管理注重策略,注重公司长期竞争优势。

带给企业的只能是损失,不存在收益的可能性。绝大多数企业在应收账目上都面临一定程度的信用风险,尤其是对于商业银行这样的金融机构,由于它们有相当数量的贷款业务,这些贷款面临的主要风险就是借款人拖欠不还的信用风险。

流动性风险源于流动性的不确定变化。这里的流动性有两层含义,一种指的是某项金融产品以合理的价格在市场上流通、交易以及变现等的能力,另一种含义是指一个人或一个机构的金融产品运转流畅、衔接完善的程度。也就是说,前者的流动性是针对某项产品而言的,后者的流动性是针对某个机构而言的,如第一章所提及的"百富勤"的案例中,"百富勤"就因自身流动性不足而陷于不利境地。

经营风险是指在经营管理过程中,因某些金融因素的不确定性,导致经营管理出现失误而使经济主体遭受损失的不确定性。

因外国政府的行为而导致经济主体发生损失的不确定性即国家风险。例如,一家银行对某外国政府或由外国政府担保的经济实体发放跨国界贷款,如果该外国政府发生政权更迭,新的政府拒付前政府所欠的外债,则这家银行就将收不回贷款。又如,一家银行对某外国公司发放跨国界贷款,但由于该外国政府实行严格的外汇管制,导致外汇无法汇出,也将使这家银行遭受损失。

我们将在第九章对金融风险的性质及其管理进行详细讨论。

本章总结

1. 按照风险的起源以及影响的范围分类,可以将风险分为基本风险与特定风险。基本风险是由非个人的,或至少是个人往往不能阻止的因素所引起的、损失通常波及很大范围的风险。特定风险是指由特定的社会个体所引起的,通常是由某些个人或者某些家庭来承担损失的风险。

2. 按照风险导致的后果不同,可以将风险分为纯粹风险与投机风险。纯粹风险是指只有损失机会而无获利机会的风险。投机风险是指那些既存在损失可能性,也存在获利可能性的风险。二者在风险管理方面有很多不同。

3. 企业所面临的风险可以分为危害性风险和金融风险两类。

4. 危害性风险指的是对安全和健康有危害的风险。影响企业的主要危害性风险包括财产损毁风险、法律责任风险、员工伤害风险和员工福利风险。

5. 金融风险包括价格风险、信用风险、流动性风险、经营风险和国家风险等。

进一步阅读的相关文献

1. Athearn, J. L., *Risk and Insurance*, New York: West Publishing Co., 1977.

2. Doherty, N. A., *Corporate Risk Management—A Financial Exposition*, New York: McGraw-Hill., 1985, pp.5—38.

3. Doherty, N. A., *Integrated Risk Management: Techniques and Strategies for Reducing Risk*, New York: McGraw-Hill, 2000.

4. 施兵超、杨文泽:《金融风险管理》,上海:上海财经大学出版社1999年版。

思考与练习

1. 为什么要区分基本风险与特定风险?在我国,一个企业所面临的基本风险与特定风险都有哪些？这些风险可以通过什么措施进行管理？

2．为什么要区分纯粹风险和投机风险？保险是管理纯粹风险的工具,怎样理解具有投资理财性质的保险？

3．举例说明企业都面临哪些主要风险。

第三章 风险管理的实践

▋本章概要▋

风险管理的意识由来已久,但从20世纪中期开始,风险管理的概念才开始广为传播。最初的风险管理仅指危害性风险的管理,自20世纪90年代之后,风险管理才逐渐发展为包括了危害性风险管理和金融风险管理的整合性风险管理。通过本章的学习,你可以对风险管理的起源与发展有一个概括性的了解,并了解实践中的风险管理组织架构以及风险管理程序。

▋学习目标▋

1. 了解风险管理的起源与发展
2. 理解风险管理的含义
3. 了解风险管理的组织
4. 掌握风险管理实施的程序

引 言

1948年,美国钢铁工人工会欲与厂方就养老金和团体人寿保险进行谈判,但厂方认为这两项福利应该出于厂方的自愿,拒绝谈判,导致工人罢工长达半年之久。后由美国联邦劳工关系局裁定,养老金和团体人寿保险也应该作为钢铁厂员工工作的条件之一,钢铁厂应该接受谈判。钢铁厂不服裁定,上诉至最高法院,最高法院仍判决劳工关系局胜诉。从此以后,所有福利的提供均可作为谈判的条件,员工福利的方案由此而普及。

1953年8月12日,通用汽车公司的一个汽车变速箱工厂发生火灾,除了共计300万美元的厂房、机器设备以及原材料损失之外,由于通用汽车公司所有汽车和卡车的自动变速装置零件(排挡)都是由这一工厂供应的,因此事件发生后,连累到汽车及卡车的制造,这些制造部门少的停产三个月,多则停产六个月,造成了巨额的间接损失。此外,通用公司的卫星工厂,如玻璃厂、钢铁厂和其他大股份公司也随之业务停顿,这又造成了高达5 000万美元的损失。加总起来,整个事件的损失近亿美元。这场火灾的教训加速了风险管理观念的酝酿。这一事件和1948年美国钢铁工人罢工事件一起成为风险管理发展史上的标志性事件,促使风险管理在美国蓬勃发展起来。

第一节 风险管理的起源与发展

一、风险管理的发展阶段

风险管理是社会生产力、科学技术水平发展到一定阶段的必然产物,纵观其起源与发展,可以将其分为这样几个阶段。

1. 第一阶段:早期风险管理意识的萌芽

人类从很早以来就有了风险意识的萌芽。远古时期,人类面对自然灾害和疾病,因无法解释和控制这些现象,就认为这是神的意志,于是修建神坛,时常拜祭,祈求神灵的佑护,这些行为都渗透着最朴素的风险管理意识,即在灾难发生之前以及发生之时,试图通过一定的手段减少损失。

逐渐地,人们产生了原始的保险意识,即互助互济的思想。春秋战国时期的墨子就提出:"有力者疾以助人"、"有力以劳人"。又如公元前 4000 年我国长江上的皮筏商人就懂得将自己的货物分放在其他商人的筏子上来运送皮货,这样,即使一艘皮筏失事,自己的货物也不会全部损失,这就是保险的损失分摊思想的雏形。

2. 第二阶段:19 世纪末至 20 世纪初

随着工业革命的诞生,企业风险管理的思想开始萌芽。法国的科学管理大师法约尔(Henri Fayol)在他的著作《一般与工业管理》(General and Industrial Management)中首次把风险管理的思想引入企业经营中,但并没有形成完整的体系。

在这一阶段,先进工业国家先后完成了产业革命。生产形势较以前相比发生了巨大变化,而国际贸易方面也从自由竞争阶段过渡到垄断资本主义阶段。1929 年至 1933 年,资本主义国家发生了震撼世界的经济大危机,在这场危机中,美国出现了经济大萧条。面对经济衰退、工厂倒闭、工人失业、社会财富遭到巨大损失的大灾难,人们开始思索,如何减少和消除类似的灾难性后果?

1930 年,美国管理协会(AMA)发起的第一次关于保险问题的会议上,宾夕法尼亚大学的所罗门·许布纳博士指出:"防患于未然就是最大的保险。"这也表达了现代风险管理的一个重要思想。

在 20 世纪初,人们对灾变与风险的认识还是以客观说为主,虽然没有"风险管理"这个词汇,但与其功能相关的安全管理与保险已经有了重大进展。1920 年以后,一些企业就开始对通过保险转移企业风险的工作进行单独管理。除了企业自身对保险的重视以外,行业协会也意识到保险在企业管理中所处的特殊地位。1931 年,美国管理协会大会上明确了风险管理的重大意义,并设立了保险部门作为该协会的独立机构。该保险部门每年召开两次会议,其职责除了开展保险管理以外,还进行风险管理的研究和咨询。

但此时,安全管理与保险的对象还只是危害性风险,并且这两个领域沟通并不多。此外,工商企业购买保险的动机也并不完全是为了保障自身的利益,有的是出于人情的压力,或是由于想要向银行贷款等因素不得不购买保险。

3. 第三阶段:20世纪初至20世纪70年代

在这一阶段,"风险管理"一词出现并且深受关注。风险管理的提出与当时的社会背景和企业的发展状况密不可分。

首先,第二次世界大战以后,世界政治、经济形势发生了深刻变化,科技进步推动了第三次技术革命,集中和垄断的加剧使得社会生产力有了巨大飞跃,生产高度社会化,企业规模和资产价值越来越大,经营环境日趋复杂。一方面,竞争与角逐的激烈、贫富沟壑的加深、社会矛盾的尖锐、国际局势的动荡使得各类风险事件的发生日益频繁;另一方面,灾害事故的连锁性和扩散性也使得风险损失加大,大大增加了社会经济生活的不确定性。这就是20世纪50年代以后风险管理在美国蓬勃发展的最深刻也是最基本的社会原因之一。

其次,在这种社会背景下,企业对风险管理的内在需要也逐渐增加。由以下两个方面我们可以更清楚地看到这一点。

(1) 企业巨额损失机会增加,损害范围扩大

由于企业规模不断扩大,生产流程不断细化,生产中的任何疏忽大意都可能产生巨大的经济损失。而社会化生产程度的提高也使得企业之间的联系变得越来越紧密,企业的营销范围随着市场的不断扩大而扩展。这使得风险事件虽然发生在某一个局部,但其影响所波及的范围无论在空间上还是在时间上都可能发生扩散。如一个大型石油加工厂发生事故,不仅这个工厂遭受损失,而且还会影响到千里之外的石油供应商和油品零售商。这一阶段发生的一个与风险管理的提出直接有关的事件就是1953年通用汽车公司的巨灾事件。

(2) 社会福利意识增强

随着生产力的不断发展,人们在追求物质文明的同时,对社会福利,如社会救济、失业救济、养老保险和医疗保险等也有了更高的要求。1948年美国钢铁工人大罢工就是这一需求的典型体现。

虽然到了20世纪40年代,很多大型企业中都设有保险经理专门负责保险的购买,但过分保险、不足保险和重复保险的问题日渐突出,至50年代初,企业已经明显感觉到当时的"保险型风险管理"已不能满足现代企业的要求。在这样的背景下,企业为了保障自身的安全,开始仔细地研究如何购买合适的保险,各个企业之间互相交换经验,进而发现了风险的存在,并进行评估与分析,以了解其性质以及可能造成的严重后果,并在此基础上探讨如何选择最适当的方法,以避免或消除风险。

1955年,美国的"全国保险购买者协会"(NAIB)改名为"美国保险管理协会"(ASIM),这反映了业界对保险的态度的转变。在学术界,也开始有学者呼吁,企业中专门负责保险购买的部门应扩展为一个负责保险的购买与管理,并且还负责防损、工业安全和雇员福利计划的综合部门,而且这个部门的负责人不应该被称为保险经理,而应称为风险经理。[1] 但当时"风险管理"这个概念并没有引起太多人的重视,直到1956年,《哈佛经济评论》发表了拉塞尔·格拉尔(Gallagher, R. B.)的论文《风险管理——成本控制

---

[1] H. Wagne Snider, Risk management: a retrospective view, *Risk Management*, No. 4, 1990.

的新时期》(Risk management—new phase of cost control)之后,风险管理的概念才开始广为传播。1962年,美国管理协会出版了第一本关于风险管理的专著《风险管理之崛起》,进一步推动了风险管理的发展。20世纪60年代初出版的两本大学教科书更使得风险管理的重要价值深入人心,一本是1963年伊利诺伊大学的教材《企业风险管理》,另一本是1964年沃顿商学院的教材《风险管理》。到了70年代,美国主要大学的工商管理学院都开设了风险管理课程,传统的保险系也把教学重点转移到风险管理方面。

虽然一些大型跨国公司已经开始进行风险管理[①],但在实践中,风险管理还是遇到了一些困难。首先是缺乏合格的风险经理,自1966年美国保险学会和美国保险管理学会执行了风险管理准会员(ARM)的培训计划后,情况才逐渐好转。另一个困难是高层管理人员的漠不关心,他们大多对风险管理的概念不熟悉,即使有些人熟悉,真正懂得并在组织和经营上加以应用的也寥寥无几。因此,许多被任命为风险经理的人继续单纯地履行保险购买的职责;此外,另一些人抵制风险管理运动是因为他们认为风险管理理论中的权责集体制将威胁他们的地位[②];还有一些人认为任何明显的改变都会产生不确定性,只要不存在危机,就不应去改变。

然而,在60年代后期和70年代初期,危机开始出现。首先在财产保险领域,保险业没有能力或不愿满足保险购买者更多的保险需求,高层管理部门不得不认识到风险自担并辅之以防损是补充和取代保险购买的一种方法。不久之后,责任保险领域也出现了类似的承保能力问题,特别是医疗责任保险。除了保险公司的这种作用之外,保险经纪人主动开展风险咨询服务也是情况转变的一个动力。由于安排保险变得越来越困难,保险经纪人便开始寻找新的收入来源,这就是提供风险管理服务,加之70年代初期开始出现的风险管理咨询公司,都在无形中进一步推动了风险管理的普及。

在这一阶段,人们仍然只关注危害性风险,但安全管理与保险有融合的迹象。

4. 第四阶段:20世纪70年代至20世纪90年代

20世纪70年代以后,出现了风险管理历史上一个革命性的转变,即从传统的以保险为核心的风险管理中脱离出来,现代全方位风险管理逐渐形成。[③]

首先,1971年布雷顿森林体系(Bretton Woods System)崩溃,任何经济实体都面临着空前的金融风险,这使得企业认识到,风险管理不仅针对危害性风险,也包含金融风险,金融风险管理日益受到重视。虽然在初期这两类风险还是由不同的部门分别管理,但不久人们就发现,这二者不能自行其是。

其次,在这一阶段相继发生了一些大型科技灾难,对风险管理的思维造成极大的影响。创立于1980年的风险分析学会(The Society for Risk Analysis,SRA)与切尔诺贝利事故后浮现的安全文化观念显示,管理风险不应只注重技术与财务,还应该注重个人行为

[①] 加拿大的马西-弗格森公司就是最早进行风险管理的跨国公司之一。1959年,道格拉斯·巴洛被任命为公司的保险经理。1966年1月1日,巴洛取得了公司总裁对风险管理的正式认可,被任命为风险经理,并使用了一份风险管理策略书。

[②] 例如,一家大公司的总律师反对设立风险管理部,直到高层管理者同意由公司法律事务部来处理劳工赔偿和责任索赔后才同意任命风险经理。

[③] 1975年,美国保险管理协会更名为"风险与保险管理协会"(RIMS),这也反映了这一转变。RIMS在1983年的年会上通过了"101条风险管理准则",成为风险管理规范化与科学化的标志。

与文化社会背景的影响。一些风险主观说的理论①对风险管理的传统思维冲击很大。

5. 第五阶段:20 世纪 90 年代至今

在这一阶段,金融风险管理有了迅速发展,这同时促使危害性风险管理和金融风险管理有了更深层次的整合。

20 世纪 90 年代以后,因使用金融衍生产品不当而引发的金融风暴开始增多,并且损失巨大,如巴林银行事件、日本大和银行事件、美国橙县的财政危机以及美国次贷危机演变而成的金融危机。这促使人们对金融风险管理的认识更加深入。"风险价值"(VAR)的提出、"30 人小组(G-30)报告"的产生以及全球风险专业协会(Global Association of Risk Professionals,GARP)的成立就说明了这一点。

此外,以危害性风险管理为主的保险市场和以金融风险管理为主的资本市场之间的界线被打破,出现了一些新型风险管理工具,如财务再保险(financial reinsurance)和保险期货(insurance future)等。虽然这些新型工具有的还不太成熟,但保险风险证券化已成为风险管理领域的一个重要发展趋势。理论上已证明,只有整合金融风险与危害性风险的风险管理,才是最适当的决策。

近年来,风险管理的标准化也引起了国际社会的广泛关注,许多国家现在正在试图通过规范化、标准化的风险管理手段来加强风险管理的绩效。澳大利亚、英国、加拿大、日本、奥地利等国家在一般性风险管理标准、风险管理技术等领域以及在医疗器械、航天系统、软件、项目管理等许多领域都制定了相应的风险管理标准,并形成了一定的风险管理标准体系,如英国的特恩布尔指南(The Turnbull Guidance)和美国的 COSO 报告②。国际标准化组织(ISO)于 1998 年成立了 ISO/TMB 风险管理术语工作组,历时四年制定了《风险管理术语标准用词使用指南》,即 ISO/IEC Guide 73,并在 2009 年推出了新的版本,旨在促进风险管理术语的规范使用,为风险管理行为的实施提供指导,促进 ISO 和 IEC 的成员国之间在风险管理问题上的互相交流和沟通理解。2009 年,ISO 还推出《ISO 31000:风险管理原则与实施指南》,此国际标准试图为任何规模、任何类型的组织进行风险管理提供一个最高层次的文件,从而为现存的处理具体风险的标准提供支撑。中国在将这些标准引入的同时,也制定了相关的国家标准,如《GB/T 24353-2009 风险管理原则与实施指南》及《GB/T 23694-2009/ISO/IEC Guide 73:2002 风险管理术语》。

二、风险管理的含义

由于风险管理的应用极为广泛,而各个领域中管理的目标也不尽相同,因此对风险管理的界定如同对风险的界定,有许多不同的理解。本书所采用的风险管理的定义为:风险管理是一种全面的管理职能,用以对某一组织所面临的风险进行评价和处理。

---

① 如英国道格拉斯(Douglas M.)的风险文化理论,德国贝克(Beck U.)的风险社会理论以及法国傅柯(Foucault M.)的风险统治理论。

② COSO 是美国全国反虚假财务报告委员会(National Commission on Fraudulent Financial Reporting,也称为 Treadway 委员会)下属的发起人委员会(The Committee of Sponsoring Organizations of The National Commission of Fraudulent Financial Reporting)的英文缩写。1985 年,由美国注册会计师协会、美国会计学会、财务经理人协会、内部审计师协会、管理会计师协会联合创建了反虚假财务报告委员会,旨在探讨财务报告中的舞弊产生的原因,并寻找解决之道。两年后,基于该委员会的建议,其赞助机构成立 COSO 委员会,专门研究内部控制问题。1992 年 9 月,COSO 委员会发布《内部控制整合框架》,简称 COSO 报告,1994 年进行了增补。

首先,这一定义基于风险客观说,指出了风险客观派所认定的风险管理的目标——对风险进行处理,即降低风险成本。[①] 其次,这个定义中的风险包含所有风险,体现了现代风险管理的新发展,即风险管理不仅针对危害性风险,也针对金融风险。再次,它指出风险管理就是基于上述目标,对风险做出评价,并针对风险采取一些措施,例如保险、风险规避等。最后,风险管理不是一个专门化的管理职能,它是一个一般性的管理职能,但这并不是说风险管理者不需要专门知识,相反,风险管理是广泛的、多学科交叉的职能,不能被狭义地描述为保险购买的行为。

第二节　风险管理的组织

不同的公司中,由什么部门负责风险管理以及风险管理人员的责任,可能是不同的,这取决于高层管理者对风险管理的认识及需求。图 3.1 反映了一个典型的风险管理部与其他部门之间的关系。

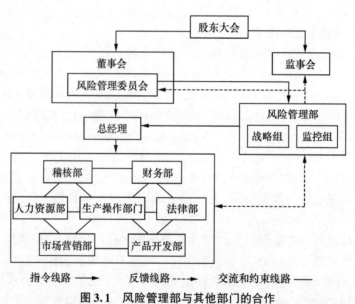

图 3.1　风险管理部与其他部门的合作

在图 3.1 的结构中,风险管理部受风险管理委员会领导。风险管理委员会通常由 3—5 名董事组成,其工作主要包括三个方面:一是确保公司有完善的内部控制、规范的业务程序和适当的经营政策,使各种业务都受到有效的控制,并定期对内控情况和风险管理基础设施状况进行评估;二是清楚反映公司所面临的风险;三是批准所能承受风险的大小,并为承担风险损失提供所需的风险资本。

风险管理部通常设有战略组和监控组。战略组的职责是制定公司的风险管理政策、风险管理制度、风险度量模型和标准等,及时修订有关办法或调整风险管理策略,并且指导业务人员的日常风险管理工作。

监控组的职能是贯彻风险管理战略,具体包括三个方面:第一,根据战略组制定的风险度量模型进行风险的衡量、评估,持续检测风险的动态变化,并及时、全面地向战略组

[①] 风险主观说的目标是顺应风险的发展(shape the development of risks),即与风险共存(living with risks)。

汇报风险状况;第二,监督业务部门的操作流程,促使各部门严格遵循风险管理程序[①];第三,审核和评价各业务部门实施的风险管理措施,评估各业务部门的风险管理业绩。

具体地,风险管理部门的内部结构如图3.2所示。

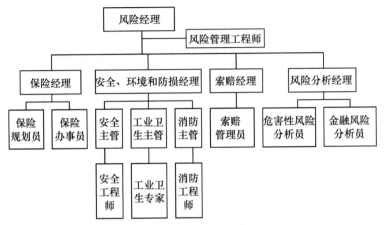

图 3.2　风险管理部的内部组织

虽然风险管理主要是由风险管理部来完成的,但由于产生损失的原因多种多样,因此理论上来说,风险管理的整个过程不可能由风险管理部独立完成,而是和公司的其他主要部门一起完成的,包括人力资源部、生产操作部门、市场营销部门以及财务部门等。风险经理也很可能介入一个公司很多方面的活动,例如为雇员建立养老基金和医疗保险,调查影响收购兼并和公司收益的风险因素,购买保险以转移一些类型的风险。

第三节　风险管理的程序

无论是个人、企业还是政府机构,风险管理的程序都是大致相同的,这一过程可以分为如下五个步骤。

1. 制订风险管理计划

制订合理的风险管理计划是风险管理的第一步。它主要包括:

(1) 明确风险管理的目标

风险管理的成功与否很大程度上取决于是否预先有一个明确的目标。因此,组织在一开始就要权衡风险与收益,表明对风险的态度。

(2) 确定风险管理人员的责任以及与其他部门的合作关系

在实践中,风险管理计划常通过风险管理策略书来表达。表3.1和表3.2分别是一个私营机构和一个政府机构的风险管理策略书。

---

① 如果是金融机构,还要负责风险限额的使用,确保各项交易限额被控制在授权的风险限额之内。

表3.1　通用压榨机公司的风险管理策略书

风险管理部的活动受公司的一般保险哲学的影响,可以概括如下:
1. 在实际操作中尽量减少和消除那些容易引发可保损失的环境和活动。
2. 如果不能完全消除风险或者不能把风险减少到可以开展工作的程度:
   (1) 购买商业保险,万一发生灾难性损失公司可以从中得到赔偿。
   (2) 有些风险不会对公司的营业和财务状况造成重大影响,公司或者为这些风险投保,或者自己承受这些风险,到底采用哪一种方式应当以公司的利益最大化为标准。

在贯彻本策略的过程中,风险管理部的责任包括:
1. 协助各部门和各子公司制订并操作火灾控制计划和损失防范计划。
2. 审查新的建筑计划和设备更新计划,确保这些计划符合安全条件并能被保险公司接受。
3. 建立保险策略和保险计划,并及时更新它们,保证公司购买的保险的有效性。
4. 按照已经建立的计划对所有的保险合同和保险契约进行谈判。
5. 审查国外保险计划。
6. 在租约和合同生效之前确认其中的保险条款。
7. 报告并调整所有保险索赔权。
8. 作为公司财务部和子公司的咨询机构,帮助它们决定应投保的价值。
9. 管理公司的从属保险公司——金牌保险公司(GMI)。

在完成这些义务的过程中,风险管理部需要各部门和各子公司的通力合作,需要它们在信息、风险识别、风险分析和协同工作方面给予大力支持。

资料来源:Williams, Jr., C. A. et al., *Risk Management and Insurance*, 8th ed., New York:Irwin/McGraw-Hill Inc., 1998.

表3.2　明尼苏达州州政府的风险管理策略书

明尼苏达州州政府将致力于建立一个处理偶然损失风险的管理计划,其中包括对损失暴露的系统性识别,对损失暴露的分析,应用合理的风险控制程序,根据政府的财务资源对政府面临的风险进行融资。

根据州政府的法律,任何偶然的损失都不应当对政府的预算造成太大的影响,以致政府不能尽到它对纳税人应负的责任。对于州政府来说,损失防范和保险合同对州政府具有同样的重要性。

明尼苏达州州政府的风险管理计划由风险管理局局长负责。

风险管理计划
1. 目标
   明尼苏达州州政府致力于管理所有偶然损失风险,其目标如下:
   (1) 保护政府,使政府不受偶然的灾难性损失的影响。
   (2) 管理州政府对偶然损失的识别、防范和控制,尽量减少政府在此问题上的长期总成本。
   (3) 建立一种内部机制,定期对政府机构的损失暴露情况、损失承受能力和可利用的财务源(包括保险)进行评估。
   (4) 尽可能提供无风险的工作环境和服务环境,本州的政府机构和员工在追求其日常目标的过程中能享受到政府部门提供的安全环境。
2. 风险管理功能
   风险管理局局长拥有以下权力:
   (1) 识别并衡量偶然损失的风险。
   (2) 选择合适的风险管理技术来解决风险暴露问题:① 风险承担;② 风险降低;③ 自留风险;④ 转移风险;⑤ 其他体系,其中包括购买保险。

（续表）

(3) 建立并维持一个同现存的体系相一致的信息管理系统,该系统能及时准确地记录损失、赔偿、保险费以及其他一些与风险相关的费用和信息。
(4) 分配保险费、未投保损失、其他风险成本和风险信息。
(5) 向州政府、政府的代办机构、政府的各部门、各委员会提供风险管理方面的咨询。
3. 自留风险
(1) 在偶然损失风险方面,州政府应当为下面这几类风险进行自我保险:
① 发生频率可以预测的损失;
② 对州政府的财务状况影响不大的风险;
③ 按明尼苏达州州政府的法律必须进行自我保险的风险。
(2) 州政府的目的就是指导各政府部门积极开展自我保险,维持较高的索赔处理标准和风险管理能力。如果出现下列情况,各部门可以不遵守政府总的风险管理原则:
① 某些必要的服务只能通过购买保险而获得;
② 法律规定政府部门必须购买保险,而且没有其他可选的方案;
③ 免赔、自我保险和非保险措施从长期看来没有经济效果。
4. 购买保险
(1) 政府部门获得的财产保险和意外事故保险必须接受风险管理部的协调。
(2) 从何处购买保险应当符合州政府的最大利益。
(3) 为政府机构提供服务的保险代理商和保险经纪人应当获取一定的服务费用。

资料来源：Williams, Jr., C. A. et al., *Risk Management and Insurance*, 8th ed., New York：Irwin/McGraw-Hill Inc., 1998.

从上面这两张表可以看出,企业和政府在某些风险管理策略方面有共同之处,但目标就有非常显著的差异了。通用压榨机公司是一家公众持股的公司,其经营目标是股东财富最大化,而明尼苏达州州政府的目标就比较难概括,包括提供社会安全和基础设施、管理商业活动、保护个人合法权利、执行法律等。

2. 风险识别

风险识别就是识别出公司所面临风险的类别、形成原因及其影响。这一过程的重点包括：

(1) 将公司人员和资产的构成与分布进行全面总结和归类

风险识别的方法有很多,但首先都要了解公司的人员和资产的情况,这有助于全面地掌握风险。

(2) 对人和物所面临的风险进行识别与判断

这一步是风险识别的核心,实践中可以按照业务流程的顺序进行分析,也可以按照风险承受对象逐一排查,我们将在第五章介绍一些不同的风险识别方法。

(3) 分析损失原因
(4) 对后果与损失形态进行归类与分析

得出"可能面临风险"这样的结论并不意味着风险识别工作就完成了,接下来还要分析风险的影响,是人员损失、财务损失、营业费用损失还是责任损失。当然,在实践中,这一步经常是和上面一步结合在一起的。

风险识别是风险管理的基础。有未来就有风险,而且未来的风险不仅有过去曾经面临的这些类型,还可能会面临新的风险,因此,风险识别是一项制度性、系统性的持续工作,它是风险管理成功的关键。

3. 风险分析与评价

风险评估是指在风险识别的基础上，估算损失发生的概率和损失幅度，并依据个人的风险态度和风险承受能力，对风险的相对重要性以及缓急程度进行分析，详见第十一章。

风险评估既有定性分析的内容，也有定量的分析，它需要一定的专业技术知识，如风险估算中概率统计的应用。风险估算是一项极其复杂和困难的工作，尤其是对于那些发生概率低且损失巨大的风险，如核风险，由于缺乏足够的历史数据，很难应用传统的统计方法进行评估，必须探索新的途径。

得到风险估算的结果以后，公司还要根据自身的风险承受能力对风险给出一个主观的认识。对同样一个风险，不同的承担者对它的感知可能是不同的。

4. 风险管理措施的选择

根据风险评估的结果，本着增加股东企业价值的目的，公司要设计并选择恰当的风险管理措施。我们可以把这些措施大致分为三类，如图3.3所示。

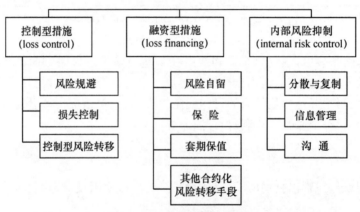

图3.3 主要的风险管理措施

（1）控制型风险管理措施

控制型措施通过避免、消除和减少意外事故发生的机会以及控制损失幅度来减少期望损失成本。主要的控制型风险管理措施包括风险规避、损失控制和控制型风险转移。

（2）融资型风险管理措施

融资型措施的着眼点在于获得损失一旦发生后用于弥补损失的资金，其核心在于将消除和减少风险的成本分摊在一定时期内，以避免因随机的巨大损失发生而引起财务上的波动。其中，风险自留是将风险的影响在公司内部的财务上分摊，而保险、套期保值和其他合约化风险转移手段更多的是将风险转移给他方。

（3）内部风险抑制

控制型措施和融资型措施都是从降低期望损失的角度来改变风险的，而内部风险抑制的作用在于降低未来结果的变动，即降低方差，这使得风险管理者对未来的判断更有把握。

在实践中，通常将各种风险管理措施进行一定的优化组合，使得在成本最小的情况下达到最佳的风险管理效果。我们将在后面的章节中详细讨论这些措施的选择标准。

5. 措施的实施与效果评价

在执行风险管理决策的过程中,风险管理人员一般对风险管理措施有执行权限,而对管理方面只有参谋权限。例如,当需要投保时,风险管理人员可以选择保险人,设定适当的保险责任限额和免赔额,并就投保事项与保险人商谈。又如,如果决定对所面临的火灾风险选择损失控制的措施,则风险管理人员就要确定是安装自动喷淋装置,还是安装烟雾报警器,但对于这些装置,风险管理人员就不能直接命令工人在什么时候安装和怎样安装,这是其他部门经理的执行权限。

措施实施后并不等于风险管理就告一段落,还必须对其实施的效果进行评价。评价的目的主要有两个:一是考察是否达到预先设定的标准,二是适应新的变化。

首先,预先设定的标准包括行动标准和结果标准。行动标准是指围绕风险管理所开展的一些活动的标准,如每个月召开一次汇报会,每年检查一次消防系统等;结果标准是指所要达到的风险程度,如员工受伤的机会由 5% 降到 2%。对预定标准进行考察的原因包括:有时先前所做的风险管理决策是错误的,一些措施在执行中可能存在很大的困难等。

其次,当前最佳的风险管理决策,并不见得以后也是最佳,原因主要有:首先,风险是不断变化的,人们对风险的认识水平具有一定的阶段性;其次,风险管理技术处于不断完善的过程中;最后,服务于企业经营目标的风险管理目标可能会随着整体目标阶段性的变化和调整而发生变化。

因此,要对风险识别、风险评估以及风险管理措施的适用性和收益性进行定期检查,及时了解过去一段时间的工作绩效,发现执行中的困难及新的风险,进而调整既定的决策以适应新环境,是相当重要而且必要的。也就是说,整个风险管理工作并不是直线型的,而是上述步骤周而复始的循环。

本章总结 》》

1. 人类从很早以来就有了风险意识的萌芽,直到 20 世纪 50 年代,风险管理的概念才开始广为传播,至今,风险管理已经发展成为包含危害性风险管理和金融风险管理的全方位管理体系。

2. 风险管理是一种全面的管理职能,用以对某一组织所面临的风险进行评价和处理。

3. 风险管理的程序大致可以分为五个步骤:制订风险管理计划、风险识别、风险分析与评价、风险管理措施的选择、措施的实施与效果评价。风险管理工作就是这些步骤周而复始的循环。

进一步阅读的相关文献 》》

1. Covello, V. T., and J. Mumpower, Risk analysis and risk management: an historical perspective, *Risk Analysis*, Vol. 5, No. 1, 1985.

2. Doherty, N. A., *Integrated Risk Management: Techniques and Strategies for Reducing Risk*, New York: McGraw-Hill, 2000.

3. Gallagher, R. B., Risk management—new phase of cost control, *Harvard Business Review*, Vol. 24, No. 5, 1956.

4. Hood C. and Jones, D. K. C. ed., *Accident and Design—Contemporary Debates in Risk Management*, London: UCL Press, pp. 1—9.

5. Vicki M. Bier, et al., A survey of approaches for assessing and managing the risk of extremes, *Risk Analysis*, Vol. 19, No. 1, 1997.

6. Williams, Jr., C. A. et al., *Risk Management and Insurance*, 8th ed., New York: Irwin/McGraw-Hill Inc., 1998.

7. ISO/IEC Guide 73:2009.

8. ISO 31000:2009.

9. 宋明哲:《现代风险管理》,北京:中国纺织出版社2003年版,第1章。

10. 段开龄:《风险及保险理论之研讨——向传统的智慧挑战》,天津:南开大学出版社1996年版。

思考与练习》

1. 在风险管理的各个步骤中,分别需要注意什么问题?
2. 描述可以采取哪些损失控制的手段来降低在车祸中遭受人身伤害的风险。
3. 请通过阅读相关材料,分析在巴林银行的事件中,哪些风险管理措施有所缺失。

第四章 风险成本与风险管理的目标

▌本章概要▐

风险是有成本的,这种成本降低了企业价值,因此,要对风险进行管理,风险管理的目的就是使得风险成本最小化,而不是风险最小化。本章重点分析风险成本的构成、风险成本对企业价值的影响以及各类主体进行风险管理的目标。

▌学习目标▐

1. 理解风险的成本
2. 了解风险成本的影响
3. 理解风险管理的目标

引 言

风险管理是要把风险管理到一个什么程度呢?是要尽可能地消除风险吗?答案为否。因为降低风险的同时,我们也在承担所采取措施的成本,风险降得越低,这个成本就越大,当它超过一定的界限时,我们就会发现,管理风险还不如不管理风险。那么,怎么来评价风险管理计划的恰当与否呢?本章将对风险管理的目标进行深入讨论。

第一节 风险的成本

如果把对风险置之不理看做是风险自留的一种类型,那么我们将会看到,由于风险的存在,无论怎么做都是有成本的。

一、什么是风险成本

我们先来讨论为什么说风险是有成本的。前面已经分析过,风险有的时候指的是损失的期望值,有的时候指的是现金流相对于期望值的变动。下面的两个例子说明了这两者会对处于风险之中的企业和个人造成什么样的影响。

第一个例子是关于企业风险的。假设某公司正在研制一种家用小型割草机,这种割草机上的一个部件容易松动,一旦脱落,很可能击中使用者。因此,这种割草机给公司带来产品责任赔偿的可能性较高。也就是说,这家公司面临产品责任风险。

那么这一风险对这家公司有什么影响呢?我们说,它可能会带来一些成本。首先,如果公司将这些风险自留,不采取任何措施来改变现状,则一旦发生了由部件脱落造成的人身伤害事故,公司就必须应付法律诉讼并进行赔偿,这会增加企业的期望损失成本。

其次,如果事先采取一定的损失控制手段,例如在产品研制阶段增加投入并进行安全性测试,就可以减少法律诉讼以及伤害赔偿的期望成本,但损失控制措施本身的成本也很高。

最后,如果公司购买责任保险以转移这种风险,那么虽然最终可能发生的法律诉讼以及伤害赔偿的成本将会由保险公司负担,但保险本身是有成本的,保险费中除了包括风险损失的期望值以外,还包括保险公司日常管理的开支以及保险公司期望达到的合理的资本回报。而且,如果存在没有被保险覆盖的风险,如免赔的损失或超过责任保险范围的损失,就会造成公司在未来任一给定时期内的成本不确定。

再来看一个个人风险的例子。假设一个人在开车上班途中可能遭遇交通事故,也就是说,他面临交通事故的风险。

第一,他可以对此不加任何处理,也就是将风险自留。自留风险使他可能要自己承担身体上的伤害以及汽车损坏导致的损失,还可能由于对别人也造成了伤害而面对法律诉讼。

第二,这个人如果想要控制一下风险,例如通过减少开车的次数来降低风险事故发生的可能性,则虽然可以降低风险自留时的损失,但这就意味着有更大的可能要么待在家里,要么使用其他的交通工具,例如自行车或公交车,而这些交通工具一是不如自己开车方便,另外也都不是百分之百安全。

第三,这个人可能会从提高预防能力着手,比如更加小心地驾车,这就可能使得花费在整个路程上的时间更长,或者这种注意力的更加集中使得他在开车时不能思考其他的事情。这些都是成本。

第四,他还可以买保险,比如汽车保险和人身安全保险。而购买保险的保险费中除了包括用来支付损失金额的一部分以外,也会包括保险公司日常管理的开支以及保险公司期望达到的合理的资本回报。而且即使投了保,也有可能发生实际损失大于保险金额的情况,这增加了未来的不确定性。

第五,事故还会给这个人造成无法用保险解决的间接损失,比如说在修理汽车的过程中以及向保险公司索赔的过程中损失的时间。

由上面这两个例子可以看出,风险是有成本的。我们将由于风险的存在和风险事故发生后,人们所必须支出的费用和预期经济利益的减少称为风险成本(cost of risk)。

风险成本的概念无论对于上面两个例子中的纯粹风险,还是对于投机风险都是适用的。比如,对一个在生产过程中需要使用石油的制造商来说,会面临石油价格变动的风险,当石油价格变动时,产品价格通常不会立刻得到调整,因此,短期内石油价格的上涨会导致公司利润减少,石油价格下跌会导致公司利润增加。

与纯粹风险的期望损失成本相对应,这个制造商使用石油也是有期望损失成本的,所不同的是,这里的期望损失成本主要指间接损失成本[①],如石油价格的大幅上涨如果造成了生产缩减,或不得不使用替代能源维持生产,或被迫削减一些有利润的投资项目,那么就会导致间接损失成本的发生。

这个制造商可以使用石油期货来降低价格变动的风险,但期货合约有交易成本。他还可以对原先的生产流程加以改造,以便使用其他能源作为补充,这也就意味着要在损

---

① 因为在此例中,石油是生产过程中必不可少的输入之一,购买石油的支出是预期发生的经常性费用,因此购买石油的期望成本一般并不作为风险成本的一部分。

失控制方面增加支出。公司还可以通过分散经营以降低公司利润对石油价格变动的敏感度,或者通过信息投资以获取对石油价格更好的预测,这些也都是有成本的。

二、风险成本的构成

风险成本可以分为有形成本和无形成本,如图4.1所示。

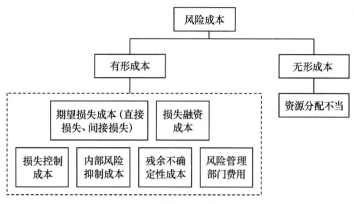

图 4.1　风险成本的构成

1. 有形成本

有形成本指的是管理风险所花费的经济资源,包括:
(1) 期望损失成本

企业所面临的一类主要风险就是纯粹风险,而将纯粹风险中的一些可保风险进行投保是风险管理中的常见做法,保险费中的纯保费部分就是期望损失成本,包括直接损失和间接损失的期望成本。

我们在第一章中已经讨论过,企业纯粹风险导致的直接损失包括对损毁财产进行修理或重置的成本,对遭受伤害的员工进行赔偿的成本,对法律诉讼进行辩护和赔偿的成本以及雇员死亡、生病的福利费用支付。间接损失包括由于直接损失使得生产缩减或中断从而导致的正常利润的减少和额外费用的增多,当损失较大时带来的更高融资成本、放弃的投资机会以及损失巨大时与公司重组和破产清算有关的法律费用和其他成本。

在前文所述的割草机公司的例子中,直接损失的期望成本包括法律责任诉讼的辩护和赔偿成本。该例子的间接损失的期望成本包括:由于法律责任问题导致销售减少而带来的利润损失的期望成本;由于对产品进行回收而带来的期望成本;如果发生了巨大的责任损失,使得公司内部资金紧张并增加了公司借债或发行新股的成本,以及由此使得公司放弃了一些投资机会而导致的利润损失的期望成本。

对于投机风险,期望损失成本主要指间接损失成本,如上文的在生产中需要使用石油的制造商的例子。

(2) 损失融资成本

损失融资成本(cost of loss financing)是指损失融资措施的交易成本,包括专用基金和自保成本、保险费中的附加保费以及套期保值和其他合约化风险转移手段的交易成本。我们在第十二章将会详细讨论,风险自留时资金的来源渠道包括将损失摊入营业成本、专用基金、自保、应急贷款和特别贷款,其中,专用基金和自保都是事先提留资金备付,而其他三种方式都是待损失发生后再筹措资金,因此,这里的损失融资成本中只包括专用基金和自保的成本。专用基金和自保成本是指这些资金中扣除期望损失成本之外的部分,投资于这些资金而需要支付的税费①及为了维持这些资金而使公司无法对其他项目进行投资而造成的机会成本。套期保值和其他合约化风险转移手段的成本指的是这些交易的合同在拟定、协商和实施过程中的交易成本。

这一项成本中不包括风险自留中的将损失摊入营业成本、应急贷款和特别贷款,是因为这些措施的成本在风险损失发生前无法确定,我们将之归为第(5)类。

(3) 损失控制成本

管理风险的积极的做法之一就是事先采取各种措施预防和控制风险损失,与此相关的成本称为损失控制成本(cost of loss control),如事先购置用于预防和减损的设备以及对各种风险因素定期检测等,以及其维护费、咨询费等,具体包括计划费用、资本支出和折旧费、安全人员费(培训费、薪金、津贴、服装费等)以及增加的机会成本。对上述生产割草机的公司来说,在正式生产该产品前进行的安全测试成本就是一种损失控制成本。

(4) 内部风险抑制成本

除自留以外的其他损失融资措施和某些类型的损失控制措施都可以降低损失的不确定性,即使得损失成本更易预见,而内部风险抑制的措施,即分散化和信息投资也同样具有这样的效果。内部风险抑制成本(cost of internal risk reduction)包括分散化的交易成本及管理这些分散行为相关的成本、对数据等信息进行收集和分析的成本。

(5) 残余不确定性成本

实施了保险、套期保值、其他合约化风险转移合同、损失控制以及内部风险抑制措施之后,损失的不确定性通常并不能完全消除,也就是说,还可能发生这些措施没有覆盖的风险损失,这些风险损失的成本被公司主动或被动地进行了自留,我们将其称为残余不确定性成本(cost of residual uncertainty)。对风险规避型的个人和投资者来说,不确定性带来的损失往往是代价很高的,例如,它会影响投资者在购买公司股票时要求得到的回报数额。

(6) 风险管理部门费用

风险管理部门的支出主要指人员薪资与行政费用。

2. 无形成本

风险成本中的无形成本主要指由于不确定性的存在,使得风险管理人员或企业决策者对此忧虑,如生产成本价格的波动会使得制造商深感忧虑,当然,忧虑的程度取决于多种因素,如不确定性的程度、潜在损失的大小、人们对损失的承受能力以及有关的心理因素。这种忧虑容易造成公司资源分配不当。

首先,企业可能会放弃一些本来非常愿意从事的活动,例如,某一产品虽然有较丰厚的利润和广阔的市场,但企业考虑到潜在的责任风险而不生产,这可能导致一些资源的浪费。其次,对一些带有风险的活动,企业可能会减少从事的程度。最后,这种忧虑还

---

① 很多情况下,自保基金依托于自保公司的形式,不需纳税。

可能造成一些投资的短期化行为。

三、风险成本之间的替代

风险成本的各组成部分之间存在着一定的替代关系,此消彼长。

1. 期望损失成本和损失控制成本之间的替代

期望损失成本和损失控制成本之间可以互相替代。在割草机公司的例子中,投入更多的资金研制一种安全性更高的割草机可以使得责任诉讼的期望成本降低。当我们暂不考虑损失控制对风险成本的其他组成部分的影响时,损失控制方面投入资金的最佳数量就是使得其边际成本与边际收益(指更低的期望损失成本)相等时的数量,这样会使得风险成本最小化。读者稍后将会看到,风险成本最小化就是风险管理的目标。

由于风险管理的目标是风险成本最小化,因此,将损失风险完全降为零的风险控制措施并不是最佳的选择,也就是说,实现风险成本最小化时的损失控制通常并不能使得风险最小化。这主要是因为,要把损失发生的可能性降到零的代价是非常昂贵的,当损失控制超过一定的程度后,在损失控制方面增加的成本会超过期望损失减少的部分,即边际成本超过了边际收益。这时,损失控制方面增加的成本反而会增加风险成本。所以,通常将损失风险降为零,对于企业和社会而言并不会达到风险成本最小化的目的。人们常常更愿意冒一定的伤害风险,也不愿意为降低风险而花更多的钱。

2. 损失融资的成本和内部风险抑制的成本与间接损失的期望成本之间的替代

如果在包括保险在内的损失融资措施和内部风险抑制方面增加支出,那么就会减少公司现金流的变动,这样,企业发生破产的可能性以及由于发生了巨额的未保险损失而放弃回报丰厚的投资机会的可能性就都会随之降低,这就相当于降低了间接损失的期望成本。

这一点,对于我们以后理解保险的作用非常关键。

3. 损失融资的成本和内部风险抑制的成本与残余不确定性成本之间的替代

这种替代关系是很明显的,如企业增加了用于保额更高的保险的支出,则残余不确定性就会降低,未来也变得更加好预测。

第二节 风险管理的目标

风险成本会降低企业的价值,而价值最大化是企业管理的目标,也是风险管理的目标。

一、企业价值的影响因素

企业价值是由公司未来净现金流的期望值、时间及变动决定的。净现金流中的现金流入主要来自产品与服务的出售,现金流出主要来自产品与服务的生产,如原材料的成本、工人的薪水、借贷的利息以及责任损失等。

在这三个因素中，当其他因素不变时，期望净现金流的大小和企业价值成正比关系，期望净现金流增加，股东投资的回报增加，企业价值也就增加。同样的现金流，今天发生就比以后发生更值钱，因为这些钱可以立即用于消费或投资，从而在将来收回更多的钱。公司现金流的变动会导致公司股票的价格随之波动，由于绝大多数投资者都是风险规避型，当他们无法通过投资分散化来消除风险时，这种波动就会使得他们在购买公司股票时愿意支付的价格降低，这也就减少了企业的价值。

二、风险成本的影响

风险对企业价值的影响体现在风险成本对公司未来期望净现金流及其变动的影响上。

我们再来看前面割草机的例子。由于责任风险的存在，公司不管怎么做都会面临风险成本。

首先，保险费、其他损失融资成本、损失控制成本、内部风险抑制成本和风险管理部门费用都会增加公司未来预期的现金流出。一方面，这些风险成本中的绝大部分，甚至是所有的因素都可能使得割草机公司提高这种新产品的价格，而价格的提高势必导致需求减少。另一方面，在一定的价格水平下，伤害风险可能会使得商店里的销售员不那么热心地向消费者推荐这一产品，这又会减少公司未来预期的现金流入。两方面的结果使公司未来净现金流减少，企业价值降低。

其次，残余不确定性导致了公司未来净现金流的变动，这也同样降低了企业价值。

三、风险管理的目标

1. 营利公司的总体目标

对于营利公司来说，我们已经通过实例说明了，风险会减少企业价值，那么，对风险进行管理就是要尽量减缓这种减少。事实上，企业价值是企业管理中一个核心的问题，当今财务理论的基本理念就是"价值最大化"，风险管理的目标和企业目标是一致的，也是要使得企业价值最大化。

如果将风险成本定义为企业价值的减少，则风险成本最小化和企业价值最大化就是等价的。风险管理通过使得风险成本最小化来实现企业价值最大化，我们将风险成本最小化看做是营利公司风险管理的总体目标。具体地，它通过对以下两个方面的影响而实现：

（1）净现金流的期望值

风险管理措施要增加公司未来预期现金流入及减少公司未来预期现金流出，使之达到一个平衡点。

（2）未来净现金流的变动

风险管理者应在边际成本等于边际收益的条件下控制未来净现金流的变动，而降低未来净现金流变动的收益常以股东要求得到的风险补偿来体现，因为在期望净现金流一定的情况下，由于未来净现金流的波动而引起的公司股票价格的下跌使得投资者在购买股票时要求得到更高的期望投资回报。

由于风险成本之间的替代作用,这两方面又不是独立的,二者之间也存在一个平衡。

2. 非营利公司和政府机构的目标

对于营利公司来说,其价值最大化的目标源于营利公司的股东要求企业价值最大化,而非营利公司和政府机构不存在股东,它们的风险管理目标是什么呢?

虽然它们没有股东,但并不意味着其运作就没有约束,非营利公司有来自捐款者的约束,政府有来自纳税人的约束,它们要向这些委托人提供价值最大化的产品或服务。[①] 如果将风险成本看做非营利公司和政府由于风险而导致的行为价值的减少,那么它们的风险管理目标就是实现这些委托人的风险成本最小化。

在这个总体目标下,非营利公司在日常决策中的一些准则可能会和营利公司有所不同。例如,非营利公司会更看重巨大损失对客户造成的负面作用,因此,对于巨额损失的管理可能就会付出更多的成本。又如,政府通过贷款或税收筹措资金的能力显然比营利公司强,因此,在选择损失融资措施时就可以得出不同的结果。再有,非营利公司和政府机构一般不缴纳收入所得税,这也会对决策的具体选择产生影响。

3. 个人和社会的目标

个人的追求是基于自身效用函数的个人财富最大化,而在前面个人面临交通风险的例子中我们看到,风险的成本减少了个人财富,因此,如果把风险成本定义为由于风险而造成的个人财富的减少,那么个人风险管理的目标也是风险成本最小化。

所谓社会的风险,也就是个人风险和企业风险的总和。综合起来看,当所有的个人和企业所采取的损失控制、损失融资和内部风险抑制等手段的边际成本等于社会总期望损失成本、残余不确定性成本以及无形成本[②]的边际减少时,就达到了一种有效风险水平(efficient level of risk),此时能够实现全社会总风险水平最小化,这就是社会风险管理的目标。

4. 企业目标和社会目标之间的冲突

前面我们说明了企业风险管理和社会风险管理的目标,我们当然希望企业在进行风险管理的过程中,也会同时达到社会风险管理的目标。那么,这二者的目标是一致的吗?也就是说,企业实现了风险成本最小化的同时是否也实现了社会风险成本最小化?

这里所谈论的风险管理的风险成本最小化的目标,实际上是价值最大化这个目标的实现方式,只不过强调风险成本最小化比强调价值最大化更具体、更形象。上面这个问题的关键之处就在于,企业风险管理的目标是为了实现股东的价值最大化,而社会风险管理的目标是社会全体成员的一个平衡的价值最大化。企业只有当股东价值受到威胁时,才有动机进行风险管理,例如,如果公司的员工明显感觉到要面对安全隐患,那么公司为了吸引雇员就必须支付更高的薪水,这时公司就会有动机改进安全条件,从而节省薪水方面的支出,同时还可以节省由于伤害的发生而必须支付的法律赔偿。但股东的价

[①] 这里的价值取决于委托人的偏好。
[②] 在实践中,无形成本很难度量,可以进行主观估计。

值和公司其他主要利益人的价值并不总是一致的,甚至是背道而驰。因此,一个健全的社会制度会对企业有所规范,使得那些企业价值和社会价值冲突的方面会在规范下达到一定的平衡,换句话说,这些规范使得企业在进行决策时,不仅考虑私人成本,而且还要考虑社会成本。当私人成本和社会成本相等时,企业风险最小化的风险管理决策就能同时实现社会总风险成本最小化。

什么时候私人成本低于社会成本呢?为了简要说明这一点,我们可以举一个例子。

假定一个社会不存在员工赔偿法,也没有法律责任体系可以使员工在遭受了公司伤害后要求赔偿,同时,个人又低估了伤害风险,那么,员工伤害对于企业来说就不是风险,以股东价值最大化为运作目标的企业可能就不会考虑这一未来的不确定事件可能对员工造成的伤害,这就可能使得员工在岗位上受到伤害的风险大大增加。这种情况就是私人成本和社会成本不相等造成的。如果一个社会中存在必要的法规可以保证私人成本基本上和社会成本相等,那么使企业价值最大化的决策就会有助于实现社会总风险成本最小化的目标。

本章总结 》》

1. 风险成本是指由于风险的存在和风险事故发生后,人们所必须支出的费用和预期经济利益的减少,包括有形成本和无形成本。

2. 有形成本指的是管理风险所花费的经济资源,包括期望损失成本、损失融资成本、损失控制成本、内部风险抑制成本、残余不确定性成本以及风险管理部门费用。无形成本指的是由于不确定性的存在,使得风险管理人员或企业决策者对此忧虑,使得他们放弃一些本来非常愿意从事的活动,减少风险活动的从事程度或从事一些投资的短期化行为。

3. 期望损失成本和损失控制成本、损失融资的成本和内部风险抑制的成本与间接损失的期望成本、损失融资的成本和内部风险抑制的成本与残余不确定性成本之间存在一定的相互替代关系,此消彼长。

4. 企业价值是由公司未来净现金流的期望值、时间及变动决定的。风险成本对公司未来期望净现金流及其变动产生影响,从而降低企业价值。

5. 风险管理的目标为风险成本最小化。

进一步阅读的相关文献 》》

1. Scott E. Harrington and Gregory R. Niehaus, *Risk Management and Insurance*, 2nd ed., New York: Irwin/McGraw-Hill Inc., 2004.

2. Williams, Jr., C. A. et al., *Risk Management and Insurance*, 8th ed., New York: Irwin/McGraw-Hill Inc., 1998.

思考与练习 》》

1. 试述下面三种情况的风险成本中都包括哪些部分:
(1) 一家制造厂的工人遭受机器设备伤害的风险;
(2) 一家跨国公司由于其投资被外国政府征收而遭受损失的风险;
(3) 一家茶饮料制造商由于消费者改变偏好,转为碳酸饮料而遭受茶饮料价格下跌的风险。

2. 解释风险成本是怎样影响企业价值的。

3. 有些人认为,由于有毒化学物质而造成环境污染的风险是不可忍受的,应该完全避免。请说明这种"零风险"的目标会不会达到一种社会有效风险水平？为什么？

4. 企业面临的财产损毁风险有哪些成本？

5. 企业面临的财产损毁风险都有哪些风险管理措施？这些措施的成本都是什么？它们之间有何替代关系？

6. 设想在你刚刚工作的一两年里,你会选择什么交通工具？请从风险成本的角度解释你为什么会选择这种交通工具。

第二篇 风险的识别与分析

第五章　风险识别

▌本章概要▌

要进行风险管理,首先要找出风险,这就是风险识别。风险识别是否正确与全面,是决定风险管理能否成功的关键之一。风险识别有很多方法,在实践中,这些方法需配合使用。本章介绍了主要的风险识别方法。

▌学习目标▌

1. 理解风险识别对企业的重要性
2. 了解风险的来源
3. 掌握一些常用的风险识别方法并了解其适用性

引　言

2001年9月11日,恐怖分子劫持飞机撞击纽约世界贸易中心大楼和位于华盛顿的五角大楼,另有一架飞机坠毁在宾夕法尼亚州,共造成近3 000人死亡。美国东部时间2004年7月22日,经过20个月的独立调查,美国"9·11"独立调查委员会公布了最终调查报告。报告列举了美国政府存在的五大失误,并指出:"最大的失误是某种基于推测的想象。我们认为领导人不理解威胁的严重性。"这些失误使得美国政府没有识别出国家所面临的巨大的恐怖主义袭击风险,从而导致令全世界震惊的惨剧发生。

由此可以看出,无论是对于政府、组织还是个人来说,风险识别在整个风险管理的过程中都占有举足轻重的地位。对于一个企业来说,风险识别工作是风险管理中最重要也是最困难的部分。首先,如果不能识别企业所面临的所有风险,就谈不上设计应付风险的方法。某一种风险没有被识别出来,尤其是重大风险被忽略,那么一旦这类风险事件发生,企业可能措手不及,进而造成不可估量的损失,甚至可能导致企业的破产和倒闭。其次,因为企业及其运作的环境随时都在变化,企业本身可能进入新的商业渠道、从某个渠道中撤出、发生企业收购或者企业破产等;企业运作的环境可能发生变化,如卷入法律纠纷,政府的法令和行政管理条例变化等。所以,面对不断变化的风险,如果不搞清楚这些问题,就不可能制定出恰当的风险管理决策。

风险识别的方法有很多,实践中大多是几种方法配合使用,扬长避短。本章首先分析风险的来源,然后介绍常用的风险识别方法,并讨论这些方法的局限性和适用性。

第一节 风 险 源

风险源(sources of risk)是指那些可能导致风险后果[①]的因素或条件的来源。例如，洪水风险的风险源就包括降水、地形和土地利用方式，大量集中的降水可能使得局部地区排水不畅，即使降水不是那种短期大量的暴雨，低洼的地形、河道两侧以及山脚下都有可能在普通的降水过后被淹没，人类的土地利用方式也是洪水风险损失的一个来源，如果在蓄滞洪区没有居民、耕地和工厂，即使这个地方完全被水淹没，也不会造成大量的损失。

风险的最终来源，一个是自然环境，一个是人为环境。有的环境是由客观规律控制的，也有的环境出自风险管理者的主观认知。

一、客观风险源

1. 自然环境

自然环境是最基本的风险源，地震、干旱和过度降水都可能导致损失，当然，它也可能是机遇的来源，例如，晴朗的天气就可能使旅游业收入增长。

2. 人为环境

自然环境复杂多变，但随着对大自然的不断探索，人们已经掌握了很多规律，一些自然现象可以准确预测，还有一些自然现象可以在概率的意义上预测，而人为环境由于有人的因素在起作用，其规律摸索起来就较为困难，在分析风险的来源时，可以将人为环境进一步细分如下：

（1）社会环境

社会环境是指人们的道德信仰、价值观、行为方式、社会结构和制度。当人们的道德信仰和价值观受到冲击时，就可能发生一些意想不到的事件，这些事件可能会影响到企业的生产和销售。此外，不同国家和地区的社会环境可能有很大差别。当一个公司要拓展国际业务时，就会面临社会环境带来的风险。例如，美国人和日本人在价值观和行为方式上有很大的差别，许多美国的商业经理在开始要进入日本市场时都觉得日本社会独特的价值观和道德标准给他们的业务带来了很大的不确定性。

（2）政治环境

政治环境主要通过政府的政策对一个企业产生影响，如货币政策、财政政策等。在一个国家，政治环境可能是非常重要的风险源，尤其是国家领导人更换时，原来的很多政策就可能发生改变，从而对某些特定的企业产生重大影响。如减少对地方政府的资助、制定严格的有害废料处理条例等。政策的变化有时也会使企业受益，如我国的西部开发政策和东北发展战略，都会给这些地区的一些企业带来新的机遇。

在国际领域，政治环境非常复杂，一些政府是民主政府，也有一些政府可能会对商业

---

① 由于我们讨论的不仅仅是纯粹风险，因此，这里的后果，不单指损失，也包括收益。

活动抱有敌意,外资可能被当地政府充公没收,税收政策也可能突然发生变化。跨国公司在识别风险时,都要考虑东道国的政治环境,风险经理要了解东道国政府是如何上台的、权力是如何交接的以及政治管理中的参与者和政治组织机构是怎样一种状况。

(3) 经济环境

企业的很多风险,尤其是市场价格风险,都和经济环境密不可分。虽然从一定程度上来说,经济环境可以直接从政治环境中延伸出来,但经济全球化、金融一体化也导致了经济环境中出现了一些前所未有的新变化。政府对经济环境有影响,但政府并不能完全控制经济环境。

(4) 法律环境

在企业经营中,相当一部分不确定性来自司法系统。对于我国这样处于转型期的国家,法律也在随着市场情况的变化而进行调整,这些标准的变化很难事先预测。

从整个国际环境的角度来看,各种不同法律体系的存在对企业提出了重大挑战,如果是跨国公司,那么就会面临非常复杂的法律风险,对于产品责任法、汽车责任法、合同法和环境保护法这些与企业经营管理密切相关的法律,各国之间的条款可能有很大差别。

(5) 操作环境

操作环境是指企业的运作和程序。对雇员进行提拔、雇用和解雇的制度可能产生法律责任,生产过程可能使雇员面临人身风险,企业的活动可能危害环境,根据相应的环境保护法受到惩罚。操作环境也可能带来收益,因为操作环境是一个企业所提供的产品和服务的直接来源。

二、主观风险源

风险是客观存在的,但人类对风险的认识却并不完全都是客观的,换句话说,由于我们所掌握的信息有限,或者风险管理者对风险的理解、估算的能力有限,实践中对风险的认识往往掺杂了主观的判断,而当主观判断和客观实际有差别时,就可能给面临风险的组织带来不确定性。这种不确定不是由它本来面临的客观风险造成的,而是由进行风险管理的人员造成的,我们将这种风险的来源称为认知环境(cognitive environment)。[①]

专栏5.1

"9·11"最终调查报告公布　美政府存在五大失误

美国东部时间2004年7月22日,经过20个月的独立调查,美国"9·11"独立调查委员会公布了最终调查报告。报告列举了美国政府存在的五大失误,这些失误使得美国政府没有识别出国家所面临的巨大的恐怖主义袭击风险,从而导致令全世界震惊的惨剧发生。这五大失误包括:

(1) 中央情报局忽视了那些"指示信号"的重要性,这些信号勾画出了未来恐怖袭击可以看得清的图像,造成这种结果的部分原因是它对情报分析家提供的材料是零碎的。

---

① Williams, Jr., C. A. et al., *Risk Management and Insurance*, 8th ed., New York: Irwin/McGraw-Hill Inc., 1998.

在 2001 年 7 月联邦调查局报告恐怖主义者在亚利桑那州进行飞行训练和同年 8 月逮捕恐怖主义嫌疑者扎卡里亚斯·穆萨以后,这些记录本应引起人们的警觉。穆萨被捕是因为他在明尼苏达州的一家飞行学校行为可疑。

(2) 在 19 个飞机劫持者中,有一些人在入境文件不完备的情况下能够进入美国。在袭击的当天,一些人因为行动可疑而被挡住后,最后还是通过了安全检查,登上了飞机,其中两名劫持者已经列在政府恐怖主义者监视的名单上,但因为联邦航空管理局和航空公司并不知情,所以他们被准许上了飞机。

(3) 前克林顿政府和现在的布什政府总体上讲是通过外交手段而非通过军事打击来对付日益增长的"基地"威胁。美国在 20 世纪 90 年代末错过了几次杀死本·拉登的机会,原因是中央情报局说,它没有接到这样做的明确指示。

(4) 在发生袭击的当天,联邦航空管理局和军事官员出现了混乱。联邦航空管理局的任务是应对通常的飞机劫持,而不是自杀性的袭击,因此他们没有及时向军事官员发出警报,而一些战斗机驾驶员不知道他们为什么要驾机升空。

(5) 纽约市紧急启动的"9·11"电话系统出现了致命性的错误。这种错误导致没有向世贸大楼中的工作人员通报可能救生的消息。接线员和调度员并不知道,消防人员正从大楼中撤离人员。由于大楼中的公共地址系统出了毛病,因此大楼工作人员向"9·11"电话系统发出呼救,但得到的回答是不要撤离,坐失了逃生的机会。

美国"9·11"独立调查委员会在最后调查报告中,建议设立一个统领全美 15 个情报机构的新的情报收集中心,监督该中心运作的将是经参议院批准的仅次于内阁级别的"情报总监"。"情报总监"直接向美国总统报告,"将能影响到中央情报局、联邦调查局、国土安全部和国防部的预算和领导层"。报告还建议改革国会监督情报机构的机制,改组负责收集国内情报的联邦调查局等。

资料来源:新浪网(http://www.sina.com.cn),2004 年 7 月 23 日。

来自客观风险源和主观风险源的不确定可以分别被称为随机不确定和模糊不确定。

随机不确定是自然界本身所具有的、一种统计意义上的不确定,是由大量的经历或试验所揭示出的一种性质。它是指那些有明确的定义,但不一定出现的事件中所包含的不确定。例如投币试验就是一个典型的随机不确定的例子,我们无法确定未来一次投币的结果是正面还是反面,但有一点是肯定的,即其正、反面出现的概率皆为 0.5。由此可知,随机不确定不是由于人们对事件不了解,而是由于事件结果所固有的狭义的不唯一所造成的,即虽然结果是正还是反不能唯一确定,但结果的概率分布唯一确定。又如"一个县在某一年的水灾受灾面积占当年播种面积的比例大于 10%"这个事件是有明确定义的,但在未来的任何一年里,谁都无法预料它是否一定发生,而只能给出一个概率值,表示其在未来任何一年里发生的概率是多少。因此,我们用概率论来处理随机不确定。

模糊不确定是一种广义的结果不唯一,这里,不仅结果的取值不唯一,而且各种可能取值的概率也不能确定,即不能确定结果概率分布函数中的参数或函数形式本身。这种不确定是由于我们对系统的动态发展机制缺乏深刻的认识而造成的。由于我们对风险的认识决定了我们的行为,当我们对风险的认识和实际有差别时,事先的决策就可能是错误的,这就会带来新的损失。

第二节　风险识别的基本方法：风险清单

风险清单是指一些由专业人员设计好的标准的表格和问卷，上面非常全面地列出了一个企业可能面临的风险。这些清单都很长，因为它们试图将所有可能的损失暴露[①]全部囊括在内，清单中的项目包括修理或重置资产的成本，伴随资产损毁的收入损失以及承担法律责任的可能性等。使用者对照清单上的每一项都要回答："我们公司会面临这样的风险吗？"在回答这些问题的过程中，风险管理者逐渐构建出本公司的风险框架。

这些标准表格的优点是经济方便，适合新公司、初次想构建风险管理制度的公司或缺乏专业风险管理人员的公司使用，这些表格可以帮助他们系统地识别出最基本的风险，并降低忽略重要风险源的可能性。

但是，标准表格也有两个严重的局限。首先，由于这些清单都是标准化的，适合于所有企业，因此针对性就较差，一个特殊企业面临的特殊风险就可能没有包含进去。其次，这些清单都是在传统风险管理阶段设计出来的，传统的风险管理只考虑纯粹风险，不涉及投机风险，所以风险清单中也都没有关于投机风险的项目。风险经理在使用这些表格时，要认识到这些局限性，使用一些辅助手段来配合风险清单的应用，弥补风险清单的不足。

比较常见的风险清单有风险分析调查表（risk analysis questionnaire）、保单检视表（insurance checklist）和资产—暴露分析表（asset-exposure analysis）。

一、风险分析调查表

风险分析调查表是由保险公司的专业人员及有关学会就企业可能遭受的风险进行详尽的调查与分析后做成的报告书，它包含了所有的纯粹风险。应用较多的调查表是由美国管理学会、风险与保险管理学会和国际风险管理研究所分别编制的，又称为"事实的发现者"（fact finders）。表5.1和表5.2是美国管理学会编制的风险分析调查表样表的表头和第五部分——财物内容表。

表5.1　风险分析调查表

公司名称	
部门	
通讯地址	电话
所收到的信息来自	
信息接收者	
会见日期	报告日期

[①] 损失暴露或收益暴露指的是那些面临着可能的损失或收益的物体或局面（objects or situations）。典型的划分暴露的方法和我们在第二章中讨论的风险的划分方法相同，也是根据它们的损失类型来划分的，即财产损失风险暴露、责任损失风险暴露（含员工伤害）、人力资本风险暴露、金融资产风险暴露。本书按照这种划分方法来讨论对这些损失暴露的评估，见第六章至第九章。

(续表)

这份调查表包括：

基本情况 I	忠诚度表
基本情况 II：金融机构	犯罪部分
基本情况 III：工厂管理	公司运营中断表
建筑物与位置表	公司运营中断损失
财物内容表	确定所需额外保险花费指南
火灾与保险表	运输表
工厂玻璃	船只和飞行器暴露表
电梯	索赔与损失表
锅炉与机器设备	关键人员福利表

资料来源：Daenzer, B. J., *Fact-Finding Techniques in Risk Analysis*, America: American Management Association, Inc., 1970.

表 5.2　风险分析调查表之财物内容表

1. 机器、设备、工具
   (a) 重置成本 _____
   (b) 实际现金价值 _____ 评价基础 _____
   (c) 抵押情形：名称 _____
            地址 _____

2. 家具、器具、用品
   (a) 重置成本 _____
   (b) 实际现金价值 _____ 评价基础 _____
   (c) 抵押情形：名称 _____
            地址 _____

3. 投资和改良物
   (a) 设置日期 _____
   (b) 原始成本 _____
   (c) 重置成本 _____
   (d) 实际现金价值 _____
   (e) 性质和内容 _____
   (f) 评价基础 _____

4. 存货（原料、在制品、成品）
   (a) 最高存量—成本 _____ 售价 _____
   (b) 最低存量—成本 _____ 售价 _____
   (c) 平均存量—成本 _____ 售价 _____
   (d) 现行存量—成本 _____ 售价 _____

5. 他人财物因修理、制造、寄销而存放于公司者 _____
6. 有无上述财物之保管责任契约？ _____
7. 受让人之财产 _____ 寄销人 _____
8. 员工用品 _____

（续表）

9. 有价值的文件和图表
   (a) 价值_____ 再制成本_____
   (b) 存放何处_____
   (c) 性质内容_____
10. 展销部门的价值_____
11. 重要标志图记的价值、样式和规格
    (a) 位于屋内者_____
    (b) 位于其他地方者_____
12. 监视、保管或控制的问题
    托管之财物_____
    仓库管理人须负责任吗？_____
    监管人员须负责任吗？_____
13. 水渍和自动沥水器系统的价值_____
14. 地震防护_____
15. 特殊照相器材、科技设备和昂贵用具_____
16. 有价值的艺术品_____
17. 电子资料处理设备
    (a) 假如是自己所有,价值为何？_____
    (b) 假如是承租而来,租赁契约副本_____
    (c) 假如是承租而来,由谁负毁损的责任？_____
    (d) 受损资料的重置费用_____
    (e) 卡带有保存副本吗？_____
       存放何处？_____
    (f) 有潜在的营业中断情况吗？_____
    (g) 他人使用情形_____ 使用人资格_____
    (h) 有关契约责任问题的副本_____
18. 存货受损情形
    (a) 间接损失_____
    (b) 盗窃损失_____
    (c) 冷热导致的损失_____
19. 牲畜,假如有_____
20. 作物,假如有_____

资料来源：Daenzer, B. J., *Fact-Finding Techniques in Risk Analysis*, America：American Management Association, Inc., 1970.

二、保单检视表

保单检视表是将保险公司现行出售的保险单所列出的风险与风险分析调查表的项目综合而成的问卷式表格。这种表格突出了对公司所面临的可保风险的调查,但在不可保风险的识别方面就有一定的缺陷,此外,使用这种表格时要求使用者具有保险专业知识,对保单性质和条款有较深的了解。表5.3 是美国埃特纳意外保险公司(Aetna Casualty and Surety Company)设计的保单检视表(部分内容从略)。

表5.3 保单检视表

对于那些要投保的风险,下面的每一项都应该在由风险分析调查表得出的事实基础上仔细考虑。对任何一个问题的确定答案都意味着在保单覆盖范围或费率上可能需要改进。

A. 财产损失风险
  1. 有需要保护财产损毁的基本防护但未执行的情况吗?
    (1) 自有建筑物和财物的直接损毁
    (2) 由财产损毁导致的间接损失
    (3) 他人财产直接损毁
    (4) 运送中财产的直接损毁
  2. 被保险的风险保障足够吗?
    自有的建筑物和财物
    (1) 如果保单附有共保条款,保额少于共保条款之要求吗?
    (2) 任何一项财产的所有保额少于其可保价值吗?
    (3) 财物价值波动剧烈吗?
    (4) 其他地点之财物有未投保之情形吗?
    (5) 有任何违反保单条款和保证的情形吗?
    (6) 基本的火灾保险范围可扩大到包含其他危险事故吗?
    (7) 在任何一个房屋内有自动沥水系统吗?
    (8) 有易遭受水渍损的财产吗?
    (9) 有冷冻、空调、锅炉、机器和压缩设备吗?
    (10) "噪声公害"保险有必要吗?
    (11) 建筑物内有带有核辐射的物品吗?
    (12) 有正在建造或计划建造的建筑物吗?
    (13) 现有建筑物有增建或改良的情形吗?
    (14) 因建筑法令变更所致建造成本的增加有必要投保吗?
    (15) 重置成本保险有必要吗?
    (16) 有厚玻璃板类的财物吗?
    (17) 像铸模、样品、印模等财物有未投保的情形吗?
    (18) 改良物有未保障的情形吗?
    (19) 办公室财物特别保障适合吗?
    (20) 商业财产保障适合吗?
    (21) 流动财产保单为财物提供了更好的保障吗?
    (22) 有期货销售、分期付款销售和特殊契约销售的商品吗?
    (23) 一种"售价"条款应该附上吗?
    (24) 品牌和标签条款必要吗?
    (25) 附加任何其他批单可改变保障的情形吗?
    间接损失(从略)
    他人财产(从略)
    运送中财产(从略)
  3. 财产保单的签订有不恰当的情形吗?(从略)
B. 犯罪损失暴露(从略)
C. 机动车暴露(从略)
D. 其他法律责任与员工赔偿暴露(从略)

资料来源:《风险管理》编写组:《风险管理》,成都:西南财经大学出版社1994年版。

三、资产—暴露分析表

美国管理学会在设计了风险分析调查表之后,又编制了资产—暴露分析表供企业界使用。该表的内容分为两大类,一类是资产,包括实物资产和无形资产,另一类是损失暴露,包括直接损失暴露、间接损失暴露和第三者责任损失暴露。表 5.4 是一个资产—暴露分析表的框架,其全部内容见附录 1。

表 5.4　资产—暴露分析表(框架)

资产
 A. 实物资产
  1. 不动产
  2. 动产
  3. 其他资产
 B. 无形资产(不一定在企业的资产负债表和损益表中出现的资产)
  1. 外部资产
  2. 内部资产

损失暴露
 A. 直接暴露
  1. 不可控制和不可预测的一般损失暴露
  2. 可控制或可预测的一般损失暴露
  3. 一般的财务风险
 B. 间接的或引致的损失暴露
  1. 所有直接损失暴露对下列各种人的影响
  2. 额外费用——租金、通信、产品
  3. 资产集中
  4. 风格、味道和期望的变化
  5. 破产——雇员、管理人员、供应商、消费者、顾问
  6. 教育系统的破坏——民族的、政治的、经济的
  7. 经济波动——通货膨胀、衰退、萧条
  8. 流行病、疾病、瘟疫
  9. 替代成本上升,折旧
  10. 版权或专利权遭到侵犯
  11. 成套、成双、成组部件的遗失
  12. 档案受损造成的权力丧失
  13. 管理上的失误
  14. 产品取消
  15. 废品
 C. 第三方责任(补偿性和惩罚性损失)
  1. 飞行责任
  2. 运动——运动队的赞助关系、娱乐设施
  3. 广告商和出版商的责任
  4. 机动车责任
  5. 合同责任
  6. 董事长和高级职员的责任

（续表）

7. 地役权
8. 业主的责任
9. 受托人和额外福利计划责任
10. 玩忽职守责任——失误与疏忽
11. 普通的玩忽职守责任
12. 非所有权责任
13. 业主责任
14. 产品责任
15. 保护责任
16. 铁路责任
17. 董事长和高级职员的责任（股东的派生责任）
18. 水上交通责任

资料来源：宋明哲：《现代风险管理》，北京：中国纺织出版社2003年版。

这种表格从另一个角度列举了企业所有的资产可能面临的风险损失，它不仅仅局限于可保风险，也包含不可保的纯粹风险，如果将它和风险分析调查表配合使用，会取得更好的效果。

第三节 风险识别的辅助方法

在运用风险清单的过程中，还需要配合以其他辅助方法作为补充，才能识别出风险清单中没有包括的一个企业的特殊风险。风险识别的辅助方法有很多，常用的有财务报表分析法、流程图法、事故树法、现场检查法和风险形势估计法等。在实践中，这些方法也都不是面面俱到，各种方法是相互补充的。

一、财务报表分析法

财务报表是企业一定期间内经济活动及其经济效果的综合反映，它记载了企业的大量经济活动情况，包括企业的建筑物、机器设备、产品种类、产品成本以及其他资产项目。财务报表还可以反映出企业内各部门之间的相互关系，企业对供货方、消费者的依赖程度，企业财务计划与财务状况，企业过去处理风险的财务开支以及过去曾发生的风险损失规模等。

财务报表法（financial statement method）是由克里德尔（A. H. Criddle）于1962年提出的。这种方法的优点是，首先，因为任何企业的经营活动最终涉及的不是现金就是财产，所以对这些项目进行研究会非常可靠和客观；其次，财务报表很容易得到，不像现场调查法或流程图法那样需要花费大量的时间实地采集资料和绘制特别的图表；再次，应用财务报表法进行风险识别的结果也是用财务术语的形式表达的，企业中其他管理人员和银行家等外部人员易于接受；最后，虽然财务报表法在初期只是用来识别纯粹风险，但实际上因为财务报表中也包含投机风险的信息，所以这种方法也可以用来识别企业的金融风险。

企业重要的财务报表有资产负债表、损益表、财务状况变动表等。通过资产负债表，我们可以得到损失暴露的信息,损益表中体现了公司业务盈亏风险的来源,财务状况变动表则反映了现金流量的风险。

应用财务报表识别风险,关键是从损失暴露入手,先找出损失暴露,再设想可能对这些损失暴露有影响的风险源。以企业的建筑物为例,企业所拥有的建筑物通常在资产负债表中予以注明,出租的建筑物以附注的形式注明,未来建筑物的购置在预算和战略计划中注明。明确了这些现有的和未来将有的建筑物之后,就能考虑与它们相联系的潜在损失,包括一旦发生损毁后的修理费用、内置的存货和设备的价值、建筑物无法使用时的收入损失以及雇员或客户在建筑物内受到伤害后导致的损失。如果是出租的建筑物,还要考虑它被损坏时对租赁合同的处置以及替代设施的成本。

按照这样一种思维方式,利用财务报表就能够识别出企业面临的财产风险、责任风险和人力资本风险。

二、流程图法

流程图法(flow-chart method)是指根据生产过程或管理流程来识别风险的方法。应用这种方法时,首先要将企业的生产运营过程按照各阶段的顺序绘制成图。流程图的类型有很多,按流程的内容划分,可分为内部流程图和外部流程图;按流程的表现形式划分,可分为实物流程图和价值流程图。

1. 内部流程图与外部流程图

只包含生产制造过程的流程图称为内部流程图,包含供货与销售环节的流程图称为外部流程图。如图 5.1 和图 5.2 所示,就是时尚制衣公司的内部流程图与外部流程图。

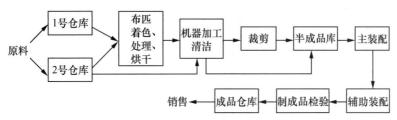

图 5.1　时尚制衣公司的内部流程图

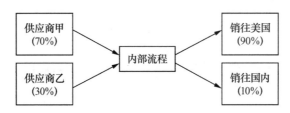

图 5.2　时尚制衣公司的外部流程图

由图 5.1 可以看出,原料进入 1 号仓库和 2 号仓库后,布匹原料开始着色、处理和烘干,2 号仓库中的辅料直接进入加工与清洁程序,然后送至半成品库,主料裁剪后也进入半成品库。接下来的流程都是单线的,即成衣经主装配和辅助装配后,进行成品检验,合格品放入成品仓库,开始销售。

外部流程图缩略了内部流程,突出了外部流程。在图 5.2 中,可以清楚地看出时尚制衣公司有甲、乙两个供应商,其供应原料的比例分别为 70% 和 30%。公司产品大部分销往国外,只有 10% 的产品在国内市场上销售。

2. 实物流程图与价值流程图

实物流程图反映的是某种产品从原材料供应到成品完成的生产全过程,除了像上述流程图那样将各个生产环节按照顺序用带箭头的连线连接起来以外,每个环节(如车间 A、仓库 B)中还标出产品名称,连线上则标出流动产品的数量。从实物流程图中可以明显看出各个生产环节之间的依赖关系。例如,车间 A 的产品供给车间 C 和 D,车间 C 生产出的材料又供给车间 E 等。由于连线上标出了产品流动的数量,如果某个生产环节出现问题,其他环节所受的影响就很容易推断出来。

价值流程图和实物流程图非常相似,所不同的是,在实物流程图中,各环节中以及环节之间的连线上标出的是物品的名称和数量,而价值流程图标出的是物品的价值,图 5.3 就是上述时尚制衣公司的价值流程图,其中,括号内的数字为生产环节的新增价值;箭头连线上的数字为转移到下一生产环节的迁移值,单位为某货币单位。

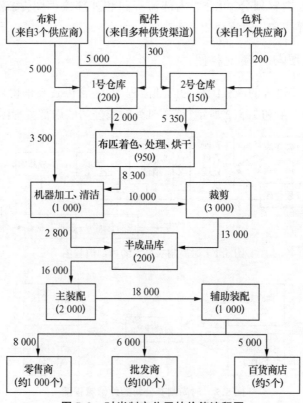

图 5.3 时尚制衣公司的价值流程图

3. 流程图的分析

流程图绘制完毕后,就要对其进行静态与动态分析。

所谓静态分析,就是对图中的每一个环节逐一调查,找出潜在的风险,并分析风险可能造成的损失后果。例如对图5.1进行分析时,就要思考这些问题:"1号仓库和2号仓库面临火灾风险吗?面临水灾风险吗?""着色车间的颜料和溶剂目前怎样放置?采取了适当的措施以防这些原料失火吗?地板是否干净,有没有可能导致工人摔倒?""是否有某种危险对半成品库构成威胁?""成品仓库有没有防火设施?成品有没有可能被水浸泡?"

类似于这样的问题都是针对单独某个生产销售环节的,而动态分析则着眼于各个环节之间的关系,以找出那些关键环节。例如,时尚制衣公司的主料和辅料在加工清洁后都要汇集到半成品库,然后再开始缝制,那么半成品库就是整个生产流程中一个非常关键的环节,一旦发生重大事故,公司将可能面临不能按合同如期交货而形成的产品责任风险。再如,公司有七成的原料来自供应商甲,一旦该供应商不能按期供货,就可能导致公司的连带营业中断(contingent business interruption)。又如,时尚制衣公司的产品90%外销美国,那么,影响美国拒绝或减少购买中国成衣的因素,也是连带营业中断风险的来源。

由此可以看出,流程图法的思路是,依据供货、生产和销售的程序,将公司的运作分成一个一个的环节,再逐一分析这些环节和环节之间的关系。这样更有助于识别关键环节,并可进行初步的风险评估。

流程图法的优点在于清晰、形象,基本上能够揭示出所有生产运营环节中的风险,而且对于营业中断和连带营业中断风险的识别极为有效。但流程图只强调事故的结果,并不关注损失的原因,因此,要想分析风险因素,就要和其他方法配合使用。

三、事故树分析法

事故树分析(fault tree analysis)是美国贝尔电话实验室于1962年首先提出的。它最早被应用于空间项目,之后,这种方法得到迅速发展,并不断改进。

事故树是一种树状图,由节点和连线组成,节点表示某一具体环节,连线表示这些环节之间的关系,这些都和流程图相似,但不同的是,流程图关注的是风险的结果,而事故树关注的是事故的原因。它是一种逻辑分析过程,遵循逻辑演绎的分析原则,从某一事故的结果开始,分析各种可能引起事故的原因。

事故树法既可以进行定量分析,也可以进行定性分析,既可以求出事故发生的概率,也可以识别系统的风险因素。同时,事故树简单、形象、逻辑性强,应用广泛。

四、现场检查与交流法

有的时候,用上面这些方法仍然难以识别出全部的风险,所以风险经理到现场实地检查各个部门的运作是十分重要的,这是风险经理必须做的事情。通过直接观察企业的各种设施及进行的各项操作,风险经理能够深入了解企业的活动和行为方式。

在进行现场检查前要做好充足的准备,对所要调查的部门及其风险暴露做一个大致的了解,准备好现场调查表,对所调查的每一个项目进行填写。表5.5是一张空白的现场调查表。如果对某一个项目不是第一次调查,则要找出上次填过的表格进行对照。例如表5.6是一个已经填写过的表格,再次检查时就要重点检查减压阀是否修好了。

表 5.5 现场调查表

项目名称	
项目职能	
使用年数	
项目状况	
故　　障	
采取行动	

表 5.6 夏光橡胶公司现场调查表

项目名称	501 号机器:混合箱
项目职能	天然橡胶与添加剂混合
使用年数	10 年
项目状况	状况中下,需要维修
故　　障	安全阀损坏,无人注意
采取行动	书面告知安全经理和车间主任

现场检查的优点非常明显,风险经理可以借此获得第一手资料。同时,在实践中,虽然这是风险经理最直接发现风险的方法,但风险经理毕竟不可能时刻在生产经营的第一线,最了解企业运作的是一线人员,他们不一定都有非常敏锐的风险意识,但风险经理却可以从他们的介绍中觉察到风险。这样,在现场检查之余,和其他部门的交流就显得极为重要,而与各部门管理人员建立和维持良好的关系也有助于管理的促进。这种交流既可以是口头的经常性报告,也可以是书面的定期报告。一套完善的交流制度是现场调查的有效补充,风险经理通过这种交流不仅可以认识到现场调查时没有发觉的风险隐患,还能随时掌握在两次现场调查之间出现的新风险。

现场检查方法最大缺点就是需要花费大量的时间,成本较高。

五、风险形势估计法

以上各种方法主要针对已经存在的生产流程或操作环节,而对于拟建设的项目,可以应用风险形势估计法。

1. 资料的收集

资料和数据的完备性直接决定着风险识别的成功与否,尤其对于拟筹建的项目,因为项目运作以后的各种情况在当前来说都是预想的,因此,那些将要成为事实的信息就更为重要,风险管理者要从这些信息中发现风险的迹象。这些资料包括项目本身的情况、项目的环境以及二者之间的关系,具体包括:

(1) 项目产品或服务的说明书

项目完成之后,要向市场或社会提供产品或服务。项目产品或服务的性质涉及多种不确定性,这些不确定性在很大程度上决定了项目将会面临什么风险。例如,对于一个加工皮革的项目,用什么样的原料、工艺和设备,技术人员和工人的层次,产品的销路是否可以预知,销路如何等,这些信息在项目产品或服务的说明中都有记载。一般而言,在所有其他风险因素相同的情况下,需要成熟技术的产品面临的风险将会比需要创新和发明的产品少。

(2) 项目的前提、假设和制约因素

项目的建议书、可行性研究报告、设计或其他文件一般都是建立在一些假设、前提和预测的基础上,但这些前提和假设在项目实施期间也有可能并不成立,因此,项目的前提和假设之中就隐藏着风险。

任何一个项目都处于一定的环境之中,受到一些内部和外部因素的制约。这些制约因素中,有的是项目活动主体无法控制的,例如法律、法规和其他规章等。例如,对于某个收费公路项目,政府规划部门规定了公路线路,要求施工时不得破坏沿线自然环境,收费标准必须报批,投资者的资本金必须超过项目预算的40％,雨季不能施工等。这些无法控制的制约因素中也隐藏着风险。

为了找出项目的所有前提、假设和制约因素,应当对项目的一些管理计划进行审查。例如,范围管理计划中的范围说明书能够揭示出项目的成本和进度目标是否定得太高,审查其中的工作分解结构,可以发现不易注意到的机会或危险。又如,对人力资源与沟通管理计划进行审查,可以发现哪些人员对项目的顺利进展有重大影响。再如,项目采购与合同管理计划中有关于采取何种计价形式的合同的说明,采用不同形式的合同,项目管理者将要承担的风险也不同。一般情况下,成本加酬金合同有利于承包商,不利于项目业主,但如果预测表明项目所在地的经济不景气将继续下去,则由于人工、材料等价格的下降,成本加酬金合同就会给业主项目管理者带来机会。

(3) 与本项目类似的先例

曾经实施过的可与本项目类比的项目及其经验教训对于识别本项目的风险非常有用。风险管理者可以通过翻阅过去项目的档案,分析其财务资料,如费用估算、会计账目等,向曾经参与该项目的有关各方面进行咨询来类推评估项目的风险。

2. 风险形势估计

风险形势估计通过明确项目的目标、战略、战术以及实现项目目标的手段和资源来确定项目及其环境的不确定性。

首先,项目的目标如果含糊不清,则无法评价项目目标是否已经达到,也无法激励人们制定实现项目目标的战略。项目目标要量化,目的是便于测量项目的进展、及时发现问题、当不同的目标出现冲突时便于权衡利弊、判定项目目标是否能够实现以及在必要时改变项目的方向或及时果断地中断项目。

其次,战略和保证项目目标实现的方针、步骤或方法,决定了项目的行动方向。例如,市政府要建设一个自来水项目以便扩大自来水的供应能力,这里,如何筹集建设资金以及具体由谁实施就是一个战略问题。一种方法是按常规从政府预算拨款,具体由市政工程局实施,另一种方法则向社会公开招标,由社会上有实力、信誉好的投资者按市政府的要求建设这个项目。

最后,战略靠战术来实现,战术决定了在给定的条件下项目的目标最终如何实现。具体的战术要根据可用的手段和资源情况确定,可用资源的质和量决定了选用何种战术。对于项目而言,预算资金和时间是主要的手段和资源,弄清项目有多少可以动用的资源,对于实施战术,进而实现战略意图和项目目标是非常重要的。

表 5.7 列出了项目风险形势估计的内容。

表 5.7 项目风险形势估计

依据:项目计划,项目预算,项目进度等
1. 项目及其分析
 (1) 为什么要搞这个项目,本项目的积极性来自何方
 (2) 本项目的目标说明
 (3) 将本项目的目的同项目执行组织的目的进行比较
 (4) 研究本项目的目的
  ① 明确项目目标
   • 经济的
   • 非经济的
  ② 说明本项目对项目执行组织的目标的贡献
  ③ 说明本项目的主要组成部分
   • 明显的规划约束和机会
   • 假设
 (5) 说明本项目同其他项目或项目有关方面的关系
 (6) 说明总的竞争形势
 (7) 归纳项目分析要点
2. 对行动路线有影响的各方面考虑
 (对于每一个因素,都应说明它对项目的进行产生怎样的影响)
 (1) 总的形势
 (2) 项目执行过程的特点
  ① 一般因素
   • 政治的
   • 经济的
   • 组织的
  ② 不变因素
   • 设施
   • 人员
   • 其他资源
 (3) 研究项目的要求
  ① 比较已有资源量和对资源的需求
  ② 比较项目的质量要求和复杂性
  ③ 比较组织的现有能力
  ④ 比较时间和预算因素
 (4) 对外部因素进行评价
  ① 查明缺乏哪些信息资料
  ② 列出优势和劣势
  ③ 初步判定已有资源是否足够
3. 分析阻碍项目的行动路线
 (1) 阻碍项目成功的因素
  ① 列出并衡量妨碍项目实现其目标的因素
  ② 衡量妨碍因素发生的相对概率
  ③ 如果妨碍目标实现的因素发生作用的话,估计其严重程度

（续表）

(2) 项目的行动路线
① 列出项目的初步行动路线
② 列出项目行动路线的初步方案
③ 检查项目行动路线和初步方案是否合适,是否可行,能否被人接受
④ 列出保留的项目行动路线和初步方案
(3) 分析阻碍项目的行动路线
以下步骤可反复进行,每次反复都经过这四步:
① 可能会促进上述阻碍项目成功的因素出现的行动
② 当上述阻碍项目成功的因素出现时,为了实施上述行动路线,仍然必须采取的行动
③ 因上述①和②两种行动而发生的行动
④ 针对上述行动的可能后果做出结论,以此为基础判断上述行动路线是否可行,能否被人接受,并将其优点与其他行动路线相比较
4. 项目行动路线的比较
(1) 列出并考虑各行动路线优点和缺点
(2) 最后检查行动路线和初步方案是否合适、可行,能否被人接受
(3) 衡量各相对优点并选定项目的行动路线
(4) 列出项目的最后目标、战略、战术和手段

资料来源：Robert N. Charette, *Software Engineering Risk Analysis and Management*, New York: McGraw-Hill Book Company, 1989.

本章总结 》》

1. 风险识别是风险管理中最重要也是最困难的一个步骤。

2. 风险源是指那些可能导致风险后果的因素或条件的来源,包括客观风险源和主观风险源。客观风险源是指由客观因素控制的环境,包括自然环境和人为环境;主观风险源是由于人们所掌握的信息有限,或者风险管理者对风险的理解、估算的能力有限以及实践中对风险的认识掺杂了主观的判断等原因导致的。

3. 来自客观风险源和主观风险源的不确定性可以分别称为随机不确定性和模糊不确定性。

4. 风险清单是风险识别的基本方法,它是一些由专业人员设计好的标准的表格和问卷,如风险分析调查表、保单检视表和资产—暴露分析表。这些标准表格的优点是经济方便,适合新公司、初次想构建风险管理制度的公司或缺乏专业风险管理人员的公司使用。其局限性是针对性较差;不能识别投机风险。

5. 风险识别的辅助方法有很多,常用的有财务报表分析法、流程图法、事故树法、现场检查法和风险形势估计法等。在实践中,这些方法是相互补充的。

进一步阅读的相关文献 》》

1. Chicken, J. C. and Posner, T., *The Philosophy of Risk*, London: Thomas Telford, 1998.

2. Daenzer, B. J., *Fact-Finding Techniques in Risk Analysis*, America: American Management Association, Inc., 1970.

3. Harold D. Skipper, *International Risk and Insurance: An Environmental Manage-*

rial Approach, McGraw-Hill Inc., 1998.

  4.《风险管理》编写组:《风险管理》,成都:西南财经大学出版社1994年版,第4章。

  5. 宋明哲:《现代风险管理》,北京:中国纺织出版社2003年版,第6章。

思考与练习》

  1. 举例说明某种风险的来源。

  2. 描述一种风险识别的基本方法与辅助方法,并说明它们的优点和局限性。

第六章 企业财产风险分析

┃本章概要┃

企业财产风险分析包括两个方面,一是对财产的权益和价值等进行评估,二是对可能导致财产损失的原因进行分析。本章将对财产的权益、财产价值的评估方法和可能导致企业财产损失的几类主要原因进行介绍。

┃学习目标┃

1. 了解企业财产的权益
2. 熟悉企业财产面临的风险类型及其基本形成原因
3. 学会运用重置成本法对财产价值进行评估

引 言

在风险管理发展初期,对企业财产所面临的风险进行管理就是风险管理者的主要工作,到了今天,这仍然是企业风险管理的重要部分。

风险经理每天都要对企业财产所面临的各种风险进行识别,并制定相关的风险管理决策。在这一过程中,要了解这些财产的权益、价值以及潜在风险的性质。

第一节 企业财产的类型与权益

一、财产的类型

财产的含义要比实物资产或有形资产的范围大得多,它是指一组源自某项有形的实物资产的权利或者是关于该有形的实物资产的某一部分的一组权利,只要这项实物资产具有独立的经济价值。[①]

财产所指的实物资产包括不动产和动产两类。不动产是指"土地以及在土地上生长、建造或固定的任何实物",动产是指"除不动产之外任何被拥有的财产"。

不动产通常包括:土地,土地上的湖泊、河流、地下水、矿藏、景观以及动植物等、建筑物及其附属物。动产则包括除此之外的其他物品,如货币、机器、设备和用品、原材料、生产流程中的未成品、成品、重要文件、运输工具等。

[①] 有的教材中将无形财产也列为财产的一部分,包括商誉、版权、专利权、商标、租赁权益、营业执照、商业秘密等。参见许谨良、周江雄主编:《风险管理》,北京:中国金融出版社1998年版。

二、财产的暴露后果

财产面临着多种多样的风险,这些风险暴露的后果即财产的损失,从损失的性质出发可以将之分为直接后果、间接后果和时间因素后果。

1. 直接后果

直接后果是指风险直接作用于真实物体,引起此物体价值的改变,如果是物体价值减少,就是直接损失。例如,在一次爆炸事故中,公司的一栋建筑物被毁,直接损失就是修复这栋建筑物的费用,或者这栋建筑物被毁之前的价值减去现存价值。又如,保险箱被盗,丢失的现金和有价证券的价值总额就是直接后果。

直接后果并不都是损失,投机风险的一些直接后果就可能是收益。比如,资金投资到股市上,就面临股票价格变动的风险,如果股票价格向有利的方向变动,投资者就会从低买高卖中获益,这种直接后果就是收益。

2. 间接后果

间接后果指的是,在风险因素对物体发生直接作用,导致直接后果以后,进一步产生的后果。

例如,暴风雨摧毁了输电线和变压器,使得居民家中储藏在冰箱的食品变质了,这里,直接后果是修复受损电线和变压器的费用,间接后果是变质的食品的价值。显然,食品变质所带来的损失并不是由暴风雨直接造成的。

同样,间接后果也可能是收益。

3. 时间因素后果

时间因素后果实质上也是一种间接后果,但和一般的间接后果不同的是,它的大小和时间有很大关系。①

一般地,如果财产受到直接损失后,有一段时间无法使用,那么在这段时间内就会发生时间因素损失。例如,某企业的组装车间发生事故,厂房被毁,企业为了保证业务流程的正常进行,另租房维持生产,直到原厂房修复完毕才可以使用。这里企业在他处租房的费用就是一种时间因素损失,因为房租的多少与原厂房不能使用的时间长度直接相关。因此,时间长度和由此带来的后果之间的密切关系是时间因素后果区别于其他间接后果的重要特征。

三、财产中的权益

财产对应于相应的权益,只有对财产拥有合法权益的个人或组织才可能因财产损毁而遭受一定的经济损失。在识别和评估企业商业活动中所涉及的财产风险暴露时,必须了解与财产有关的各种权益,这样才能对潜在的财产损失进行评价。

财产合法权益的拥有者主要有以下几类:

---

① 一些教材中将其归为间接后果,并不单独列出。

1. 所有者

所有者对财产的拥有分为独家所有和部分所有两种。最清楚的财产权益就是单一所有。所有者要承受财产遭受的直接损失、间接损失和时间因素损失。如果企业只拥有某项财产的部分所有权，那么它就只承担该项财产相应比例的部分损失。

2. 持有担保品的债权人

持有担保品的债权人包括：抵押品的受押者；处于留置权限制下的制造商；因运输费用或存储费用而拥有货物留置权的运输公司或仓储公司；在有条件的销售合同中，因购买货款未付足而留置不动产的卖主等。

持有担保品的债权人对于用作贷款保证的财产拥有一定的权益，因为这项财产的损毁会影响债权人向债务人索赔的能力。一旦担保品损毁，债权人承担的损失并不是这项财产的价值，而是贷款的未偿额。另一方面，从信贷中得到的收益是潜在收益。

3. 卖方和买方

在无条件销售合同中，当财产损毁或灭失时，拥有法定所有权的一方就会承担损失，另一方面，其潜在的收益就是销售利润。

很多情况下，买卖合同中都规定了什么时候财产所有权从卖方转移到买方。例如，在以离岸价格、成本加运费价或到岸价格成交的合同中，当货物越过船舷或装上船只，所有权即由卖方转移至买方。在以装运港船边交货价成交的合同中，当货物由卖方运送至停泊于装货港的载货船船边时、达到其装货用具所能达到的范围内或搬入码头仓库时，货物所有权即由卖方转移至买方。在以目的港船边交货价成交的合同中，当卖方将货物运送到目的港，在船边交给买方时，货物的所有权发生转移。

在所有权转移前后，同一财产属于不同的所有者，财产发生损毁时，损失的承担者也不同。

4. 承租人

承租人并不拥有其所使用的财产，但在规定时期内继续使用该财产有着受法律保护的权益。承租人也有义务在期满后归还该财产。承租人的这些权利和义务一般都在租赁协议中有所规定。由于承租人对于财产的这种特殊的角色，他一般不会面临财产风险暴露，但有三种例外情况值得注意：

首先，承租人应对由于自己的过失而造成的财产损失负责。例如，由于使用、保管或维修保养不当，造成租用财产损坏、灭失的，要负责修复或赔偿；如果擅自拆改房屋、设备等财产，要负责赔偿由此造成的损失。

其次，某些情况下，承租人对意外事故造成的财产损失也要负责。例如，有些租赁合同中就规定，承租人将财产归还给出租人时，其财产状况应与接收时的状况一样好，损耗除外。这就意味着承租人除了要对因自己疏忽造成的损失负责以外，对意外事件造成的损失也有责任。当然，承租人也可以通过合同条款将这些责任转移给出租人。

最后，承租人在使用租赁财物时，可能会对其进行改善，以从中获得某种利益。例如,商场承租人可能会在所租场所内安装玻璃橱窗以陈列样品,餐馆承租人可能会将所租场所分割为多个小房间。大多数租约都规定,出租人对承租人所进行的改善不负责任。在租赁期,承租人对这部分财产具有所有权权益。如果这些改善是可以搬迁的,那么如果改善发生损失,则损失视同承租人在租赁场所放置的其他动产;如果这些改善不能搬迁,则一旦发生损毁,承租人的损失就取决于这些改善在租约剩余期限内的价值。此外,如果租约可以展期,还可以使用重置成本法来评估承租人的损失。

5. 受托人

受托人是指按照委托合同从另一方(委托人)那里取得财产的人。他暂时拥有属于他人的财产,如洗衣店、仓库、修理厂等,他们对属于别人的财产进行清洗、保存和维修。受托人对财产损失所承担的责任通常取决于受托物的性质。一般来说,受托人对所保管的财产有合理注意的责任,他对由自己的疏忽引起的损失要负责。因此,对于托管财产,受托人所面临的风险实际上是一种责任风险,只是由于承担这一责任的代价等于财产的重置成本,因此风险管理人员在评估受托人所面临的这种风险时会视为受托人拥有这些财产。

6. 所有者代理人

受托人如果愿意承担所托财产因意外事故所造成的损失,则受托人就成为财物所有者的代理人。当受托人成为所有者代理人后,他不仅要对由自己的疏忽引起的损失负责,还要对由意外事故引起的损失负责。当然,此时他对所托财物也享有了某些权益。

第二节 潜在财产直接损失金额的评估

在风险评估中,对直接损失幅度的估算有的时候并不是直接应用实际直接损失金额,而是用财产的价值乘以损失率。因为损失率相对于各项财产的损失金额来说,更容易有一个大致的标准。因此,在对企业财产进行风险分析时,就要评估财产的价值。

财产价值的评估方法有很多,常见的方法包括重置成本法、收益现值法、清算价格法等。本节重点讲述重置成本法。

运用重置成本法评估资产的价值,就是用这项资产的现时完全重置成本(简称"重置全价")减去应扣损耗或贬值,即

$$被评估资产的价值 = 现时完全重置成本 - 应扣损耗或贬值$$

一、重置全价的估算

1. 加和法

这种方法按照资产成本的构成,以现行市价为标准,计算被评估资产的重置全价。首先,将资产按成本分为若干组成部分,再确定各组成部分的现时价格,然后加总得出待评估资产的重置全价,即

$$重置全价 = 直接成本 + 间接成本$$

其中,直接成本指的是购置全新资产的全部支出中可直接计入购置成本的支出。如果是自制资产,直接成本包括生产过程的费用、安装费用和按成本利润率计算的利润;如果是外购资产,直接成本则包括该资产按现行市价的购置费用、设备安装所需的材料费和人工成本等。

间接成本是指购置全新资产的全部支出中不能直接计入成本的支出,如管理费用、设计制图费用等。在实际工作中为了简化间接成本的估算,通常对间接成本按直接成本的一定比例进行估算,或者将人工成本乘以一定的分配率,这里的分配率是指一元人工成本应分摊多少间接成本,它可以根据历史数据进行统计分析得到,即

$$间接成本 = 直接成本 \times 间接成本占直接成本的百分率$$

或

$$间接成本 = 人工成本总额 \times 分配率$$

例6.1 重新购置机器设备一台,进价5万元,运杂费1 000元,直接安装成本800元,其中原材料费300元,人工成本500元。根据统计分析求得安装成本中的间接成本为每元人工成本0.80元,求该机器的重置全价。[①]

解答 直接成本:(50 000 + 1 000 + 800)元 = 51 800元

间接成本:500元 × 0.8 = 400元

则重置全价:(51 800 + 400)元 = 52 200元

2. 功能价值法

资产功能与资产成本之间一般都存在着线性关系或指数关系,功能价值法即基于这种关系,选择与被评估资产具有相同或相似用途、性质的参照资产,按照被评估资产与参照资产的生产能力的比例来估算被评估资产的重置全价,即

$$重置全价 = \frac{被评估资产功能}{参照资产功能} \times 参照资产重置全价$$

例6.2 重置全新机器一台,价值5万元,年产量5 000件。已知被评估的资产年产量为4 000件,求其重置全价。

解答 被评估资产的重置全价 = (4 000/5 000) × 5万元 = 4万元

3. 物价指数法

物价指数法又称为价格趋势法,它利用统计预测,通过价格变化趋势等指标,对被评估资产的账面价值进行调整,使之变为估算资产的重置全价。物价指数法的计算公式为

$$重置全价 = 被评估资产账面原值 \times \frac{评估基准日价格指数}{原购置日价格指数}$$

例6.3 被评估设备1990年购进,账面原值为10万元,1999年进行评估,已知1999年与1990年该类产品定基物价指数分别为180%与130%,求被评估设备的重置全价。

解答 重置全价 = 100 000元 × (180% / 130%) = 138 462元

[①] 本节部分例题来源于徐念慈、郭宝柱主编:《资产评估理论与实务》,长沙:中南工业大学出版社1997年版,第2章。

二、有形损耗的估算

有形损耗是指由于自然力的作用而发生的损耗。对一些固定资产,通常按照该资产的使用寿命及其使用和保养的具体情况来估算其有形损耗。某些特殊的固定资产,如大型稀有机器设备、飞机、船舶等可以根据工作量、工作时间、行驶里程等进行估算。对于原材料、产成品等资产,则应视其理化状态估算有形损耗。具体估算资产有形损耗的方法主要有以下几种:

1. 成新率法

成新率法是指由具有专业知识和丰富经验的工程技术人员对被评估资产的主要实体部位进行技术鉴定,确定资产的实际损耗程度,再与同类或相似全新资产进行对比,得出被评估资产的成新率,从而估算其有形损耗的一种方法。其计算公式为

$$有形损耗 = 重置全价 \times (1 - 成新率)$$

2. 使用年限法

资产有形损耗产生的直接原因是资产的使用和自然力的作用,而这两者又与时间密不可分。资产的使用时间越长,受自然力作用的时间越长,其有形损耗就越严重,反之亦然。使用年限法就是利用了资产的有形损耗程度与其使用时间之间的这种关系。其计算公式为

$$有形损耗 = (重置成本 - 残值) \times \frac{实际已使用年限}{总使用年限}$$

其中,残值是指被评估资产在报废时净收回的金额。

三、功能性损耗的估算

功能性损耗是一种无形损耗,它是指由于科技进步造成的贬值。要确定资产的功能性贬值,首先要选取可比资产,可比资产比待估资产要更新、效率更高、更能节约原材料或能源。其次,确定待估资产在一年中较可比资产的营运损失,即确定可比资产在一年的营运中比待估资产多节约的费用或是多增加的产出量的价值,这可视为待估资产在尚可使用年限内每年超额支出的产品生产成本或是功能性贬值的数额。最后,估测出待估资产的剩余使用年限,从而计算出待估资产在剩余年限内年功能性贬值的折现值。其计算公式为

$$功能性损耗 = 被评估资产年产品生产成本超支额 \times 剩余使用年限的年金折现系数$$

例 6.4 要评估某类机械设备的功能性损耗。已知新型同类设备比原有陈旧设备的生产效率高,可节约工资费用,具体数额如下:

	新型设备	陈旧设备
月产量	10 000 件	10 000 件
单件工资	0.80 元	1.20 元

已知所得税率为33%,资产剩余使用年限5年,折现率10%。计算其功能性损耗。

解答 新型设备和陈旧设备的月工资成本分别为8 000元和12 000元

月差异额:(12 000 - 8 000)元 = 4 000元

年工资成本超支额:4 000元×12 = 48 000元

所得税(33%):48 000元×0.33 = 15 840元

扣除所得税后:(48 000 - 15 840)元 = 32 160元

5年折现系数:3.7908

功能性陈旧贬值额:32 160元×3.7908 = 121 912.13元

第三节 企业财产损失的原因

一、财产损失原因的分类

财产损失的原因包括以下三种类型:

(1) 自然原因

自然原因是指由自然力造成的财产损失的原因,例如水灾、干旱、地震、风灾、虫灾、塌方、雷击、温度过高等。

(2) 社会原因

社会原因包括违反个人行为准则,如纵火、爆炸、盗窃、恐怖活动、污染、放射性污染、疏忽大意等,以及群体的越轨行为,如暴乱等。

(3) 经济原因

经济原因指的是经济衰退等方面的原因,这些原因不像自然原因和社会原因那样有着明显的影响,它对财产的致损作用更加隐蔽和复杂。如股价下跌导致股票贬值,技术进步导致设备贬值等。

二、地震

地震是由移动的地壳板块之间的摩擦造成的。这些板块的边界或断层是地震的发源处,它使某些地壳更容易因这一间歇性的活动而受到破坏性影响。而大陆和海洋板块交界处常常靠近自然海岸线,所以沿海地区容易发生地震。

地震的频率很难预测。尽管人们已经投入了大量的时间和精力,但基于过去的事件仍然不能对损失发生频率做出确切的估计。

1. 时空分布

从世界范围来看,地震较频繁的地区之一就是环太平洋地区,因为太平洋板块较薄,它被挤压在较厚的大陆板块下,稍有变化,原有的平衡就会被打破。著名的"火环"就是一条40 000公里长的地震带,这一区域从南美和北美的西海岸,跨过阿拉斯加以及阿留申群岛、日本、中国,一直到菲律宾、印度尼西亚和澳大利亚。在过去的几个世纪,这一环带发生的地震已经夺去了几百万人的生命。

中国位于环太平洋地震带与欧亚地震带之间,构造复杂,地震活动频繁,是世界上大陆地震最多的国家。据统计,20世纪中国发生震级$M \geq 6$级破坏性地震650多次,其中

7—7.9级地震98次,8级以上9次。1949年以来,发生7级及7级以上地震49次,死于地震的人数达28万,倒房700余万间,每年平均经济损失约为16亿元。现在全国地震基本烈度Ⅶ度以上地区占国土总面积的32.5%,有46%的城市和许多重大工业设施、矿区、水利工程位于受地震严重危害的地区。[①] 表6.1为1949年以来死亡人数较多的地震。

表6.1 1949年以来中国死亡千人以上的地震

日期	地点	里氏震级	震中烈度	死亡人数
1950.08.15	西藏察隅—墨脱	8.6	Ⅶ	3 300
1966.03.22	河北邢台(宁晋)	7.2	Ⅹ	8 064
1970.01.05	云南通海	7.7	Ⅹ	15 621
1973.02.06	四川炉霍(雅德)	7.6	Ⅹ	2 199
1974.05.11	云南昭通(大关北)	7.1	Ⅸ	1 541
1975.02.04	辽宁海城	7.3	Ⅸ	1 328
1976.07.28	河北唐山	7.8	Ⅺ	242 000

资料来源:范宝俊主编:《中国自然灾害与灾害管理》,哈尔滨:黑龙江教育出版社1998年版,第59页。

专栏6.1

印度洋地震海啸造成重大伤亡

2004年12月26日,正当全世界的人们都在期待新年到来的时候,印度洋发生了40年来最强烈的大地震,震源距印度尼西亚西部最大岛屿苏门答腊不远。高达里氏9.0级的地震引发了特大海啸。由于正值旅游旺季,受灾国家和地区又大都没有海啸预警系统,使得许多外国游客和当地居民在毫无准备的情况下遇难。据统计,至少30万人在这次灾难中丧生,大量财产被毁。

印度尼西亚受地震和海啸影响最严重的亚齐省沿海一带,许多村庄和城镇的建筑已经荡然无存,几乎被夷为平地。整个灾区哀鸿遍野,满目凄凉。

据慕尼黑再保险公司的保险专家估计,这次海啸造成的财物损失将超过100亿欧元(130亿美元)。

资料来源:根据新浪网(www.sina.com.cn)的有关资料整理。

2. 损失程度的表示

地震的损失程度可以用几种方法来表示。媒体上常用里氏级(Richter scale)来表示地震的大小。里氏级反映的是震源的地震能量,震源就是断层上突然发生断裂的区域。里氏级是一个无限对数数列,整数数字每增加一个,就代表能量增加10倍。

[①] 国家科委全国重大自然灾害综合研究组:《中国重大自然灾害及减灾对策(总论)》,北京:科学出版社1994年版。

衡量地震强度的另一个指标是修正梅氏强度等级(modified Mercalli intensity scale),即地震烈度。对于风险管理来说,用地震烈度来衡量地震的严重性比里氏级更有意义,因为它描述了地面晃动对人、建筑及地貌影响的强弱程度,我们很容易据此评价地震对人和财产的影响。

表6.2 修正梅氏强度等级

等级	描述
I	只有少数人可以感觉到。
II	处于建筑物上层的人可以感觉到。将物体悬挂,可能会摇晃。
III	房间里,特别是楼上房间里的人可以感觉到。停放的汽车轻微晃动。有类似卡车经过产生的震动。
IV	房屋里的人和许多房屋外的人可以感觉到。碗碟和门窗激震。墙发出断裂声。停放的汽车明显摇晃。
V	几乎每个人都可以感觉到。有些碗碟、窗户震碎。不稳的物体被掀翻。
VI	所有的人都感觉到。一些重家具发生移动;有的墙皮脱落。有轻微损失。
VII	设计良好的建筑物出现微小损坏;建造良好的普通建筑出现轻微到中等损失;粗劣建造的建筑物有相当大的损坏。
VIII	普通坚固建筑物出现相当大损坏——部分坍塌,粗劣建造的建筑物有重大损坏。
IX	相当大损坏;设计良好的框架结构发生倾斜。坚固建筑物有重大损坏——许多被移离地基。
X	一些建造良好的木建筑被毁;大多数砖石建筑和框架结构被毁。
XI	很少有(砖石)建筑物仍矗立。桥梁被毁。
XII	全部被毁坏。地平线扭曲。

资料来源:Harold D. Skipper Jr., *International Risk and Insurance: An Environmental Managerial Approach*, McGraw-Hill, Inc., 1998.

三、风暴

1. 时空分布

风暴风险造成了许多灾难性的事件,在一些国家,例如美国,风暴是所有自然风险中最严重的风险。表6.3列出了近年来的一些承保损失,可以看出,这些灾难性的损失有近三分之二是由风暴造成的。

表6.3 1970—1995年25起最大的承保损失

(单位:百万美元,按1992年价格计算)

损 失	死亡人数	日 期	事 件	国 家
16 000	38	1992.08.24	Andrew 飓风	美国
11 838	60	1994.01.17	南卡罗莱纳州 Northbridge 地震	美国
5 724	51	1991.09.27	Mireillie 龙卷风	日本
4 931	95	1990.01.25	Daria 冬季风暴(狂风)	欧洲
4 749	61	1989.09.15	Hugo 飓风	波多黎各
4 528	63	1989.10.17	Loma Prieta 地震	美国
3 427	64	1990.02.26	Vivian 冬季风暴(狂风)	欧洲
2 373	167	1988.07.06	Piper Alpha 公司海上石油钻井平台爆炸	英国

(续表)

损失	死亡人数	日　　期	事　　件	国　家
2 282	6 000	1995.01.17	神户 Hanshin 地震	日本
1 938	59	1995.10.14	Opal 飓风	美国
1 700	246	1993.03.10	东海岸的暴风雪	美国
1 600	4	1992.09.11	Iniki 飓风	美国
1 500	23	1989.10.23	Philips 石油公司发生爆炸	美国
1 453		1979.09.03	Frederic 龙卷风	美国
1 422	2 000	1974.09.18	Fifi 龙卷风	洪都拉斯
1 320	350	1988.09.12	Gilbert 飓风	牙买加
1 238	500	1970.08.04	雪暴、霜灾	美国
1 236	26	1991.10.21	漫及市区的森林大火、干旱	美国
1 224	350	1974.04.02	14 个州的龙卷风	美国

资料来源：Swiss Re，*Sigma*，No.2，1996.

中国是世界上少数几个受风暴影响较严重的国家之一，影响范围主要在太行山—武陵山以东，特别是东南沿海地区及海域。台风是风暴中最严重的一种类型。据统计，中国平均每年约有 7 个台风登陆，造成巨大经济损失，特别是随着沿海地区的开发和发展，损失逐年上升。1989 年台风引起的风暴潮、暴雨使 3 100 万亩农田受灾，倒房 60 万间，直接经济损失达 50 亿元。

中国登陆的台风大体有 5—6 年和 10 年左右的准周期。由于台风路径的变化，其影响范围也随之改变。一般来说，5 月份仅影响广东、广西、海南、台湾；6 月份向北扩大到福建；7、8 月份再向北扩大到浙江、上海、江苏、山东、辽宁；9 月份开始，影响范围回缩到上海以南；10 月份回缩到浙江以南；11 月份回缩到台湾、广东和海南地区；12 月份仅影响广东。从台风影响范围的季节变化来看，基本与洪涝同步。但是每年的情况也不是完全重复。

专栏6.2

台风"云娜"登陆浙江

2004 年 8 月 12 日晚 20 时，14 号台风"云娜"在浙江省温岭市石塘镇登陆，随后在浙江台州、温州、丽水和衢州一路肆虐，时间长达 13 小时。台风中心风力 12 级以上，10 级风圈达 150 公里，沿西北方向深入浙江内陆地区，并于 13 日中午 11 时离开浙江进入江西境内。此次台风强度大、范围广，过程最大风速为 58.7 米/秒，沿海地区普遍风力达 12 级以上，并伴有暴雨到大暴雨，局部地区特大暴雨。

截至 13 日下午，浙江省 50 个县(市、区)因台风死亡的人数已升至 115 人，失踪 16 人，伤病 1 800 多人，859 万人受灾，紧急转移安置 45.8 万人，被困村庄 392 个，农作物受灾面积 27.1 万公顷，绝收面积 2.3 万公顷，倒塌房屋 4.24 万间，损坏房屋 12.5 万间，直接经济损失 153.3 亿元。

灾害发生后，民政部启动了三级应急救灾响应预案。13 日，民政部、水利部分别会同财政部向受台风袭击的浙江划拨中央特大自然灾害救济补助费 4 600 万元，特大防汛补助经费 1 500 万元，以帮助当地抵御台风的袭击。

资料来源：根据新浪网(www.sina.com.cn)的有关资料整理。

2. 损失程度的表示

风暴用风速和方位来描述。Beaufort 级用来衡量风暴的风速,如表 6.4 所示。

表 6.4　Beaufort 等级

等　级		描　述	风　速(英里/小时)
0		无风	0—1
1		微风	1—3
2		轻风	4—7
3		柔风	8—12
4		和风	13—18
5		清风	19—24
6		劲风	25—31
7		强风	32—38
8	热	大风	39—46
9	带	狂风	47—54
10	风	风暴	55—63
11	暴	强风暴	64—72
12		飓风或台风	73 以上

注:1 英里 = 1.609 千米。

资料来源:Harold D. Skipper Jr., *International Risk and Insurance*: *An Environmental Managerial Approach*, McGraw-Hill, Inc., 1998.

由表 6.4 可以看出,8—11 级的风暴称为热带风暴。当风暴超过 11 级时,如果它在大西洋或太平洋北部地区生成,则称为飓风,如果在印度洋上生成,称为旋风,而在西太平洋地区生成时,则称为台风。

龙卷风也是风暴的一种类型,它是一种强烈的、小范围的空气涡旋,是在极不稳定天气下由空气强烈对流运动而产生的,由雷暴云底伸展至地面的漏斗状云(龙卷)产生的强烈的旋风。龙卷风的水平范围很小,直径从几米到几百米,平均为 250 米左右,最大为 1 千米左右。在空中直径可有几千米,最大有 10 千米。极大风速每小时可达 150 千米至 450 千米,龙卷风持续时间,一般仅几分钟,最长不过几十分钟,但造成的灾害很严重。

四、洪水

洪水灾害是指超出水道的天然或人工限制水流危及人们生命财产安全的现象。

中国是世界上洪水灾害发生最频繁的国家。洪水主要集中在东部,目前约 1/10 的国土面积、5 亿人口、5 亿亩耕地、100 多座大中城市、全国 70% 的工农业总产值受到洪水风险的威胁。时间上,除黄河凌汛外,中国的洪水大都发生在 7—9 月;地区上,洪水主要发生在中国七大江河及其支流的中下游地区。

(1) 长江

长江水灾的主要特点是:

① 发生频率高——一般性水灾年年发生,大水灾大约 3—5 年发生一次,特大水灾大约 10—20 年发生一次。

② 水灾范围广。

③ 汛期长,洪水峰高量大——长江干流实测最大洪水流量 92 600 米^3/秒(大通,1954

年),调查最大洪水流量 110 000 米^3/秒(枝城,1870 年)。一次特大洪水过程历时常常超过 50 天,1998 年特大洪水自 6 月中旬到 8 月底,历时两个多月。

④ 洪水年际变化较小。

⑤ 伴随暴雨洪水,中上游地区常发生数以万计的崩塌、滑坡、泥石流,因此进一步加剧了灾害的破坏损失程度。

⑥ 泥沙淤积比较严重,江湖行洪、蓄洪能力逐渐下降,洪水水位不断升高,洪水灾害趋于严重,防洪抗灾难度越来越大。

⑦ 主要洪灾区人口、城镇、财产密集,经济比较发达,洪灾破坏损失严重。

(2) 淮河

1991 年淮河流域发生较大洪水,淮河正阳关、蚌埠水位分别为 26.51 米和 21.98 米,居新中国成立后的第二位。由于当时淮河干流洪水位长期居高不下,加上沿淮两岸地势低洼和严重的雨情水情,形成"关门淹"。这次洪水使全流域受灾面积达 8 000 多万亩,直接经济损失 340 亿元,京沪、淮南等铁路交通几度中断,损失十分严重。

(3) 黄河

黄河下游洪水分为暴雨洪水和冰凌洪水两种类型。暴雨洪水由暴雨形成,一般发生在 6 月下旬至 10 月中旬,7、8 月份最大。洪水主要来源于中游地区。黄河下游东坝头以下,黄河流向转为东北方向,由于纬度的变化,温度的差异,容易形成冰凌洪水。黄河下游属于不稳定封河和开河,凌洪灾害在 12 月至来年 3 月上旬之间时有发生。治黄以来的两次堤防决口就发生在凌汛季节。

(4) 海河

海河流域主要分布在我国华北地区,沿渤海湾向西扇形打开。海河流域洪水由暴雨形成,故洪水发生的时间和分布与暴雨基本一致。洪水发生时间一般都在 6—9 月。特大洪水多出现在 7、8 月。

(5) 珠江

珠江流域洪水灾害频繁,尤以中下游和三角洲为甚。近年来,洪水出现的几率日渐增大,洪灾造成的损失也随着人口的增加和经济的发展而日益加重。据广东、广西两省(自治区)1988—1998 年十年来的统计,直接经济损失达 1 873 亿元,平均每年损失 184 亿元。

(6) 辽河

辽河流域暴雨多集中在 7—8 月,暴雨历时一般在 3 天以内,主要雨量集中在 24 小时内。由于暴雨历时短,雨量集中,主要产流区为山区、丘陵,产流速度快,故洪水峰高量小,陡涨陡落。

(7) 松花江

松花江洪水主要发生在 7—9 月,尤以 8 月为多,洪水主要来自嫩江和第二松花江的上游山区及广大区间。由于河槽的调蓄影响,洪水传播时间较长,涨落较慢。

五、环境风险

环境风险是近年来出现的一种新的基本风险,它是指人类行为可能造成的对人的伤害,以及对自然环境的灾难性损害。

1. 核风险

核能的开发与使用使得人们面临潜在的核风险。虽然核事故发生的概率非常小,但一旦发生核泄漏,放射性尘粒可能会飘到很远的地方,因此,潜在的损失难以估计。

专栏6.3

1986年乌克兰切尔诺贝利核电站事故

切尔诺贝利核电站是20世纪80年代苏联最大的核电站之一,位于乌克兰境内。对于那里的操作人员来说,安全不是他们的工作,他们唯一的任务就是发电。

1986年4月25日晚,操作人员想看看机器关闭时是否能发电,就将保险等设备关闭,而这使得放射出的能量过高,融化了核反应堆,4号核反应堆发生了爆炸。190吨辐射巨大的核反应物排放到空气中,这些辐射物质不仅扩散到乌克兰,甚至扩散到欧洲一些地区。管理者得到通知后扩散已经发生了,当时的清理人员甚至没有意识到危险的巨大,进行了草率的抢救,大多数人都是直接暴露在核辐射中。

几天后在基辅,大家对此一无所知,"5·1"节的时候,父母们还都把孩子带到阳光明媚的户外,直到环境部门检查空气质量时,才发现了恐怖的异常。

3个月后,31名工人死亡。在倾颓的4号核反应堆上建起了混凝土遮蔽所,而此后2年里另3座核反应堆依然工作。

1991年,1号反应堆起火,一年后遮蔽所也开始破损,政府花费了1.06亿美元修补破损的遮蔽所。

2000年12月,迫于国际压力,切尔诺贝利核电站永久关闭。

至今已有15 000人因此事件死亡,5万余人终生残疾,500万人因辐射而致病。

切尔诺贝利的风险成本之高令人无法接受。而且,人们开始意识到切尔诺贝利并不是一个孤立的风险事件。目前有67个苏联设计的核反应堆正在东欧和苏联使用。其中至少有26个与切尔诺贝利的反应堆是同种类型,因此存在严重的安全风险,并且,技术改良不能消除这个风险。

资料来源:根据北京电视台《传奇》栏目资料整理。

2. 全球变暖

近百年来,全球气候正经历着以变暖为主要特征的变化。20世纪全世界的平均温度大约上升了0.6℃,全球平均温度达到历史第四高。气候变暖导致南北两极冰川融化,海平面上升。20世纪全球海平面上升速度是近300年来最快的。从1900年至今,全球海平面高度平均上升了10—20厘米。

全球变暖与人类的频繁活动,尤其是人类在能源消耗和生产过程中大量排放二氧化碳等温室气体,以及全球环境恶化、污染加剧直接相关。

全球变暖的一个主要原因是稀有气体的增加。地球的大气层除了78%的氮气和21%的氧气之外,还包括二氧化碳、臭氧和甲烷等稀有气体,这些稀有气体的特性之一就是吸收地球散发的部分热辐射并反射回地表,从而减少从地球逃逸的热量。由于近年来全世界石油消耗增加,例如大量的汽车油耗,就使得稀有气体增加,尤其是二氧化碳。这使得反射回地表的热辐射增加,从而导致温室效应。此外,全球,特别是中纬度地区的森林遭受严重破坏,使得在20世纪中森林占地球表面积的比例从36%下降到23%[①],这也是全球变暖的一个重要原因。

科学界一直在研究人类行为对全球变暖的影响。1995年,联合国主持下的政府间气候变化会议(IPCC)得出结论:人类行为确实正在对全球气候产生明显的影响。

专栏6.4

全球变暖的影响

全球气候变化对人类的影响是巨大的。它不仅能够引发强烈地震,还将导致干旱、水灾和台风。例如,全球变暖导致海平面上升,将增大风暴潮的危害。据有关资料显示,在海平面上升50厘米的条件下,中国长江口潮差较大岸段,现在100年一遇的风暴潮将变为50年一遇;在珠江口,现在50年一遇的将变为10年一遇。

世界范围内,2004年,台风"南玛都"(Nanmadol)袭击菲律宾,马来西亚暴雨成灾,罕见暴风袭击日本等地。伊朗暴雨引发洪水,而南非则遭受了持续的严重旱灾。在南北美洲,先是强寒流袭击墨西哥,12月下旬,美国中西部地区又遭遇罕见暴风雪。大西洋上,飓风的活动也日渐频繁,当年从8月初到9月底,共有6个大型飓风(强度高于三级、最大风速每小时178公里以上)在北大西洋上形成。

相比这些极端天气事件,一些更反常的气候现象更能引起人们的重视:南极洲长出了越冬绿草,北冰洋冰川融化速度加剧,青藏高原冻土逐渐退化,而地处热带沙漠的阿联酋,居然飘起了雪花。

科学家们表示,要遏制全球气候变暖的趋势,恐怕主要的希望还应寄托在各国对《京都议定书》的严格执行上。《京都议定书》已经于2005年2月16日生效。

资料来源:根据《大海啸背后的全球气候危机》,《外滩画报》,2005年1月11日整理。

随着全球气候转暖,全球最大的保险商慕尼黑再保险公司开始越来越担心因此会承受更多的风险。该公司最近得出结论,过去数年中让慕尼黑再保险赔偿巨额损失的自然灾害中,许多都与气候转暖有直接关联。分析师认为,如果慕尼黑再保险最终认为结论正确,可能会大大抬高有关保费。[②]

3. 污染

污染包括空气污染、土地污染和水污染等,它对人类造成的影响可能持续很长时间。20世纪后半期,人们开始意识到污染造成的问题,一些发达国家开始限制在目前和未来

---

① Harold D. Skipper Jr., *International Risk and Insurance: An Environmental Managerial Approach*, McGraw-Hill, Inc., 1998.

② 《国际金融报》,2003年12月31日。

会产生污染的行为,政府也努力试图要求公共部门和私人部门中可能负有责任的各方来分摊污染的清理费用。那些被认为对污染负有重要责任的公司被要求支付大额资金来资助清理工作,而他们自然就想到要通过保险来转移这部分费用,于是导致了保险人和被保险人之间的一场争论:保险合同中的承保范围是许多年前写的,现在是否还适用?解决这些争议花费了大量法律费用。

专栏6.5

埃克森·瓦尔迪兹石油泄漏

美国阿拉斯加的威廉王子湾是世界上最大的渔场,每年的渔业收入达1亿美元。1977年年末,这里不幸遭受了灭顶之灾。

在阿拉斯加,绵长的原油运输管道运输着130亿桶原油,管道穿过北部的冻土带,终点就是威廉王子湾,原油在这里被装上运油船。

1977年,埃克森·瓦尔迪兹号运油船满载原油出航,船长在含糊地叮嘱了二副一些航线操作后,就回到自己的舱里。不幸的是,油船触礁,原油以每小时2万加仑的速度涌出船舱,最终一共有1100万加仑的原油泄漏,在海面上形成一条长8英里的有毒水带。原油污染的最大特点就是原油不会凝结,只会扩散,如果没有有效措施控制原油,每耽误一分钟,就意味着污染将再持续一分钟。这次事件最终使得威廉王子湾1500英里的原始海岸、1万多平方英里的海域被污染,大量动物中毒死亡。不久,飞鱼和大马哈渔场倒闭。

事后,埃克森公司称其将拿出22亿美元用于清除污染,14亿美元用于赔偿对公司提出的索赔要求。但在这里,12年后依然发现了当初原油泄漏的有毒物质的影响。科学家在海岸上打了100个洞,10%的洞中发现了原油,而且气味依然十分浓重。

最终的措施是,穿越阿拉斯加的原油运输管道减少了一半。每艘油船必须有拖船运出港口,但威廉王子湾的原始生态系统已被破坏。

资料来源:根据北京电视台《传奇》栏目资料整理。

六、火灾

火灾指的是一种异常的燃烧,并且其火势有蔓延扩大能力的危险状态。

1. 燃烧的类型

(1)闪燃

闪燃是指易燃与可燃液体挥发的蒸气与空气混合达到一定浓度,遇明火发生一闪即灭的燃烧现象。易燃与可燃液体发生闪燃时的最低温度称为闪点。可燃液体闪点的高低,是评定液体火灾危险性的主要依据。闪点越低,火灾危险性就越大。如汽油的闪点为 $-48℃—10℃$,煤油闪点为 $28℃—45℃$,所以汽油比煤油的危险性大。

(2)着火

可燃物受到外界火源的直接作用而开始的持续燃烧现象称为着火。一种物质开始着火所需要的最低温度,称作该物质的燃点。

(3) 自燃

可燃物在没有外部火花、火焰等火源的作用下,由于受热或自身发热并蓄热所产生的自然燃烧现象称为自燃。在规定条件下,可燃物质产生自燃的最低温度称为自燃点。

(4) 爆炸

爆炸是指由于物质急剧氧化或分解反应产生的温度、压力增加或者两者同时增加的现象。可燃气体、蒸气或粉尘与空气混合后,遇火产生爆炸的最低和最高浓度,称为爆炸浓度极限。

2. 火灾的风险因素

只有对火灾的风险因素有足够的认识和了解,企业的风险管理者才能对本企业面临的火灾风险有正确的判断,才能有效地对火灾风险进行防范和控制。

火灾风险因素分为有形风险因素和无形风险因素。有形风险因素包括可燃物、助燃物和点火源,其危险评价指标如图6.1所示。

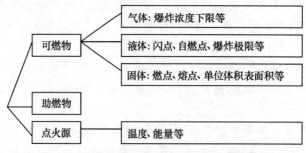

图 6.1 火灾的风险因素及其危险性评价指标

道德风险因素和心理风险因素这些无形风险因素对火灾风险的影响也不容忽视,特别是心理风险因素,如对火灾的不关心、侥幸心理、疏忽大意等是火灾发生的主要风险因素。

专栏 6.6

新疆克拉玛依友谊馆"12·8"特大火灾

1994年12月7日,新疆维吾尔自治区教委组织义务教育和扫盲教育检查验收团一行25人,到克拉玛依市检查工作。12月8日16时,克拉玛依市组织15所中、小学校的15个规范班及教师、家长等796人,在友谊馆进行文艺汇报演出。16时20分,舞台上方的照明灯烤燃幕布蔓延成灾,人们正在向场外疏散时,场内突然断电。而该馆8个疏散门,仅有一个开启,使得本来就混乱的局面雪上加霜。

这起火灾共烧死325人,其中少数民族73人;烧伤130人,其中重伤68人。死难者中有8—14岁的中、小学生287人,教师18人。火灾烧毁馆内装修及音响、电气设施等,直接经济损失约100万元。

在这次火灾中,安全门闭锁,疏散通道堵塞,是造成人员伤亡的主要原因。该馆共有8个向室外疏散的出口,演出时却只有一个开启。观众厅内两侧通道因装修被堵塞,南侧大厅通道堆放杂物变成仓库。观众厅内有 6 个内门,南侧两个内门关闭上锁,上百个死难学生就堆积在门口周围,其状惨不忍睹。

友谊馆是克拉玛依市最大的公共娱乐场所。1992 年改造装修时,并没有经过消防部门审核检查验收。在随后的几次消防安全检查中,被要求整改,该馆在 1993 年和 1994 年已经发生过灯具烤着幕布的事故,但这些都没有引起负责人的重视,最终导致了惨剧的发生。

资料来源:根据公安部消防局:《消防知识与典型案例》,北京:群众出版社 1995 年版整理。

本章总结

1. 财产是指一组源自某项具有独立经济价值的有形实物资产的权利或者是关于该有形实物资产某一部分的一组权利。

2. 财产面临着多种多样的风险,这些风险暴露的后果即财产的损失,从损失的性质出发可以将之分为直接后果、间接后果和时间因素后果。

3. 财产对应于相应的权益,只有对财产拥有合法权益的个人或组织才可能因财产损毁而遭受一定的经济损失。财产合法权益的拥有者主要有所有者、持有担保品的债权人、卖方和买方、承租人、受托人和所有者代理人。

4. 重置成本法是常用的评估财产价值的方法,其公式为

$$被评估资产的价值 = 重置全价 - 应扣损耗或贬值$$

5. 财产损失的原因包括自然原因、社会原因和经济原因三种类型。在自然原因中,地震、风暴、洪水等是影响较大的自然灾害,环境风险以及火灾则是比较普遍的社会原因。

进一步阅读的相关文献

1. Harold D. Skipper Jr., *International Risk and Insurance: An Environmental Managerial Approach*, McGraw-Hill, Inc., 1998.

2. 国家科委全国重大自然灾害综合研究组:《中国重大自然灾害及减灾对策(总论)》,北京:科学出版社 1994 年版。

3. 《风险管理》编写组:《风险管理》,成都:西南财经大学出版社 1994 年版,第 5 章。

4. 徐念慈、郭宝柱主编:《资产评估理论与实务》,长沙:中南工业大学出版社 1997 年版,第 2 章。

思考与练习

1. 举例说明财产的暴露后果。
2. 重置全价都有哪些估算方法?
3. 怎样估算有形损耗和功能性损耗?
4. 在我国,企业财产面临哪些自然风险?
5. 举例说明火灾有哪些风险因素。

第七章 法律责任风险分析

本章概要

法律责任风险是企业面临的一种普遍风险,它源于侵权责任法对责任的分配。我国法律对侵权责任的归责原则有两类:过错责任原则与无过错责任原则,美国民事侵权责任体系中的责任有三种类型:过失责任、严格责任与绝对责任。不同责任下的权利与义务有所不同。本章对中美两国的责任原则进行了分析,并对企业普遍面临的产品责任风险、环境污染责任风险和员工伤害责任风险进行了阐释。

学习目标

1. 了解民事侵权责任中分配责任的不同方法
2. 理解企业法律责任风险
3. 掌握不同责任类型的归责原则
4. 了解损害赔偿的类型
5. 了解企业所面临的典型责任问题的归责原则

引 言

在过去几十年里,随着损害事件的发生以及相应的法律不断完善,对商业责任的多样性和潜在重要性的认识有了惊人的增长。

现在的企业在经营的各个方面几乎都要受到责任风险的制约,包括:

（1）雇佣活动(除了雇主要对受伤的员工支付赔偿金的责任之外);
（2）销售给消费者的产品;
（3）废弃物的处理和有害化学物质的使用;
（4）公司领导者的行为。

对于企业来说,法律具有双重属性,它一方面是企业管理责任风险的工具,当企业的权益受到损害时,它可以拿起法律的武器为自己赢得赔偿;另一方面,它也是企业法律责任风险的来源。法律实际上是对责任风险的一种分配,谁承担责任,就意味着谁承担风险。法律的分支有很多,本章所讲述的法律责任主要指民事侵权责任。

第一节 民事侵权责任的类型

一、法系与法律体系的分支

1. 法系

世界各国的法律主要可以分为两大法系,即普通法系和大陆法系。

普通法系(Common Law System)也称英美法系或判例法系,它是指英国从11世纪起以日耳曼习惯法的普通法为基础,根据法庭的判决在长时间中逐渐形成的一种独特的法律制度。英国和美国的法律体系都属于普通法系。在普通法系的国家中,法庭上,原告和被告对案件进行针锋相对的陈述,法官在此基础上做出判决。一般法庭判决的时候,都遵循先前法庭判决的逻辑和规则,这称为判例原则。在实践中,这一原则并不排除做出具有革新性的判决或对判例做出具有独创性的适用的可能。

大陆法系(Code Law System)也称罗马法系、民法法系或成文法系,它是指从19世纪初以罗马法为基础建立起来的、以1804年《法国民法典》和1896年《德国民法典》为代表的法律制度,它还包括其他国家和地区仿效这种制度而建立的法律制度。在大陆法系国家,法律是由立法机关通过,并制定成法律条文的。审判阶段由法官组织与推进案件的审理,判决在审判阶段后做出。大陆法系一般包括法国、德国、奥地利、明治维新后的日本以及亚、非、拉的部分法语国家和地区的法律。

2. 法律体系、法律责任体系与民事侵权责任

中国的法律体系包括宪法、民商法、经济法、行政法、社会法、刑法、诉讼与非诉讼程序法。其中,民商法又包括合同法、民事侵权法及物权法等。合同法解释契约上的条款并解决契约双方的纠纷,比如一方因另一方没有履行合同上的条款而蒙受了损失;民事侵权法规范的是当事人不存在合同关系时产生的对他人的伤害行为。

从责任的角度来讲,在整个法律责任体系中,按照法律依据的不同可划分为民事责任、刑事责任和行政责任三种。我国的民事责任分为违约责任与侵权责任。违约责任是指当事人违反相互之间约定的义务而应承担的民事责任,它适用于有合同关系的当事人之间;侵权责任是致害人就其对受害人权益造成的损害应当承担的损害赔偿、赔礼道歉等民事法律责任,是行为人实施侵权行为后应该承担的民事责任。不同的责任由不同的法律来约束,本章所讲述的法律责任主要指民事侵权责任,由侵权责任法约束。

从某个角度来看,法律对损失责任的分配相当于是在进行风险的分摊。法律规定需要承担责任的一方就成为责任风险的承担者。

二、中国民事侵权责任的类型

对他人造成伤害而需要承担的责任,在不同情况下是不一样的,比如交通事故中的责任通常和产品伤害的责任不同。中国《侵权责任法》中将侵权责任分为过错责任和无过错责任,过错责任原则调整的是一般的侵权责任归属问题,无过错责任原则调整的是特殊的侵权责任归属问题。

1. 过错责任

过错(fault)分为故意和过失。故意是指行为人预见到自己的行为会导致某一损害后果而希望或者放任该后果发生的一种主观心理状态。过失是指行为人因疏忽或者轻信而使自己未履行应有注意义务的一种心理状态,是侵权责任法中最常见的过错形态。

《侵权责任法》第六条规定:"行为人因过错侵害他人民事权益,应当承担侵权责任。"

2. 无过错责任

无过错(no-fault)责任原则是指不以行为人的过错为要件,只要其活动或者所管理的人或者物损害了他人的民事权益,除非有法定的免责事由,行为人就要承担侵权责任。

《侵权责任法》第七条规定:"行为人损害他人民事权益,不论行为人有无过错,法律规定应当承担侵权责任的,依照其规定。"

三、美国民事侵权责任的类型

美国民事侵权责任体系中的侵权责任可分为三种类型,即过失责任、严格责任与绝对责任。

1. 过失责任

过失(negligence)责任是一种普遍的分摊责任的方法,它使得一方承担由于其疏忽或轻信而给他人造成的损失。

过失行为属于非故意侵权行为,它与故意侵权行为不同。故意侵权行为是指有预谋或有计划,但不必事先已经预料到后果的行为,如非法侵占、侵占他人财产、胁迫、殴打、非法监禁、人格诽谤、侵犯他人隐私、诬告、破坏他人合同关系等。而过失侵权行为则表现为行为人"丧失他的应有的预见性"而未达到应有的注意程度的一种不正常或不良的心理状态。过失分为两种:一种表现为,行为人对自己行为的后果应当或者能够预见而没有预见;另一种表现为,虽然预见到了其行为的后果,却轻信这种后果可以避免。在法庭上以过失为由起诉被告的时候,原告要能举证说明下述四个方面:(1) 被告具有法律规定的注意义务;(2) 被告没有履行注意义务;(3) 对义务的违反是导致伤害的近因;(4) 这种伤害造成了实质的人身伤害或财产损失。同时,被告拥有一定的抗辩权利。

2. 严格责任

在过失责任下,侵害人要承担由于自己的疏忽而给他人造成损失的赔偿责任,如果侵害人没有疏忽,就可以不承担责任。但由于许多行为的危险性较大,即使施加了合理的注意,侵害人也应该为损失负责,因此,很多情况下只要证明了行为的危险性,就可以起诉侵害人要求赔偿。这种情况下侵害人就承担了严格责任。

严格责任是指一种比没有尽到合理的注意而应负责的一般责任标准更加严格的一种责任标准,当承担严格责任时,如果应该避免的伤害事件发生,则无论当事人尽到了怎样的注意和采取了怎样的预防措施,他都必须为损失负责。此时,仍有一些(尽管是有限的)对责任的抗辩理由可以援引,只是已尽到合理的注意不能作为抗辩理由了。

严格责任是英美侵权行为法中的概念,在大陆法系的侵权法以及我国的侵权行为法中,没有直接使用这一概念,而是使用含义非常类似的无过错责任这一概念。英美法系严格责任原则的适用范围大致等于大陆法系无过错责任原则的适用范围加上过错责任原则的特殊形式(过错推定)适用的范围。

专栏 7.1

最早的严格责任判例:Rylands v. Fletcher

Rylands v. Fletcher 案例在英美法严格责任史上具有划时代的地位,许多学者认为 Rylands v. Fletcher 一案确立了近代严格责任的基本规则。在 1968 年英国的这个案例中,被告的河堤坍塌,淹没了原告的矿井。尽管被告没有疏忽,法庭仍判决其为原告的损失负责,因为损失显然是被告为该地区带来的非自然物(水)的蔓延而导致的。

此案的初审法官 Blackburn 认为:"法律的真正规则是,一个人为其自己的目的将一些如果一旦逃逸就会造成损害的物质放置、保留于其土地之上的,必须自行承担风险。"

资料来源:根据李仁玉:《英美侵权法严格责任的产生》,《中国法学》,1987 年第 3 期整理。

严格责任不仅适用于所有人对动物致人损害的责任,也适用于高度危险作业致人损害的责任,还适用于部分产品责任案件、工伤事故案件等。

3. 绝对责任

在绝对责任的情况下,只要受害人能够证实侵害人的行为导致了自己的损害,则侵害人就必须对受害人的损失负责。此时,侵害人并不一定有过失的行为,而且也没有任何权利为自己辩护。

绝对责任适用于极其危险的行为如爆破、使用炸药、豢养危险宠物等,此外,它还为美国的员工赔偿法提供了依据。

专栏 7.2

免 责

法院在很多情况下对慈善机构和政府的行为实行免责。

(1) 慈善机构

慈善事业的财产不能被用于支付判决,因此,很长时间以来慈善机构在进行自己的活动时不必为因自己的过失行为而承担法律责任而担忧。但现代的普通法已经规定,慈善机构对以下两种受害者要负责任:第一,因该机构挑选员工的过失,使得本应从该机构活动中受益却受到伤害的人;第二,其他因该机构员工的行为或者过失而受到伤害的人。

(2) 政府

对政府的一些行为实行免责,是为了维护与保持公众利益,如果政府总是因其过失与错误行为而被诉讼纠缠的话,这种经济负担就会使其不能提供有利于大众的服务。自 20 世纪 60 年代以来,政府所享有的相当广泛的豁免权开始不同程度地减弱,但大多数情况下,立法性的或纯粹的政府管理行为还是会受到法律豁免。

第二节 民事侵权责任的归责原则

归责是指责任的归属,即应由谁承担责任。侵权责任的归责原则是指据以确定侵权责任由行为人承担的理由、标准或依据。

一、过错的判断

很多人身伤害或财产损失都是由过错行为导致的,例如交通事故、医疗事故等。

1. 故意的判断

故意表现为行为人对损害后果的追求与放任心态,是一种典型的应当受到制裁的心理状态,但它必须通过一定的行为表现出来。在实践中,通过对行为人行为的调查可以认定行为人是否具有故意的心理状态,例如某人点着火把往另一人的房屋上扔这一行为本身就足以表明行为人具有故意的心理状态,受害人没有必要就行为人是否故意再承担举证责任。

2. 过失的判断

过失表现为行为人不希望、不追求、不放任损害后果的心态。如何判断某个人的过失,经历了一个发展过程,早期主要考察行为人的主观心理状态,但这导致受害人证明行为人的过错很困难,不利于保护其利益,发展到现在,对过失的认定逐渐客观化,主要依据以下客观标准判断其有无过失。

（1）行为人是否违反了法律、行政法规明确规定的义务

法律对某一特定领域规定了行为标准,行为人若违反了这一标准,就具有过失。如道路交通安全法中规定司机遇红灯时应停车,而司机没有这样做。

（2）行为人是否违反了一个合理人的注意义务

"合理人的注意义务"即多数人在特定情况下应当达到的注意程度,当行为人的义务未被明确规定时,以此为判断标准。根据该标准,判断被告是否有过失主要看一般人在被告所处的情况下,会怎么行为,若一般人会与被告做出同样的行为,被告就没有过失;反之,则有过失。

"合理人的注意义务"原则上不照顾行为人的特殊弱点,不管其是性急、害羞、健忘,还是反应慢、粗心大意等,原则上适用同样的标准;也不考虑行为人的经验、能力,例如一个没有经验的司机造成车祸所适用的判断标准与一个有多年驾驶经验的老司机所适用的标准是一样的。当然该标准原则上也不要求行为人比正常人履行更高的注意义务,它只要求被告履行常人的一般注意义务即可。

这一标准有两种特殊情形,一是专业人员的行为标准,二是无民事行为能力人或者限制民事行为能力人的行为标准。第一,"合理人的注意义务"是主要针对一般人的过失判断标准,但在现实生活中,还存在许多有特殊技能和知识的人,如医生、律师、会计师、

建筑师等。这些专业人员的行为标准就应当比一般人的行为标准高一些,要符合自己领域内公认的活动标准。例如,医生的注意义务应是其他医生普遍遵守的义务,而不是"一般人"普遍遵守的义务。《侵权责任法》第五十七条规定,医务人员在诊疗活动中未尽到与当时的医疗水平相应的诊疗义务,造成患者损害的,医疗机构应当承担赔偿责任。第二种情形主要针对未成年人和精神病人,他们的行为标准通常低于一般人的行为标准,在判断这类人是否履行合理注意义务时,应当考虑其年龄、智力和生理状况等因素。无民事行为能力人或限制民事行为能力人造成他人损害的,由其监护人承担侵权责任。

二、过错责任的归责原则

在过错责任原则制度下,只要同时满足以下条件,行为人就应承担侵权责任:①

1. 行为人实施了某一行为

若无行为人的行为,就不会产生侵权责任。这里的行为包括作为和不作为。

在多数情况下,行为人都是因为对他人的民事权益实施了积极的加害行为而承担侵权责任,例如殴打某人,毁坏某人的财产,散布某人的谣言等。《侵权责任法》规定的侵权责任大多是因为行为的作为而产生的。但在一些情况下,行为人不作为也可能产生侵权责任,这是现代侵权责任法的一种发展趋势,即在特定情形下行为人还负有积极保护他人的义务,例如《侵权责任法》第三十七条规定,宾馆、商场、银行、车站、娱乐场所等公共场所的管理人或者群众性活动的组织者,未尽到安全保障义务,造成他人损害的,应当承担侵权责任。

2. 行为人行为时有过错

在过错责任原则制度下,过错是确定行为人是否承担侵权责任的核心要件。当然,对于一些法律明确规定的特殊侵权责任,过错就不是必要条件了,如产品责任、环境污染责任、高度危险责任等。《侵权责任法》第七条规定,行为人损害他人民事权益,不论行为人有无过错,法律规定应当承担侵权责任的,依照其规定。第二十四条规定,受害人和行为人对损害的发生都没有过错的,可以根据实际情况,由双方分担损失。以上的无过错责任和公平责任的适用范围是法律特别规定的情形,只要法律没有明确规定不以过错为要件的,过错仍是行为人承担侵权责任的要件。

3. 受害人的民事权益受到损害

损害是指行为人的行为对受害人的民事权益造成的不利后果。《侵权责任法》第二条第二款规定,民事权益包括生命权、健康权、姓名权、名誉权、荣誉权、肖像权、隐私权、婚姻自主权、监护权、所有权、用益物权、担保物权、著作权、专利权、商标专用权、发现权、股权、继承权等人身、财产权益。不利后果通常表现为:财产减少、生命丧失、身体残疾、名誉受损、精神痛苦等。损害不但包括现实的已经存在的"不利后果",还包括构成现实威胁的"不利后果",此时,为防止其转化为现实损害,行为人也应当承担侵权责任。

---

① 王胜明主编:《中华人民共和国侵权责任法释义》,北京:法律出版社2010年版。

4. 行为人的行为和受害人的损害之间有因果关系

因果关系是指行为人的行为作为原因,损害事实作为结果,在二者之间存在的前者导致后者发生的客观联系。

因果关系的判断标准是,如果不是被告的行为,损失就不会发生。例如,汽车司机看到红灯时没有停车而把一名行人撞伤了,此时司机没有停车就是行人被撞伤的近因,因为如果司机看到红灯时停车,行人就不会被撞伤。相反,非因果关系的判断标准是,无论被告是否采取了足够的安全措施以保护其他方,损失都会发生。

现实行为中,侵权行为越来越多样化和复杂化,有的一因多果,有的多因一果,有的甚至多因多果,如何判断或者确定行为与损害之间是否存在因果关系就比较困难,也是审判实践面临的棘手问题。因果关系的判断中,比较复杂的就是有介入事件的情况。很多情况下,损害的发生并非只有唯一原因,而是由多个原因综合作用而成,这些原因可能是层层递进的串行关系,也可能是同时发生作用的并行关系。在有的国家的侵权责任体系中,对于前者,如果被告能够理性地预见到他的行为可能造成的伤害风险,那么即使他的行为并不直接导致伤害,也会被认为与伤害之间存在因果关系;对于后者,要分析这些原因对于损害的发生是否有影响。在我国,原则上,如何判断因果关系需要由法官根据个案的实际情况,依一般社会经验决定。

三、对过错的举证与抗辩

1. 对过错的举证

在过错责任原则中,对行为人是否有过错的举证责任通常由受害人承担。但很多情况下,受害人可能由于专业知识有限或其他原因,证明非常困难。为了既能维持过错责任原则的地位不被动摇,又能有效保护和救济受害人,一些国家和地区发展出了减轻受害人举证责任的规则。如英美法中有"不言自明"(res ipsa loquitur)。例如,做完手术后,病人一直觉得伤口疼痛,几年后,一个偶然的机会,发现手术缝合针留在了病人肚子里。这就是所谓的事实自证,此时,举证责任由被告承担,被告要证明这个事实不是他导致的,否则就要承担责任。我国采用的是"过错推定",《侵权责任法》第六条第二款规定:"根据法律规定推定行为人有过错,行为人不能证明自己没有过错的,应当承担侵权责任。"从其他国家过错推定实施和发展的结果看,过错推定近似于无过错责任原则,因此,对行为人而言,这是一种较重的责任,其适用范围须做严格限定。我国《侵权责任法》规定,机动车交通事故责任、物件损害责任主要适用过错推定,对无民事行为能力人在幼儿园、学校或者其他教育机构内受到损害的责任也适用过错推定。

2. 抗辩

被告的过错只是被告承担责任的必要条件,而不是充分条件。即使有过错,被告也有可能通过成功地应用抗辩,来免除或减轻对原告损失承担的责任。

《侵权责任法》中规定的抗辩事由主要包括三个方面:过失相抵、受害人故意与第三人过错、正当防卫与紧急避险。

(1) 过失相抵

《侵权责任法》第二十六条规定:"被侵权人对损害的发生也有过错的,可以减轻侵权人的责任。"但如果侵权人因故意或者重大过失致人损害的,最高人民法院《关于审理人身损害赔偿案件适用法律若干问题的解释》中规定,此时如受害人只有一般过失,不适用过失相抵。

过失相抵原则是仅适用于以过错责任为归责原则的一般侵权行为领域,还是也适用于以无过错责任为归责原则的特殊侵权行为领域,这在理论和实务中都是一个长期争论的问题。在我国现行的民事法律中,其适用范围是包括过错责任领域和无过错责任领域的,但鉴于无过错责任原则的确立是立法上以保护受害人利益为目的而进行的正义的分配,对于承担无过错责任的主体,只有在能够证明受害人对于损害的发生有重大过失的前提下,才能对受害人进行抗辩,即要求减轻自己的责任,以避免与法律保护受害人利益的目的相冲突。

在无过错责任原则领域,过失相抵的适用情况主要有以下三种类型①:

第一,法律规定的免责事由不包括对过失相抵进行抗辩。

《侵权责任法》第七十条规定:"民用核设施的经营人在发生核事故的情况下造成他人损害的,只有能够证明损害是因战争等情形或者受害人故意造成的前提下,才能免除责任。如果损害是由受害人的过失,哪怕是重大过失造成的,也不能减轻民用核设施经营人的责任。"

第二,法律规定只能以受害人的重大过失进行抗辩。

《侵权责任法》第七十二条规定:"占有或者使用易燃、易爆、剧毒、放射性等高度危险物的占有人、使用人造成他人损害的,只有能够证明被侵权人对损害的发生有重大过失的,才可以减轻占有人或者使用人的责任。"第七十八条规定:"饲养的动物造成他人损害的,动物饲养人或者管理人只能够证明损害是因被侵权人的重大过失造成的,才可以减轻责任。"《水污染防治法》第八十五条第三款规定:"水污染损害是由受害人重大过失造成的,可以减轻排污方的赔偿责任。"

第三,法律规定可以受害人的过失相抵进行抗辩。

一些法律条款中对可以应用过失相抵来抗辩的具体情形进行了规定,如《侵权责任法》第七十三条规定:"从事高空、高压、地下挖掘活动或者使用高速轨道运输工具造成他人损害的,经营者应当承担侵权责任,但能够证明损害是受害人故意或者不可抗力造成的,不承担责任。被侵权人对损害的发生有过失的,可以减轻经营者的责任。"再如《民用航空法》第一百五十七条和第一百六十一条规定:"飞行中的民用航空器或者从飞行中的民用航空器落下的人或者物,造成地面上的人身伤亡或者财产损害的,民用航空器的经营人能够证明损害是部分由于受害人的过错造成的,相应减轻其赔偿责任。"

专栏 7.3

受害人过失

案情简介:原告王某租住被告 A 市房产管理局所辖海滨新村 201 室公房。该栋房屋

---

① 王胜明主编:《中华人民共和国侵权责任法释义》,北京:法律出版社 2010 年版,第 138—139 页。

的接线总运输闸(黑线盒)安置在201室内。1994年7月15日下午3时许,201室发生火灾,原告家中部分物品损毁。A市公安局消防科出具了火灾原因分析意见书,确认起火部位在201室南窗右上部进户线的接线盒连接段上,并发现导线绝缘内焦、松弛,呈超负荷状,分析认为火灾系导线超负荷引起燃烧而致。火灾后,原告向人民法院起诉,称因接线盒及导线从自己承租的房屋内经过,该电线起火发生火灾致使自己部分财产受损,要求第一被告和第二被告(供电局)共同赔偿其经济损失。在诉讼中,第一被告提出:此次火灾事故是导线超负荷引起燃烧起火,但导线超负荷并非第一被告引起。火灾前第一被告曾到原告家要求更换电线,但原告坚持要求将接线盒搬至室外,否则不同意更换电线,故第一被告不应承担赔偿责任。第二被告称:首先,接线盒位置的移动必须要经过供电部门,而供电局没有接到原告要求移动接线盒的申请;其次,供电质量是合格的,因此,不同意承担赔偿责任。因调解未成,一审人民法院做出判决如下:原告的诉讼请求不予支持。一审判决后,原告不服,提起上诉,二审人民法院判决维持原判。

法律规定:《民法通则》第一百二十三条:从事高空、高压、易燃、易爆、剧毒、放射性、高速运输工具等对周围环境有高度危险的作业造成他人损害的,应当承担民事责任;如果能够证明损害是由受害人故意造成的、不承担民事责任。第一百三十一条:受害人对于损害的发生也有过错的,可以减轻侵害人的民事责任。

案例评析:在本案中,第一被告已经预见到导线超负荷有引起火灾的危险,并积极主动要求更换电线,第一被告在主观上对损害发生并无过错。第二被告没有接到原告要求移动接线盒的申请,且供电质量合理,因此,第二被告对损害的发生也没有过错。原告不配合第一被告换线,而是坚持要求第一被告将换线与将接线盒移到室外一起进行,但因第一被告无权擅自移动接线盒,最终导致换线未果。原告明知导线超负荷有引发火灾的危险,而对危险的发生持放任态度,阻止第一被告的换线行为,可见原告对损害的发生具有过失,并且是损害发生的唯一原因,人民法院判决驳回原告的诉讼请求是正确的。

资料来源:房绍坤主编:《侵权行为法案例教程》,北京:北京大学出版社2004年版,第95—97页。

(2) 受害人故意与第三人过错

受害人故意,是指受害人明知自己的行为会发生损害自己的后果,而希望或放任此种结果发生,受害人对损害的发生具有故意,足以表明受害人的行为是损害发生的唯一原因。根据行为人对自己的行为负责的原则,因受害人故意而造成的损失,应当由受害人自己承担责任。《侵权责任法》第二十七条规定:"损害是因受害人故意造成的,行为人不承担责任。"以受害人故意作为抗辩理由,而达到免除行为人民事责任的目的,需要具备以下构成要件:受害人存在故意;受害人实施了不当行为;受害人的行为与损害之间存在因果关系;受害人主张损害赔偿。

同上,从《侵权责任法》在具体侵权行为中所具体规定的受害人故意时的责任问题来看,受害人故意也适用于无过错责任,如第七十条、第七十二条和第七十三条的规定,又如第七十一条规定:"民用航空器造成他人损害的,民用航空器的经营者应当承担侵权责任,但能够证明损害是因受害人故意造成的,不承担责任。"此外,《道路交通安全法》第七十六条第二款也规定:"交通事故的损失是由非机动车驾驶人、行人故意碰撞机动车造成的,机动车一方不承担责任。"《水污染防治法》第八十五条第三款规定:"水污染损害是由受害人故意造成的,排污方不承担赔偿责任。"

第三人过错,是指在侵权案件的原告与被告之外的第三人,由于其主观上的过错而实施某种违法行为,该行为构成原告方损害发生或扩大的原因时,被告可依次主张减轻或者免除侵权的民事责任。与此相适应,第三人应对损害后果承担部分或全部赔偿责任。《侵权责任法》第二十八条规定:"损害是因第三人造成的,第三人应当承担侵权责任。"同上,第三人过错也适用于无过错责任,如第六十八条规定:"因第三人的过错污染环境造成损害的,被侵权人可以向污染者请求赔偿,也可以向第三人请求赔偿。污染者赔偿后,有权向第三人追偿。"第八十三条规定:"因第三人的过错致使动物造成他人损害的,被侵权人可以向动物饲养人或者管理人请求赔偿,也可以向第三人请求赔偿。动物饲养人或者管理人赔偿后,有权向第三人追偿。"

(3)正当防卫与紧急避险

《侵权责任法》第三十条规定:"因正当防卫造成损害的,不承担责任。正当防卫超过必要的限度,造成不应有的损害的,正当防卫人应当承担适当的责任。"第三十一条规定:"因紧急避险造成损害的,由引起险情发生的人承担责任。如果危险是由自然原因引起的,紧急避险人不承担责任或者给予适当补偿。紧急避险采取措施不当或者超过必要的限度,造成不应有的损害的,紧急避险人应当承担适当的责任。"

专栏7.4

法律没有规定的抗辩事由

一些国家的法律还将其他一些情况列为抗辩事由,例如"受害人同意",英美法中有"自愿者无损害可言"的原则,这是受害人同意作为抗辩理由的理论基础。如果受害人已经知道了某个行为中存在风险,可能导致损失,但仍然从事这项行为,那么就可以认为他自己愿意承担其中的风险。如果最终损害发生,被告可以以此为由进行辩护,摆脱责任。此时,被告需证明受害人有关于特定风险的知识,且自愿承担这一风险。我国在立法的时候对这些情况也有讨论,一直存在不同看法,最终没有做出规定,这些事由是:(1)意外事件;(2)"自愿承担损害"和"自甘风险";(3)国家机关工作人员依法执行职务;(4)自助行为。

四、无过错责任的归责原则

无过错责任原则是指不以行为人的过错为要件,只要其活动或者所管理的人或者物损害了他人的民事权益,除非有法定的免责事由,行为人就要承担侵权责任。在法律规定使用无过错责任原则的情况中,法官在判断被告是否应承担侵权责任时,不考虑被告有无过错,不要求原告证明被告有过错,也不允许被告主张自己无过错而请求免责。只要审理查明,被告的行为与原告的损害之间存在因果关系,即可判决被告承担侵权责任。

专栏 7.5

无过错责任原则的发展

在无过错责任原则出现前,侵权责任法领域实行的是过错责任原则。行为人只有在有过错的情况下,才对自己侵害他人民事权益的行为承担侵权责任,无过错就无责任。但到了 19 世纪末 20 世纪初,随着工业化的加速,技术日新月异,经济飞速发展,伴随而来的是事故大量发生,极大地危害生命和财产安全。在这样的时代背景下,对这些事故继续实行过错责任原则,一是会使受害人证明行为人的过错更困难;二是行为人也会找出各种无过错的理由进行抗辩,以免除自己的责任。最终的结果是大量受害人得不到赔偿,激化了社会矛盾,影响了社会的正常运行。为解决这一较为严重的社会问题,有的西方国家在坚持过错责任原则的同时,在交通肇事、矿石事故等纠纷中开始实行无过错责任原则。1838 年,《普鲁士帝国铁路法》第 25 条针对火车事故首先规定了无过错责任原则。19 世纪末 20 世纪初,美国、法国等西方国家相继以特别立法或判例的方式承认了这一原则。所以,无过错责任原则的产生是社会发展的必然结果。

我国 1986 年颁布的民法通则确立了无过错责任原则。《民法通则》第一百零六条第三款规定,没有过错,但法律规定应当承担民事责任的,应当承担民事责任。同时,第一百二十三条规定,从事高空、高压、易燃、易爆、剧毒、放射性、高速运输工具等对周围环境有高度危险的作业造成他人损害的,应当承担民事责任,如果能证明损害是由受害人故意造成的,不承担民事责任。这是高度危险作业适用无过错责任原则的一般规则,避免了单行法规定的疏漏。

近年来,随着我国工业化、城市化进程的快速推进,现代社会"风险社会"的特征愈加明显,为增强行为人的责任意识,同时使受害人能够得到及时有效的赔偿,我国现阶段更应该突出和强调无过错责任原则,扩大无过错责任原则的适用范围。

资料来源:王胜明主编:《中华人民共和国侵权责任法释义》,北京:法律出版社 2010 年版,第 46—47 页。

无过错责任的构成要件有四个:
(1) 行为;
(2) 受害人的损害;
(3) 行为与损害之间具有因果关系;
(4) 不存在法定的不承担责任的情形。

只要同时具备以上四个要件,且属于法律明确规定适用无过错责任原则的领域,行为人就应当承担侵权责任,而不问其有无过错,受害人也不用证明行为人有过错。

当然,设立无过错责任原则,并不是要使"没有过错"的人承担侵权责任,而主要是为了免除受害人证明行为人过错的举证责任,使受害人易于获得损害赔偿,使行为人不能逃脱侵权责任。

在许多适用无过错责任原则的领域,法律让行为人承担无过错责任,并非是因为其从事了法律禁止的活动,恰恰相反,这些活动是社会经济发展所必需的,社会允许其存在。但是,由于这些活动充满不同寻常的危险,且这些风险多数是不可控制的,即使采取所有预防意外的措施,也不可能避免危险,如飞机遇到空中的飞鸟、突遇恶劣天气而坠机等。在这些危险活动中,行为人承担侵权责任,不是因为其知道意外的发生而没有加以防范,而是其为了自己的利益,使别人面临这种特殊风险,法律允许其活动的条件是他必须对这种风险产生的后果负责。

根据《侵权责任法》的规定,我国适用无过错责任原则的情形包括:
(1) 雇佣关系中对用人单位的无过错归责;
(2) 产品质量责任;
(3) 机动车与行人发生事故的责任;
(4) 环境污染责任;
(5) 高度危险责任;
(6) 动物致人损害的责任。

法律未明确规定使用无过错责任原则的案件,均属于过错责任原则的适用范围。

五、共同侵权行为与连带责任

共同侵权行为是指两个以上侵害人共同侵害他人合法权益造成损害的侵权行为。共同侵权行为具有如下特点:
(1) 共同侵权行为的主体为二人以上;
(2) 共同侵权行为人一般应具有共同过失;
(3) 共同侵权行为的主体均实施了一定的行为;
(4) 共同侵权行为的损害后果是同一的。

大多数大陆法系民法典都规定,共同侵权人对受害人各自负连带责任。中国《侵权责任法》第八条规定:"二人以上共同实施侵权行为,造成他人损害的,应当承担连带责任。"

连带责任是指由法律专门规定的应由共同侵权行为人向受害人承担的共同的和各自的责任,受害人有权向共同侵权行为人中的任何一人或者数人请求承担全部侵权的民事责任;任何一个共同侵权行为人都有义务承担全部侵权的民事责任;已承担全部民事责任者可向其他共同侵权行为人进行追偿。①

在共同侵权行为下,原告只能得到一次损害赔偿金,如果某些责任方没有赔偿能力,则所有赔偿责任将由其余的责任方承担。

但共同侵权和连带责任是两个不同的概念,导致连带责任的不一定是共同侵权行为,如《侵权责任法》第五十一条规定:"以买卖等方式转让拼装或者已达到报废标准的机动车,发生交通事故造成损害的,由转让人和受让人承担连带责任。"第七十四条规定:"遗失、抛弃高度危险物造成他人损害的,由所有人承担侵权责任。所有人将高度危险物交由他人管理的,由管理人承担侵权责任;所有人有过错的,与管理人承担连带责任。"

第三节 损害的赔偿

损害(damage)是侵权行为所造成的一种后果,具体表现为受害人的死亡、人身伤害、

---

① 张新宝:《中国侵权行为法》(第二版),北京:中国社会科学出版社1998年版,第174页。

精神痛苦以及各种形式的财产损失,如图7.1所示。

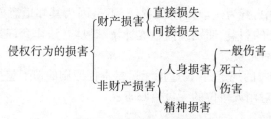

图 7.1 侵权行为的损害

侵权损害赔偿有广义与狭义之分,广义的损害赔偿是指侵权行为的民事责任,即侵权责任,狭义的损害赔偿仅指赔偿损失的民事责任。这里的损害赔偿指的是狭义的损害赔偿。

一、财产损害赔偿

财产损害是指受害人因其财产受到侵害而造成的经济损失,它是可以用金钱的具体数额加以计算的实际物质财富的损失。

财产损害可以分为直接损失和间接损失两种,直接损失一般指由于侵权行为直接作用于受害人的财产权的客体所造成的财产损失。对于直接的财产损失,原则上应当全面赔偿。《侵权责任法》第十九条规定:"侵害他人财产的,财产损失按照损失发生时的市场价格或者其他方式计算。"

间接损失是指财产增值利益的损失,损失指的不是财物自身价值的减少,而是受害人利用该财物在经营中应创造出新价值而因遭受侵害未创造出来的可得利益的减少或者灭失,如财产的法定或天然孳息的丧失,受害人可得的经营利润的丧失,受害人可得收入的丧失等。因此,不能将财产损害的本身计算在间接损失当中。增值状态的财物是指正常生产、经营过程中以生产、经营资料的面目出现的财物。例如,如果房屋供自己居住,不会发生增值,但是将房屋出租收取租金,房屋就成为增值状态的财物。同时,间接损失并不是指一切可以期待的利益的损失,而是指确定可以得到的期待利益的损失,例如,甲将某物出租获取租金,乙将该物损毁,则乙除了应赔偿甲该物的直接损害外,还应该赔偿甲因该物损毁而丧失的租金,即间接损失。再如,如果该物只是供甲自己使用,后被乙损毁,此时甲就不可以以日后不能取得租金为由主张乙赔偿间接损失,因为这里的租金是不确定的。

由于财产损害造成间接损失的情况比较复杂,是否赔偿、如何赔偿,无论是在理论界还是在司法实务中都还存在争议。在相当一部分案件中,间接损失得到赔偿,而在另一些案件中,受害人所主张的间接损失又得不到赔偿。有的学者认为,间接损失是否应当得到赔偿,主要取决于受害人在未来得到该"可得的"财产利益的可能性大小。如果受害人将来得到该财产利益的可能性较大,该间接损失就应当得到赔偿;反之,如果受害人得到该财产利益的可能性较小,该间接损失就不能成立,也不应予以赔偿。

二、人身损害赔偿

人身损害是指侵害他人的身体所造成的物质机体的损害,根据损害的程度不同,可以分为一般伤害、残疾和死亡三种类型。

无论是一般伤害、残疾还是死亡,均属于对他人身体的损害。因此,人身损害的赔偿首先涉及的就是对他人身体造成的"物质"性损害而应承担的赔偿责任。然而,人身损害不能仅以受害人遭到损害的物质机体本身的价值作为赔偿的确定标准,而应考虑受损机体得以恢复所需的全部费用。《侵权责任法》第十六条规定:"侵害他人造成人身损害的,应当赔偿医疗费、护理费、交通费等为治疗和康复支出的合理费用,以及因误工减少的收入。造成残疾的,还应当赔偿残疾生活辅助器具费和残疾赔偿金。造成死亡的,还应当赔偿丧葬费和死亡赔偿金。"表7.1列出了不同损害类型的赔偿范围。

表 7.1 不同损害类型的赔偿范围

损害类型	赔偿范围
一般伤害	医疗费、误工费、护理费、交通费、住宿费、住院伙食补助费、必要的营养费等
残疾	除一般伤害赔偿范围之外,还包括:残疾赔偿金、残疾辅助器具费、被抚养人生活费、康复护理及后续治疗的费用等
死亡	除一般伤害赔偿范围之外,还包括:被抚养人生活费、丧葬费、死亡赔偿金,受害人亲属办理丧葬事宜支出的交通费、住宿费和误工损失等

三、精神损害赔偿

精神损害是指当受害人的名誉权和隐私权等人格权受到侵害时精神上的痛苦。[①]

中国《民法通则》第一百二十条第一款规定,公民的姓名权、肖像权、名誉权、荣誉权受到侵害时,有权要求停止侵害,恢复名誉、消除影响、赔礼道歉,并可以要求赔偿损失。《侵权责任法》第二十二条规定:"侵害他人人身权益,造成他人严重精神损害的,被侵权人可以请求精神损害赔偿。"最高人民法院《关于确定民事侵权精神损害赔偿责任若干问题的解释》对精神损害赔偿的适用范围做了界定,扩大了赔偿范围。

精神损害是一种无形损害,它不能像财产损害那样,可以通过一定的标准加以确定,对于精神受到损害的人给予金钱赔偿,并不具有等价性,而是具有补偿、惩戒的特征。侵权责任法制定之前,我国现行法律没有明确规定精神损害赔偿,但也不能说绝对没有精神损害赔偿的法律规定,如在死亡赔偿金、残疾赔偿金中是否包含精神损害赔偿内容,是值得探讨的。

最高人民法院《关于确定民事侵权精神损害赔偿责任若干问题的解释》列出了确定精神损害赔偿额的注意事项:

(1)因侵权致人精神损害的,只有造成严重后果的,受害人才有权请求精神损害赔偿抚慰金。如未造成严重后果,受害人请求赔偿精神损害的,一般不予支持。

(2)精神损害的赔偿数额根据以下因素确定:① 侵权人的过错程度,法律另有规定的除外;② 侵害的手段、场合、行为方式等具体情节;③ 侵权行为所造成的后果;④ 侵权人的获利情况;⑤ 侵权人承担责任的经济能力;⑥ 受诉法院所在地平均生活水平。

四、惩罚性赔偿

一些英美法系国家承认惩罚性赔偿制度,尤其是在美国法中,损害的赔偿就分为补

---

① 也有学者认为精神损害赔偿还包括肉体上的疼痛,见张新宝:《中国侵权行为法》,北京:中国社会科学出版社1998年版,第103页。

偿性赔偿和惩罚性赔偿两类。惩罚性赔偿一直是一项颇为重要同时又不乏争议的制度，它适用于被告鲁莽或故意行事，毫不顾及对原告会造成的伤害风险。惩罚性赔偿的判决数额可能十分惊人，有时远远超过原告的损失。例如，通用汽车公司就曾在一起诉讼中被判处 1.05 亿美元的赔偿，其中 1.01 亿美元是惩罚性赔偿；2005 年 8 月，美国得克萨斯州一个陪审团对全美首起关节炎镇痛药"万络"人身伤害诉讼案做出裁决，判决世界医药巨头默克公司支付原告高达 2.53 亿美元的赔偿金，包括 2.29 亿美元的惩罚性赔偿。

但是，惩罚性赔偿在大陆法系中从未被正式承认为民事责任的一种形式，主要原因是：这些国家严格区分公法和私法，惩罚性赔偿具有强烈的惩罚性，应属于公法责任，而民事责任的主要功能在于补偿受害人的损失。[①] 但近年来，有的大陆法系国家和地区也开始规定惩罚性赔偿。如我国的《消费者权益保护法》第四十九条规定："经营者提供商品或者服务有欺诈行为的，应当按照消费者的要求增加赔偿其受到的损失，增加赔偿的金额为消费者购买商品的价款或者接受服务的费用的一倍。"《侵权责任法》第四十七条规定："明知产品存在缺陷仍然生产、销售，造成他人死亡或者健康严重损害的，被侵权人有权请求相应的惩罚性赔偿。"这些对惩罚性赔偿的规定的目的，不在于弥补被侵权人的损害，而在于惩罚有主观故意的侵权行为，并遏制这种侵权行为的发生。

第四节　典型责任问题

企业的风险经理经常要面临法律责任风险的处理问题，本节对企业所面临的一些典型法律责任问题进行分析。

一、产品责任

产品责任是指因产品有缺陷造成他人财产和/或人身损害，产品制造者、销售者所应承担的民事侵权责任。

随着工业的发展，产品致人损害的案件逐渐增多，最初，为了保护消费者免受缺陷产品的侵害，使其在受到损害时能够得到比较公平的法律救济，立法者借助合同法来实现此目标，即明示担保与默示担保。随后，由于担保理论的局限，许多国家的产品责任法逐渐突破合同法的框架，产品责任被部分或全部地确认为侵权责任。可以说，产品责任法的发展与商品经济的发展紧密联系，经历了从合同责任到侵权责任，从一般侵权责任（过失责任）到特殊侵权责任（严格责任）的发展过程。

侵权法的主要功能之一就是平衡社会主体之间各种错综复杂的利益关系，而产品责任法作为当代侵权法的最重要的分支之一，实际上也具有这种平衡的功能，即平衡两大市场主体——消费者集团和生产者集团之间的利益关系。商品经济的不同发展阶段，消费者集团相对于生产者集团的地位也各有不同，他们之间在利益方面的矛盾推动了产品责任法的发展，并使产品责任法呈现出不同的历史差异和地区差异。本部分主要介绍美国产品责任法的发展历史。

[①] 王利明主编：《民法典·侵权责任法研究》，北京：人民法院出版社 2003 年版。

1. 第一阶段:合同责任

在商品经济发展的初级阶段,生产者和消费者的划分并不明显,在同一市场上一种商品的制造者和销售者可能也是另一种商品的购买者和消费者,在简单的经济和技术条件下,生产者或销售者并不比购买者或消费者拥有更多的知识或更强的经济实力。这一时期的法律以古罗马法和中世纪法为代表,侵权法不发达,尤其对缺陷产品造成消费者身体或财产的损害更缺少保障,即使是买卖法也盛行"买者自慎"法则(caveat emptor,"let the buyer beware"),要求买者应自己承担检查商品缺陷的责任,出卖人无须对商品的缺陷负责,除非已明示保证此责任。

现代工业革命后,随着科技进步和经济迅速发展,日益复杂的商品大量出现,由缺陷产品造成的事故不断上升,此时消费者集团相对于生产者集团的弱势地位也日渐凸显,但此时法院为保护工商业的迅速发展,极力避免对企业经营者和产品制造者科以责任。在近代有关产品责任的侵权诉讼中,法院往往沿袭1842年英国高等法院受理的"温特伯姆诉赖特案"(Winterbottom v. Wright)中确立的"合同责任"原则来限制受害人可能提起的有关缺陷产品的侵权诉讼,即产品责任被作为一种依附于合同的准合同关系来看待,受到"合同相对性"(privity of contract)①的制约,消费者只有同生产者、销售者之间存在直接合同关系,才能依合同就缺陷产品对自己造成的人身、财产损害要求生产者、销售者承担民事责任,非订立合同当事人虽因商品发生损害,但因商品制造者对受害人无合同关系,故无须负责。

专栏7.6

温特伯姆诉赖特案

此案发生于1842年。原告温特伯姆是英国驿站雇用的马车夫,驿站事前与被告赖特订有一份由赖特提供安全性合格的马车以运送邮件的契约。被告赖特在约定的时间内提供了马车。但当温特伯姆驾驶该车运送邮件时,车轮突然塌陷,车子破裂使之受伤。为此原告温特伯姆向被告赖特提起了索赔之诉,被告赖特则以原告温特伯姆不是供车契约当事人为由而提出抗诉。结果,英国最高法院认可了被告的理由,判其胜诉。法院认为,被告保证马车处于良好状态的责任是向另一签约方——驿站承担的签约责任,而无须对原告温特伯姆负有责任。

一般认为,此案是英国也是世界产品责任制度的发端。

资料来源:http://en.wikipedia.org/wiki

该规则对许多国家,特别是对英美法系国家的影响长达半个多世纪。在这种以合同关系作为基础的产品责任诉讼中,第三者的利益得不到充分保障,判决的结果有时是显失公平的。

---

① 意指合同责任只存在于签订合同的当事人之间,不涉及合同外的第三人。

2. 第二阶段:过失责任与担保理论

工业革命以来由于商品的生产和销售方式都发生了巨大的变化,一种产品要经历生产、运输、仓储、批发、零售许多环节才能最终到达消费者手中,把产品责任的主体仅限于有直接契约关系的当事人之间实际上大大限制了那些遭受人身和财产损害的消费者获得损害赔偿的可能性。

(1) 过失责任

1916 年开始,被有缺陷的产品伤害的消费者开始能够在民事侵权法的保护下得到损害赔偿。这一转变源于一个重要的案例——"麦克弗森诉别克汽车公司案"(MacPherson v. Buick Motor Co.)。这一案例改变了最初产品责任的诉讼要求,抛弃了原有的"合同相对性"理论,确立了疏忽责任理论,受害方不需要合同关系,就可以从制造商那里获得损害的赔偿,也就是说,制造商对其产品给最终消费者带来的损害也是负有责任的。但是,这种责任在当时以过失要求权为基础,当原告以疏忽为由起诉时,原告必须证明:① 被告没有尽到"合理的注意";② 由于被告的疏忽直接造成原告的损失。如果制造商没有疏忽,或消费者无法取证,赔偿也难以得到。

专栏7.7

麦克弗森诉别克汽车公司案

原告麦克弗森从零售商处购买了一辆由别克汽车公司制造的汽车,当他驾车行驶时,车轮上的木制轮辐突然断裂,导致他从车中摔出来并受了伤。于是原告提起诉讼,要求被告赔偿损失。被告的律师在答辩中声称:从别克公司的角度来说,它把车轮的生产授权给了另一家公司,并把小轿车卖给了一个零售商,车是由零售商转售给麦克弗森的。他援用温特伯姆诉赖特案认为,买车合同是与销售商订立的,与原告无直接合同关系,因此制造商对此不负责任,不存在赔偿问题。卡多佐法官代表上诉法院多数意见表示拒绝接受英国判例的约束,并声明:"上述判例是在以公共马车旅行的时代援引的,它不适用于今天的旅行条件。危险在所难免的原则固然没有变化,但适用该原则的事物已变化。"最后,法院判决被告败诉。

资料来源:http://en.wikipedia.org/wiki

(2) 担保理论

在实践中,适用过失责任理论还很难证明中间商的产品责任,因为他们一般不负有检查瑕疵的义务,所以很难证明他们在出售产品时存在过失。于是,消费者开始寻求从产品质量担保理论入手。美国在 1906 年制定的《统一买卖法》中规定,担保是卖方承担责任的基础,并将担保分为明示担保和默示担保。

明示担保(express warranty)是指产品制造者对其产品所做的明示说明,包括对其性能、质量、用途等的介绍。这种说明既可以是印刷在产品包装上的,也可以是通过新闻媒介的广告等方式展示给公众的。产品制造者应保证其产品质量达到其所明示说明的质量标准;如果达不到这一标准而给他人造成损害,就会被认为是违反明示担保,应当承担相应的法律责任。

默示担保(implied warranty)是指产品制造者虽然没有做出明示的说明,他也应该承诺的一些方面。默示担保主要包括两个方面,一是对产品商销性(merchantability)的默示担保,即产品应该具有一般的效用、平均的品质且不含隐蔽的缺陷;二是对产品适合特定用途(fitness of a particular purpose)的默示担保。

与过失责任理论相比,担保理论更容易证明产品责任,对消费者的保护也更全面,但它仍然有以下一些局限性:如买方必须在发现瑕疵后立即通知卖方,否则卖方就不负责任;买方必须是依赖卖方的建议而做出购买决定的,否则卖方也不负责任;根据《美国统一商法典》(UCC)的规定,卖方可以不承认某些法律规定的担保条件;根据 UCC 的规定,默示担保可以被排除或修改,对违反默示担保的补偿可以减轻或限制。

3. 第三阶段:严格责任

由于依照过失理论证明产品责任比较困难,而担保理论又具有不可避免的局限性,20 世纪 30—50 年代之间,美国法律界提出适用严格责任理论证明产品责任的设想。1944 年"艾斯特拉诉可口可乐瓶装公司案"(Escola v. Coca-Cola Bottling Co.)就是产品造成损害适用严格责任的重要判例之一,但当时一部分州仍未能接受。严格责任原则的正式确立源于美国 1963 年的"格林曼诉尤巴电力公司案"(Greeman v. Yuba Power Products Inc.)。

专栏 7.8

艾斯特拉诉可口可乐瓶装公司案

原告艾斯特拉是一个餐馆的服务员,被告的司机给餐馆送了几箱可口可乐,放在地上。事故发生前,原告拿起最上面的一箱放在冰箱前的冰激凌储存柜上,然后开始一瓶一瓶地把瓶子放入冰箱,就在她已经放好 3 瓶,拿起第 4 瓶往冰箱里放时,第 4 瓶大约在移动 18 英寸时在原告手中爆炸,炸成了边缘粗糙的两块,艾斯特拉的手被炸伤,且伤到了神经。爆炸时有很大的"砰"的声音,上面那段带着盖子还在原告手中,下面那段掉到地板上。被告的司机证实,过去看到过瓶子爆炸,并在仓库中发现了四个原因不明的碎瓶子。尽管法庭并没有发现可口可乐瓶装公司有什么过失,但仍然判决它对艾斯科拉的受伤负责。

资料来源:http://en.wikipedia.org/wiki

专栏 7.9

格林曼诉尤巴电力公司案

1955 年,原告格林曼的夫人为他买了一种组合电动工具。两年后,当原告在按说明书使用该组合电动工具锯木时,一块木片从机器中飞出来,撞击到格林曼的头部,造成重伤。原告于是提起赔偿之诉,他认为此工具有缺陷,但举不出工具制造商存在疏忽的证据,就以担保责任理论起诉被告,而原告则以超过诉讼时效为由进行抗辩。初审法院判决原告胜诉,1963 年 1 月 24 日经加州最高法院审理,维持原判。加州法院特雷诺法官在判决中指出:当产品的制造商将产品投放市场,并且明知该产品将不会被检查即会投入使用,而使用者由于产品的缺陷受到损害,那么制造商(生产者)就要承担严格责任。法院在判决理由中提到,采取严格责任的目的,是确保因产品缺陷造成损害的成本由将产品投放到市场的生产者来承担,而不是让无力保护自己的受害者承担。

资料来源:http://en.wikipedia.org/wiki

"格林曼诉尤巴电力公司案"判决的重要意义在于:法院的调查重点从制造商的行为转移到产品的性能。而通过严格责任原则,控告制造商、零售商以及在销售环节里其他人的诉讼都可以归到一个单一的诉讼中,因此,相对而言,原告比较容易举证产品缺陷的存在,也极大地方便了诉讼的进行。该案的判决对美国《侵权法重述》(第二版)第 402 节 A 款[1]的规则有着深刻的影响。到了 70 年代,美国已有三分之二的州接受了加州最高法院确立的严格责任。严格责任制度是为了最大限度地保护消费者利益,依据严格责任,原告得到补偿的可能性越来越大,同时,他所负的举证责任也越来越小。当然,在严格责任制下,原告要想得到损害赔偿,仍然必须证明三点:(1) 产品有缺陷;(2) 产品投入流通时缺陷就已存在;(3) 产品缺陷直接造成了损害。无论如何,严格责任制度摆脱了合同法和一般侵权法的束缚,形成了独立的法律制度。

自 20 世纪 80 年代以来,美国产品责任法又出现了弱化严格责任的趋势,从侧重保护消费者的利益重新回到侧重保护企业经营者的利益。这是因为严格责任的确立虽保护了消费者的利益,但也相应地加重了商品制造者的责任,企业经营者一方面为提高产品的设计、制造和销售安全而增加安全投资,另一方面还要为避免赔偿损失而支付巨额保费,这都大大加重了产品的产销成本,造成产品的价格上升,在市场上缺乏竞争力,这必然不利于本国的经济发展。所以美国产品责任法在理论和实务中都出现了弱化严格责任的趋势,实际上现在只有在制造缺陷的案件中还是依据严格责任原则,在设计缺陷和警示缺陷的案件中依据的都是过失责任原则。[2]

4. 缺陷

只有责任主体生产或销售的产品存在缺陷,才可能构成产品责任,因此,缺陷在产品责任中是一个十分重要的概念。中国《产品质量法》第四十六条规定:"本法所称缺陷,是指产品存在危及人身、他人财产安全的不合理的危险;产品有保障人体健康和人身、财产安全的国家标准、行业标准的,是指不符合该标准。"

通常,人们将缺陷分为三类:制造缺陷、设计缺陷和警示缺陷。

---

[1] 第 402 节的内容为:任何出售对使用者、消费者或其财产有不合理危险的缺陷的产品的人,在符合下列条件时,应对最后的使用者、消费者因此遭受的人身和财产损害承担赔偿责任:(1) 卖方专门经销此种产品;(2) 该产品到消费者、使用者手中时仍保持出售时的状态并无实质性改变。即使出卖人在准备或出售其产品时已尽一切可能的注意,且使用人、消费者并未从出卖者那里购买产品或与出卖人无任何合同关系时,上述规则仍然适用。

[2] 王军主编:《侵权行为法比较研究》,北京:法律出版社 2006 年版。

(1) 制造缺陷

制造缺陷是指因产品原材料或配件存在缺陷或者在装配成最终产品的过程中出现某种错误,导致产品具有不合理的危险性。制造缺陷主要是由质量管理不善、技术水平差等原因导致的,具体可以分为两类,一是因为使用的原材料或零配件有瑕疵引起的制造缺陷,尽管在此情况下,缺陷并不是生产者造成的,但却是通过生产者投入到市场中的,根据美国产品责任法的观点,处于商品生产流通任一环节的主体,都必须对产品造成的损失承担责任。当然,生产者在向消费者赔偿之后,可以对有关供应商追偿。二是由于生产流通过程中行为主体自身的失误引起的缺陷,如在装配过程中未将关键的螺丝拧紧,后来造成零件脱落引发事故。

对于制造缺陷的判定方法有两种:一是消费者预期标准,即如果制造出的产品的安全性不符合消费者的预期,则该产品被认为有缺陷;二是不同于正常法则,即生产者所制造的产品不符合自己制定的规格,或者说不同于同批制造的绝大多数产品。如同一批生产的玩具汽车,其中有一辆玩具汽车的表面有一处锋利的突起,划伤了儿童的手,而其他玩具汽车的表面都很光滑,显然这种差异就构成缺陷。

专栏7.10

西顿诉福特汽车公司案(Heaton v. Ford Motor Co.)

原告购买了一辆福特汽车公司制造的汽车,一天,当汽车以正常速度行驶时,突然撞上了一个直径约五六英寸的石头,汽车继续行驶三十五英里后,汽车车轮与汽车分离发生事故。原告主张汽车车轮有缺陷。本案法院要考虑的问题是福特公司制造的汽车是否符合普通消费者的预期,在考察了案件的相关情况后,法院认为依据一般的经验常识,汽车使用者不应期待高速行驶的汽车车轮,在撞上五或六英寸的石头后仍具有安全性。

在制造缺陷的案件中关键要判别缺陷是否是在制造过程中产生的,对于产品在到达消费者手中后由于不当使用、自然损耗或其他原因造成的危险,生产者并不承担责任。因此,在诉讼中消费者往往被要求证明产品在发生事故时和脱离生产者控制时一样,均处于同样的缺陷状态,即说明产品的缺陷是在生产过程中产生的,并不是由于产品脱离生产者控制后的其他原因造成的。但是由于在事故中缺陷产品常常被完全损毁或破坏,消费者根本就无从对产品进行检验和取证,无法证明产品存在缺陷,为了解决这一问题美国法院同意消费者在诉讼中采用"环境证据",即在缺乏直接证据证明产品存在缺陷的情况下,通过事故发生的环境来推论出产品存在缺陷。

制造缺陷的案件中对生产者的约束是严格责任,无论其在制造过程中是否尽到合理注意的义务,他都必须对其制造出的缺陷产品负责。这实际上也是严格责任的立法初衷,因为生产中产生的误差和缺陷很可能是无法避免的,对生产者科以责任是因为生产者比消费者更有能力承担损失,分散风险,如投保、提高产品售价等。

(2) 设计缺陷

如果产品带来的可预见性的伤害风险可以通过采取合理的、更为安全的设计而减少,就称为存在设计缺陷,它往往是导致整批产品存在潜在危险的直接原因。

设计缺陷的案件在美国只是最近二十年才逐渐增多,在此之前法院很少有涉及产品设计缺陷的案件,因为在很长一段时间内美国法院一直认为"明显的危险不构成缺陷",如果产品的危险是明显的(消费者的常识使之能够意识到,或生产者已有充分合理的警告),消费者完全可以设法避免这种危险,不应该要求生产者对发生的损害承担责任。因此在这一原则的支配下,法院一般不会探讨设计缺陷问题。但随着"明显危险法则"在各州逐步被推翻,法院也开始从设计上探讨产品的缺陷。尽管某些产品的危险是显而易见的,但并不意味着危险就能被有效避免,因为消费者很可能因为某些本能的反应、偶然的疏忽或是漫不经心的行为而无法避免这些危险,特别是在生产者只要对产品设计做一点轻微的改变就可以防止严重甚至是致命伤害的情况下,如果允许生产者借口危险是明显的而逃避责任显然不符合社会利益。

美国法院在设计缺陷的案件中实际上采用的是过失责任原则,认为生产者有义务在产品设计时合理注意,以防止可预见的和不合理的伤害危险,甚至包括可预见的不当使用产品的危险,如果生产者未尽合理注意义务,未采用安全设计而给消费者造成伤害,生产者就应承担过失责任。

之所以在设计缺陷中采用过失责任原则,原因主要是:第一,现代产品责任法的主要目的在于鼓励生产者设计更安全的产品以减少损害事件的发生,过失原则的使用将报偿谨慎的生产者,并惩罚有过失的生产者,有利于鼓励生产者提高设计水平;第二,过失责任使谨慎的生产者所支付的保险费和赔偿减少,有利于商品价格的降低,这样一方面使消费者的负担减少,另一方面还可以获得更安全的商品;第三,在制造缺陷的案件中采用严格责任的一个重要考虑是减轻原告的举证责任,因为对一个普通消费者而言,要证明生产者在生产过程中有无过失几乎是不可能的,但产品设计则不同,产品设计往往要通过具体的图纸、文字资料、样品等表现出来,这样原告就可以聘请专家审查这些资料以证明产品设计存在缺陷;第四,与制造缺陷不同的是,一旦认定设计缺陷,将会导致整个生产线,甚至整个工厂的停产,不仅生产者损失巨大,消费者也将不能再消费该产品,因此,为了平衡消费者和生产者之间的责任和利益,法院就通过过失责任对消费者科以更多的举证责任的要求。

怎样判断产品存在设计缺陷?多高程度的安全才算足够安全?这些问题都是具有争议的问题。通常,讨论一件产品是否存在设计缺陷,应考虑当时的科技发展状况、有无类似的可以替代的设计方案以及制造者的成本收益等。

(3) 警示缺陷

制造商对其产品负有指示和警告的义务。指示是指生产者对如何正确使用产品做出的适当说明,这将使消费者获得必要的消费知识,避免不当使用产品造成伤害。警告是指对产品存在的危险的告知,这将使消费者对产品的危险有明确的了解,这样消费者就可以自主地选择是接受该产品进而承担这一风险,还是放弃该产品以避免风险。当制造商没有提供指示或是没有正确解释与使用产品有关的风险时,致使其产品在储运或使用等情况下具有不合理的危险时,就称为存在警示缺陷。

警示缺陷的案件中对生产者实际上也是科以过失责任,这是因为普通消费者对于产品在使用过程中的危险并不能完全知晓和发现,如果生产者了解这些危险,就有义务向消费者说明,否则应承担责任。

中国《产品质量法》第二十七条规定:产品或者其包装上的标识必须真实,并符合下列要求:……(五)使用不当,容易造成产品本身损坏或者可能危及人身、财产安全的产品,应当有警示标志或者中文警示说明。第十八条规定:易碎、易燃、易爆、有毒、有腐蚀性、有放射性等危险物品以及储运中不能倒置和其他有其他特殊要求的产品,其包装质量必须符合相应要求,依照国家有关规定做出警示标志或者中文警示说明,标明储运注意事项。

5. 我国的产品责任法

我国《侵权责任法》中将产品责任视为特殊责任单独列为一章,对生产者、销售者的责任做出了明确的规定,如第四十一条规定:"因产品存在缺陷造成他人损害的,生产者应当承担侵权责任。"也就是说,只要产品存在缺陷造成他人损害,除了法定可以减轻或免除责任事由外[1],不论缺陷产品的生产者主观上是否存在过错,都应当承担侵权责任。这里并没有对产品缺陷做出定义性的规定,实践中一般参考《产品质量法》第四十六条的规定:"本法所称缺陷,是指产品存在危及人身、他人财产安全的不合理的危险;产品有保障人体健康和人身、财产安全的国家标准、行业标准的,是指不符合该标准。"

二、环境污染责任

近年来,日益严重的环境问题对人类生存与可持续发展的相关权益造成的侵害越来越严重,被称为世界性"公害"。环境污染责任指的是因污染环境导致他人的人身、财产损失的,法律规定加害人应该对环境污染的受害人承担赔偿损失的法律责任。污染环境的行为通常表现为排放废水、废气、废渣(所谓"三废")、粉尘、恶臭气体、放射性物质以及噪声、振动、电磁波辐射等对环境造成污染和危害的行为,以及一些直接破坏天然的自然因素(如植被等)而造成环境污染的行为。

1. 环境污染责任的归责原则

最初,在英美法系中,只有由突发事件引起的环境污染责任适用于严格责任,例如装载剧毒化学物质的卡车突然翻车,导致剧毒物质泄漏。如果要起诉噪声或逐渐的污染等的责任人,原告就必须证明危害是"严重的、连续的、不合理的"。但随着科学的发展,人们提高了测量空气、水和土壤中含量微小的污染物的能力,并且一些污染物也被证明可以导致疾病,这些进步使得法庭开始将逐渐的污染也纳入到严格责任的范围内。[2]

一些国家还出台了与环境污染责任有关的成文法,例如美国在 1970 年以来,就逐渐采取以环境专门立法的形式来确立严厉的行政控制制度以及损害赔偿的严格责任原则,如《综合环境治理损害赔偿法》(或称 1980 年超级基金法)。首先,美国国家环保局确定

---

[1] 我国对生产者免除产品责任作出明确规定的主要是《产品质量法》第四十一条第二款规定,生产者不承担产品责任的情形主要有:(1) 生产者能够证明未将产品投入流通的;(2) 生产者能够证明产品投入流通时,引起损害的缺陷尚不存在的;(3) 生产者能够证明将产品投入流通时的科学技术水平尚不能发现缺陷的存在的。

[2] 环境风险的逐渐突出对非寿险领域造成了极大的压力。1970 年以前,大部分一般综合责任保单并没有将环境风险列为免责范围,导致了越来越多的环境污染索赔,尽管保险公司很快加上"突然和意外条款",即只承保突然发生的和意外的污染,但由于突然污染和逐渐污染之间的界定并不是很清晰,因此,保险公司和投保人之间产生了大量纠纷。

需要清理的废物堆积点,接下来,所有者、原所有者以及任何在此地点倾倒废物的人都在一种强制性的严格、可追溯和连带责任下被约束,缴纳清理所需的资金。对找不到责任者或责任者没有修复能力的,由超级基金来支付污染场地修复费用。该制度还为可能对人体健康和环境造成重大损害的场地建立了"国家优先名录"(NPL),每年更新两次。同时,为保障超级基金制度的实施,又补充制定了一系列配套行动计划以强化和促进该制度的实施,其中最重要的是1986年的《超级基金法案的补充与再授权》。超级基金的经费主要来源于国内生产石油和进口石油产品税、化学品原料税、环境税、常规拨款、从污染责任者处追讨的修复和管理费用、罚款、利息及其他投资收入等也是超级基金的部分来源。

在超级基金法通过后的30多年中,大部分诉讼是关于废弃垃圾场清理费用的,但21世纪以来,超级基金更多地关注对自然资源的损害赔偿。随着"棕地"计划①的实施,政府和私人企业对被污染废弃场所的清理活动可享受更多的税收优惠和贷款保证。

专栏 7.11

拉夫运河(Love Canal)事件与超级基金法(Superfund Law)

纽约的拉夫运河小区位于美国纽约州,是一个主要为蓝领居住的美国城市郊区,这里靠近尼亚加拉大瀑布,环境宜人。工薪一族在这里拥有自己的住房,他们生儿育女,生活美满。然而,1978年春天,一桩灾难事件从这里传播开来,并很快震惊全国。洛伊斯·吉布斯是一位母亲,她5岁大的儿子麦克患有肝病、癫痫、哮喘和免疫系统紊乱症等多种疾病,5年来她大多数时间都是在医院的儿科病房度过的,她不明白为什么儿子小小年纪竟会患上这么多奇怪的病。有一天,她偶然从报纸上得知,拉夫运河小区曾经是一个堆满化学废料的大垃圾场,于是她开始怀疑儿子的病是不是由这些化学废料导致的。随后,她要求学校为麦克转学,但校方拒绝了这个要求,说不能破这个先例,担心今后有更多的人向他们提出转学,影响学校声誉。在得不到学校董事会、市和州代表的帮助后,吉布斯开始一家一户敲门走访,并联络了一些姐妹开始进行调查,看是否还有类似遭遇的家庭。结果她们吃惊地发现了一个又一个家庭都曾出现流产、死胎和新生儿畸形、生育缺陷、泌尿系统疾病等。此外,许多成年人体内也长出了各种肿瘤。这一发现令小区居民震惊不已,他们走上大街游行示威,要求政府进行更加详细的调查,并做出合理的解释,采取相应的措施。

在媒体的关注和居民的质问下,纽约州卫生局对当地的空气和土壤进行了环境监测,发现了具有危险性的化学物质的存在。同时,事实也被揭露出来:

拉夫运河是1892年一位叫威廉·拉夫的人为修建水电站而修建的,后因资金问题而中断了修建,于是,这条废弃的运河被当地政府公开拍卖,之后一直被当作一个化学废物填埋场。胡克化学公司是这个垃圾场的主要倾倒者,1942年到1953年,它在这里倾倒了两万多吨有毒化学废物,包括在美国明令禁止使用的杀虫剂、复合溶剂、重金属和电路板等。1953年,胡克化学公司在填埋了这些有毒物质后,将拉夫运河以1美元的价钱卖

---

① Brownfield,指工厂关闭后所闲置的土地,往往是被污染的土地。

给了尼亚加拉大瀑布教育董事会,并附上了关于有毒物质的警告说明,这也成为日后胡克化学公司规避污染责任的借口。当时,教育董事会没有意识到胡克化学公司倾倒的化学物质潜在的危险,随后就在这里建起了一所小学,然后房地产在运河周围得到开发,又发展成一片居民小区。

1978年4月,当时的纽约卫生局局长罗伯特·万雷亲自前往视察,他亲眼见到以前埋在地下的金属容器已经露出了地面,流出黏糊糊的液体,像是重油一样,又黑又稠。4个月后,纽约卫生局宣布小区处于紧急状态,关闭学校,建议孕妇和两岁以下的小孩撤离,并委任机构马上执行清理计划。但是政府仍然拒绝对小区全部居民进行疏散,因为政府担心这样会引起恐慌,会让纽约西部所有的人都以为自己的居住地被污染了,那样的结果是政府承担不起的。拉夫运河小区的居民们意识到必须团结起来,给州政府施加压力,让他们有所行动。义愤填膺的居民们扣留了美国环保署代表作为人质,要求白宫答应帮助他们解决问题,疏散居民,并宣布这里是重灾区。

此事一时间闹得沸沸扬扬,各路媒体也表现出了惊人的一致,纷纷发表文章谴责政府,宣称支持居民的行动,呼吁政府就这一丑闻尽快做出解释,并妥善解决。几天后,居民们终于得到了回应。卡特总统颁布了紧急令,允许联邦政府和纽约州政府为尼亚加拉瀑布区的拉夫运河小区近700户人家实行暂时性的搬迁。7个月后,卡特颁布了划时代的法令,创立了"超级基金"。这是有史以来联邦资金第一次被用于清理泄漏的化学物质和有毒垃圾场。"超级基金法"唤醒了民众对环境垃圾的重视,大量的垃圾被处理。

资料来源:Seuly,《美国拉夫运河事件》,《环境》,2005年第8期。

中国《侵权责任法》规定:"因污染环境造成损害的,污染者应当承担侵权责任。"《民法通则》第一百二十四条规定:"违反国家保护环境防止污染的规定,污染环境造成他人损害的,应当依法承担民事责任。"《环境保护法》第四十一条规定:"造成环境污染危害的,有责任排除危害,并对直接受到损害的单位或者个人赔偿损失。"第四十二条规定了诉讼时效:因环境污染损害赔偿提起诉讼的时效期间为3年,从当事人知道或应当知道受到污染损害时起计算。此外,《海洋环境保护法》《大气污染防治法》《水污染防治法》《中华人民共和国环境噪声污染防治法》《中华人民共和国固体废物污染环境防治法》以及《中华人民共和国放射性污染防治法》中都规定了相应的污染责任。

企业生产等环境污染责任作为一种特殊的侵权责任,在我国的法律中采用了无过错责任的归责原则,即在满足构成要件的情况下,不论污染者有无过错,都应对其污染造成的损害承担侵权责任。

对于两个以上污染者造成损害的情形,我国的法律没有限定为连带责任,而是规定为按份责任。《侵权责任法》第六十七条规定:"两个以上污染者污染环境,污染者承担责任的大小,根据污染物的种类、排放量等因素确定。"

专栏7.12

企业排污符合规定的标准但造成损害是否应承担责任?

我国《侵权责任法》中的环境污染责任采用无过错责任,国家或地方规定的污染物排放标准,是环境保护主管部门决定排污单位是否需要缴纳排污费和进行环境管理的依据,并不是确定排污者是否承担赔偿责任的界限。即使排污符合标准,给他人造成损害的,也应当根据有损害就要赔偿的原则,承担赔偿责任。

2. 环境污染责任的构成要件与举证

环境污染责任的构成要件包括:存在环境污染的行为、污染造成损害的后果以及污染行为和损害后果之间存在因果关系。只要存在这三个要件,环境污染责任即可构成。

(1) 须有环境污染的行为

除了排放废物等环境污染行为之外,在一定情况下,不作为也可以构成环境污染行为,如没有采取安全措施使得有害物质泄漏等。

(2) 须有环境污染的损害后果

环境污染损害和其他损害相比,具有复杂性、潜伏性、持续性和广泛性等特点。其中,潜伏性指的是环境污染造成的损害,尤其是疾病损害,受害人往往不能及时发现,发现了也不能尽快消除,损害往往潜伏很长时间;持续性是指损害常常不会因污染物的停止排放而立即消除;广泛性是指受害地域、受害对象和利益具有广泛性。损害后果是污染者承担污染环境致害责任的基本条件。

(3) 污染环境行为和污染损害后果之间具有因果关系

3. 举证与抗辩

(1) 举证

因为一些污染环境行为的结果需要高水平的科技手段才能确定,污染环境行为和污染损害后果之间的因果关系有的时候也很复杂,因此污染环境致害的举证责任在侵害人。中国《侵权责任法》第六十六条规定:"因污染环境发生纠纷,污染者应当就法律规定的不承担责任或者减轻责任的情形及其行为与损害之间不存在因果关系承担举证责任。"《民事诉讼证据的规定》第四条第一款中规定:"下列侵权诉讼,按照以下规定承担举证责任:……(三)因环境污染引起的损害赔偿诉讼,由侵害人就法律规定的免责事由及其行为与损害结果之间不存在因果关系承担举证责任;……"

在环境侵权中,对于举证责任的规定并没有按照一般民事诉讼中的"谁主张,谁举证"的规定,而是规定由被告承担举证责任,证明损害与排污行为之间没有因果关系,否则承担侵权责任。原因在于,由于环境污染导致的损害结果具有长期性、潜在性和隐蔽性,在行为人实施了污染行为后很长时间才发生相应的损害后果,在这种情况下,要求受害人证明因果关系的存在,无疑极为困难,因而法律采取因果关系推定规则,要求被告承担举证责任。至于作为原告的受害人只需证明排污企业已经排放了可能危及人身安全和财产安全的物质即可。

(2) 抗辩

对于适用无过错责任的环境侵权,其责任并非绝对责任,侵权人可以依据法律规定的不承担责任或者减轻责任的情形提出抗辩,从而免除或者减轻自己的侵权责任。这些情形主要涉及不可抗力、受害人故意和第三人责任。如《海洋环境保护法》第九十条第一款规定:"造成海洋环境污染损害的责任者,应当排除危害,并赔偿损失;完全由于第三者的故意或者过失,造成海洋环境污染损害的,由第三者排除危害,并承担赔偿责任。"

三、员工伤害责任

1. 美国员工赔偿制度的发展

员工伤害责任是指员工从事雇佣活动遭受损害,雇主所应承担的赔偿责任。工伤事故是工业化社会中最先发生的社会问题,雇佣关系使得雇主对员工的安全承担一定责任。世界上许多国家都已经建立起约束员工伤害责任的法律体系。

美国是员工赔偿制度比较完善的国家。美国的员工赔偿经历了如下几个阶段。[1]

(1) 19世纪30年代以前

在19世纪30年代以前,几乎没有工人要求雇主支付工伤赔偿金。

最早处理工伤的法律记载是英国的一个著名案例:Priestly v. Fowler(1837),在这个案例中,法官发现,员工从雇主那里索取赔偿金比从一个陌生人那里索取更困难。原因主要有:

第一,雇主对员工工伤的责任是受侵权责任法所规范的,员工必须证明雇主疏忽,很多情况下,员工的起诉需要有律师的帮助;

第二,如果当时法院案件太多、法官故意拖延或者难以取证,那么胜诉就变得遥遥无期;

第三,如果员工自身的疏忽是伤害的原因之一,那么他几乎就不可能得到赔偿;

第四,如果受伤的员工去世,胜诉的希望就非常渺茫;

第五,由于担心雇主报复,一些同事不愿作证,使得诉讼难度增大;

第六,雇主拥有特殊的辩护手段,即风险自担假设、共同因素作用以及同事疏忽原则。风险自担假设是指员工此前已经知道工作中的风险,但仍然表示愿意从事这份工作,那么就说明他自己愿意承担其中的风险,出现了问题,雇主也没有干系;共同作用因素是指雇主如果能够证明员工也有疏忽,那么就可以逃避责任;同事疏忽原则是指如果员工同事的疏忽是员工伤害的原因,那么雇主就可以免责。

(2) 19世纪30年代至20世纪初

随着时间的推移,很多法院开始认识到,雇主对员工负有的责任和他对一般陌生人所负有的责任是有明显区别的,雇主有义务根据工作性质的不同为员工提供合乎情理的、安全的工作环境,他应该在员工可能没有注意到危险的时候向员工提供相关的危险信息。这种责任逐渐扩展到雇主应该在自己能力许可的范围内对设备进行充分的检查、维护和修理,而且必须保证工人使用工具的安全性。如果雇主没有尽到以上义务而使员工受伤,那么员工可以起诉雇主要求赔偿。同时,雇主的特殊辩护手段也开始被取消。

20世纪初,美国绝大多数州颁布了《雇主责任法》(Employer Liability Law),联邦政府颁布了《联邦雇主责任法案》(the Federal Employers' Liability Act),适用于州际铁路公司的员工,以及《琼斯法案》(Jones Act),适用于商业轮船上的船员。这些法案对雇主对员

---

[1] C. Arthur Williams, Jr., Michael L. Smith, Peter C. Young, *Risk Management and Insurance*, 8th ed., New York: Irwin/McGraw-Hill Inc., 1998.

工的责任做出了明确的约束,并限制雇主使用同事疏忽原则和风险自担假设的特殊抗辩。

但是,这些雇主责任法仍然以过失要求权为基础,而员工很多时候难以证明雇主的过失,加之雇主的消极反应、审理延迟以及费用等阻碍,仍然有很多员工难以顺利地得到伤害赔偿。

(3) 20世纪初以后

1911年,美国颁布了《员工赔偿法》(Workers' Compensation Law),这项法律彻底改变了雇主对员工工伤的义务。这里所说的员工工伤是指,在雇佣过程中发生的或者由于雇佣关系而引起的对员工的伤害。

《员工赔偿法》的最大改变体现在两个方面。第一,对于雇主来说,雇主必须对遭受工伤和由工作引起的疾病的员工的经济损失承担全部的责任,也就是说,这项责任是强制性的。第二,对于员工来说,适用唯一补偿原则,即员工从雇主那里得到的赔偿只能依照员工赔偿法的规定,对经济损失进行赔偿(《员工赔偿法》并没有要求雇主赔偿精神和痛苦损失),员工须放弃对雇主的起诉权。但如果除了雇主以外还有另一方也对伤害负有责任,员工可以起诉这一方,要求赔偿痛苦和精神损失以及不能由员工赔偿弥补的货币损失。

虽然《员工赔偿法》有了很大改进,但它并不是完美之策,实践证明它的实行又引发了新的社会问题:一方面,雇主的赔偿责任加重,雇主成本增加,利润减少,竞争力降低,这对雇主是极为不利的,尤其当雇主是小业主时,员工赔偿责任可能使其陷入破产的困境。另一方面,员工最终能否获得赔偿仍取决于雇主的经济能力,如果雇主没有支付损害赔偿的资金,即使根据法律认定员工的损害赔偿请求权,员工也不能得到充足的支付,在这种情况下,员工赔偿成为有名无实的赔偿。此外,员工仍须通过诉讼程序来获得赔偿,诉讼费的昂贵、法律知识的贫乏以及在法律援助方面的困难使得许多受害员工被排除在法律保护的大门之外,更何况在很多情况下,员工仍存在败诉的可能。

要克服上述种种缺陷,就必须超越"损失要么由侵害人承担,要么由受害人承担"这个条件,不能局限于从侵权行为法这一传统领域中寻求解决办法,而必须兼采其他法律部门中适宜的法律手段,组成一套综合的调整机制。于是,在商业保险领域,就有了责任保险以及其他损失保险的发展,在社会保险领域,则有员工强制保险和其他社会保险的出现,以及相应法规的制定。

2. 中国的员工赔偿制度

雇主对雇员工伤责任的承担方式主要可以分为两种,一是通过民事损害赔偿,如美国,二是通过工伤保险。相对于民事损害赔偿,工伤保险具有特殊的优点。首先,工伤保险实行用人单位无过错责任,并且不考虑劳动者是否有过错,只要发生工伤,工伤保险经办机构就应给予全额赔偿。而民事侵权体系则考虑受害人自身是否存在过失,实行过失相抵,即根据受害人过失程度相应减少赔偿数额。其次,工伤保险实行社会统筹,有利于受害人及时获得充分救济。再次,企业参加工伤保险,分散了赔偿责任,有利于企业摆脱高额赔付造成的困境,避免因行业风险过大导致竞争不利。最后,工伤保险还有利于劳资关系和谐,避免劳资冲突和纠纷。用人单位通过缴纳保险费的方式承担责任,对用人单位和劳动者双方都有利。世界各国对于这两种模式的选择不同,有的二者择一,有的二者兼得。我国最高人民法院《关于审理人身损害赔偿案件适用法律若干问题的解释》根据《工伤保险条例》等相关法规规定,对工伤保险与民事损害赔偿的关系按照混合模式予以规范,即在用人单位责任范围内,以完全的工伤保险取代民事损害赔偿,但如果劳动者遭受工伤,是由于第三人的侵权行为造成,第三人不能免除民事赔偿责任。例如员工因工出差遭遇交通事故,工伤员工虽依法享受工伤保险待遇,但对交通肇事负有责任的第三人仍应当承担民事赔偿责任。

《关于审理人身损害赔偿案件适用法律若干问题的解释》第十一条规定:

"员工在从事雇佣活动中遭受人身损害,雇主应当承担赔偿责任。雇佣关系以外的第三人造成员工人身损害的,赔偿权利人可以请求第三人承担赔偿责任,也可以请求雇主承担赔偿责任。雇主承担赔偿责任后,可以向第三人追偿。

"员工在从事雇佣活动中因安全生产事故遭受人身损害,发包人、分包人知道或者应当知道接受发包或者分包业务的雇主没有相应资质或者安全生产条件的,应当与雇主承担连带赔偿责任。

"属于《工伤保险条例》调整的劳动关系和工伤保险范围的,不适用本条规定。"

《工伤保险条例》对工伤以及相应的赔偿做出了规定。① 对于工伤的认定,列出了七种情形:

(1) 在工作时间和工作场所内,因工作原因受到事故伤害的;

(2) 工作时间前后在工作场所内,从事与工作有关的预备性或者收尾性工作受到事故伤害的;

(3) 在工作时间和工作场所内,因履行工作职责受到暴力等意外伤害的;

(4) 患职业病的;

(5) 因工外出期间,由于工作原因受到伤害或者发生事故下落不明的;

(6) 上下班途中,受到非本人主要责任的交通事故或者城市轨道交通、客运轮渡、火车事故伤害的;

(7) 法律、行政法规规定应当认定为工伤的其他情形。

此外,还规定了以下三种情形视为工伤:

(1) 在工作时间和工作岗位,突发疾病死亡或者在48小时之内经抢救无效死亡的;

(2) 在抢险救灾等维护国家利益、公共利益活动中受到伤害的;

(3) 职工原在军队服役,因战、因公负伤致残,已取得革命伤残军人证,到用人单位后旧伤复发的。

本章总结 》》

1. 中国民事侵权责任的类型包括过错责任和无过错责任两种。

2. 在过错责任原则制度下,只要同时满足以下条件,行为人就应承担侵权责任:(1) 行为人实施了某一行为;(2) 行为人行为时有过错;(3) 受害人的民事权益受到损害;(4) 行为人的行为和受害人的损害之间有因果关系。

---

① 《工伤保险条例》,国务院令第586号。

3. 无过错责任原则是指不以行为人的过错为要件，只要其活动或者所管理的人或物损害了他人的民事权益，除非有法定的免责事由，行为人就要承担侵权责任。在法律规定使用无过错责任原则的情况中，只要审理查明，被告的行为与原告损害之间存在因果关系，即可判决被告承担侵权责任。

4. 损害的赔偿包括财产损害赔偿、人身损害赔偿、精神损害赔偿以及惩罚性损害赔偿。

5. 产品责任的归责原则经历了合同责任、过失责任与担保理论、严格责任的发展历程。我国法律规定，只要产品存在缺陷造成他人损害的，生产者应当承担侵权责任。

6. 企业生产等环境污染责任作为一种特殊的侵权责任，在我国的法律中采用了无过错责任的归责原则，即在满足构成要件的情况下，不论污染者有无过错，都应对其污染造成的损害承担侵权责任。这里构成要件包括：(1) 须有环境污染的行为；(2) 须有环境污染的损害后果；(3) 污染环境行为和污染损害后果之间具有因果关系。

7. 美国的员工赔偿责任采用了类似绝对责任的归责原则，雇主必须对遭受工伤和由工作引起疾病的员工的经济损失承担全部的责任，同时，经济损失赔偿是员工得到的唯一补偿，员工须放弃对雇主的起诉权。我国最高人民法院《关于审理人身损害赔偿案件适用法律若干问题的解释》根据《工伤保险条例》等相关法规规定，对工伤保险与民事损害赔偿的关系按照混合模式予以规范，即在用人单位责任范围内，以完全的工伤保险取代民事损害赔偿，但如果劳动者遭受工伤，是由于第三人的侵权行为造成，第三人不能免除民事赔偿责任。

进一步阅读的相关文献 》》

1. Charles J. Hartmann, Pamela Gayle Rogers, The Influence of Smith v. Van Gorkom on Director's and Officer's Liability, *The Journal of Risk and Insurance*, Vol. 58, No. 3, 1991, pp. 525—535.

2. D. Han Chang, Workers' Compensation for Occupational Disease: Prorating Liability versus Last Employer Liability, *The Journal of Risk and Insurance*, Vol. 60, No. 4, 1993, pp. 647—657.

3. Huber, Peter, Environmental Hazards and Liability Law, *Liability: Perspectives and Policy*. In: R. Litan and C. Winston eds., Washington, D.C. The Brooking Institution, 1988.

4. Patricia Born, W. Kip Viscusi, Insurance Market Responses to the 1980s Liability Reforms: An Analysis of Firm-Level Data, *The Journal of Risk and Insurance*, Vol. 61, No. 2, 1994, pp. 192—218.

5. Ralph A. Winter, The Liability Insurance Market, *The Journal of Economic Perspectives*, Vol. 5, No. 3, 1991, pp. 115—136.

6. Roland N. McKean, Products Liability: Implications of Some Changing Property Rights, *The Quarterly Journal of Economics*, Vol. 84, No. 4, 1970, pp. 611—626.

7. 王利明主编:《民法典·侵权责任法研究》,北京:人民法院出版社2003年版。

8. 王胜明主编:《中华人民共和国侵权责任法释义》,北京:法律出版社2010年版。

9. 奚晓明、王利明主编:《侵权责任法热点与疑难问题解答》,北京:人民法院出版社2010年版。

10. 王军主编:《侵权行为法比较研究》,北京:法律出版社2006年版。

思考与练习》

1. 现实中,医生对患者的责任为过失责任。请从以下角度比较过失责任和只要医生的治疗失败,医院就必须赔偿患者的损失这种责任。

（1）对医生的激励;

（2）对患者的赔偿;

（3）法律成本。

2. 如果不考虑法律方面的因素,那么有哪些激励因素可以使企业有如下行为:

（1）生产安全性高的产品;

（2）降低工伤事故的风险;

（3）避免对环境造成污染。

第八章 人力资本风险分析

▎本章概要▎

人力资本风险是指由于个人的死亡、受伤、生病、年老或其他原因的失业而造成的损失的不确定性。每个企业的员工都会面临这些风险,企业风险管理部门为员工将这些风险管理起来,不仅可以提高生产率,使企业直接获利,而且可以发挥员工个人所不具备的优势,使员工得到减税、降低成本等优势。

对于死亡、健康状况恶化、年老和退休以及失业这些风险,可以通过各种相关的指标来评估。本章通过一些数据对此进行了描述。

▎学习目标▎

1. 理解人力资本风险的性质
2. 理解风险经理为什么关心人力资本风险
3. 了解人力资本风险的评估方式

引　言

每个企业的员工都会面临死亡、因意外事件而受伤、生病、年老退休以及失业,这些风险会带来一系列损失。员工死亡,如果还是在职期间,家庭就会失去一部分收入来源;受伤和生病不仅需要花钱治疗,还可能耽误工作,影响收入;退休后,不再有薪水,面临生活质量下降的威胁;失业就更是一件痛苦的事。这些隐患必然使得员工忧心忡忡。表面上看,这些风险都是员工个人的事情,每个人的情况也都不一样,和企业没有直接的关系,那么企业为什么要将它们纳入风险管理的范围内呢?本章将对此进行分析,并讨论人力资本风险的估算。

第一节　人力资本风险概述

一、什么是人力资本风险

企业的生产性资源包括实物资产和人力资源。所谓人力资本风险是指由于个人的死亡、受伤、生病、年老或其他原因的失业而造成的损失的不确定性。

直接来说,这种风险完全是员工个人和家属面临的,如员工因病去世或员工年老退休,他损失的是不能再像在职时那样有那么高的收入了,这种损失和企业并没有直接的关系。那么,企业为什么要将人力资本风险纳入到企业风险管理的范围内呢?另一个问题是,即使企业因为各种原因希望帮助雇员分担一部分风险,为什么不把钱直接给雇员,而要选择诸如企业年金之类的福利计划?

二、风险经理为什么关心人力资本风险

1. 提高生产率

从企业自身来讲,关心人力资本风险的最主要出发点是自身的利益。员工对自己所面临的这些风险势必感到忧虑,如果能够帮助他们在一定程度上解除这种后顾之忧,雇员就会把更大的精力投入到工作中,加之像退休计划这样的福利将最终的收益和工作绩效挂钩,更有利于促进生产率的提高。此外,雇员会对福利好的企业更加忠实,这有助于减少员工的流动性。

2. 为雇员减少纳税

既然企业为雇员考虑人力资本风险是有利可图的,那么为什么不把钱直接给雇员,而要费心地去安排一些福利计划[①]呢?其中一个原因就是,福利计划可以帮助雇员减少纳税,这无形中增加了福利计划的吸引力。我们来比较一个有税收优惠的计划和一个没有税收优惠的做法之间的区别。

例 8.1 假设雇员 A 每年的医疗保险成本是 4 000 元,企业对 A 有两种补偿方案:

方案 1:企业代为购买保险,即雇员除了 36 000 元的薪水之外,还得到价值 4 000 元的医疗保险;

方案 2:企业将 4 000 元以薪水的形式发给雇员,雇员得到共 40 000 元的薪水,但需自己购买保险。

假设所得税税率为 20%。则

方案 1 的税后收入:28 800 元 = [36 000 × (1 − 0.20)]元

方案 2 的税后收入:28 000 元 = [40 000 × (1 − 0.20)]元 − 4 000 元

可见,福利计划的税收优惠将使雇员获益。

专栏 8.1

美国企业年金的税收优惠

美国是世界上最早设立企业年金计划的国家,其《税收法》为多种退休金计划提供的所得税和工薪税上的优惠待遇,是鼓励美国企业和公司资助退休金计划,雇员积极参与计划的主要动力。

按照是否享受税收优惠来划分,美国团体退休金市场(第二支柱)可以分为两类退休金计划:

一类为资格计划。为了鼓励雇主和工会建立团体退休金计划,美国的联邦所得税法对雇主和退休金计划的参加者提供一定的所得税优惠,这种满足一定法律要求并获得所得税优惠的退休金计划称为资格计划(qualified plan)。它占了美国团体退休金市场的绝

---

① 福利计划包括两类,一是保险计划,如医疗保险、工伤保险等,二是退休计划。

大部分,其所具有的独特优势是可以享受税前列支(雇主出资额)、投资收益延税优惠和所得税延税优惠(雇员出资额)。

另一类为非资格计划。其优点是可以不受那些复杂而严格的法律约束。比如,雇主建立的非资格计划可以为某一类雇员(如领取高薪的总经理)提供附加福利,但税收优惠计划禁止这种做法。

美国针对企业年金的具体税收优惠政策有以下几种:

第一,雇主出资额可以税前列支。在规定的限度内,雇主为资格计划所支付的分担额视为经营费用,可以从当期应税收入中扣除。

第二,雇主出资额不列入雇员当前应税收入。雇主以雇员名义为资格计划支付的分担额不列入雇员当期应税收入。来自雇主分担额的这部分个人所得税可以延迟到雇员从该退休金计划实际领取给付之时缴纳。

第三,雇员和雇主分担额在积累期的投资收益免缴所得税。不论雇主分担额还是雇员分担额,他们的投资收益都可以免缴所得税。对于雇主和雇员分担额的投资收益,只有当退休金计划参加者开始从该年金计划领取保险金时,才缴纳相应的所得税。

第四,雇员分担额一般不能税前列支。雇员通常不能从应税收入中扣除他们对团体退休金计划的分担额,但在401(K)计划中,参加的雇员自愿将其工资的一部分通过雇主纳入到计划之中,从而使纳入的金额从该雇员的当期应税收入中扣减,以降低其应税收入的金额并以此达到延税的目的。

第五,缴费金额限制及领取时间限制。雇主和雇员可以税前列支的分担额设有上限。比如在401(K)计划下,2001年,雇员最高可税前列支的交费额是10 500美元,且不超过年薪的25%(联邦税务管理局规定交费限额的目的在于防止国家税收损失。缴费限额根据通货膨胀情况定期调整)。同时,税法对于退休金的领取时间也做了严格规定。

资料来源:《美国企业年金税收有优惠》,www.ce.cn/new_hgjj/gjbd/omjj/2005/07/04/ t20050704_4116076.shtml,2005年7月。

3. 团体保险节约成本

在有些方面,由企业出面处理一些问题比由员工个人出面具有非常明显的优势。例如在医疗卫生保健服务行业,绝大多数个人消费者对医疗保险公司和医疗保健机构的讨价还价能力非常有限,而且员工个人也不可能对自己或家属所接受的医疗保健服务的质量进行监督。但大企业在与医疗保健机构的谈判中就很有实力了,而且企业的风险经理也有能力对这些医疗服务的质量进行有效的监督。大企业在同保险公司进行谈判时具有同样的优势,可以得到有利的人寿保险价格。由企业集体购买低价的人寿保险符合雇主和员工的共同利益。

4. 法律法规的限制

有的时候,法律规定,企业必须为雇员提供最低标准的雇员福利。

5. 其他原因

除了上述原因之外,还有其他一些原因使得企业对雇员的风险进行管理。

（1）企业的责任感

有的企业觉得自己对员工的生老病死负有一定责任，认为自己应该为雇员提供良好的福利。

（2）公共关系

企业可能会认为，公众和同行业的竞争者都在关心他是否给员工提供了很好的福利，如果自己能够在这方面为人所称道，会很有价值。

第二节　人力资本风险的估算

死亡、健康状况恶化、年老和其他原因的失业是四种主要的人力资本风险，风险的大小需要从损失频率和损失幅度两个方面来考虑。

一、损失频率的估算

1. 死亡

死亡的频率即处于各年龄段的人的死亡频率。从寿险业的生命表中，可以得到有关死亡概率的信息，见表8.1。

表8.1　死亡概率

年龄	下一年死亡的概率
0	0.002909
10	0.000346
20	0.000778
30	0.000773
40	0.001650
50	0.004322
60	0.011378

资料来源：中国经验生命表编制委员会所制"中国人寿保险业经验生命表（1990—1993）"（混合表）。

2. 健康状况恶化

健康状况恶化是一个非常笼统的说法，很难用某一个指标来描述健康状况恶化，只能从某一个角度侧面来看。

（1）致残率

致残率可以反映比较严重的健康状况恶化，具体地，活动受限天数、卧床天数及误工天数都不同程度地反映致残率，见表8.2、表8.3。

表 8.2 1993 年美国每 100 人每年的伤残天数

年龄组	活动受限天数		病人卧床天数		耽误工作或耽误上学的天数	
	男性	女性	男性	女性	男性	女性
5 岁以下	878.8	1 060.4	352.7	464.7	—	—
6—17 岁	728.6	801.9	317.6	361.2	378.5	447.8
18—44 岁	615.5	882.7	274.0	377.8	292.9	410.5
45 岁以上	642.5	903.6	247.0	397.5	233.6	299.2

资料来源:C. Arthur Williams, Jr., Michael L. Smith, Peter C. Young, *Risk Management and Insurance*, 8th ed., Irwin/McGraw-Hill Inc., 1998.

表 8.3 1993 年美国每 100 人每年的事故次数与住院天数

年龄组	所有事故		交通事故		工　伤	
	男性	女性	男性	女性	男性	女性
18 岁以下	29.1 (24.5)	21.6 (10.5)	1.8 (5.5)	1.2 (2.6)	—	—
18—44 岁	29.5 (88.7)	21.4 (76.4)	3.6 (25.3)	3.0 (29.5)	9.9 (28.6)	2.7 (23.0)
45 岁以上	16.9 (138.3)	19.5 (154.6)	0.9 (28.5)	1.6 (20.4)	4.8 (51.3)	0.9 (19.1)

注:栏目中的第一行数字表示事故数量的期望值。括号中的数字表示住院天数。
资料来源:C. Arthur Williams, Jr., Michael L. Smith, Peter C. Young, *Risk Management and Insurance*, 8th ed., Irwin/McGraw-Hill Inc., 1998.

(2) 同医疗保健机构的接触

除了比较严重的情况之外,健康状况恶化还包括偶感风寒这类的不适,这可以用看医生的频率来反映,见表 8.4。

表 8.4 1993 年美国每人每年同医生接触的次数

年龄组	各种场合		医生办公室		医　院	
	男性	女性	男性	女性	男性	女性
所有年龄段	5.1	7.0	2.9	3.8	0.8	0.8
18 岁以下	4.8	4.6	2.9	2.7	0.6	0.6
18—44 岁	3.6	6.5	2.0	3.7	0.6	0.8
45—64 岁	6.1	8.1	3.3	4.5	0.9	1.0
65 岁以上	10.1	11.4	5.5	5.5	1.6	1.1

资料来源:C. Arthur Williams, Jr., Michael L. Smith, Peter C. Young, *Risk Management and Insurance*, 8th ed., Irwin/McGraw-Hill Inc., 1998.

3. 年老和退休

年老和退休是每个人都会面临的问题,这意味着收入减少,而医疗费用、护理费用可能会增加,而且这个数量非常不确定。有关平均余寿的数据见表 8.5。虽然每个人都可以在工作时进行储蓄,但储蓄既不是没有代价的,也不是无意识地进行的,而且需要的资金可能很大,能否有其他更好的办法替代储蓄,就成了每个员工都关心的问题。

表 8.5　平均余寿①

年龄	平均余寿
0	75.67
10	66.47
20	56.79
30	47.18
40	37.62
50	28.48
60	20.12

资料来源:中国经验生命表编制委员会所制"中国人寿保险业经验生命表(1990—1993)"(混合表)。

如果将年老和退休看做一种风险的话,这一风险是近年来变化较大、影响也较大的一个问题。这一变化不仅指随着生活水平的提高,人们的平均余寿增加,更为重要的,是人口老龄化。

目前,世界上 60 岁以上人口的年增长率为 1.9%,比总人口增长率高 60%。据联合国预测,到 2040 年全球超过 60 岁的人口从目前的 10% 将升至 21%。1950 年,由 12 个 15 岁至 64 岁的人供养一个老年人,而现在世界的平均水平为 9:1。据联合国人口司估计,到 21 世纪中期,该比例将下降至 4:1,届时,老龄人口将首次超过儿童人口。图 8.1 显示了许多国家的老龄化趋势。

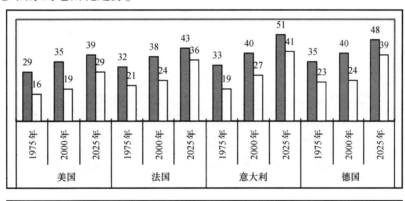

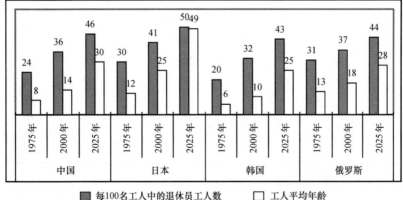

图 8.1　银发浪潮席卷全球

资料来源:联合国人口司。

---

① 这里的平均余寿指的是完全平均余寿。某年龄对应的完全平均余寿,指的是在全部可能生存期间内,包括不满一年的零数均计算在内的余寿的平均值。

1999年,中国也进入了老龄社会,是较早进入老龄社会的发展中国家之一。随着老龄化的到来,中国的人口结构将会从金字塔形变成橄榄形,如图8.2所示。

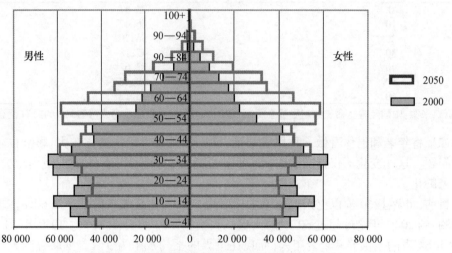

图8.2 中国人口结构变化:2000年 vs. 2025年

资料来源:United Nations Population Division, World Population Prospects 2004 Revision.

4. 失业

这里的失业指的是非自愿失业,它不是由健康状况恶化引起的,也不是由死亡和年老引起的,而是由经济原因引起的。失业是另一个威胁个人收入能力的重要因素。很多企业都会通过政府强制的失业保险为员工提供失业方面的保障;国外也有一些企业为员工提供了间接的保险项目,常常是在员工离开公司时一次性支付失业补偿和在员工的薪水中连续支付一定金额的补偿金。失业率的情况可参见表8.6。

表8.6 1987—1995年美国不同类型工人的失业率　　　　　　　　　　(单位:%)

年份	非农业私营企业	政府部门	农业	平均失业时间(周)
1987	6.2	3.5	10.5	6.5
1988	5.5	2.8	10.6	5.9
1989	5.3	2.7	9.6	11.9
1990	5.7	2.6	9.7	12.1
1991	7.0	3.2	11.6	13.8
1992	7.0	3.5	12.3	17.9
1993	7.0	3.3	11.6	18.1
1994	6.3	3.4	11.3	18.8
1995	5.8	2.9	11.1	16.6

资料来源:美国劳工部,劳动统计局。

失业还有一个重要特征,即每个人所经历的失业的本质不尽相同,大致可分为以下三种类型:

（1）摩擦性失业

摩擦性失业是指工人在更换工种期间经历的失业。

（2）周期性失业

周期性失业是指由于商业周期或经济周期的交互更替以及劳动力需求的季节性变化而引起的失业。

（3）结构性失业

结构性失业是指工人因为其技术不符合劳动力市场的需要而造成的失业。

风险经理必须清楚地了解企业员工所面临的失业，因为每种失业引起的问题都各不相同，降低这些失业的概率的措施也各不相同。

二、损失幅度的估算

人力资本风险的损失主要来源于收入的减少和费用(主要是医疗费用)的增多。但精确估计这种损失非常困难，因为我们无法准确预计如果继续工作，我们的收入会是多少。所以人力资本风险的损失幅度都是一个近似的估计。

1. 生命价值

生命价值法是从收入的角度来评价雇员的损失。当雇员死亡或永久性残疾时，其损失主要是收入损失，并且是永久性的，与时间长短呈正相关。这样就可以通过计算雇员在继续工作的情况下所得到的收入来估计员工或其家属所遭受的损失，即计算每年的税后收入减去员工自身消费后所剩金额的现值总和，这就是生命价值(human life value)。具体计算步骤为：

（1）预测雇员在退休前每年能得到的税后收入；

（2）如果损失原因是死亡，就要减去用来支付雇员自身消费的那部分收入；

（3）把每年的收入贴现后相加。

生命价值是一个近似的估计值，之所以这样说，原因有以下几点：

（1）收入的估计是近似的

雇员的年收入有很大的不确定性，它受到雇员职业生涯发展的影响，同时还受总体工资水平的影响，但在计算生命价值时，必须事先预计出年收入，这个预计值和实际值之间就可能存在差异。

（2）消费的估计是近似的

员工自身的消费也是近似估计值，实际中可能会发生变化。

（3）利率的估计是近似的

在贴现中所用的利率也是一个平均近似值。

（4）收入流与消费流发生的时间是近似的

2. 需求

需求法是从支出的角度来评价损失。它是指雇员家属为保持当前的生活水平所需支出的现值。

用需求法来估计损失，不需要考虑雇员的收入以及家属能使用的部分所占的比例，只需考虑家属的正常支出,以及这种正常支出如何受员工死亡的影响。需求法在计算时考虑到了家庭收入的补偿因素,如社会保障计划中为死者家属提供的福利,其具体的计算步骤和生命价值法类似。

比较而言,从理论上来说,生命价值法是一种更为正确的方法,因为它主要考虑潜在的损失,而非不同家庭的消费水平和消费偏好。但在实际中,人们更喜欢用需求法,因为需求法更简洁明了,并且能直接描述雇员家庭的经济福利。

3. 医疗保健费用

当雇员遭受生病、部分残疾等伤害时,主要的损失就是医疗保健费用。但医疗保健费用的估计非常复杂,因为疾病和损伤的医疗费用水平取决于使用的医疗服务,因此,我们不能像衡量收入损失一样来简单地对医疗费用进行经济估算。

4. 额外支出

额外支出是指如果某件事故没有发生就不会发生的开支。如雇员去世,家属需要安排的葬礼的费用、遗嘱检查费、遗产税等就属于额外支出。

本章总结 》

1. 人力资本风险是指由于个人的死亡、受伤、生病、年老或其他原因的失业而造成的损失的不确定性。

2. 风险经理关心人力资本风险的原因主要有:
(1) 提高生产率;
(2) 为雇员减少纳税;
(3) 团体保险节约成本;
(4) 雇主的责任感、公共关系等。

3. 人力资本风险的估算包括损失频率的估算和损失幅度的估算两个方面。损失频率的估算可以从以下一些方面入手:
(1) 死亡:来自寿险业生命表的死亡率;
(2) 健康状况恶化:致残率(活动受限天数、卧床天数及误工天数等)、同医疗保健机构的接触频率;
(3) 年老和退休:来自寿险业生命表的平均余寿;
(4) 失业:失业率。

损失幅度的估算包括以下主要指标:
(1) 生命价值;
(2) 需求;
(3) 医疗保健费用;
(4) 额外支出。

进一步阅读的相关文献 》

1. C. Arthur Williams, Jr., Michael L. Smith, Peter C. Young, *Risk Management and Insurance*, 8th ed., New York: Irwin/McGraw-Hill Inc., 1998:Ch 7.

2.〔美〕保罗·J. 费尔德斯坦著,费朝晖等译:《卫生保健经济学(第4版)》,北京:经济科学出版社1998年版。

思考与练习》》

1. 企业为什么关心人力资本风险?
2. 假如你在公司工作,你希望得到的福利都包括什么?请按重要性从高到低的顺序列出。

第九章 金融风险分析

▍本章概要▍

任何一个企业都会面临商品价格、利率、汇率、法律或流动性等方面的风险,这些因素的变化会给企业带来损失或收益。这些风险都属于金融风险。金融风险是企业面临的重要风险之一,对它的分析与评估直接决定着企业经营的成败。在这一章,我们将分析各种金融风险的性质,并介绍市场风险的评估方法。

▍学习目标▍

1. 了解金融风险的分类
2. 掌握各种金融风险的性质
3. 掌握市场风险的评估方法

引　言

1973年,"布雷顿森林体系"的崩溃带来了汇率自由浮动的时代,美国在实行浮动汇率制之后为了降低本国持续高位的通胀率,采取了一系列办法,将货币政策的控制目标由原来的利率改为货币供应量,结果导致利率迅速升高,并具有波动性。这迅速抬高了债券收益,但同时损伤了储蓄和贷款,使得债市、汇市、股市发生了前所未有的波动,市场风险凸显。这种变化很快波及了国际市场。

1999年,美国国会废除了《格拉斯-斯蒂格尔法》,出台了新的《金融服务现代化法案》,支持银行通过金融控股公司的形式进入证券、保险行业,这种制度上的发展加大了金融风险的传递性。

风险的变幻莫测使得近年来金融风险事件频发。1994年,加州奥兰治县期权投资失误损失16.4亿美元。1995年,年仅28岁的交易员尼克·里森使英格兰有233年历史的巴林银行亏损14亿美元。同样是1995年,中国国债期货"327"品种严重违规爆炒债券1400亿元,亏损达10亿元之巨,并直接导致中国国债期货市场暂停长达十余年。最近的一次影响巨大的金融风险事件就非美国金融危机莫属了,自2007年次贷危机演变成的金融危机不仅使美国经济受到影响,而且还波及其他一些国家。这些金融事件都是金融风险造成的后果,因为当事人陶醉于风险带来的收益,忽视了对风险的管理,最终导致厄运。

本章首先论述金融风险的分类及其影响,然后讨论金融风险的度量。

第一节　金融风险的类型与性质

金融风险是指在资金的融通和货币的经营过程中,在各种事先无法预料的不确定因素的影响下，资金经营者的实际收益所面临的不确定性。

金融风险与一般的风险概念有着显著的区别，它是专门针对资金借贷而言的风险，例如长、短期资金借贷以及资金经营，例如证券投资、外汇投资等金融活动所带来的风险，因此，它的外延比一般风险的外延范围小。同时，金融风险具有双重结果，既可能导致经济损失，也可能带来额外收益，它的内涵比纯粹风险要丰富。

按照表现形式的不同，金融风险可以分为市场风险、信用风险、流动性风险、操作风险、法律风险、国家风险和关联风险等类型。

一、市场风险

市场风险(market risks)是指由于受到证券、利率、汇率或商品价格的不确定变动的影响而遭受损失的不确定性。具体地，市场风险包括利率风险、汇率风险、证券价格风险和商品价格风险。

1. 利率风险

利率风险是指由于市场利率的不确定变动而使行为人遭受损失的不确定性。

利率风险是许多企业面临的主要金融风险之一。20世纪70年代之前，大多数国家对利率都实行严格的管制，利率在长时期内都保持稳定，利率风险也没有受到重视。随着80年代世界宏观金融形势的巨大变化，西方各国相继放松或取消了对利率的管制，利率的不确定变动逐渐影响到众多企业的经营与利润。

利率风险的根本来源是货币供求及宏观经济环境的变动。当货币当局采用宽松的货币政策时，资金供给充足，市场融资渠道通畅，市场利率趋于下降；而当经济处于高速增长的阶段时，投资机会增多，对资金的需求增加，市场利率趋于上升。

利率风险的影响主要表现在两个方面，一个方面是作用于企业内部的，另一个方面是作用于企业外部的。首先，利率风险会导致企业的现金流量不确定，从而使得融资成本和收益不确定。当利率升高时，融资成本可能会增加，反之，当利率降低时，企业的收益可能会减少。其次，利率的不确定变动会对企业的经营环境产生影响，进而影响到企业的利润。当企业的经营环境对利率敏感时尤其如此。例如，装修材料生产商的经营就与房地产市场密切相关，而房地产业是利率敏感性行业，当利率升高，房地产业走向低迷时，装修材料生产商的经营也将受到打击。

专栏9.1

利率波动使得美国储贷协会陷入困境

美国储贷协会(S&Ls)成立于20世纪30年代，当时成立这个协会的目的是鼓励美国的中产阶级进行自顾。储贷协会主要通过吸收短期存款，并向当地的购房者提供20年和30年期的抵押贷款来赚取收益，储贷协会提供的贷款利率在抵押期内保持不变。因此，其收入对利率无敏感性，但支出受短期利率变化的影响很大，即短期利率上升导致支出增加，储贷协会面临着巨大的利率风险。

从20世纪30年代到60年代中期，美国的利率都很低，长期抵押贷款利率高于短期存款利率,并且较为稳定,储贷协会的经营也没有压力。但70年代中期,利率开始上升。最初的变化比较温和,储贷协会遇到的麻烦还不是很大,直到80年代,不断上升的通货膨胀对利率施加了向上的压力,短期利率急剧上升。储贷协会对存款利息的支出迅速超过了其贷款收入,使其经营陷入困境。

资料来源:左柏云:《金融风险案例剖析》,广州:广东经济出版社2001年版。

2. 汇率风险

汇率风险是指由于汇率的不确定变动而使行为人遭受损失的不确定性。

1973年,"布雷顿森林体系"这一维系世界外汇市场价格稳定的基本机制崩溃,世界主要汇率自由浮动,使得汇率的波动性急剧上升。90年代以来,经济全球化与金融一体化的趋势使得汇率波动更为频繁。

总体而言,一国的宏观经济状况和实力是影响该国货币汇率变动的最基本因素。一国的生产发展速度快,财政收支状况良好,物价稳定,出口贸易增加,则该国货币升值。反之,若一国生产停滞,财政收支赤字扩大,通货膨胀不断发生,出口贸易减少,则该国货币贬值。

汇率风险的影响主要有三个方面,分别称为交易暴露、换算暴露和经济暴露。

交易暴露是指企业预期的现金流量因为汇率的不确定变动而面临的不确定性。在用外币支付的贸易中,出口商会因外币贬值而遭受损失,进口商会因外币升值而遭受损失。换算暴露是指涉外企业会计科目中以外币计的各种科目,因汇率变动引起的账面价值的不确定变动。如在合并会计报表、将海外子公司的报表转为本国基本货币记账时,都可能因汇率变动而导致公司资产价值损失。经济暴露比较间接,它是指汇率变动会影响到一个国家的经济环境,进而使得企业的成本结构、销货价格、融资能力等受到影响。

专栏9.2

汇率波动导致英国雷克航空公司破产

20世纪70年代后期,由于美元汇率较低,到美国旅游相对较为便宜,大量英国游客搭乘雷克航空公司的飞机去美国度假,公司的班机座次供不应求。为此,雷克航空公司用美元融资购置了5架大型客机。雷克航空公司的收入主要来源于英国游客,以英镑为主,但其购置5架大型客机的债务却是以美元计价的,这使得公司在财务收支上出现了不匹配,面临大量的外汇风险。1981年,美元开始变得坚挺,以美元计价的债务支出迅速上升,雷克公司需要支付越来越多的英镑来偿还美元债务。外汇交易风险的暴露最终导致雷克航空公司破产。

资料来源:Smithson C. W., Smith C. W., Wilfovel D. S., *Managing Financial Risk*, Ivwin Professional Pub, 1995.

3. 证券价格风险

证券价格风险是指证券价格的不确定变化导致行为人遭受损失的不确定性。

金融市场是整个市场体系的一个重要组成部分,金融市场中的国债、企业债、股票等证券的价格每天都处于波动之中,尤其是股票价格,变幻莫测,不确定性很大。

证券价格风险的影响因素有很多,涉及政治、经济、社会、心理等很多方面,甚至还与一些自然风险有关。如1995年1月日本的阪神地震,就使得日经225指数大幅下挫。

证券价格的变动会影响到企业的投资收益以及融资成本。

4. 商品价格风险

企业在生产经营过程中可能会涉及多种商品,这些商品价格的不确定变化使得企业面临损失的不确定性,这就是商品价格风险。

专栏9.3

大陆航空公司破产

海湾战争期间石油价格的暴涨给产油企业和用油企业带来强烈冲击。以大陆航空公司(Continental Airlines)为例,1990年8月伊拉克入侵科威特,到10月喷气式飞机的燃油价格就上升了2倍,大陆航空公司10月份的油料成本比6月增加了8 100万美元,而公司原本就有200%的资产负债率,燃油价格的这一变化更使得公司雪上加霜。10月24日,公司宣布管理层重组并计划卖掉一些喷气式飞机和航线,但这并未使公司的处境得到扭转,大陆航空公司最终在当年的12月申请破产。

资料来源:Smithson C. W. , Smith C. W. , Wilfovel D. S. , *Managing Financial Risk*, Ivwin Professional Pub, 1995.

二、信用风险

信用风险(credit risks)是指交易对手不能或不愿按照合同的约定到期还款付息而使企业遭受损失的风险,是以违约为标志的。更一般地说,信用风险还包括由于债务人信用评级的降低,致使其债务的市场价格下降而导致的损失风险。

很多交易中都涉及信用风险,它既存在于传统的贷款、债券投资等业务中,也存在于信用担保、贷款承诺以及场外的信用衍生工具交易等业务中,是历史最为悠久也最为复杂的风险。

最典型的信用风险之一是银行面临的信用风险,此外,信用风险还体现为以赊销商品和预付货款形式出现的商业信用,以企业债券形式出现的企业信用,以个人贷款形式出现的个人信用以及国家信用等。

专栏9.4

银行因信用风险导致巨额亏损的案例

信用风险是银行业面临的最主要风险,许多银行都有过因信用风险而面临巨额损失的经历。

法国著名的里昂信贷银行,1994年公布的呆账和坏账总额高达500亿法国法郎。由于它是国有银行,法国政府不得不三次拨款,此事引起了国际金融界的震动,被称为欧洲有史以来银行业最严重的"地震"。

法国里昂信贷银行成立于1863年。在1991年以前,虽然利润与资产额的比率较低,但它还是一家经营得法、信誉良好的大企业。但进入20世纪90年代后,其经营业绩不断下滑,资产质量持续恶化,银行濒临破产。

里昂信贷银行之所以出现巨额亏损,主要缘于国外投资失误和国内不良贷款,据统计,该银行10年来的信贷损失高达100亿法郎,国内银企关系失调,以及银行家的失误、渎职、经济犯罪是主要原因。

无独有偶,1998年6月,中国人民银行发布公告,关闭了刚刚成立两年十个月的海南发展银行,信用风险也是该银行被关闭的主要原因。

海南发展银行成立于1995年8月,是当时海南省唯一一家具有独立法人地位的股份制商业银行。它是在先后合并原海南省5家信托投资公司和28家信用社的基础上建立和壮大的。

成立之初,海南发展银行就存在不良资产比例大、资本金不足、支付困难等状况。1997年,银行兼并了28家有问题的信用社之后,公众逐渐意识到问题的严重性,开始出现挤兑行为。随后几个月的挤兑耗尽了海南发展银行的准备金,而其贷款又无法收回,尽管国家急调了34亿元资金救助,但也是杯水车薪。最终,为防止风险蔓延,海南发展银行被关闭。

资料来源:左柏云:《金融风险案例剖析》,广州:广东经济出版社2001年版。

专栏9.5

中国债市首次违约时间:"11超日债"

2014年3月3日,ST超日(上海超日太阳能科技股份有限公司)发布公告,"11超日债"本期利息将无法于原定付息日2014年3月7日按期全额支付,仅能够按期支付共计人民币400万元。这成为公司债券市场历史上首个付息债务违约事件,其违约的原因主要是2013年下半年以来,市场流动性在收紧,一些行业步入下滑通道。在下滑过程当中,一些公司的现金流会受到影响,超日债违约即是一个典型的市场化事件。

"11超日债"违约事件意味着隐性刚性兑付的正式结束。首先,这一事件有利于直接融资市场的壮大与经济结构转型。长期以来,我国公募债券市场的隐性刚性兑付预期使得投资者将收益率置于首位,而人为地忽视债券自身的信用风险,其后果是市场监管者与承销商、评级机构等中介机构都承担着隐性刚性兑付的各种压力,这种信用风险的绑架扭曲了市场参与者的心态,大大弱化了市场信用风险定价能力。"11超日债"违约有利于纠正扭曲的市场信用风险定价,虽然这种信用风险定价机制的复位短期内加大了信用利差,打击了债券市场的情绪,但从长远看,刚性兑付的破除,能够让中小企业、创新型企业在融资时背负的兑付压力减轻,将丰富债券市场种类与信用衍生品市场发展,真正拓宽企业直接融资的途径。

其次,有利于利率市场化下商业银行的转型。随着利率市场化进程的加快,目前我国商业银行都面临较大的转型压力,从欧美利率市场化进程中的商业银行转型经验看,资产管理业务是未来商业银行最重要的业务之一。"11超日债"作为公募债券第一单实质性的违约在让部分投资者遭受损失的同时,也给市场机构与个人投资者上了最重要的一课,股票有风险,债券也有风险。这对未来资产管理业务实现"买者自负"奠定了市场基础,有利于商业银行资产管理业务的发展与自身业务转型。

最后,有利于债券市场各中介机构的功能归位。在"11超日债"违约之前,债权人已经就相关赔偿向深圳市中级人民法院提起诉讼,其中包括保荐机构履职不充分、评级公司的信用评级虚高等问题。长期以来,债券市场的隐性刚性兑付与激烈的市场竞争不仅弱化了信用评级的效力,也迫使保荐机构、审计机构等中介机构出于自身利益考虑在信息跟踪与披露上倾向于融资人的利益。"11超日债"违约事件有利于改变目前融资主体与中介机构的地位不对称,有效促使中介机构真正实现各司其职与市场功能归位。

综上所述,"ST超日债"违约事件虽然短期内影响低等级融资主体的融资需求,但长期看信用风险定价的复位与隐性刚性兑付的破除,将有力地推动利率市场化背景下中国资本市场持续壮大,为未来实体经济的发展创造多层次的融资市场环境。

资料来源:《*ST超日"11超日债"违约事件的三大影响》,新华网,2014年3月13日。

专栏9.6

美国次贷危机引发金融危机

美国次贷危机(subprime crisis)又称次级房贷危机,也译为次债危机。它是指一场发生在美国,因次级抵押贷款机构破产、投资基金被迫关闭、股市剧烈震荡引起的金融风暴。它致使全球主要金融市场出现流动性不足危机。美国"次贷危机"是从2006年春季开始逐步显现的。2007年8月开始席卷美国、欧盟和日本等世界主要金融市场。

为应对2000年互联网泡沫破灭和2001年的"9·11"事件的冲击,美联储打开了货币闸门,试图遏止经济衰退。2001年1月至2003年6月,美联储连续13次下调联邦基金利率,使其从6.5%降至1%的历史最低水平。利率环境使得美国民众蜂拥进入房地产领域,对未来价持续上升的乐观预期又使银行千方百计向信用度极低的借款者推销住房贷款,进而投资银行业发现机会并积极介入,将住房贷款证券化,使得次贷证券化市场在2006年发展到顶峰。但在2006年6月之前的两年时间里,美国联邦储备委员会连续17次提息,将联邦基金利率从1%提升到5.25%。利率大幅攀升加重了购房者的还贷负担。而且,自从2005年第二季度以来,美国住房市场开始大幅降温,购房者难以将房屋出售或者通过抵押获得融资。受此影响,很多次级抵押贷款市场的借款人无法按期偿还借款,银行收回房屋,却卖不到高价,次级房贷大比例转化为坏账,形成了次贷危机。

银行为了赚取暴利,采用20—30倍的杠杆操作,发行大量次级债,同时为杠杆操作的高风险购买了"保险",即CDO。而CDO又被进一步证券化,即CDS,在市场上反复炒作,金融危机发生前其市场总值已达62万亿美元。次贷危机发生时,与次贷挂钩的次级债、CDO、CDS等衍生品迅速贬值,涉及很多大型金融机构,最终演变为金融危机。

资料来源:美国次贷危机,百度百科。

信用风险的风险因素来源于主观和客观两个方面。主观风险因素主要指债务人是否有还款意愿,这可以从债务人的品质等角度进行考察。客观风险因素主要指债务人是否有能力还款,这可以由债务人的资本金所处的环境、债务人的经营水平等决定。

三、流动性风险

流动性(liquid)包括两种含义,一种是产品的流动性,一种是现金的流动性。

所谓产品的流动性,是指某种金融产品以合理的价格在市场上流通、交易以及变现等的能力。如果市场活跃,产品的品质好,能够随时大量地交易,而又不以降低价格为代价,则此种产品的流动性风险小;反之,如果市场低迷,某种产品不能及时变现或由于市场效率低下、产品品质差等原因无法按正常的市场价格交易,则此种产品的流动性风险大。

现金的流动性是指企业满足现金流动要求的能力,即在清算日履行支付义务的能力。如果企业持有的资产能随时得以偿付,能以合理的价格出售,或者能够在短时间内以合理的价格借入资金,则其现金的流动性风险小;反之,风险大。企业面临现金流动性风险,可能会导致违约或发生财务损失。香港地区最大的华资证券投资公司"百富勤"集团就是因为现金流动性风险过大,在1998年亚洲金融危机中,资金周转困难,最终导致公司破产。

四、经营风险

经营风险是指因一些经营管理方面的不确定性而使企业遭受损失的风险。经营风险主要体现为决策风险和操作风险两方面。[①]

决策风险是由决策的错误制定导致的风险。在领导者制定决策的过程中,如果经营方针不明确,信息不充分或错误,对业务发展趋势把握失策等,都可能在经营方向、范围、策略上出现失误,从而使企业遭受损失。决策风险源于环境因素的变化。例如,竞争对手改变了原有的业务格局,政治和监管体系发生了重大变化,发生了地震以及其他不能控制的灾害等,这些有一定可能发生的情况,使得事先制定好的决策面临一定的不确定性。

操作风险(operational risks)是在决策的执行过程中发生的风险。当决策信息传达的时候,如果没有及时传达到有关人员、传达中发生偏差、执行时因故意或疏忽而违规操作、信息系统以及风险评估模型不完善,就会导致操作风险。企业使用人员、流程和技术

---

① 广义的操作风险也涵盖了决策风险(Michel Crouhy, Dan Galai & Robert Mark, 2001)。

完成业务计划,其中任何一个因素都有可能出现某种失误。

操作风险在整个业务运作的过程中都会发生。例如,在衍生品的交易中,操作风险存在于交易之前、交易之中和交易之后,如图9.1所示。

图9.1 衍生品交易过程中的操作风险

专栏9.7

操作风险导致巴林银行倒闭

1995年2月26日,有着233年历史的英国巴林银行因9.16亿英镑的巨额亏损而被迫宣布破产。这个恶果是多种风险综合作用的结果,但操作风险在其中起了举足轻重的作用。

1992年,28岁的尼克·里森被巴林银行总部任命为新加坡巴林期货有限公司的总经理兼首席交易员。当时,巴林银行有一个账号为"99905"的账户,专门处理交易过程中因疏忽造成的差错。1992年夏天,总部允许里森自行处理小额差错,于是,他就开设了一个代码为"88888"的新账户,但不久总部因更换新的电脑系统,又要求所有差错仍由"99905"处理,"88888"因此搁置不用,但并未取消。

为了维持在总部的良好业绩,1992年7月,尼克·里森开始私下频频用"88888"账户吸收下属的交易差错,起初,他用自己的佣金转入账户弥补亏损,但当吸收一些大额差错之后,里森被迫尝试以自营收入来弥补亏损。刚开始这样做的时候,里森通过自营获利转亏为盈,这增加了他吸收定额差错的胆量。随着差错数额的增大,里森于1994年下半年开始进行日经225指数期货的交易,大量买进日经225指数期货,沽空日本政府债券。没有想到的是,1995年1月日本阪神地震,日经225指数大幅下挫,2月23日,里森所做的交易已亏损8.6亿英镑,知道很难再隐瞒下去,里森携妻子出逃。直到2月24日里森出逃后,巴林银行总部才得知真相,但已经难以挽回巴林银行倒闭的厄运。

资料来源:根据左柏云:《金融风险案例剖析》,广州:广东经济出版社2001年版资料整理。

五、法律风险

法律风险(law risks)是指由于法律或法规方面的原因而使企业的某些市场行为受到限制或合同不能正常执行而导致损失的不确定性。

法律风险包括合规性风险和监管风险。交易对方不具备法律或法规赋予的交易权利,违反国家有关法规进行市场操纵、内幕交易、不符合监管规定等,都会导致法律风险。由于各国的法律法规有所不同,对不同类型金融机构的监管要求不同,不同交易对手的法律风险存在较大差异。

六、国家风险

国家风险(country risks)指的是在国际经济活动中发生的，至少在一定程度上由外国政府控制的事件或社会事件引起的，而非企业或个人控制下的事件造成的，给国外债权人(出口商、银行或投资者)造成损失的不确定性。[①]

例如，一家银行对某一外国政府或由外国政府担保的经济实体发放跨国界贷款，如果此外国政府发生政权更迭，新的政府拒付前政府所欠的外债，就将使这家银行不能收回贷款；又如，一家银行对一个外国企业发放跨国界贷款，但由于该外国政府实行严格的外汇管制，导致外汇无法汇出，也将使这家银行遭受损失。

国家金融风险有三个显著的特点：第一，国家风险是在跨国境的金融活动或投资经营活动中发生的。境内风险，如由于本国政治经济形势发生变化，造成银行使用本币对境内企业贷款发生的风险，或境内企业之间的信用交易产生的风险，都不属于国家风险。第二，对一个国家的所有信用，无论对政府、公司还是个人的信用，均涉及国家风险。如国外政府采购、对国外有限公司或合伙人放账交易等均可能由于国家风险导致债务方不能偿还或不能按时偿还贷款本金和利息。第三，仅当是政府控制下或至少在一定程度上由政府控制的事件造成的损失，才能称为是由国家风险导致的。

国家风险可根据引发风险的事件性质不同分为国家政治风险和国家经济风险两类。[②]

1. 国家政治风险

国家政治风险是指由于一个国家的内部政治环境或国际关系等因素的不确定变化而使他国的经济主体遭受损失的可能性。国家政治风险的主要表现形式包括：

(1) 货币的非自由兑换

(2) 没收或国有化

(3) 战争或内战

(4) 合同拒付

(5) 政府消极行为

主权国家政府采取非直接形式减少或限制国外债权人和投资者的合理收入或参与经营和投资活动的领域。如起源于政府决定或政府部门的权益限制、对特别公司或特别国家的税收歧视、收益汇回限制、关税壁垒和非关税壁垒等。

(6) 事件干预

这里的事件包括绑架经理或董事、为达到政治而非经济或财务目的的罢工、由主权国家政治或宗教组织造成的对工厂或服务设施的破坏或毁坏等。这类事件虽然不是主

[①] 以下内容部分参考杨学进：《出口信用保险国家风险评价——理论·方法·实证》，北京：经济科学出版社2004年版。

[②] 严格说来，国家风险的成因除了政府风险和经济风险之外，还包括社会风险，但由于政府风险和社会风险特点类似，因此很多情况下对二者不加区分。如国际上出口信用保险在辨析国家风险的类型、设计保单和厘定费率时，均把社会风险的承保归在政治风险保单之内。

权国家政府决策的结果,但它起源于政治属性。

(7) 法律环境恶化

法律环境恶化通常起源于主权国家的间接政府行为以及政府态度而非政府决策的行为,如版权缺乏强制执行、政府干预经营(如在聘用经理时规定种族配额)、受贿、行贿和司法腐败等。

2. 国家经济风险

国家经济风险是指由于经济原因造成一个国家不愿意或不能够偿还其外债或外部责任的风险。

与国家经济风险有关的因素包括:

(1) 经济体制

如果一个国家建立在发达的市场经济体制上,则法规比较健全,有效的政府宏观调控使得经济运行平稳、有序,经济基本呈现良性循环,经济风险较小。一个国家市场经济不发达,但完全是市场取向,则微观经济就可能有很大的盲目性,这势必给国家宏观经济造成一定损害,经济风险较大。而完全依赖政府计划控制的经济体制,一旦计划有缺陷或失误,也会给国家经济造成大的破坏,因此认为这种体制下经济风险也较大。

(2) 通货膨胀

(3) 宏观经济政策

宏观经济政策如财政政策、货币政策、进出口政策、产业政策等的连续性和协调性不仅对微观经济活动的效率有直接影响,而且对整个国家经济运行的效果也有很大作用。如果一个国家宏观经济政策连续并彼此协调,则国家经济风险较小;反之则较大。

(4) 自然资源

丰富的自然资源是一国经济发展得天独厚的条件,如一些石油输出国可依靠石油出口换取大量外汇,支撑国家经济。而资源贫乏的国家,出口创汇就只能选择其他手段。

(5) 经济规模

(6) 国际收支状况

国际收支状况是一国偿还外债能力的标志。经常项目项下持续大量盈余,一般不会发生偿债危机。国际收支连年大量逆差,偿付能力自然受到威胁。

(7) 国际储备

(8) 外债负担

在国家风险中,特别值得一提的是主权风险,它特指在主权贷款有关的经济活动中产生的风险。主权贷款是对一国政府的直接贷款,或对政府担保实体的贷款。

专栏9.8

亚洲金融危机

东亚和东南亚国家在1998年亚洲金融危机之前的30年中平均经济增长率达到8%左右,引起世界的瞩目,世界历史上还没有哪个地区能在如此长的时间里保持这么高的增速。

1994年美国经济学家杨(Alwyn Young)运用生产函数分析了亚洲"四小龙"1966—1990年的经济增长情况,发现中国香港地区、韩国、新加坡及中国台湾地区的年平均技术进步率(TEP增长率)分别为2.3%、1.7%、0.2%及2.6%,这些数据相对于8%—10%的经济增长率而言是很小的。

美国斯坦福大学的保罗·克鲁格曼引用了杨的分析结果,在《外交事务》(Foreign Affairs)季刊1994年第9期发表文章《亚洲奇迹的神话》(Pacific Myths),认为东亚经济发展模式是通过大量动员资源而取得的经济增长,靠投入大量劳动力和资本,而不是靠提高生产率,这必将导致收益减少……因而,这种模式的发展前景有限,东亚经济增长实乃一种神话,东亚经济奇迹已接近尾声。

东亚各国的国家经济风险还有很多表现,外债期限结构就是其中之一,如下表所示。

短期外债占外债总额和国际储备的比重 (单位:%)

年份	印度尼西亚		马来西亚		菲律宾		泰国	
	外债总额	国际储备	外债总额	国际储备	外债总额	国际储备	外债总额	国际储备
1987	12.1	89.6	10.3	27.5	12.7	162.8	13.1	51.7
1988	12.4	105.9	8.6	21.3	13.3	177.3	22.1	67.4
1989	13.4	118.6	14	26	13.8	164.2	26	58.1
1990	15.9	128.2	11.6	17.8	14.5	216.4	29.6	58.2
1991	18	138.4	11.4	17.6	15.2	110.9	33.1	67.8
1992	20.5	157.7	18.2	20.6	15.9	98.1	35.2	69.4
1993	20.2	144.2	26.6	24.6	14	84.5	43	88.8
1994	17.7	128.8	21	23.5	14.3	80.3	44.5	96.3
1995	20.7	150	21.2	29.5	13.4	68	49.4	111.2
1996	25	165.6	27.8	39.6	19.3	67.9	41.4	97.4

资料来源:世界银行:《世界债务表(1996)》;《全球开发融资(1997—1998)》。

七、关联风险

关联风险是指由于相关产业或相关市场发生严重问题,而使行为人遭受损失的不确定性。

现代经济中,许多企业之间的联系都非常紧密,一个企业发生问题,可能会导致其他一些企业受到牵连,尤其在金融领域,可能会因为一家银行的问题,波及整个市场,诱发银行危机。

第二节 市场风险的评估

市场风险评估的重点在于评估由于市场因子的不利变化而导致的损失幅度。市场风险评估主要针对金融资产,本节默认的讨论对象也是金融资产。

长期以来,市场风险评估有两种基本方法,一种是敏感性分析,另一种为波动性分析,但这两种方法都有较大的局限性。近年来,VaR模型被迅速推广,并受到越来越多的企业的重视。

一、敏感性分析

敏感性分析通过金融资产价值对相关市场因子的敏感度来评估其市场风险。敏感度是指当市场因子发生变化时,金融资产价值的变化幅度,具体如下式所示:

$$D_i = \frac{1}{P}\frac{\partial P}{\partial x_i} \quad (i = 1, 2, \cdots, n) \tag{9.1}$$

其中 D_i 为某金融资产对第 i 个市场因子的敏感度,P 为金融资产的价值,x_i 为第 i 个市场因子。

敏感度描述了金融资产对相关市场因子变化的反应,敏感度越大的金融资产,受市场因子变化的影响越大,相应地,风险越大。

不同的金融资产针对不同的市场因子,有不同的敏感度。实际中常用的敏感度包括:债券的持续期(duration)和凸性(convexity),股票的 Beta 值,衍生工具的 Delta、Gamma、Theta、Vega 值等。

敏感性分析在概念上简明且直观,使用起来比较简单,但它也有一定的局限性:

(1) 大多数敏感度指标度量的是金融资产价值相对于市场因子变化的线性变化,但一些金融资产价值的变化不是市场因子变化的线性函数,特别是期权类金融工具。

(2) 市场因子的变化并不能完全解释金融资产价值的变化。因此,即使某金融资产的敏感度低,它也可能面临较大的风险。

(3) 不同的金融工具有不同的敏感度,这些敏感度不具有可比性,无法用来比较不同证券的风险大小,也无法度量由不同证券组成的证券组合的风险。这极大地限制了敏感性分析的应用。

由于上述不足,敏感性分析比较适合简单金融工具在市场因子变化较小情形下的风险分析,对于复杂的证券组合或市场因子大幅波动的情况,敏感性分析的准确性就比较差,或者因为复杂而失去了原有的简单直观性。

二、波动性分析

波动性分析从未来收益的不确定性入手,通过实际结果偏离期望结果的程度来度量风险,经常采用的度量指标为方差和标准差。

考虑一个由 n 种证券组成的证券组合,设各证券的权重分别为 $x_1, x_2, \cdots, x_n$,$x_1 + x_2 + \cdots + x_n = 1$。假定此证券组合在过去 N 周内的收益率分别为:

$$
\begin{array}{cccc}
r_{11}, & r_{12}, & \cdots, & r_{1N} \\
r_{21}, & r_{22}, & \cdots, & r_{2N} \\
\cdots & \cdots & \cdots & \cdots \\
r_{n1}, & r_{n2}, & \cdots, & r_{nN}
\end{array}
$$

预期收益率的估计值分别为:

$$
\begin{array}{cccc}
\hat{r}_{11}, & \hat{r}_{12}, & \cdots, & \hat{r}_{1N} \\
\hat{r}_{21}, & \hat{r}_{22}, & \cdots, & \hat{r}_{2N} \\
\cdots & \cdots & \cdots & \cdots \\
\hat{r}_{n1}, & \hat{r}_{n2}, & \cdots, & \hat{r}_{nN}
\end{array}
$$

则第 i 种证券与第 j 种证券的协方差为：

$$\sigma_{ij} = \frac{1}{N-1} \sum_{k=1}^{N} (r_{ik} - \hat{r}_{ik})(r_{jk} - \hat{r}_{jk}) \tag{9.2}$$

证券组合的协方差矩阵为：

$$E = \begin{pmatrix} \sigma_{11} & \sigma_{12} & \cdots & \sigma_{1n} \\ \sigma_{21} & \sigma_{22} & \cdots & \sigma_{2n} \\ \vdots & \vdots & & \vdots \\ \sigma_{n1} & \sigma_{n2} & \cdots & \sigma_{nn} \end{pmatrix} \tag{9.3}$$

则证券组合的方差为：

$$\sigma^2 = (x_1, x_2, \cdots, x_n) E (x_1, x_2, \cdots, x_n)^T \tag{9.4}$$

波动性分析描述了金融资产价格的变化程度，但它没有反映出金融资产的风险损失到底会达到多少。仅仅通过方差还不能将概率分布中的信息完整地表达出来。

三、风险价值

为了解决传统风险评估方法所不能解决的问题，一种能够全面度量复杂证券组合的市场风险的工具——风险价值(value at risk, VaR)被提出。

1. VaR 的概念

VaR 的含义是"处于风险中的价值"，它指的是市场正常波动下，在一定的概率水平(置信度)下，某一金融资产或证券组合在未来特定的一段时间内的最大可能损失，即

$$P\{L > \text{VaR}\} = 1 - c \tag{9.5}$$

其中，L 表示证券组合在持有期内的损失，c 为置信度，VaR 为置信度 c 下处于风险中的价值。

VaR 的意义非常直观。如 JP Morgan 公司 1994 年置信度为 95% 的日 VaR 值为 960 万美元，这就意味着该公司可以以 95% 的把握保证，1994 年每一特定时点上的证券组合在未来 24 小时内，由于市场价格变动而带来的损失不会超过 960 万美元。换句话说，只有 5% 的可能会超过 960 万美元。

在 VaR 的定义中，置信度的概念非常重要。如果没有置信度，VaR 就相当于回答"在一个给定的期间内，资产组合可能会损失多少"，而这个问题的答案是，可能会损失资产组合的全部价值，否则其他任何一个值我们都无法以百分之百的把握保证损失不超过它。

2. VaR 的计算

VaR 的计算方法主要有三种：非参数法、参数法和蒙特卡罗模拟法。

首先，根据历史数据或模拟数据得到既定期间(如 1 天或 10 天)内资产组合价值或收益的远期分布；其次，将置信度 c 转化为相应的分位数，计算此分位数下的可能最大损失。

如果所用数据本身就是损益值，那么按上述步骤直接就可以求出 VaR 值，如果所用数据是金融资产或证券组合的价值，则要进行简单的转换，使之成为损益值。

令 W_0 为初始投资额,投资回报率为 r,其均值与方差分别为 μ 和 σ。在给定置信水平 c 下的投资组合最小价值为

$$W^* = W_0(1 + r^*) \tag{9.6}$$

W^* 只是"最小价值",并不代表损失,因此,还要将这个最小价值和原有价值进行比较,才能得到损失。如果是与初始投资 W_0 进行比较,则称为绝对 VaR,即

$$\text{VaR}(绝对) = W_0 - W^* = -W_0 r^*$$

如果考虑了预期收益,则称为相对 VaR,即

$$\text{VaR}(相对) = E(W) - W^* = -W_0(r^* - \mu)$$

(1) 非参数法

非参数法也称为历史模拟法,它基于历史数据的频率分布来计算 VaR。因为这种方法不涉及对某种理论分布的估计,故其结果也称为非参数 VaR。

例如,要根据 JP Morgan 公司 1994 年的数据计算 95% 置信度下的日 VaR。首先,将 JP Morgan 公司 1994 年 254 个交易日的收入数据从小到大进行排序,做成直方图,如图 9.2 所示。假定每日收入独立同分布。

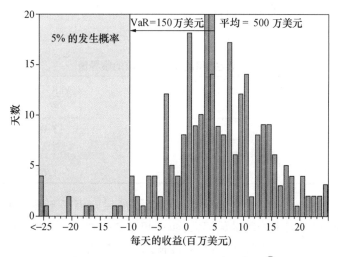

图 9.2　JP Morgan 公司 1994 年日损益①

由于置信度为 95%,因此我们要找到的 VaR 应该使得只有 5% 的损益值低于这个值。我们关心的是直方图的左尾端,左边观察值为 254 × 5% = 12.7 处就是 VaR。在 −1 000 万美元左边有 11 个观察值,−900 万美元左边有 15 个观察值。使用插值方法,可以得到 VaR = −960 万美元。

非参数法不依赖于对风险因子分布的任何假定,而且,因为历史数据反映了市场中所有风险因子的同步变化,所以经常需要单独考虑的波动性、相关性以及厚尾问题都可以通过数据体现出来。但这种方法完全依赖特定的历史数据,它基于这样一个假定,即未来的情况和历史数据中表现的过去的情况是一致的,但实际上,过去影响损益的一些事件在未来不一定还会重现,而未来出现的事件也可能是过去不曾有过的。另一个局限

---

① Jorion P. , *Value at Risk*: *The New Benchmark for Controlling Market Risk* , New York: McGraw-Hill Companies, Inc. , 1997.

是,非参数法可能会受数据数量的限制,不能完全反映出风险的状况,如一些极端的、不太可能发生的情况。

(2) 参数法

在非参数法中,VaR 是根据金融资产在 1 年内每日损益数据的历史分布来计算的。在这种非参数 VaR 的计算中,没有对损益的分布做出任何假定。

如果能够假定损益分布为某种可分析的密度函数 $f(R)$,则 VaR 的计算就会简化,只需根据历史数据估计假定的分布函数的参数即可。

例如,如果损益值 R 服从均值为 μ 的正态分布,标准差为 σ,则

$$f(R) = \frac{1}{\sqrt{2\pi}\sigma}\exp\left(-\frac{(R-\mu)^2}{2\sigma^2}\right)$$

令所求 VaR 的置信度为 c,则有

$$P\{R < \text{VaR}\} = \int_{-\infty}^{\text{VaR}} f(R)\,\mathrm{d}R = P\left\{Z < \frac{\text{VaR}-\mu}{\sigma}\right\} = 1 - c$$

在正态分布的假设下,Z 服从标准正态分布,只需在标准正态分布表中找到与 c 对应的临界值,即相应得到 $\frac{\text{VaR}-\mu}{\sigma}$ 的值,然后再求出 VaR 即可。表 9.1 给出了常用的置信度对应的临界值。

表 9.1 常用的置信度对应的临界值

c	$\frac{\text{VaR}-\mu}{\sigma}$
99.87%	-3.00
99%	-2.33
95%	-1.65

参数法的计算较为简便,而且即使影响到收益的风险因子不服从正态分布,根据中心极限定理,只要风险因子的数量足够大,而且相互之间独立,也可以使用这种方法。但是,也有一些情况无法满足正态性假设,只能使用别的方法。

(3) 蒙特卡罗模拟法

当没有充足的数据,或者现有数据无法满足参数法的假设要求时,可以使用蒙特卡罗模拟法得到大量的数据。

蒙特卡罗模拟法通过对那些决定市场价格和收益率的情况进行重复的模拟,得出一系列可能的结果,当模拟次数足够多时,模拟分布就将趋近于真实分布。

蒙特卡罗模拟法可以适用于任何情况的分布,也可以将任何复杂的资产组合纳入模型,但这种方法计算过程复杂,极端依赖于计算机。

3. 持有期和置信度的选择

在 VaR 的定义中,有两个重要的参数,即持有期和置信度。在计算 VaR 之前必须给定这两个参数。

持有期是 VaR 的时间范围,持有期越长,VaR 可能越大。通常选择一天或一个月作为持有期,某些金融机构也选取更长的持有期,如一个季度或一年。在 1997 年年底生效

的巴塞尔委员会的资本充足性条款中,持有期为两个星期(10个交易日)。

流动性、正态性、头寸调整和数据约束是影响持有期选择的四个因素。如果交易头寸可以快速流动,则可以选择较短的持有期。如果采用参数法,并假设投资收益服从正态分布,则选择较短的持有期更适合。[①] 由于管理者会根据市场状况不断调整其头寸或组合,在计算 VaR 时,往往假定在不同持有期下组合的头寸是相同的,因此,持有期越短就越容易满足组合保持不变的假定。最后,VaR 的计算往往需要大量的历史数据,持有期较长,所需的历史时间跨度也越长,实际数据可能无法满足。持有期越短,得到大量样本数据的可能性越大。

实践中,经常采用的置信度有 95%、99% 等。置信度的选择依赖于有效性验证的需要、内部风险资本需求和监管要求等。如果选择较高的置信度,则意味着实际中损失超过 VaR 的可能性较小,在对 VaR 进行验证时,就需要较多的数据,否则无法观察到这种极端值。但实际中可能无法获得这么多数据,这就限制了高置信度的使用。在准备风险资本时,要反映机构对风险的厌恶程度,安全性追求越高,置信度选择也越高。此外,美国等国家的监管当局为了保持金融系统的稳定性,有时也会要求金融机构设置较高的置信度。

本章总结 》

1. 金融风险是指在资金的融通和货币的经营过程中,在各种事先无法预料的不确定因素的影响下,资金经营者的实际收益所面临的不确定性。

2. 市场风险是指由于受到证券、利率、汇率或商品价格的不确定变动的影响而遭受损失的不确定性。市场风险包括利率风险、汇率风险、证券价格风险和商品价格风险。

3. 信用风险是指交易对手不能或不愿按照合同的约定到期还款付息而使企业遭受损失的风险。最典型的信用风险之一是银行面临的信用风险,此外,信用风险还体现为以赊销商品和预付货款形式出现的商业信用以及国家信用等。

4. 流动性风险包括产品的流动性风险和现金的流动性风险两种类型。产品的流动性,是指某种金融产品以合理的价格在市场上流通、交易以及变现等的能力。现金的流动性是指企业满足现金流动要求的能力,即在清算日履行支付义务的能力。

5. 经营风险是指因一些经营管理方面的不确定性而使企业遭受损失的风险。经营风险主要体现为决策风险和操作风险两方面,前者是由决策的错误导致的风险,后者是在决策的执行过程中发生的风险。

6. 法律风险是指由于法律或法规方面的原因而使企业的某些市场行为受到限制或合同不能正常执行而导致损失的不确定性。

7. 国家风险指的是在国际经济活动中发生的,至少在一定程度上由外国政府控制的事件或社会事件引起的,而非企业或个人控制下的事件造成的,给国外债权人(出口商、银行或投资者)造成损失的不确定性。国家风险包括政治风险和经济风险

---

① 金融经济学的实证研究表明,时间跨度越短,实际回报分布越接近正态分布(王春峰:《金融市场风险管理》,天津:天津大学出版社 2001 年版,第 78 页)。

两种类型。

8. 关联风险是指由于相关产业或相关市场发生严重问题,而使行为人遭受损失的不确定性。

9. 敏感性分析和波动性分析是常用的两种市场风险评估方法。敏感性分析通过金融资产价值对相关市场因子的敏感度来评估其市场风险。波动性分析从未来收益的不确定性入手,通过实际结果偏离期望结果的程度来度量风险,经常采用的度量指标为方差和标准差。

10. 为了解决传统风险评估方法所不能解决的问题,一种能够全面度量复杂证券组合的市场风险的工具——风险价值被提出,它指的是市场正常波动下,在一定的概率水平(置信度)下,某一金融资产或证券组合在未来特定的一段时间内的最大可能损失。它的计算方法主要有三种:非参数法、参数法和蒙特卡罗模拟法。

进一步阅读的相关文献

1. Jorion P., *Value at Risk: The New Benchmark for Controlling Market Risk*, New York: McGraw-Hill Companies, Inc., 1997.

2. JP Morgan, *Risk Metric-Technical Document*, 4th ed., New York: Morgan Guaranty Trust company, 1996.

3. 〔加〕赫尔著,〔加〕王勇、董方鹏译,《风险管理与金融机构(第3版)》,北京:机械工业出版社2013年版。

4. 王春峰:《金融市场风险管理》,天津:天津大学出版社2001年版。

思考与练习

1. 金融风险都包括哪些类型?
2. 试举例说明,市场风险中,各种类型的风险对企业的影响是怎样的。
3. 敏感性分析和波动性分析各有哪些不足?
4. VaR 的含义是什么?它有哪些优缺点?

第十章　损失分布

▌本章概要▐

　　损失分布是建立在概率论与数理统计的相关概念的基础之上的。常用来描述风险的损失分布包括二项分布、几何分布、泊松分布、负二项分布及正态分布等。获得损失分布的方法主要有经典统计方法、贝叶斯方法和随机模拟法，它们分别适用于不同的情况。

▌学习目标▐

1. 掌握与损失分布有关的概率论与数理统计的相关概念
2. 掌握常用的损失分布及其性质
3. 掌握获得损失分布的一般过程

引　言

　　对风险进行分析，以及决定采取什么措施管理风险，都要依赖于事先对未来将要发生什么做出定量的预测。预测的结果就是损失分布。风险是未来的不确定性，我们无法用一个数值来描述它的状况，只能用一个汇总了所有结果及其发生概率的概率分布来描述。这一工具属于概率论与数理统计这一学科，在整个风险管理的过程中，需要大量、频繁地用到概率论与数理统计中的相关工具。

第一节　概率论与数理统计的基本概念

　　风险事故是随机事件，它发生的时间、空间、损失严重程度都是不确定的，在事先，这种不确定性只能用损失的概率分布来描述，它是进一步得出损失频率、损失幅度以及其他风险指标的基础。

一、概率论的基本概念

1. 随机事件与样本空间

　　"试验"是概率论中频繁出现的一个词，它的含义很广泛。所谓一次试验是指对试验单元进行一次观察或测量的过程。例如，从一副52张标准纸牌中抽取一张，并观察其结果（数字或花色），这一行动就是一次试验。计算灯泡生产过程中每小时产生的次品数也是一种试验。大多数试验的结果是不能确切预测的。

定义10.1 广义地讲,从某一研究目的出发,对随机现象进行观察或测量的过程均可称为**随机试验**。一个过程的结果的某种集合称为一个**事件**,无法再分解为更简单成分的结果或事件称为**基本事件**。随机试验的结果也称为**随机事件**。

随机试验的所有基本事件的集合称为此试验的**样本空间**,其中每一个结果都称为**样本点**。

2. 概率的定义

一般地,概率用符号 P 表示,事件用 A、B 或 C 表示,$P(A)$ 就表示事件 A 发生的概率。

定义一个事件的概率有很多不同的方法,古典概率、概率的统计定义以及主观概率是三种常见的方法。

定义10.2 古典概率(结果的发生必须是等可能性的):假设一个试验包括 n 种不同的基本事件,这些基本事件发生的可能性都是相同的。如果在这 n 个结果中,有 m 种属于事件 A,那么

$$P(A) = \frac{m}{n} \tag{10.1}$$

定义10.3 概率的统计定义:将一个试验在相同的条件下重复 n 次,假设事件 A 出现了 m 次。当试验的重复次数足够多时,事件 A 发生的概率可以用事件 A 发生的频率来近似,即

$$P(A) = \frac{m}{n} \tag{10.2}$$

定义10.4 主观概率:事件 A 的概率 $P(A)$ 是基于相关环境的知识,通过对它的值进行猜想或估计计算出的。

专栏10.1

挑战直觉的概率

在某些情况下,我们主观估计的概率与实际概率存在很大不同。这里有一个经典的例子:如果你做一个深呼吸,你就有超过 99% 的机会吸入恺撒垂死时呼出的最后一口气中的分子。同样可怕的,而且直觉上想不到的情况是,如果苏格拉底致命的铁杯里装了很多水,那么你喝的下一杯水中就将很可能含有一个同样的水分子。这里还有另外一个有点可怕的例子可以被验证:在一个班里的 25 名学生中,有超过 50% 的可能性,至少有 2 个学生的生日是在同一天。

资料来源:〔美〕马里奥·F.特里奥拉著,刘新立译:《初级统计学(第8版)》,北京:清华大学出版社2004年版。

3. 概率的运算规则

(1) 加法法则

加法法则应用于 $P(A$ 或 $B)$ 的计算,A 或 B 指的是事件 A 发生或事件 B 发生或二者

都发生。一般情况下,A 或 B 的概率为

$$P(A + B) = P(A) + P(B) - P(AB) \tag{10.3}$$

定义 10.5 如果事件 A 和事件 B 不会同时发生,则它们是**互斥**的。

如果 A 和 B 是互斥事件,则加法法则简化为

$$P(A + B) = P(A) + P(B) \tag{10.4}$$

(2)乘法法则

乘法法则应用于 $P(A$ 与 $B)$ 的计算,A 与 B 指的是事件 A 在第一次试验中发生,事件 B 在第二次试验中发生。

乘法法则建立在条件概率的基础上。条件概率 $P(B|A)$ 代表假设事件 A 已经发生后,事件 B 发生的概率。

定义 10.6 两个事件 A 和 B,如果一个的发生不影响另一个的发生概率,则称这两个事件是**独立**的。如果 A 和 B 不独立,则就称它们是**非独立**的。

一般情况下,A 与 B 的概率为

$$P(AB) = P(A) \cdot P(B|A) \tag{10.5}$$

由此可知,条件概率 $P(B|A)$ 的计算公式为

$$P(B|A) = \frac{P(AB)}{P(A)} \tag{10.6}$$

如果 A 和 B 是独立的,则乘法法则简化为

$$P(AB) = P(A) \cdot P(B) \tag{10.7}$$

(3)全概率公式与贝叶斯公式

全概率公式用于某一事件的概率的计算。如果事件组 $A_1, A_2, \cdots, A_n$ 满足:
① $A_1, A_2, \cdots, A_n$ 两两互斥,且 $P(A_i) > 0 (i = 1, \cdots, n)$;
② $A_1 + A_2 + \cdots + A_n = U(U$ 为整个样本空间),则对任一事件 B 皆有

$$P(B) = \sum_{i=1}^{n} P(A_i) P(B|A_i) \tag{10.8}$$

贝叶斯公式的提出者,托马斯·贝叶斯(1702—1761)曾说:"当我们对一个事件知道更多的时候,概率就应该被修正。"这就是贝叶斯公式的基本思想。下式是贝叶斯公式的一种形式:

$$P(A|B) = \frac{P(A)P(B|A)}{P(A)P(B|A) + P(\bar{A})P(B|\bar{A})} \tag{10.9}$$

其中:

$\bar{A}$ 表示事件 A 的补,$P(\bar{A}) = 1 - P(A)$。

4. 随机变量与概率分布

定义 10.7 一个**随机变量**(random variable)是指这样一个变量(通常用 X 来表示),对于过程中的每一个结果,都有一个由可能性决定的唯一的数值与之对应。

如果变量的数值有限或可数,则称这个随机变量为一个**离散随机变量**。如果一个随机变量有无限多取值,这些数值能够和一种没有间断的连续刻度的度量联系起来,则称这种随机变量为**连续随机变量**。

一个**概率分布**(probability distribution)是指表示随机变量每个值的概率的图、表或

公式。

例如,一枚硬币抛三次,出现正面向上的次数就是一个随机变量,它可以取 0、1、2、3 这四个值,具体哪个值出现,在试验之前是无法确定的。这个随机变量的取值及其概率如表 10.1 所示,这是列表形式的概率分布。此外,还可以由公式(10.10)表示,这是数学函数形式的概率分布。图 10.1 表示的是直方图形式的概率分布。

表 10.1 掷硬币三次,正面向上的次数

事故次数 X	0	1	2	3
$P(X)$	0.125	0.375	0.375	0.125

$$P(X) = \frac{C_3^x}{2^3}, \quad X = 0,1,2,3 \tag{10.10}$$

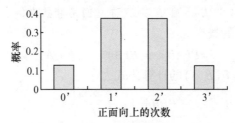

图 10.1 正面向上次数的概率分布

当我们学习和应用风险管理时,需要牢记在心的一个重要概念就是概率分布。因为风险指的是一种未来的事情,而对风险进行管理,需要在事情还没有发生之前做出决策。那么决策的依据是什么呢?怎样来评判我们所做决策的好坏?这都需要有关风险的信息,风险的信息就是用概率分布来表示的。概率分布可以告诉我们所有可能的结果以及这些结果出现的概率。

5. 随机变量的数字特征

在进行风险大小的比较以及风险管理措施选择的时候,都涉及对两个以上随机变量进行比较的问题。比较随机变量,也就是比较随机变量的概率分布,但两个表格或两个函数很难做出一个排序,因此,很多情况下,我们是从概率分布中选取一些关键指标,对这些关键指标进行比较。最重要的两个指标是,期望值(expected value)与方差(variance)。

期望值也称为期望或数学期望,它的直观含义是:如果随机试验无限重复下去,我们所期望得到的那个平均值。**方差**表示的是随机变量的取值与其期望值的偏离程度。由于期望值相当于一个确定值,如果随机变量的方差很大,就意味着将要出现的取值可能会很大地偏离期望值,这就给预测造成了困难,如果风险是从这个角度来定义的,那么方差大就意味着风险大。方差在计算中进行了平方,为了使得计算结果的单位有意义,实践中也经常用方差的平方根,即标准差(standard deviation)。

定义 10.8 离散随机变量 X 的期望值

$$E = \sum x_i p_i \tag{10.11}$$

其中,x_i 为随机变量 X 的第 i 个取值,p_i 为 $P(x_i)$。

连续随机变量 X 的期望值

$$E = \int x f(x) \mathrm{d}x \qquad (10.12)$$

其中，x 为随机变量 X 的取值，$f(x)$ 为随机变量 X 的概率密度函数①。

定义 10.9 离散随机变量 X 的方差

$$\sigma^2 = \sum p_i (x_i - \mu)^2 \qquad (10.13)$$

其中，μ 为随机变量 X 的期望值。

连续随机变量 X 的方差

$$\sigma^2 = \int (x - \mu)^2 f(x) \mathrm{d}x \qquad (10.14)$$

例 10.1 随机变量 X 和 Y 分别表示两个风险，其概率分布见表 10.2 和表 10.3。分别求它们的期望值和标准差。

表 10.2　X 的概率分布

损失金额(元)x_i	0	500	1 000
概率 p_i	0.508	0.342	0.150

表 10.3　Y 的概率分布

损失金额(元)y_i	0	500	1 000	2 000	5 000	10 000	20 000
概率 p_i	0.606	0.273	0.100	0.015	0.003	0.002	0.001

解答

$E(X) = 0 \times 0.508 + 500 \times 0.342 + 1\,000 \times 0.15 = 321$

$E(Y) = 0 \times 0.606 + 500 \times 0.273 + 1\,000 \times 0.1 + 2\,000 \times 0.015 + 5\,000 \times 0.003$
$\qquad + 10\,000 \times 0.002 + 20\,000 \times 0.001 \approx 321$

$\sigma_X = \sqrt{\sum (x_i - 321)^2 p_i} \approx 364$

$\sigma_Y = \sqrt{\sum (y_i - 321)^2 p_i} \approx 894$

这两个随机变量的期望值是相同的，也就是说，假如可以重复无限次，面临这两种风险的损失平均来说都是 321 元。但它们显然有所区别，风险 X 带来的最大损失就是 1 000 元，而风险 Y 可能有 2 000 元、5 000 元甚至上万元的损失，尽管损失上万元发生的可能性很小。这种取值分散的程度从期望值上是体现不出来的，需要计算标准差。在此例中，风险 Y 的标准差大于风险 X，说明 Y 的取值比 X 分散，Y 比 X 更不确定，更难以把握。

二、数理统计的基本概念

1. 统计推断

如果我们掌握了某个随机变量的概率分布和有关参数，也就在一定意义上掌握了这个随机变量出现的规律性。这种从一般到具体的方法称为演绎法，这是概率论的研究

---

① 对于连续随机变量来说，其用函数形式表示的概率分布称为概率密度函数。

方法。

但现实生活中所研究的对象往往是事先未知的,需要对现象进行大量观察,从而做出推断。这种从具体到一般的方法称为归纳法,这是数理统计的研究方法。

从理论上讲,只要我们对所研究的对象进行全面且反复的观察,就可以找出它的统计规律性。但很多情况下这是不可能做到的,有些试验不能无限地重复进行,例如对洪水的观测,还有一些试验虽然能够重复进行,但要耗费大量人力、物力,得不偿失。此时,只能抽取部分样本进行观察,经过整理分析,然后对所研究的对象做出推断,得出一般的结论,这就是统计推断。

这种归纳推断的结果,存在着不肯定的因素。因为在抽样的过程中,每次抽到的样本是不同的,搜集到的数据也是变化的,据此做出的推论,可能与对象的一般情况有出入,或者说要冒一定的风险。数理统计的作用就在于提供了归纳推断的方法,并且对推断结论的可信程度做出计量。

2. 总体、样本与分布

定义 10.10　按照统计研究目的而确定的同类事物或现象的全体称为**总体**,它是个体或个体性质特征的集合。**样本**(sample)指的是从总体中抽取若干个元素而构成的集体。

要通过对样本的观察来对总体的特征做出估计与推断,自然要研究怎样从总体中抽取样本,才能使得样本尽可能反映出总体的特征。抽取样本的方法包括概率抽样和非概率抽样。在数理统计中,一般都采用概率抽样,即每一个单位都有指定的概率被选中,这样便于基于概率论来推断总体。

定义 10.11　总体的数值分布的规律称为**总体分布**,其中的特征数称为**参数**。从总体中抽取容量为 n 的样本,样本观察值的分布称为**经验分布**。

定义 10.12　使用样本数据来估计总体参数的公式或过程称为**估计量**(estimator)。用来近似总体参数的特定数值或数值的范围称为**估计值**(estimate)。

样本数据的平均值称为样本均值(sample mean),样本数据的方差和标准差分别称为样本方差和样本标准差。我们经常会用这些样本参数来估计总体参数。

3. 偏态

均值和标准差分别用来描述分布的集中趋势和离散趋势,除此之外,对于风险问题,我们还关心是否对称和峰度的高低。

定义 10.13　将数据按照大小依次排列,处于中间位置的数值称为**中位数**,出现最多的那个数值称为**众数**。

定义 10.14　如果数据的均值、中位数和众数三者是相同的,则这个分布是**对称分布**,没有偏态。如果一个分布的众数小于中位数,则称其为**正偏**或**右偏**;反之,称为**负偏**或**左偏**,如图 10.2 所示。

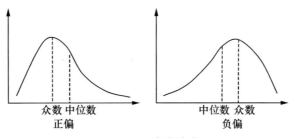

图10.2 正偏与负偏

4．相关

企业和个人的风险涉及很多随机变量,这些随机变量之间有的并非毫无关系。当两个变量中的一个以某种方式和另一个有关时,就称这两个变量之间是相关的。

相关性可以由相关系数(correlation coefficient)来度量,比较常用的是线性相关系数。线性相关指的是一个变量基本上随着另一个变量的变化而线性地变化。

定义 10.15　线性相关系数 r(也称为皮尔森积矩相关系数)度量的是在一个样本中成对的 x 值和 y 值之间线性关系的程度,

$$r = \frac{\sigma_{xy}}{\sigma_{xx}\sigma_{yy}}, \quad -1 \leqslant r \leqslant 1 \tag{10.15}$$

其中,σ_{xx} 和 σ_{yy} 即随机变量 X 和 Y 的标准差,σ_{xy} 也记为 cov(X,Y),称为 X 和 Y 的协方差

$$\sigma_{xy} = \sum p_i (x_i - \bar{x})(y_i - \bar{y})$$

例 10.2　表 10.4 列出了不同宏观经济条件下汽车制造商的收入与支出(忽略单位)。宏观经济条件分为强增长、弱增长和无增长三种情况,假设这三种情况出现的概率是相等的。

表10.4　宏观经济条件怎样影响汽车制造商的收入与支出

宏观经济条件	收入	支出
强增长	1 000	700
弱增长	800	650
无增长	500	550
平均值	767	633

分析　由表 10.4 可以看出,收入与支出这两个指标具有两个特征：

(1) 当收入大于平均值时,支出也大于平均值,当收入小于平均值时,支出也小于平均值;

(2) 二者以同样的方向变化。

进一步计算相关系数即知,二者是正相关的。

通过对协方差的分析可以进一步解释正相关：当 X 和 Y 同方向变化时,$(x_i - \bar{x})$ 和 $(y_i - \bar{y})$ 都为正数或者都为负数,$(x_i - \bar{x})(y_i - \bar{y})$ 为正,对协方差 σ_{xy} 就是一个正的贡献;当 X 和 Y 反方向变化时,$(x_i - \bar{x})$ 和 $(y_i - \bar{y})$ 一个是正数一个是负数,$(x_i - \bar{x})(y_i - \bar{y})$ 为负,对协方差 σ_{xy} 就是一个负的贡献。p_i 表示权重,决定了协方差的符号。

因此,正相关指的是两个随机变量倾向于以相同方向变化,负相关指的是二者倾向于以相反方向变化。除非是绝对正相关或者绝对负相关,相关性只代表一种比较大的可能性,并不是绝对的。而且,相关性并不代表因果关系,如果观察到样本相关系数具有某个大的正值或负值,就认为 X 的变化引起了 Y 的变化,这是错误的。这种情形下唯一有效的结论是:X 与 Y 之间也许存在某种线性趋势,可能是与二者有因果关系的第三个变量在起作用。

第二节　常用的损失分布及性质

1. 二项分布

二项分布是一种常用的离散型概率分布,其模型为:假设在 n 次独立的重复试验中,每次试验只可能有两种结果(1 或 0),设在每一次试验中 1 出现的概率都是 p。令 X 为 n 次试验中 1 出现的次数,则随机变量 X 的概率分布为

$$P\{X = k\} = C_n^k p^k q^{n-k}, \quad k = 0,1,\cdots,n; \quad q = 1 - p \tag{10.16}$$

因为它正好是 $(p+q)^n$ 按二项式展开中的一项,所以称为二项分布,记为 $B(n,p)$。

二项分布的均值和方差分别为:

$$E(X) = np$$
$$\mathrm{Var}(X) = npq$$

例如,某个保单持有人,在一天中遇到某种意外事故,从而导致向保险人索赔的概率为 0.00037。假设其在以后的日子中遇到的索赔事故是相互独立的,并且在同一天中不会发生一次以上的事故,则此保单持有人在一年中遇到 0、1、2 次索赔事故的概率分布即服从二项分布。

2. 几何分布

考虑只有两个结果的独立重复随机试验序列,指定结果发生的概率为 p,则首次出现指定结果所需的试验次数 X 的概率分布为

$$P\{X = k\} = p(1-p)^k, \quad k = 1,2,\cdots; \quad q = 1 - p \tag{10.17}$$

这是一个几何数列,故称为几何分布,记为 $\mathrm{Geo}(p),0 < p < 1$(成功概率)。其均值和方差分别为:

$$E(X) = \frac{q}{p}, \quad \mathrm{Var}(X) = \frac{q}{p^2}$$

3. 泊松分布

如果随机变量 X 的取值为 0, 1, 2, $\cdots$,则概率分布

$$P\{X = k\} = \frac{\lambda^k}{k!}\mathrm{e}^{-\lambda}, \quad k = 0,1,2,\cdots \tag{10.18}$$

称为泊松分布,记为 $P(\lambda)$。

泊松分布的均值为 $E(X) = \lambda$,方差为 $\mathrm{Var}(X) = \lambda$。

泊松分布是由法国数学家泊松将其作为二项分布的近似而引入的。对只有两个结

果的 n 次独立重复随机试验,当 n 很大,且指定结果发生的概率 p 很小,而 np 适中时,泊松分布是一个很好的近似。不仅如此,泊松分布在描述稀有事件出现次数的概率时也特别有用。例如某一城市的交通事故数,某项保险的索赔次数等,都可以看成服从泊松分布的随机变量。一般说来,泊松分布用来描述单位时间内或指定范围内特定事件出现次数的统计规律性。

例 10.3 某一年度中,1 000 份保单发生了 140 起赔款。试求某特定保单持有人在 9 个月中无损失的概率为多少?

解答 通常假定某一保单在一定时期内发生的索赔次数服从泊松分布。

假定在此例中,一份保单在 3 个月内发生的索赔次数服从参数为 q 的泊松分布,且每一时间区间内的索赔次数独立。则一份保单一年内的总索赔次数服从参数为 $4q$ 的泊松分布,1 000 份保单一年内的总索赔次数服从参数为 $4 000q$ 的泊松分布。

由已知,$4 000q = 140$,则 $q = 140/4 000 = 0.035$。

因此,一份保单 9 个月的索赔次数所服从的泊松分布的参数 λ 为 $0.035 \times 3 = 0.105$,一份保单 9 个月内无索赔的概率为

$$e^{-0.105} \frac{(0.105)^0}{0!} = 0.9$$

4. 负二项分布

进一步研究只有两个结果的独立重复随机试验序列,指定结果发生的概率为 p,则指定结果第 k 次恰好出现在第 $x+k$ 次试验的概率为:

$$P\{X = x\} = C_{x+k-1}^{k-1} p^k q^x, \quad q = 1 - p, \quad x = 0,1,2,\cdots \quad (10.19)$$

这个离散分布称为负二项分布,记为 $NB(k, p)$。

负二项分布的均值和方差分别为:

$$E(X) = \frac{kq}{p}, \quad \text{Var}(X) = \frac{kq}{p^2}$$

在保险业中,负二项分布的一个很重要的应用就是当风险是非同质时,用它来描述赔款发生概率。

让我们来考虑某一保险责任的情况。假设这项责任中某一特定保单持有人每年向保险公司索赔的次数服从一个均值为 q 的泊松分布。某些保单持有人的风险状况很糟,即 q 的值较高,而另一些风险可能较低,即 q 的值较低。假定随机选择的一个保单持有人,其 q 值服从伽玛分布,即 $q \sim \Gamma(\alpha,\beta)$,我们有

$$P(u < q < u + du) = \frac{\Gamma \beta^\alpha}{\Gamma(\alpha)} u^{\alpha-1} e^{-\beta u} du \quad (10.20)$$

其中,$\Gamma(\alpha,\beta)$ 即伽玛分布,它是一种连续概率密度函数,其中的参数 α 称为形状参数,β 称为尺度参数。该函数可以视为对于阶乘 $n!$ 在非整数情况下的推广,广泛应用于排队问题的分析与损失额度建模。对于某个有着这一范围的 q 值的保单持有人来说,发生 X 次索赔的概率:

$$P(X = x \mid u < q < u + du) = \frac{e^{-u} u^x}{x!} \quad (10.21)$$

则任一保单持有人在一年中经历 X 次索赔的概率:

$$P(X=x) = \int_0^\infty \left(\frac{e^{-u}u^x}{x!}\right) \frac{\beta^\alpha u^{\alpha-1} e^{-\beta u}}{\Gamma(\alpha)} du$$

$$= C_{\alpha+x-1}^x \left(\frac{\beta}{1+\beta}\right)^\alpha \left(\frac{1}{1+\beta}\right)^x \sim \text{NB}\left(\alpha, \frac{\beta}{1+\beta}\right) \quad (10.22)$$

其中，α、β 为代表不同质风险的伽玛分布的参数。

例 10.4 现观察 10 万份保单，按其在一年中的索赔次数进行分组，如表 10.5 所示，可知每一保单持有人的平均索赔次数为 0.12318，方差为 0.127507。试问泊松分布和负二项分布中，哪一种更适合描述索赔频数？

表 10.5 泊松分布与二项分布的拟合结果比较

索赔次数	保单数	拟合的频数	
		泊松分布	负二项分布
0	88 585	88 411	88 597
1	10 577	10 890	10 544
2	779	671	806
3	54	27	50
4	4	1	3
5	1	—	—
6	—	—	—

解答 （1）泊松分布

对于任意保单持有人，令 $\lambda = 0.12318$，则其索赔次数为 0 的概率

$$P\{X=0\} = e^{-0.12318} \frac{(0.12318)^0}{0!} = 0.88411$$

索赔次数为 1 的概率

$$P\{X=1\} = e^{-0.12318} \frac{(0.12318)^1}{1!} = 0.10890$$

索赔次数为 2 的概率

$$P\{X=2\} = e^{-0.12318} \frac{(0.12318)^2}{2!} = 0.00671$$

将上述数字乘以 10 万，即得到用泊松分布拟合的 10 万份保单的索赔次数，见表 10.5。

（2）负二项分布

先求出参数 p 和 k。由方程组

$$\begin{cases} \dfrac{k(1-p)}{p} = 0.12318 \\ \dfrac{k(1-p)}{p^2} = 0.127507 \end{cases}$$

求得

$$\begin{cases} p = 0.966065 \\ k = 3.507 \end{cases}$$

将 p 和 k 代入负二项分布的公式，得

$$P\{X=0\} = C_{2.507}^{0}(0.966065)^{3.507}(0.033935)^{0} = 0.88597$$
$$P\{X=1\} = C_{3.507}^{1}(0.966065)^{3.507}(0.033935)^{1} = 0.10544$$
$$……$$

将上述数字乘以10万后,即得到用负二项分布拟合的10万份保单的索赔次数,见表10.5。

由表10.5可看出,负二项分布的拟合效果较好。由此也可知,这些风险是非同质的。

5. 正态分布

正态分布是一种常用的连续型分布,风险事故造成的损失金额较好地服从正态分布。

若$-\infty<\mu<\infty,\sigma>0$为两个实数,则由下列密度函数

$$f(x) = \frac{1}{\sigma\sqrt{2\pi}}e^{-\frac{1}{2}\left(\frac{x-\mu}{\sigma}\right)^2}, \quad -\infty<x<\infty \tag{10.23}$$

确定的随机变量X的分布称为正态分布,记为$N(\mu,\sigma^2)$。德国数学家高斯(C.F. Gauss)在研究误差理论时最早使用了这一分布,所以正态分布又称为高斯分布。

正态分布$N(\mu,\sigma^2)$的均值$E(x)=\mu$,方差$\text{Var}(x)=\sigma^2$。特别地,当$\mu=0,\sigma=1$时,称为标准正态分布,相应的密度函数和分布函数采用专门记号,分别记为$\varphi(x)$和$\Phi(x)$。

可以证明,用于表示大量具有可加性结果的平均值的量具有近似的正态分布。因此,当数据足够多时,"损失率"是一个近似正态分布的随机变量。

第三节 获得损失分布的一般过程

在对所需数据进行收集、整理之后,就要确定损失的概率分布。获得损失分布的方法通常有经典统计方法、贝叶斯统计方法和随机模拟。经典统计方法是指在数据相对完备的条件下,通过总体信息和样本信息来确定损失的概率分布、估计其未知参数。贝叶斯方法则采用先验概率、损失函数等主观信息来估计未知参数,估计损失的概率分布。随机模拟应用计算机程序对实际过程进行模拟,在模拟结果的基础上对损失分布进行估算。

一、经典统计方法

基于总体信息和样本信息进行的统计推断被称为经典统计学。它的基本观点是把数据(样本)看做是来自具有一定概率分布的总体,所研究的对象是这个总体,而并不局限于数据本身。

经典统计方法的过程如下:

(1)获得损失分布的大体轮廓

将数据从小到大排列,按照一定的标准分组后做成频率直方图。将每个直方柱的上端中点连接起来,就做成了概率折线。频率直方图和频率折线都是密度函数的近似,通过光滑过程可以得到概率密度函数曲线。

(2) 选择分布类型

概率密度函数曲线非常直观,可以大致看出该样本可能属于的分布族。

(3) 估计参数,确定概率分布

参数估计可以用矩法或极大似然法。

(4) 对分布及参数进行检验

检验分布的拟合是否恰当,常用的方法是卡方检验。先把观测数据排序,然后分为若干组,组数记为 n。计算每一组的数据个数 O_i,再用所选择的概率分布计算每一组的"理论个数" E_i,则

$$\chi^2 = \sum_{i=1}^{n} \frac{(O_i - E_i)^2}{E_i} \tag{10.24}$$

近似服从自由度为 $n-r-1$ 的卡方分布,其中 r 为所选择的概率分布中参数的个数。

例 10.5 设某保险人经营某种车辆险,对过去所发生的 1 000 次理赔情况,平均理赔额为 2 200 元,将个体理赔额分为 5 档,各档的数值范围与次数如下表:

	0—1 000	1 000—2 000	2 000—3 000	3 000—4 000	4 000—5 000	>5 000
次数(O_i)	200	300	250	150	100	0

试用卡方检验判断是否能用指数分布模拟个体理赔额的分布。①

解答 如果要用指数分布模拟个体理赔额的分布,就要估计指数分布的参数,由最大似然法可以估计出 $\hat{\lambda} = \frac{1}{\bar{x}} = \frac{1}{2\,200}$。

接下来要计算 E_i。例如 E_3 的计算,如果数据服从指数分布,则在 2 000—3 000 内的数据个数应该为

$$E_3 = 1\,000 \times \int_{2\,000}^{3\,000} \lambda e^{-\lambda x} dx = 1\,000 \times (e^{-2\,000\lambda} - e^{-3\,000\lambda}) = 147.2$$

依此类推,可以计算出各组的 E_i。

	0—1 000	1 000—2 000	2 000—3 000	3 000—4 000	4 000—5 000	>5 000
E_i	365.3	231.8	147.2	93.4	59.3	103

χ^2 统计量的值为

$$\chi^2 = \sum_{i=1}^{n} \frac{(O_i - E_i)^2}{E_i} = 331.89$$

查表可知,在 99.5% 置信度下的临界值为 14.86,远低于观察值 331.89,因而拒绝原假设,即选择指数分布不恰当。

二、贝叶斯方法

经典统计方法建立在具有独立性和代表性的样本信息的基础上,但在风险管理的实践中,有的时候难以获得足够的样本信息,或者现有的样本信息不符合对统计样本的理论要求。此时,对损失分布的估计就需要加入评估人的主观判断,并利用新获得的证据

---

① 例 10.5 和例 10.6 引自谢志刚、韩天雄:《风险理论与非寿险精算》,天津:南开大学出版社 2000 年版。

来修正原来的估计,这就是贝叶斯方法。

贝叶斯方法中评估人的主观判断称为先验信息,即在抽样之前有关统计问题的一些信息。一般来说,先验信息主要来源于经验和历史资料。先验信息在日常生活和工作中也经常可见,不少人在自觉或不自觉地使用它。是否利用先验信息是贝叶斯统计方法和经典统计方法的主要差别。此外,贝叶斯方法重视已出现的样本观察值,对尚未发生的样本观察值不予考虑,而经典统计在评价一个估计量和一个检验统计量的好坏时要用到抽样分布,抽样分布是把一切样本观察值都考虑在内。贝叶斯统计起源于英国学者贝叶斯去世后发表的论文《论有关机遇问题的求解》,近年来,贝叶斯统计在经济管理等领域获得了一批成功应用,这推动了它日趋成熟。

我们利用贝叶斯方法来估计参数。设损失变量 X 的分布类型为 $F(x,\theta)$,连续情形下相应的密度函数族为 $f(x,\theta)$。估计 θ 的贝叶斯方法和经典统计方法的一个区别就是,贝叶斯方法将 θ 看做是一个随机变量。其估计步骤如下:

1. 选择先验分布

设 θ 的分布函数和密度函数分别为 $F(\theta)$ 和 $f(\theta)$,称为先验分布和先验密度。它们建立在研究者关于 θ 的知识和经验之上,也可能由于缺乏经验而仅仅是研究者自己对 θ 的主观判断。

2. 确定似然函数

为了得到关于 θ 的进一步的信息,针对损失变量 X 进行一些试验或观察。假设获得的新信息的观察值为 $x_1, x_2, \cdots, x_n$,则在 $\boldsymbol{\theta} = \theta$ 的条件下,可构造似然函数

$$f(x \mid \theta) = L(x_1, x_2, \cdots, \theta) = \prod_{i=1}^{n} f(x_i \mid \theta), \quad i = 1, 2, \cdots, n \tag{10.25}$$

3. 确定参数 θ 的后验分布

由贝叶斯公式

$$f(\theta \mid x) = \frac{f(x \mid \theta) f(\theta)}{\int f(x \mid \theta) f(\theta) \mathrm{d}\theta} \tag{10.26}$$

可以得到 θ 的后验分布。

对于离散分布,总是可以计算出分母,但对于连续分布来说,分母的积分有的时候很难计算,因此,在实际应用中,常对先验分布加以限制,使得式(10.26)中的积分易于计算。常见的一种限制就是选择某分布族中的一个,使得对于任何样本观测值,该参数的后验分布也是这一分布族中的一个。这样的分布族称为共轭分布族。共轭分布族具有广泛的多样性,使用者能够在该分布族中找到足以描述有关参数的先验分布。

常用的共轭分布有以下几种。

(1) 二项分布的贝塔分布族

在二项分布 $B(n,p)$ 中,成功概率 p 的共轭先验分布为贝塔分布 $Be(\alpha,\beta)$,则 p 的后验分布为 $Be(\alpha+x, \beta+n-x)$,其中 x 为 n 次独立重复试验中的成功次数。

(2) 泊松分布的伽玛分布族

在泊松分布 $P(\lambda)$ 中，泊松均值 λ 的共轭先验分布为伽玛分布 $\Gamma(\alpha,\beta)$，则 λ 的后验分布为 $\Gamma\left(\alpha + \sum_{i=1}^{n} x_i, \beta + n\right)$，其中 $x = (x_1, \cdots, x_n)$ 为从泊松总体中抽取的样本。

(3) 指数分布的伽玛分布族

在指数分布 $\text{Exp}(\lambda)$ 中，参数 λ 的共轭先验分布为伽玛分布 $\Gamma(\alpha,\beta)$，则 λ 的后验分布为 $\Gamma\left(\alpha + n, \beta + \sum_{i=1}^{n} x_i\right)$，其中 $x = (x_1, \cdots, x_n)$ 为从指数总体中抽取的样本。

(4) 正态分布的正态分布族

在正态分布 $N(\theta,\sigma^2)$ 中，在 σ^2 已知的条件下，正态均值 θ 的共轭先验分布为正态分布 $N(\mu,\tau^2)$，则 θ 的后验分布为

$$N\left(\frac{\sum_{i=1}^{n} x_i/\sigma^2 + \mu/\tau^2}{n/\sigma^2 + 1/\tau^2}, \frac{1}{n/\sigma^2 + 1/\tau^2}\right)$$

其中 $x = (x_1, \cdots, x_n)$ 为从正态总体中抽取的样本。

4. 选择损失函数并估计参数

得到了待估参数的后验分布后，就要给出一个参数的后验估计值。因为参数被看做是随机变量，所以究竟选择什么指标作为后验估计，就取决于评估者对参数真实值和估计值之间差距的严重程度的价值判断。我们将这个严重程度称为"损失"，对"损失"的度量称为损失函数。①

最好的估计应该使得损失函数的值最小，所以根据所选择的损失函数和参数的后验分布，求损失函数期望值的最小值，如式(10.27)，即得到参数的贝叶斯估计。表 10.6 列出了三种常用的损失函数及其贝叶斯估计。

$$\min_{\hat{\theta}} E[\text{loss}(\hat{\theta},\theta)] = \min_{\hat{\theta}} \int_{-\infty}^{+\infty} \text{loss}(\hat{\theta},\theta) f(\theta \mid x) \mathrm{d}\theta \tag{10.27}$$

表 10.6 三种常用损失函数及其对于待估参数的贝叶斯估计

	损失函数	θ 的贝叶斯估计
二次函数	$(\hat{\theta} - \theta)^2$	后验分布的均值 $\hat{\theta} = E(\theta\mid\bar{x})$
绝对误差函数	$\mid\hat{\theta} - \theta\mid$	后验分布的中位数
0—1 误差函数	$I(\hat{\theta} \neq \theta)$	后验分布的众数

例 10.6 假设 X 表示 n 次伯努利试验中成功的次数，设每次成功的概率为 p，则 $X \sim B(n,p)$。根据仅有的一次观测记录 x 来估计未知参数 p。

(1) 试求 p 的最大似然估计；

(2) 在假定 p 的先验分布为均匀分布下求其贝叶斯估计。

解答 (1) 一次观测值 x 的似然函数为 $L(x,p) = C_n^x p^x (1-p)^{n-x}$。取对数并对 p 求导，易得 p 的最大似然估计为 $\hat{p} = \dfrac{x}{n}$。

---

① 损失函数实际上是一种效用函数。

(2) p 的先验分布为均匀分布,即 $p \sim U(0,1)$,由贝叶斯公式可得,p 的后验分布为 $Be(x+1, n-x+1)$。选择平方损失函数 $\text{Loss}(\hat{p}-p)^2$,得到 p 的估计值 $\hat{p} = \frac{x+1}{n+2}$。

例 10.7 假设某地区在 3—6 月份的强风暴天气可用一个泊松分布来描述,其中泊松分布的参数表示强风暴天气过程的强度,即每一周强风暴的次数。根据邻近地区的历史资料,λ 的先验分布为:

λ	0.4	0.6	0.8	1.0
概率	0.1	0.3	0.4	0.2

现对此地区进行了 15 周的观测,记录下共发生了 13 次强风暴。求 λ 的后验分布。

解答 确定似然函数:

$$P(r = 13 \mid \lambda = 0.4) = e^{-15 \times 0.4} \frac{(15 \times 0.4)^{13}}{13!} = 0.0052$$

$$P(r = 13 \mid \lambda = 0.6) = e^{-15 \times 0.6} \frac{(15 \times 0.6)^{13}}{13!} = 0.0504$$

$$P(r = 13 \mid \lambda = 0.8) = e^{-15 \times 0.8} \frac{(15 \times 0.8)^{13}}{13!} = 0.1056$$

$$P(r = 13 \mid \lambda = 1.0) = e^{-15 \times 1.0} \frac{(15 \times 1.0)^{13}}{13!} = 0.0956$$

确定参数的后验分布:

$$P(\lambda = \lambda_1 \mid r = 13) = \frac{P(r = 13 \mid \lambda = \lambda_1) P(\lambda = \lambda_1)}{\sum_{j=1}^{4} P(r = 13 \mid \lambda = \lambda_j) P(\lambda = \lambda_j)}$$

依此类推,可得参数的后验分布,结果如表 10.7 所示。

表 10.7 后验分布结果

强度 $\lambda = \lambda_i$	先验概率 $P(\lambda = \lambda_i)$	似然值 $P(r \mid \lambda = \lambda_i)$	后验概率 $P(\lambda_i \mid r)$
0.4	0.1	0.0052	0.007
0.6	0.3	0.0504	0.196
0.8	0.4	0.1056	0.549
1	0.2	0.0956	0.248

选择二次函数作为损失函数,则参数的估计为后验均值。

欲使估计更准确,一种做法是增加状态参数的数目,另一种做法是将其看成是在某一区间连续取值的连续随机变量。

例如,如果选择先验分布为 $\Gamma(3, 4)$,可知均值 $E(\lambda) = \alpha/\beta = 0.75$,方差 $\text{Var}(\lambda) = \alpha/\beta^2 = 0.19$。而后验分布为 $\Gamma(3+13, 4+15)$,可知后验分布的均值 $E(\lambda) = \alpha/\beta = 0.842$,方差 $\text{Var}(\lambda) = \alpha/\beta^2 = 0.044$。

也就是说,对该地区强风暴强度的均值估计为 0.75,方差为 0.19,观测期间,强风暴的平均周发生率为 13/15 = 0.867,高于 λ 的先验均值,因此修正后的后验均值为 0.842,大于 0.75,但小于 0.867。样本信息的使用也使得 λ 的估计方差由 0.19 变为 0.044,这充分说明了估计精度的提高。

假如又进行了一次观测,记录下10周内出现了9次强风暴,可推知此时均值 $E(\lambda) = \alpha/\beta = 0.862$,方差 $\text{Var}(\lambda) = \alpha/\beta^2 = 0.03$,由此可知估计精度进一步提高,估计的均值更接近于真实值。

本章总结

1. 风险评估的结果用损失分布来描述。损失分布的获取及表达都基于概率论与数理统计的相关概念,包括随机事件、样本空间、概率、独立、随机变量、概率分布、期望值、方差、总体、样本、偏态及相关等。

2. 描述风险的常用损失分布有二项分布、几何分布、泊松分布、负二项分布和正态分布等。

3. 获得损失分布的方法通常有经典统计方法、贝叶斯统计方法和随机模拟。经典统计方法是指在数据相对完备的条件下,通过总体信息和样本信息来确定损失的概率分布、估计其未知参数。贝叶斯方法则采用先验概率、损失函数等主观信息来估计未知参数,估计损失的概率分布。随机模拟应用计算机程序对实际过程进行模拟,在模拟结果的基础上对损失分布进行估算。

4. 获得损失分布的经典统计方法包括如下过程:
(1) 获得损失分布的大体轮廓
(2) 选择分布类型
(3) 估计参数,确定概率分布
(4) 对分布及参数进行检验

5. 获得损失分布参数的贝叶斯方法包括如下过程:
(1) 选择先验分布
(2) 确定似然函数
(3) 确定参数的后验分布
(4) 选择损失函数并估计参数

进一步阅读的相关文献

1. Hogg, R. V. and Klugman, S. A., *Loss Distributions*, New York: Wiley, 1984.

2. Press, S. J., *Bayesian Statistics: Principles, Models, and Applications*, John Wiley & Sons, 1989.

3. 〔美〕马里奥·F. 特里奥拉著,刘新立译:《初级统计学(第8版)》,北京:清华大学出版社2004年版。

4. 谢志刚、韩天雄:《风险理论与非寿险精算》,天津:南开大学出版社2000年版,第2—3章。

思考与练习

1. 最近对美国公众所做的一项调查表明,大多数人认为他们退休后的退休收入(来自社会保险、公司退休计划等)将不敷支出。从各种不同来源取得退休收入的人所占的百分率见下表。

	退休收入主要来源				
	社会保险	职工养老金	个人储蓄	其他	合计
认为退休收入足够生活	16	9	11	1	37
认为退休收入将不敷支出	41	12	4	6	63
合计	57	21	15	7	100

假定随机抽选一人,发现他落在此表某一栏中的概率就是该栏中的人数百分率。定义如下事件：

A：某人认为他或她的退休收入将不敷支出

B：退休收入主要来自社会保险养老金

C：退休收入主要来自职工养老金

求：

① $P(A)$ ② $P(B)$ ③ $P(C)$

④ $P(A|B)$ ⑤ $P(B|A)$

2. 假设一个公司的电脑芯片中有60%是由一家工厂生产的(用A表示),有40%由其他工厂生产(用$\bar{A}$表示)。对于一个随机选择的芯片,它来自工厂A的概率为0.60。这两个工厂的次品率分别为35%(工厂A)和25%(工厂$\bar{A}$)。现随机抽取一个芯片,发现这是一个有缺陷的芯片,那么它来自工厂A的概率是多少？

3. (1) 什么是随机变量？

(2) 什么是概率分布？

(3) 在一个保险学会对家庭烟雾探测器使用的一项研究中,随机选择一些包含四个家庭的小组。X表示安装了烟雾探测器的家庭(在四个家庭组成的小组中)的数量,附表列出了X的值和概率。这个表描述了一个概率分布吗？为什么？

X	2	3	4
$P(X)$	0.8	0.1	0.1

(4) 假设这个表描述了一个概率分布,计算X的均值和标准差。

(5) 随机选择四个家庭,发现没有一家安装了烟雾探测器,这是异常的吗？为什么？

4. 考虑下表所示的概率分布。

X	-5	0	2	5
$P(X)$	0.2	0.3	0.4	0.1

(1) 列出X的可能取值。

(2) X取哪个值的可能性最大？

(3) 求出X取大于0的值的概率。

(4) $X=-5$的概率有多大？

5. 美国一项关于各行业物流信息系统的五年趋势研究表明,目前有90%的行业在各自的计算机数据库中存有延期交货订单文件。在一个由10个行业组成的随机样本中,令X表示在计算机数据库中存有延期交货订单文件的行业数。

(1) X 服从什么分布？

(2) 计算 X 的期望值和方差，并对所得结果做出解释。

6. 设某运输车队每年的事故发生数服从泊松分布，参数 λ 可取 1.0 或 1.5，又设 λ 的先验分布为 $P(\lambda=1.0)=0.4$，$P(\lambda=1.5)=0.6$，假如某一年该车队发生了三次事故，求 λ 的后验分布。在二次函数的损失函数下，求参数 λ 的贝叶斯估计。

第十一章　风险分析模型

▌本章概要▐

　　风险分析是指在对过去损失资料进行分析的基础上,运用概率论和数理统计的方法对某一(或某几个)特定风险事故发生的概率(或频数)和风险事故发生后可能造成损失的严重程度做定量分析。本章将对损失频率和损失幅度的估算方法进行介绍。

▌学习目标▐

1. 理解大数定律与中心极限定理的含义
2. 掌握损失频率的估算方法
3. 掌握损失幅度的估算方法
4. 理解所需暴露单位数量的含义

引　言

　　风险识别回答了经济单位面临何种风险,以及存在哪些风险因素的问题,进一步的工作就要分析某一风险发生的概率有多大,发生后可能会造成多大程度的损失。这就是风险分析所要回答的问题。

　　风险分析是介于风险识别和风险管理措施选择之间的一个环节,这个环节非常关键。因为风险从本质上来说就是人们对未来的一种预测,风险管理措施的成效在相当大的程度上有赖于这种预测的准确性。

　　风险分析主要应用基于概率论与数理统计的定量方法。为了说明这一点,假定你有一个投资某石油勘探公司的机会,你要衡量一下投资风险。在以往的记录中,该公司钻过 10 口井,结果 10 口井都是枯井。你会得出什么结论？你是否认为该公司将发现一口产油井的机会大于 50 %？你会不会投资该公司？你一定会用一个加强语气的"不"字回答这些问题。因为如果公司的勘探技术足以保障有 50 % 的机遇勘探到一个产油井,那么连钻 10 口井都是枯井的记录是一件极不可能的事。对吗？

　　这就是概率统计的一个应用。这些方法不仅在风险分析这个环节大量应用,在之后风险管理措施的选择中,还会用到。

第一节　大数定律与中心极限定理

　　大数定律与中心极限定理是概率论中的两个重要理论,在风险分析中,这两个原理应用非常普遍,此外,它们还是一些重要的风险管理措施的理论基础,例如以风险汇聚为核心的保险。

大数定律是用来阐述大量随机现象平均结果稳定性的一系列定理的统称,中心极限定理则指随着样本观测值的增多,平均值的概率分布越来越趋近于钟形的正态分布。

一、大数定律

设 $x_i(i=1,2,\cdots,n)$ 为随机变量 X 的取值,μ 为 X 的期望值,则对于任意小的数 $\varepsilon > 0$,都有

$$\lim_{n\to\infty} P\left\{\left|\frac{\sum_{i=1}^{n} x_i}{n} - \mu\right| > \varepsilon\right\} = 0 \tag{11.1}$$

根据大数定律,如果有 n 个面临相同风险的风险单位,令 μ 为它们共同的损失期望值,则当 n 越来越大时,这 n 个风险单位的平均损失就越来越趋近于 μ。如果我们要估计类似于这样的"平均损失",当 n 足够大时,估计的准确性就会比较高。

二、中心极限定理

1. 抽样分布

在风险分析中,我们经常需要利用来自样本的信息推断总体的一些性质,如利用样本信息估计总体的某个数字特征,即**参数**。

定义 11.1　总体的数字描述性量度称为**参数**。

定义 11.2　从样本观察值算出的量称为**统计量**。

推断统计学为我们提供了达到上述目标的方法,我们可以用统计量来估计参数。

对于一个总体来说,其参数(如均值 μ)的值是常数(尽管这个常数通常对我们来说是未知的),这个值不会随着样本的变化而变化。但样本统计量(如样本均值 $\bar{x}$)的值却由所选取的样本决定,样本不同,样本统计量就可能不同,这样,根据统计量做出的任何推断都具有某种不确定性。怎样判断用样本统计量来推断相应总体参数时的可靠性呢?幸好,统计量的不确定性一般来说具有一些我们可以把握的性质,这些性质反映在它的抽样分布之中。

定义 11.3　某个样本统计量(含 n 个观察值)的**抽样分布**,从理论上来说就是在重复抽取容量为 n 的样本时,由每一个样本算出的该统计量数值的频率分布。

2. 中心极限定理

很多时候,我们需要推断某个目标总体的均值,例如,承保汽车的平均损失等。样本均值 $\bar{x}$ 常被用作推断相应总体参数 μ 的工具,中心极限定理指出了 $\bar{x}$ 的性质。下面列出了中心极限定理的已知、结论和通常使用的应用法则。

已知:

(1)随机变量 X 服从一个均值为 μ,标准差为 σ 的分布(是否是正态分布都可以);

(2)所有具有相同容量 n 的样本都是从一个包含 x 个数值的总体中随机选出的(这样选择样本就使得所有容量为 n 的可能样本被选出的机会都是相同的)。

结论：

(1) 随着样本容量的增加，样本均值 $\bar{x}$ 将趋近于一个正态分布；

(2) 样本均值的均值将趋近于总体均值 μ，也就是说，结论(1)中的正态分布的均值为 μ；

(3) 样本均值的标准差将趋近于 $\sigma/\sqrt{n}$，即结论(1)中的正态分布的标准差 $\sigma_{\bar{x}}$ 为 $\sigma/\sqrt{n}$（常称为均值的标准误差）。

上述结论也可以用公式表述为：

$$\lim_{n\to\infty} P\left\{\frac{\bar{x}-\mu}{\sigma/\sqrt{n}} \leq x\right\} = \Phi(x) \tag{11.2}$$

通常使用的应用法则：

(1) 对于容量 n 大于 30 的样本，样本均值的分布可以较好地用一个正态分布近似。样本容量 n 越大，近似的效果越好。

(2) 如果原始总体自身就是正态分布的，则对于任意样本容量 n（不只是大于 30 的 n），样本均值都将是正态分布的。

例 11.1 设一个系统由 100 个相互独立起作用的部件组成，每个部件损坏的概率为 0.1，必须有 85 个以上的部件才能使整个系统工作，求整个系统工作的概率。

解答 设 X 为损坏的部件数，则

$$X \sim B(100, 0.1)$$

由已知可知，整个系统能工作当且仅当 $X \leq 15$。

由中心极限定理，整个系统能工作的概率为

$$P\{X \leq 15\} = P\left\{\frac{X - 100 \times 0.1}{\sqrt{100 \times 0.1 \times 0.9}} \leq \frac{15 - 100 \times 0.1}{\sqrt{100 \times 0.1 \times 0.9}}\right\}$$

$$\approx \Phi\left(\frac{15 - 100 \times 0.1}{\sqrt{100 \times 0.1 \times 0.9}}\right) = \Phi\left(\frac{5}{3}\right) = 0.952$$

例 11.2 设某保险公司的老年人寿保险一年有 1 万人参加，每人每年交 40 元。若老人死亡，公司付给受益人 2 000 元。设老人死亡的概率为 0.017，试求保险公司在这次保险中亏本的概率。

解答

设老人死亡数为 X，$X \sim B(n,p)$，其中 $n = 10\,000$，$p = 0.017$。

由题设，保险公司亏本当且仅当 $2\,000X > 40 \times 10\,000$，即 $X > 200$。于是，由中心极限定理，保险公司亏本的概率

$$P\{X > 200\} = P\left\{\frac{X - np}{\sqrt{np(1-p)}} > \frac{200 - np}{\sqrt{np(1-p)}}\right\}$$

$$\approx 1 - \Phi\left(\frac{200 - np}{\sqrt{np(1-p)}}\right) = 1 - \Phi(2.321) = 0.01017$$

第二节 损失频率的估算

损失频率是指一定时期内某风险事故发生的次数，在很多情况下，可以应用理论分

布估算某种损失的频率。可以用来估算损失频率的理论分布包括二项分布、泊松分布、负二项分布等。

一、运用二项分布进行估算

例11.3 某企业有5栋建筑物。根据过去的损失资料可知,其中任何一栋在一年内发生火灾的概率都是0.1,且相互独立。一栋建筑物在一年内发生两次火灾的可能性极小,可以忽略不计。试计算下一年该企业

（1）不发生火灾的概率；

（2）两栋以上建筑物发生火灾的概率；

（3）火灾次数的平均值和标准差。[①]

解答 由已知条件可知,

（1）风险单位总数 $n=5$,且每栋建筑物发生火灾的概率均为 $p=0.1$;

（2）这5栋建筑物互相独立,发生火灾时不会互相影响;

（3）一栋建筑物在一年内发生两次火灾的可能性极小,可认为其概率为0。

据此,建筑物发生火灾的栋数可以用二项分布来描述,其概率分布为

$$P\{X=x\} = C_n^x p^x q^{n-x} \quad (x=0,1,2,\cdots,5)$$

发生火灾栋数及其概率如表11.1所示。

表11.1 发生火灾栋数的概率

发生火灾栋数 X	概 率
0	$P\{X=0\} = C_5^0 p^0 q^{5-0} = 0.5905$
1	$P\{X=1\} = C_5^1 p^1 q^{5-1} = 0.3281$
2	$P\{X=2\} = C_5^2 p^2 q^{5-2} = 0.0729$
3	$P\{X=3\} = C_5^3 p^3 q^{5-3} = 0.0081$
4	$P\{X=4\} = C_5^4 p^4 q^{5-4} = 0.0004$
5	$P\{X=5\} = C_5^5 p^5 q^{5-5} = 0.0000$

因此,

（1）下一年不发生火灾的概率 $q = P\{X=0\} = 0.5905$;

（2）两栋以上建筑物发生火灾的概率

$q = P\{X=3\} + P\{X=4\} + P\{X=5\} = 0.0081 + 0.0004 + 0.0000 = 0.0085$

（3）下一年发生火灾次数的平均值和标准差分别为

$$\mu = n \times p = 5 \times 0.1 = 0.5$$

$$\sigma = \sqrt{np(1-p)} = \sqrt{5 \times 0.1 \times 0.9} = 0.67$$

二、运用泊松分布进行估算

当每个风险单位在一定时期内最多发生一次风险事故时,可以运用二项分布来估算损失频率。但如果每个风险单位在一定时期内可能发生多次风险事故,二项分布就不适用了。另外,即使是前一种情况,当独立的风险单位数很大时,二项分布的计算就会很复

[①] 本章部分例题引自《风险管理》编写组：《风险管理》,成都：西南财经大学出版社1994年版。

杂。因此，一般地，当风险单位数 n 很大而事故发生概率 p 又较小时，可以采用泊松分布。

例 11.4 某市在过去两年内由于司机酒后开车发生交通事故的记录如表 11.2 所示。试用泊松分布估算一个月内的事故发生频率。

表 11.2 司机酒后开车发生交通事故数

每月发生此类事故的次数 X	0	1	2	3	4	5	6
频数 f	2	1	3	5	6	4	3

解答

令 X 表示每月由于司机酒后开车造成的交通事故数，由已知条件可知，$X \sim P(\lambda)$。根据已知数据可近似计算出泊松分布参数

$$\lambda \approx \frac{\sum_{i=0}^{6} x f_i}{\sum_{i=0}^{6} f_i} = \frac{0 \times 2 + 1 \times 1 + 2 \times 3 + 3 \times 5 + 4 \times 6 + 5 \times 4 + 6 \times 3}{2 + 1 + 3 + 5 + 6 + 4 + 3} = 3.5$$

将 $\lambda = 3.5$ 代入泊松分布公式，所得结果如表 11.3 所示。

表 11.3 交通事故数的泊松分布拟合

交通事故数 X	发生该类交通事故的概率 P
0	0.03019
1	0.1057
2	0.1850
3	0.2157
4	0.1888
5	0.1321
6	0.0771
7	0.0385
8	0.0169

从计算结果可以看出：

（1）在任何一个月内，不发生此类交通事故的概率为 0.03019。概率很小，这意味着不发生此类交通事故的可能性较小。

（2）发生一次以上交通事故的概率 $P = 1 - 0.03019 = 0.9698$。也就是说，未来任何一个月发生此类交通事故的可能性很大。

（3）在已知的历史资料中，一个月内事故发生的最高次数是 6 次，然而从估算结果来看，在未来任何一个月中，有可能出现多于 6 次的情况。这主要是因为我们观察的时间不够长，没有出现这样的小概率事件。

例 11.5 某工厂有同类型设备 300 台，各台设备工作相互独立。已知每台设备发生故障的概率均为 0.01。为了保证设备发生故障又不能及时维修的概率小于 0.01，至少需要配备多少维修工人？（假设一台设备的故障可由一人处理。）

解答 设需要维修工人 N 人，再令同一时刻发生故障的设备数为 X 台。由题意，需确定最小的 N，使得

$$P(X > N) \leq 0.01 \qquad (11.3)$$

由于 $n = 300$ 很大，$p = 0.01$ 很小，且 $np = 300 \times 0.01 = 3$，因此可以用泊松分布来近似二项分布。

由式(11.3)，有 $P(X \leq N) > 0.99$。查表可知，此时最小的 $N = 8$。也就是说，至少需要配备 8 名维修工人。

第三节 损失幅度的估算

一、每次风险事故所致损失

风险事故发生的次数是离散型随机变量，全部可能发生的次数与其相应的概率都可以一一列举出来。但每次风险事故所致的损失金额一般来说不能全部列举出来，它可以在某一区间内取值，因此，它是连续型随机变量。在具体计算时，我们可以确定任意次数（如 5 次）事故发生的概率，而对损失金额来说，正常情况下只能确定其在某一区间内的概率，因为连续型随机变量取某一个特定值的概率为零。

我们经常应用正态分布作为每次事故所致损失金额的概率分布。

例 11.6 一个村庄每次遭受洪水灾害而导致的损失金额如表 11.4 所示。

表 11.4 损失金额分布

损失金额（百元）	5—15	15—25	25—35	35—45	45—55	55—65	65—75
次数	2	9	28	30	21	5	1

求：

（1）每次灾害所致损失金额小于 500 元的概率是多少？
（2）每次灾害所致损失金额在 4 500 元和 6 000 元之间的概率是多少？
（3）每次灾害所致损失金额大于 7 500 元的概率是多少？

解答 由已知可得表 11.5。

表 11.5 损失金额的统计描述

损失金额（百元）	5—15	15—25	25—35	35—45	45—55	55—65	65—75
中值 x_i	10	20	30	40	50	60	70
x_i^2	100	400	900	1 600	2 500	3 600	4 900
频数 f_i	2	9	28	30	21	5	1
$f_i x_i$	20	180	840	1 200	1 050	300	70
$f_i x_i^2$	200	3 600	25 200	48 000	52 500	18 000	4 900

损失金额的期望值：

$$\mu = \frac{\sum f_i x_i}{\sum f_i} = \frac{3\,660}{96} = 38.125$$

损失金额的标准差：

$$\sigma = \sqrt{\frac{\sum f_i x_i^2}{\sum f_i} - \left(\frac{\sum f_i x_i}{\sum f_i}\right)^2} = \sqrt{\frac{152\,400}{96} - \left(\frac{3\,660}{96}\right)^2} = 11.575$$

(1) 每次灾害所致损失金额小于 500 元的概率:

$$P(X < 5) = F(5) = \Phi\left(\frac{5 - 38.125}{11.575}\right) = \Phi(-2.86)$$
$$= 1 - \Phi(2.86) = 0.0021$$

(2) 每次灾害所致损失金额在 4 500 元和 6 000 元之间的概率:

$$P(45 < X < 60) = F(60) - F(45) = \Phi\left(\frac{60 - 38.125}{11.575}\right) - \Phi\left(\frac{45 - 38.125}{11.575}\right)$$
$$= \Phi(1.89) - \Phi(0.594) = 0.47062 - 0.22240 = 0.24822$$

(3) 每次灾害所致损失金额大于 7 500 元的概率:

$$P(75 < X < \infty) = F(\infty) - F(75) = \Phi(\infty) - \Phi\left(\frac{75 - 38.125}{11.575}\right)$$
$$= \Phi(\infty) - \Phi(3.186) = 1 - 0.993 = 0.0007$$

二、一定时期总损失

一定时期总损失是指在已知该时期内损失次数概率分布和每次损失金额概率分布的基础上所求的损失总额。

例 11.7 已知某一风险每年损失次数的概率分布和每次损失金额的概率分布如表 11.6 所示。

表 11.6　损失次数和每次损失金额的概率分布

损失次数概率分布		每次损失金额的概率分布	
损失次数	概率	损失金额(元)	概率
0	0.5	1 000	0.8
1	0.3	5 000	0.2
2	0.2		

求年总损失金额的概率分布。

解答 根据表 11.6 提供的资料,可知损失次数有三种可能:0、1 和 2 次。由已知可得表 11.7。

表 11.7　总损失金额的概率分布

损失次数	概率	总损失金额(元)	概率
0	0.5	0	0.5
1	0.3	1 000	0.3 × 0.8 = 0.24
		5 000	0.3 × 0.2 = 0.06
2	0.2	1 000 + 1 000	0.2 × 0.8 × 0.8 = 0.128
		1 000 + 5 000	0.2 × 0.8 × 0.2
		5 000 + 1 000	0.2 × 0.2 × 0.8
		5 000 + 5 000	0.2 × 0.2 × 0.2 = 0.008

当损失次数为 0 时,总损失金额也为 0;概率就是损失次数为 0 的概率 0.5。

当损失次数为1时,总损失金额可能有两种情况,一种是损失1 000元,相应的概率为损失次数为1的概率0.3乘以损失金额1 000的概率0.8,即0.24。另一种是损失5 000元,相应的概率为损失次数为1的概率0.3乘以损失金额5 000的概率0.2,即0.06。

当损失次数为2时,总损失金额的情况就复杂一些,可能有四种情况:分别为两次都是1 000元,两次都是5 000元,一次1 000元、一次5 000元和一次5 000元、一次1 000元。综合起来,就是2 000元、6 000元和10 000元三种结果。我们再根据概率运算的规则确定出这些年总损失结果发生的概率:

2 000元:0.2×0.8×0.8 = 0.128

6 000元:0.2×0.8×0.2 + 0.2×0.2×0.8 = 0.064

10 000元:0.2×0.2×0.2 = 0.008

表11.8是所有结果的汇总。

表11.8　总损失金额的概率分布

总损失金额(元)	概　率
0	0.5
1 000	0.24
2 000	0.128
5 000	0.06
6 000	0.064
10 000	0.008

三、均值和标准差的估算

有的时候,我们只关心损失幅度的某个特征值,如均值和标准差,这时就可以直接对总体均值和标准差进行区间估算。不同的数据量,采用的方法也不同。

1. 样本容量较大,已知样本均值和抽样误差,估计总体均值

当样本容量较大时,样本均值是一个服从正态分布的随机变量,则 $Z = \dfrac{\bar{X} - \mu}{\sigma_{\bar{X}}}$ 为服从标准正态分布的随机变量。由此就可以得到总体均值的区间估计:

$$P(\bar{X} - z_\alpha \sigma_{\bar{X}} \leq \mu \leq \bar{X} + z_\alpha \sigma_{\bar{X}}) = 1 - \alpha \tag{11.4}$$

例11.8　某保险公司承保汽车1 500辆,随机地抽取100辆来调查过去由于意外事故造成的平均损失金额,整理后,数据如表11.9所示。

表11.9　损失金额的统计描述

损失金额(百元)	组中值(百元)x_i	车辆数f_i
10—14	12	3
14—18	16	7
18—22	20	18
22—26	24	23

(续表)

损失金额(百元)	组中值(百元)x_i	车辆数f_i
26—30	28	21
30—34	32	18
34—38	36	6
38—42	40	4

试估算这组汽车的平均损失金额。

解答 根据已知条件,可求出样本均值和抽样误差。

$$\bar{x} = \frac{\sum x_i f_i}{n} = 26$$

$$s = \sqrt{\frac{\sum f_i x_i^2}{\sum f_i} - \bar{x}^2} = 6.44$$

$$\sigma_{\bar{x}} = \frac{s}{\sqrt{n}} = \frac{6.44}{\sqrt{100}} = 0.644$$

由公式(11.4),平均损失金额在$(\bar{x} \pm \sigma_{\bar{x}})$,即$(2\,600 - 0.644, 2\,600 + 0.644)$之间,可靠性为68.3%;在$(\bar{x} \pm 2\sigma_{\bar{x}})$,即$(2\,600 - 2 \times 0.644, 2\,600 + 2 \times 0.644)$之间,可靠性为95.5%;在$(\bar{x} \pm 3\sigma_{\bar{x}})$,即$(2\,600 - 3 \times 0.644, 2\,600 + 3 \times 0.644)$之间,可靠性为99.7%。

2. 样本容量较小,总体为正态分布而σ未知时,估计总体均值

样本容量较小,总体为正态分布时,统计量

$$t = \frac{\bar{X} - \mu}{s/\sqrt{n-1}}$$

服从自由度为$n-1$的t分布,则

$$P(|t| \leq t_\alpha) = P\left(\left|\frac{\bar{x} - \mu}{s/\sqrt{n-1}}\right| \leq t_\alpha\right) = P\left(-t_\alpha \leq \frac{\bar{x} - \mu}{s/\sqrt{n-1}} \leq t_\alpha\right)$$

$$= P\left(\bar{x} - t_\alpha \frac{s}{\sqrt{n-1}} \leq \mu \leq \bar{x} + t_\alpha \frac{s}{\sqrt{n-1}}\right) = 1 - \alpha \quad (11.5)$$

例11.9 某企业有30栋相似的建筑物,风险管理者仅掌握了其中一栋建筑物在过去20年内由于暴风雨而受损的记录,共15次。这15次损失的平均值为800元,标准差为80元。试估算这些建筑物因暴风雨所致损失的情况。

解答 由式(11.5),在95%的置信度下,总体平均损失额的置信区间为

$$\left(800 - 2.145 \times \frac{80}{\sqrt{15-1}}, 800 + 2.145 \times \frac{80}{\sqrt{15-1}}\right)$$

如果置信度选择90%,则总体平均损失额的置信区间为

$$\left(800 - 1.761 \times \frac{80}{\sqrt{15-1}}, 800 + 1.761 \times \frac{80}{\sqrt{15-1}}\right)$$

3. 样本容量较小,总体为正态分布时,估计总体方差

样本容量较小,总体为正态分布时,统计量

$$\chi^2 = n\frac{s^2}{\sigma^2}$$

服从自由度为 $n-1$ 的卡方分布,则

$$P(\chi^2_{1-\frac{\alpha}{2}} < \chi^2 < \chi^2_{\frac{\alpha}{2}}) = P(ns^2/\chi^2_{\frac{\alpha}{2}} < \sigma^2 < ns^2/\chi^2_{1-\frac{\alpha}{2}}) = 1-\alpha \tag{11.6}$$

例 11.10 某企业为了估计下一年度因产品责任而可能遭受损失的索赔情况,收集了前一年的索赔资料,其中的索赔金额分别为:

第一季度:42 元,65 元,75 元,78 元,87 元;
第二季度:45 元,68 元,72 元,90 元;
第三季度:24 元,65 元,80 元,80 元,81 元,85 元;
第四季度:36 元,58 元,77 元。

估算这个企业年度平均损失金额的情况和损失金额的方差。

解答 由式(11.5)和式(11.6),在 95% 的置信度下,总体平均损失额的置信区间为

$$\left(67.11 - 2.11 \times \frac{17.04}{\sqrt{17}}, 67.11 + 2.11 \times \frac{17.04}{\sqrt{17}}\right)$$

在 95% 的置信度下,总体方差的置信区间为

$$\left(\frac{5\,224.7}{309}, \frac{5\,224.7}{7.56}\right)$$

第四节 所需暴露单位的数量

根据大数定律,我们知道,随着暴露单位的数量趋于无穷大,实际的损失频率将会趋近于期望的真实损失概率。但在实际中,一个组织的暴露单位的数量绝不可能无穷大,大多数情况下这是一个有限的数字。而且在很多情况下,这个数字几乎称不上"大"。因此,就存在这样一个问题:当样本不够充分大时,会导致多大的错误? 也就是说,风险分析并不是百分之百地以一种概率的说法对未来进行预测,尽管概率就已经体现了不确定性,但实际中由于许多统计原理所需的条件不能完全满足,这种预测本身也带有一定的不确定性。对于这种情况,风险经理可能会有另一种问法:"为了有 95% 的把握使最大可能损失的估计值与真实值的差别不超过 5%,必须要有多少暴露单位?"或者说,如果风险管理者希望有 $(1-\alpha)$ 的把握保证,企业面临的某种实际损失率与给定的预期损失率之差的变动程度不超过 E,则风险单位数要多大才能满足上述要求?

在回答这个问题时,我们假设损失是以二项分布假定的方式发生的,即风险单位发生损失是相互独立的,并且每个风险单位损失发生的概率不变。这样,当 n 足够大时,损失近似服从正态分布。对于某个可靠程度值 α,实际损失率与预期损失率之间的差,即误差限

$$E = Z_{\alpha/2}\frac{\sigma}{\sqrt{n}} \tag{11.7}$$

则所需的样本容量:

$$n = \left[\frac{Z_{\alpha/2}\sigma}{E}\right]^2 \tag{11.8}$$

表 11.10 列出了常用的置信度及其对应的临界值。

表 11.10　正态分布置信度及临界值

置信度	α	临界值 $Z_{\alpha/2}$
90%	0.10	1.645
95%	0.05	1.96
99%	0.01	2.575

例 11.11　某企业的风险管理人员,希望有 95% 的可靠程度使该企业面临的汽车实际损失率与设定的预期损失率(30%)之差不超过 2%,如果损失概率分布为正态分布,试求该企业要有多少辆汽车才能达到此要求。

解答　这里的"损失"指的是损失个数。当 n 足够大时,损失个数近似服从正态分布。由于损失个数实际上是服从二项分布,因此这个正态分布的参数可以设为

$$\mu = np, \quad \sigma = \sqrt{np(1-p)}$$

损失率指的是损失的总个数除以风险单位总数 n,因此,损失率的样本标准差为

$$S = \sqrt{np(1-p)}/n = \sqrt{p(1-p)/n}$$

则

$$E = Z_{\alpha/2}\sqrt{p(1-p)/n}$$

$$n = \frac{Z_{\alpha/2}^2 p(1-p)}{E^2}$$

将 $p=0.3, E=2\%, 1-\alpha=95\%$ 代入上式,有

$$n = \frac{1.96^2 \times 0.3 \times 0.7}{0.02^2} = 2\,017$$

例 11.12　某保险公司在承保一宗瓷器运输险时,想要以 95% 的可靠性估算运输过程中的平均损失金额。从以往的资料中发现,损失标准差 $s=40$ 元。现要求估计误差限不超过 8 元,需要抽取多少件样本才能满足要求？

解答　$E=8, 1-\alpha=95\%, S=40$,则由式(11.8)

$$n = \left[\frac{Z_{\alpha/2}\sigma}{E}\right]^2 = \frac{1.96^2 \times 40^2}{8^2} = 96.04$$

至少抽取 97 件样本才能满足要求。

本章总结

1. 大数定律与中心极限定理是概率论中的两个重要理论,在风险分析中,这两个原理应用非常普遍。

（1）大数定律

设 $x_i(i=1,2,\ldots,n)$ 为随机变量 X 的取值,μ 为 X 的期望值,则对于任意小的数 $\varepsilon>0$,都有

$$\lim_{n\to\infty} P\left\{\left|\frac{\sum_{i=1}^{n} x_i}{n} - \mu\right| > \varepsilon\right\} = 0$$

（2）中心极限定理

已知：

(1) 随机变量 X 服从一个均值为 μ，标准差为 σ 的分布（是否是正态分布都可以）；

(2) 所有具有相同容量 n 的样本都是从一个包含 x 个数值的总体中随机选出的（这样选择样本就使得所有容量为 n 的可能样本被选出的机会都是相同的）。

结论：

(1) 随着样本容量的增加，样本均值 $\bar{x}$ 将趋近于一个正态分布；

(2) 样本均值的均值将趋近于总体均值 μ；

(3) 样本均值的标准差将趋近于 $\sigma/\sqrt{n}$。

2. 损失频率是指一定时期内某风险事故发生的次数，在很多情况下，可以应用理论分布估算某种损失的频率。可以用来估算损失频率的理论分布包括二项分布、泊松分布、负二项分布等。

3. 正态分布常作为每次事故所致损失金额的概率分布。

4. 如果风险管理者希望有 $(1-\alpha)$ 的把握保证，企业面临的某种实际损失率与给定的预期损失率之差的变动程度不超过 E，则风险单位数至少为

$$n = \left[\frac{Z_{\alpha/2}\sigma}{E}\right]^2$$

进一步阅读的相关文献 》》

1. Yacov Y. Haimes, et al., When and how can you specify a probability distribution when you don't know much, *Risk Analysis*, 1994, 14(5).

2. 〔美〕马里奥·F. 特里奥拉著，刘新立译：《初级统计学（第8版）》，北京：清华大学出版社2004年版。

3. 《风险管理》编写组：《风险管理》，成都：西南财经大学出版社1994年版，第6—8章。

思考与练习 》》

1. 一个由 $n=225$ 个观察值组成的随机样本选自 $\mu=70$ 和 $\sigma=30$ 的总体，试计算以下概率：

(1) $P(\bar{x} \geq 72.5)$ (2) $P(\bar{x} < 73.6)$
(3) $P(69.1 < \bar{x} < 74.0)$ (4) $P(\bar{x} < 65.5)$

2. 美国一家技术安全与劳动保护研究所曾经做了一项研究，目的是确定接触化学药品二恶英的工人的接触水平（TCDD 水平）。新泽西州一家化工厂的生产工人的 TCDD 水平分布具有平均值 293×10^{-12} 和标准差 847×10^{-12}。

从该厂选取了一个 $n=50$ 名工人的随机样本，以 $\bar{x}$ 代表样本平均 TCDD 水平。

(1) 求 $\bar{x}$ 抽样分布的平均值和标准差。

(2) 求 $\bar{x}$ 超过 550×10^{-12} 的概率。

3. 一家保险公司启动了一项针对推销员未利用的病休日进行补偿的计划。公

司决定对每一个未利用的病休日向推销员支付一份津贴。在以前的若干年中,每名推销员每年的病休日数目具有均值为 9.2 和标准差为 1.8 的频率分布。为了确定这项补偿计划是否有效地减少了被利用的平均病休日数目,该公司随机选取了 81 名推销员并在年终时将每个人的病休日数目记录下来。

(1) 假定这项补偿计划对减少被利用的平均病休日数无效。试求 81 名被随机选出的推销员所产生的样本均值小于 8.76 天的概率。[提示:如果补偿计划无效,那么这一年被每名推销员利用的病休日数目的频率分布就具有与前些年相同的平均值和标准差,即 $\mu=9.2$ 和 $\sigma=1.8$。]

(2) 如果被利用的病休日的样本均值算出是 $\bar{x}=8.76$ 天,有无充分证据说明补偿计划是有效的[或这一年每名推销员所用病休日的真正平均数小于前些年的平均数 9.2]?

4. 控制心脏病人心跳的心脏起搏器每年的植入量超过 120 000 个。每个起搏器由若干种生物医学组件组成,其中,一种名为连接器软组件的特殊塑料部件安装在起搏器顶端。为使起搏器正常工作,要求该软组件的长度在 0.304 英寸与 0.322 英寸之间,任何超出这一长度范围的软组件都是次品。据某杂志报道,某供应商曾连续 12 个月向制造商提供不合格部件。

(1) 该供应商所生产的连接器软组件的长度被发现近似服从平均值 $\mu=0.3015$ 英寸,标准差 $\sigma=0.0016$ 英寸的正态分布。利用此信息,求该供应商生产出不合格品的概率。

(2) 问题被发现后,供应商采取措施改进了产品质量。两个月后,该系统生产出的软组件平均长度 $\mu=0.3146$ 英寸,标准差 $\sigma=0.0030$ 英寸。此时生产出不合格品的概率是多少?并与问题(1)的结果进行比较。

5. 对一条高速公路加速道上车流所作的研究表明,每 6 辆汽车中就有 1 辆在并入快速道之前只使用不到 1/3 的加速道。现随机选择 5 辆进入加速道的汽车的并线位置进行监测。

(1) 没有 1 辆汽车使用不到 1/3 加速道的概率有多大?

(2) 恰有 2 辆汽车将使用不到 1/3 加速道的概率有多大?

6. 一家罐头公司报道说该公司的机械装配线每 8 小时一班中出现故障的次数服从平均值为 1.5 的泊松分布。

(1) 晚班期间恰好发生 2 次故障的概率有多大?

(2) 下午班期间发生少于 2 次故障的概率有多大?

(3) 连续三个班无故障的概率有多大?(假设在各班时间内机器是独立工作的。)

7. 一家公司在选择质量检测工具时,对两个品牌的工具进行了检测时间的比较。

(1) 对于第一个品牌的工具,随机选择了过去 40 次检测时间。这些时间的均值是 205.5 秒,标准差是 35.4 秒。估计总体均值的 95% 置信度下的置信区间。

(2) 对于第二个品牌的工具,随机选择了过去 40 次检测时间。这些时间的均值是 185.0 秒,标准差是 28.4 秒。估计总体均值的 95% 置信度下的置信区间。

(3) 比较并解释这两个结果。看起来哪个牌子的工具检测时间更短？为什么？

8. 一家出租车公司要对汽车碰撞风险进行评估。如果在估计均值时，想要有 99% 的把握相信样本均值落在真实的总体均值附近 3 000 元的范围内，我们必须随机选择多少辆汽车？假设总体标准差 $\sigma = 20$。

第三篇 风险管理措施

第十二章 风险管理的措施

▮本章概要▮

风险管理措施包括控制型风险管理措施、融资型风险管理措施以及内部风险抑制。控制型措施和融资型措施从降低损失期望值的角度对风险进行管理,控制型措施着眼于通过降低损失频率和/或损失幅度事先对风险本身进行改变,融资型措施则着眼于事后的经济补偿。内部风险抑制从降低损失标准差的角度对风险进行管理。本章主要讲述这三类措施的基本原理、主要方法及其优缺点。

▮学习目标▮

1. 掌握各类风险管理措施的作用
2. 理解主要风险管理措施的实践
3. 了解各种风险管理措施的适用性与局限性

引 言

安娜刚被聘为一家纸业公司的风险经理。刚一上任,她就开始收集大量有关潜在风险及其预期损失频率和严重性的数据,并着手设计一个完备的风险管理方案。她正在考虑下面这些问题:(1)火灾风险对一个生产各种纸张的公司来说是非常大的威胁,怎么能够降低这种风险?(2)任何措施都很难做到万无一失,万一因火灾导致损失,如何筹集资金弥补损失?是否需要购买保险?如果购买了保障范围包括火灾的保险,是否就不用再理会它了?(3)造纸厂的生产中会产生大量污水,采取什么系统处理污水?如果污水有可能在没有完全达到排放标准时就排放出去了,怎么处理随之而来的责任诉讼?(4)有哪些保险可以用于员工福利?……这一系列问题涉及风险管理各类措施的应用,本章将会讨论这些措施的原理、适用性以及应用中需要注意的问题。

第一节 控制型风险管理措施的目标与理论基础

一、控制型风险管理措施的目标

控制型风险管理措施是指在风险成本最低的条件下,所采取的防止或减少灾害事故发生以及所造成的经济及社会损失的行动。如针对房屋面临的火灾风险,安装烟雾报警器及自动喷淋系统;针对洪水风险,抬高建筑物的地基;它还包括那些加深企业内部员工对风险的理解和提高员工风险意识的方法。

在风险成本最低的前提下,控制型风险管理措施的目标分为两种:一是降低事故的发生概率,二是将损失减小到最低限度。这两个目标都是为了改变组织的风险暴露状况,从而帮助组织回避风险,减少损失,在风险发生时努力降低风险对组织的负面影响。这个目标在实践过程中可以用图12.1所示的链式过程来说明。

图 12.1　控制型风险管理措施的目标

这个链式过程遵循了"发生"、"发展"、"结果"的顺序。首先,控制损失根源着眼于损失发生的最根本原因,意在从损失的源头入手进行控制。如在建筑物建设时就增加其防火性能,在汽车设计时就考虑其必要的减震系统等。其次,除了损失根源之外,我们还可以减少已有的风险因素。如强调对可能受损的标的物进行持续检查,监督员工遵守安全规章制度等。最后,如果损失根源和风险因素都没有控制住,风险事故发生了,还可以做一项工作,就是减轻损失,如准备必要的器械和设备,现场快速有序的反应等。值得注意的是,上述所有工作都是在风险事故发生之前完成或设计好的,即便是最后一步,也是在事先周密安排了的,甚至经过了一定的培训与演练。

二、在风险管理程序中的位置

从实践顺序的角度来说,控制型措施位于风险评估和融资型风险管理措施之间的位置,如图12.2所示。

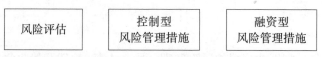

图 12.2　控制型措施在风险管理程序中的位置

1. 控制型措施与风险评估

一方面,之前的风险评估说明了何处存在风险,这些风险是怎样形成的,这些风险有多大,我们可能还会根据风险的大小对风险排序,指出哪些风险是需要重点关注的,控制型风险管理措施所做的工作就基于这些结果。例如,对火灾风险进行控制,从何处入手?是否严重到需要安装自动喷淋系统?有了风险评估的结果,这些问题才能得出答案。

风险评估的水平直接影响到控制型措施的效果,如果风险管理者能够敏感地意识到风险的真正根源,他就可能选择那些切中要害的控制型措施,如果风险识别的结果准确而全面,在此基础上所做的控制型措施也就能够有的放矢,比较严密。

例如,许多企业的风险经理都采用风险链的思路来识别风险,将风险按照事物的发生发展顺序分为下面几个部分:

(1) 风险主体
(2) 风险主体所处的环境
(3) 风险主体和环境的相互作用
(4) 这种相互作用的结果
(5) 这种结果带来的后果

例 12.1 说明了按照风险链的思路能够得出什么风险识别结果,以及相应的控制型措施是怎样的。

例 12.1 对一家企业进行考察,可知

考察对象:一家生产型企业

风险主体:一台运转不灵的重型机械设备

风险主体所处的环境:所在车间(地面)

结果:员工受伤、机器受损、其他直接损失

后果:员工赔偿、未来保险费上升、设备维修费用、停产、雇员关系恶化等

由上面的分析可知,控制型风险管理措施可以从设备维修、安装防范风险或减轻伤害的装置、培训操作工人、培训监督人员等方面入手。

另一方面,已有或将要采取的控制型措施也会在风险识别及评估中得到体现。[①] 例如,某栋房屋面临火灾风险,但房内安装了自动喷淋系统,火灾风险就大大降低了,原有的火灾风险转变为自动喷淋系统失效的风险。

2. 控制型措施与融资型措施

控制型措施安排好之后,剩余风险就成为潜在的对公司的负面影响,负面影响可能会变为负面的财务后果,需要采取融资型措施来应对。[②] 从这个角度来讲,控制型措施和融资型措施又联系在一起,这种联系是理解风险经理思考过程的关键。

控制型措施与融资型风险自留措施之间的关系看起来简单一些,此消彼长,选择时重点关注风险大小以及企业的风险承受能力。而控制型措施与融资型风险转移措施的关系就较为复杂了,表面上看,只需很少的成本就能够将风险转移出去是非常合算的事情,但从长远来看,企业实际上会支付自己遭受损失的全部费用,并且还要多承担一部分风险转移的成本。例如,如果时间足够长,购买财产保险时缴纳的保费中就包括了一旦风险事故发生,我们所承担的损失,此外,还包括手续费等附加保费。因此,即便是对于转移性质的融资型措施,控制型措施也还是有降低其成本的作用。

三、理论基础

控制型措施的理论基础经历了由单纯的工程性措施到工程性措施与非工程性措施整合的过程。最初人们只是从机械、工程的角度入手控制风险,后来逐渐发现,人为因素在风险的形成与发展过程中起着举足轻重的作用,对人的控制尤为重要。在这一过程中,许多理论为实践中的选择起到了指导思想的作用,其中比较重要的有工程性理论、多米诺理论以及能量释放理论。

1. 工程性理论

工程性理论是早期的理论,它强调事故的机械危险和自然危险,认为风险是由机械和自然方面的原因造成的,对风险进行控制就要从这些角度入手。基于工程性理论的风

[①] 虽然我们将风险管理的程序分为若干步骤,但在实践中,这些步骤之间并不是截然分开的,也不是绝对的一个接一个的直线顺序,而是互相交错的循环过程。

[②] 这里将被动的自留风险也视为一种融资型措施,尽管在事先可能并没有任何安排。

险管理措施都与有形的工程技术设施相联系,手段比较直观、效果也比较明显。

由于最早的风险管理起源于工业生产,因此,最初对风险来源的判断也集中于工程与机械,忽视了人的因素在其中的作用。

2. 多米诺理论

1959年,美国人海因里希(H. W. Heinrich)对事故的因果关系、人与机械的相互作用、不安全行为的潜在原因等进行了研究,提出了"工业安全公理"。在此基础上,海因里希提出了经典的多米诺理论,他将这个理论应用于雇员伤害风险中,这也是最早的针对雇员事故的理论。

专栏 12.1

工业安全公理

1959年,海因里希提出了一套控制事故发生的理论,称为工业安全公理:

(1) 损害事件总是由各种因素所构成的一个完整顺序引起的,其中最后一个因素就是事故。而事故又总是直接由人为的风险因素和物质风险因素所引起的。

(2) 人的不安全行为是造成大多数事故的原因。

(3) 大约每300个由于极为相同的不安全行为而受伤的人中,有一个人致残。

(4) 严重的伤害基本上是偶然发生的,导致发生伤害事故的事件基本上是可以预防的。

(5) 产生不安全行为的基本原因为选择适当的控制措施提供了方向。

(6) 控制风险可以采取四种基本方法:技术措施、说服教育、人事调整、加强纪律。

(7) 控制风险的方法,大部分和控制产品质量、成本和产量的方法相类似。

(8) 领导人和管理部门具有开展控制风险工作的最好的条件和能力。因此,首先应该承担责任。他们管理工作的好坏,对是否能成功地控制风险起关键作用。

(9) 除了鼓励实行预防伤亡事故的人道主义以外,还要用两个强有力的经济因素加以激励:安全的组织机构是高效生产的保证之一;对职工由于工伤而付出的直接保险费、赔偿费、医疗费占职工成本的20%。

资料来源:《风险管理》编写组:《风险管理》,成都:西南财经大学出版社1994年版,第283—284页。

多米诺理论指出,雇员事故可通过以下五个步骤考察:

(1) 遗传和环境

(2) 个人过失

(3) 不安全的行为或存在某种有形的危险

(4) 事故

(5) 伤害

这五个步骤被形象地以五张竖立的骨牌表示,骨牌排列的顺序恰好与风险的发展顺序相吻合,前面一张骨牌倒下,后面的骨牌就会相继倒下,如图12.3所示。对风险进行控制相当于抽走前面四张骨牌中的某张骨牌,这样最后的伤害就不会发生。

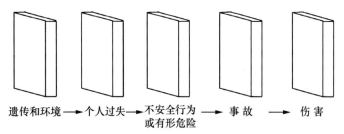

图 12.3　骨牌形式的多米诺理论

在多米诺理论中,遗传和环境指的是先天的遗传和后天的环境,这会决定一个人的性格以及行为的方式,是不良性格形成的根源。如果第一张骨牌倒下,就意味着这个人有鲁莽、轻率、急躁等不良性格,这可能使他没有对给定的环境做出适当的反应,即发生个人过失。如果个人过失这张骨牌倒下,则错误的反应就会使他做出某种不安全的行为或暴露于某种有形危险之中。这会导致事故的发生,并最终造成伤害。

多米诺理论指出,在五张骨牌中,第三张是最关键的。通过排除有形危险和消除员工的不安全行为,员工受伤的频率就会降低。

与工程性理论相比,多米诺理论认识到最终伤害的发生不仅是工程性的原因造成的,人为因素起了很大作用。但也有批评指出,这一理论过于强调人的作用。

3. 能量释放理论

1970 年,美国公路安全保险学会会长哈顿(W. Haddon)提出了一种能量破坏性释放理论。能量释放理论并没有从工程或非工程的角度考察控制型措施的出发点,而是着眼于风险事故的形式,它指出,大多数事故是由于能量的意外释放或危险材料(如有毒气体、粉尘等)导致的。表面上看,这些能量和危险物质的释放是由风险因素引起的,但究其根源,不外乎四个根本原因:

(1) 管理(management)因素:与安全有关的管理目标;人员的录用方法、安全标准等;

(2) 人(man)的因素:行为人的动机、能力、知识、训练、风险意识、对分配任务的态度、体力和智力状态等;

(3) 环境(medium)因素:工作环境中的温度、湿度、通风、照明等;

(4) 机械(machine)因素:机器的安全性等。

这四个因素可能会产生相互影响。控制风险的重点,是通过控制这四个根本原因,对能量进行限制及防止能量散逸。

工程性理论和多米诺理论都只是强调损失控制的某个方面,但人与物质世界很难截然分开,人的行为影响了物质世界,物质因素又贯穿于人的行为之中。因此,能量这个因素更具有普遍性和综合性,能量释放更能够体现风险事故发生的本质。

第二节　基本的控制型风险管理措施

基本的控制型风险管理措施包括风险规避、风险控制及控制型风险转移。

一、风险规避

风险规避是指有意识地回避某种特定风险的行为。风险规避是最彻底的风险管理措施,它使得风险降为零。

避免风险的方法主要有两种,一种是放弃或终止某项活动的实施,另一种是虽然继续该项活动,但改变活动的性质。

专栏12.2

印度博帕尔毒气泄漏:本应回避的风险

印度的博帕尔市是一个喧闹的城市。20世纪80年代初,美国最大的化学公司联合碳化物公司在博帕尔的分厂每年生产5万吨杀虫剂,产值17 000美元。

1984年12月3日晚10点钟左右,水渗进了仓库,那里储存的化学物品和水发生了剧烈的反应,释放出大量毒气,120名工人很快死亡。工厂附近是由大量贫民区组成的居民区,人们还在睡梦中。由于毒气的比重大于空气,因此气体飘散时停留在地面,许多人从朦胧中被毒气熏醒,头重脚轻,四肢无力。40万居民紧急疏散。第二天,4 000人死亡,整个城市成为坟场。此外,还有数十万人受伤,这些受伤者直到今天还遭受着严重的健康问题的折磨。

后来该公司宣布造成这一事故的原因时说,在甲烷储存罐中错误地倒进了100公升水,水使甲烷的温度升到摄氏200度。然而,储存罐中的冷却系统和一旦毒气外泄时所使用的中和系统均未发生作用,于是,压力挤开了储存罐的阀门,毒气飘散。

1989年联合碳化物公司共赔偿了4.7亿美元。但近年来,博帕尔的新一代仍居住在那里,隐患依然存在。1990年科学家们对那里的土壤和地下水进行测试,发现了有毒物质,尽管进行了部分清除,但污染至少会存在半个世纪。

在这起事故中,除了工厂内部的原因之外,厂区外的公众和公共安全机构缺乏警惕性,对紧急事故处理缺乏准备,加大了这一灾难的严重性。但最根本的教训还在于管理者未能确立并实施恰当的安全标准。有专家指出,博帕尔农药厂从厂址的选择、原材料的使用到运输路线的确定都存在问题,这种风险应该规避。

资料来源:根据《二十世纪十大工业灾难》,《奇观》栏目,北京电视台3频道整理。

风险规避虽然去除了后顾之忧,但这种措施的实施有许多局限性。首先,有些风险是无法回避的,如公司所面临的财产损毁风险。其次,如果是投机风险,那么回避了风险,也就会失去这些风险可能带来的收益,例如,要规避股票投资损失的风险,只能不投资股票,这样也就失去了可能的获利机会。最后,回避一种风险,可能产生另一种新风险或加强已有的其他风险,如不乘坐飞机以回避飞机坠毁风险,但选择其他交通工具就会面临其他交通工具的风险。由此可见,风险规避并不总是可行的,有时即使可行,人们也不会选用。

风险规避适用的情况主要包括以下几种:

(1)损失频率和损失幅度都比较大的特定风险;

（2）频率虽然不大，但后果严重且无法得到补偿的风险；
（3）采用其他风险管理措施的经济成本超过了进行该项活动的预期收益。

二、损失控制

损失控制是指通过降低损失频率或者减少损失程度来减少期望损失成本的各种行为。[①] 一般地，降低损失频率称为损失预防（loss prevention），减少损失程度称为损失减少（loss reduction），也有的措施同时具有损失预防和损失减少的作用。[②]

1. 损失预防

损失预防在实践中广泛应用，它相当于对前文所述的风险链的前三个环节进行干扰，即

（1）改变风险因素；
（2）改变风险因素所处环境；
（3）改变风险因素和其所处环境的相互作用。

例如，定期对飞机进行检修是一种损失预防措施。它通过改变风险因素——飞机的一些安全隐患来降低飞机失事的概率，但飞机一旦失事，几乎都是机毁人亡，损失不会因检修而减少。

又如，在某工厂的车间里，储油罐渗漏出来的油使得地面非常滑，工人容易摔倒。这里，风险因素是油，我们可以在地面铺上吸油垫和防滑垫，通过改变风险因素所处的环境来控制风险。

再如，某个设备的加热可能使得周围设备过热，对此，可以采取改变风险因素和其所处环境的相互作用的方法，如加设水降温系统，隔断热量向周围的传递。

2. 损失减少

损失减少的目的是减少损失的潜在严重程度。在汽车上安装安全气囊，就是一种损失减少措施，气囊不能阻止损失发生，但如果事故真的发生了，它能减少驾驶员可能遭受的伤害。

损失减少是一种事后措施。所谓"事后"是指，虽然很多措施是我们事先设计好的，但这些措施的作用和实施都是在损失发生之后。对于一个企业来说，损失减少非常重要，一方面，损失预防不可能万无一失，另一方面，融资型的风险管理措施只能弥补事故发生后的经济损失，有些结果是无法挽回的，如人的生命，而且即便是经济损失，有时我们还是更希望保留原有物品，而不是得到经济赔偿。因此，损失减少在风险管理中的位置不言而喻。

常用的损失减少措施包括：

[①] 有时也称为风险控制。但用损失控制一词可以避免将"降低期望损失成本"的行为和"降低风险（变动性）的行为"，如内部风险抑制，混淆在一起。

[②] 还有一种分类方法，即把损失控制措施分为两类：(1) 减少风险行为的数目；(2) 对风险行为可能造成的损失提高预防能力。第一种方法较为被动，例如公司可以减少有风险的产品的产量，还可以转向生产其他风险较低的产品。这种战略有一个最大的缺陷，就是它虽然减少了风险行为的损失，但也因此丧失了风险行为可能带来的收益。第二种方法着眼于提高自身的预防能力，例如全面的安全检测、安装安全保障设备等。

(1) 抢救；

(2) 灾难计划和紧急事件计划。

这类计划也称为预案，即事先想象出来事故发生后的情况，然后对所有的行动进行部署。预案一般在事先都要进行培训或演练，以便真正实施时能够迅速到位。附录2是厦门市的防洪预案。

一些措施同时具有损失预防和损失减少两种功能，如对员工进行安全与救助的培训，既会从人为因素方面减少事故发生的频率，事故发生时，员工也懂得一些救助的方法，可以有效地降低损失程度。

专栏12.3

基于能量释放理论的损失控制体系

从能量释放理论出发，哈顿列举了10种控制能量破坏性释放的策略。由这些措施可以看出，损失控制可以从很多环节入手。

(1) 防止能量聚集，如禁止工人爬到可能摔伤的高度。

(2) 减少已聚集的可能引发事故的能量，如减少被允许爬到高处的工人的人数。

(3) 防止已聚集能量的释放，如安装防护栏防止从高处坠落。

(4) 减慢能量释放的速度，如想办法降低工作位置的高度，使用限制能量释放速度的缓冲装置。

(5) 从时间或空间上把释放的能量与易损对象隔离开，如用道路护栏分隔行人与机动车辆，遇大雾天气时关闭机场和高速公路。

(6) 用物质屏障达到能量与易损对象的隔离，如要求工人穿戴安全靴、护目镜。

(7) 改变接触面的物质以减少伤害，如打磨毛边、尖点等。

(8) 加强易损对象对所释放能量的抗护能力，如提高建筑物的防火性能，接种疫苗以增强人体的抵抗力。

(9) 减轻发生事故的损害，如安装自动喷水灭火系统，配备紧急医疗救护设备。

(10) 事故后的恢复或复原措施，如残疾工人的康复，受损设施的修复或重置。

资料来源：许谨良主编：《风险管理（第2版）》，北京：中国金融出版社2003年版，第102—103页。

损失控制在应用的时候需要注意以下几个方面：

(1) 在成本与效益分析的基础上进行措施选择

是否选择损失控制来降低风险，选择什么样的损失控制措施，要在成本效益分析的基础上决定。任何损失控制措施都是有成本的，而风险管理的目标是风险成本最小化，某项损失控制的预期收益至少应等于预期成本，如果某种风险控制起来成本过高，就可以考虑是否有其他方法，如风险转移等。

由于要进行比较，因此风险管理者必须对损失控制方法的成本与收益有一个清晰的认识。表12.1列出了主要的损失控制的收益。

表 12.1　损失控制的收益

	容易量化	较难量化
直接收益	减少或消除了以下事件的支出： 维修或重置受损的财产 由于财产毁坏引起的收入损失 损失后维持运营的额外成本 不利的责任判决 受伤人员的医药费 由于死亡或残疾而引起的收入损失	改善公共关系 改善与雇员的关系
间接收益	避免了较大的间接损失发生 节省附加保费(如果不采取损失控制,这些风险计划投保) 节税(如果损失控制的费用可以从税收中减免)	

（2）不能过分相信和依赖损失控制

损失控制措施要么基于机械或工程,要么基于人,无论是哪一方面,都不是万无一失的,机械可能发生故障,人可能有道德风险。因此,对某些影响较大的风险,尤其是巨灾风险,要考虑是否需要融资型措施相配合。

（3）某些材料一方面能抑制风险因素,另一方面也会带来新的风险因素

三、控制型风险转移

控制型风险转移是指借助合同或协议,将损失的法律责任转移给其他个人或组织(非保险人)承担。

控制型风险转移的方式主要有以下几种：

1. 出售

出售是通过将带有风险的财产转移出去来转移风险的。将风险单位出售给其他人或组织,也就将与之有关的风险转移给对方。例如,企业将其拥有的一幢建筑物出售,企业原来面临的该建筑物的火灾风险也就随着出售行为的完成转移给新的所有人了。

很多情况下,出售类似于彻底的风险规避,风险单位出售出去了,相关风险也随之摆脱。但也有一些情况,出售并不意味着完全摆脱风险,如家用电器出售给消费者后,制造商和销售商还是要承担一定的产品责任风险。

2. 分包

分包是通过将带有风险的活动转移出去来转移风险的。分包多用于建筑工程中,工程的承包商利用分包合同将其认为风险较大的工程转移给其他人。例如,高空作业的工程风险较大,承包商可以将这部分工程分包给专业的高空作业工程队,从而将与高空作业相关的人身意外伤害风险和第三者责任风险转移出去。

一般来说,分包合同中的受让方在对某种风险的处理能力上会高于出让方,这样分包才能实现。

3. 签订免除责任协议

虽然将带有风险的财产或活动转移出去是一种很好的摆脱风险的方式,但并不是所有情况下都可以使用这类措施,这种方法可能是不允许或不经济的。例如,很多外科手术都存在失败的风险,一些风险虽然发生概率很低,但一旦失败,后果严重,医生一般不能因害怕这种手术失败而拒绝手术,但他可以与患者家属签订免除责任协议,由患者及家属承担风险。这时,带有风险的活动并没有转移,但与之相关的责任风险却转移出去了。

第三节 基本的融资型风险管理措施

控制型措施都属于"防患于未然"的方法,目的是避免损失的发生。但由于现实性和经济性等原因,很多情况下,人们对风险的预测不可能绝对准确,而损失控制措施也可能无法解决所有的风险问题[①],因此某些风险事故的损失后果仍不可避免,这就需要融资型措施来处理。与控制型措施的事前防范不同,融资型风险管理措施的目的在于通过事故发生前所做的财务安排,使得在损失一旦发生后能够获取资金以弥补损失,为恢复正常经济活动和经济发展提供财务基础。融资型措施的着眼点在于事后的补偿。

根据资金的来源不同,融资型措施可以分为风险自留和风险转移两类,风险自留措施的资金来自于企业内部,风险转移措施的资金来自于企业外部。保险和套期保值是两类重要的融资型风险转移措施,分别应对可保的纯粹风险和投机风险,我们将在第十三章和第十六章详细讨论。

一、风险自留

风险自留是由经历风险的单位自己承担风险事故所致损失的一种方法,它通过内部资金的融通来弥补损失。一些发生频率高但损失幅度很小的风险,经常自留于企业内部。如果有一个正式的计划,通常称为自我保险(self-insurance)计划。

风险自留也被视为一种残余技术。一般来说,在指定风险管理决策的时候,总是先考虑控制型措施和融资型措施,其他的风险,适合于自留的,就进行自留安排;另外,还有一些风险事先没有考虑到,也被动地自留下来。

如果进行风险自留,风险事故一旦发生后用于弥补损失的资金一般来源于下列几个方面。

1. 将损失摊入营业成本

对较频繁的小额损失,可将其在一个较短时期内摊入生产和营业成本,用现有的收入弥补损失,而不作专门的资金准备。那些不熟悉风险管理的个人或组织经常会用这种方法,也称为同期风险融资。

这种做法的好处是,相对来说,不用耗费太多精力,然而,当发生较大金额的意外损

---

① 事实上,典型的风险管理措施都是多种风险管理措施整合而成。

失时,企业是否有足够的资金来自己弥补损失?这是此方法的局限性,它具体体现在两个方面:

第一,如果损失在不同年度里波动很大,企业就可能为了获得现金补偿损失,而在不利情况下变卖资产或以较高利率贷款。

第二,企业自身的损益状况也有可能发生剧烈波动,如果损失发生时,企业恰好财务状况不佳,损失的补偿势必会面临一定困难。

2. 专用基金

如果选择自留风险,对那些损失大,且无法准确预料的风险,则不宜用摊入成本的方法处理,而应使损失代价分散在一年或数年的较长时期中。出于此目的,企业可以各种可能的方式,从每年的现金流量中提取一定金额,逐年积累,或者一次性地提取一笔巨额资金,以作为损失发生时的补偿基金,即专用基金,也称为自保基金。

专用基金的数额取决于企业现有的准备金,以及它期望从这笔钱的其他投资活动中所获取的机会成本。

专用基金的好处是,首先,这种方式能够积聚较多的资金储备;其次,在企业利润的"丰收年",可以提存较多的专用基金,以平稳度过损失较高的利润"歉收年"。

专用基金的主要不足是,第一,在许多国家,基金需要纳税,也就是说,基金的来源一般是税后净收入。从支出的角度来说,这非常类似于保险费,但通过购买保险可以得到一定的税收优惠,因此,很多大公司都开始考虑,能否通过某种形式,使得这笔"基金"可以避税。第二,如果在基金还没有积累到一定程度时就发生了巨灾,基金的能力就会非常有限。

3. 自保公司

自保公司(captive insurance company)是企业自己设立的保险公司,主要为母公司及其子公司提供保险,并办理再保险,有的自保公司也可以承保外界风险和接受分入业务。

自保公司从20世纪60年代初开始兴起,大部分成立于70年代末80年代初,现在世界上千余家自保公司大多数是在这一阶段由美国建立的。成立自保公司的企业或财团规模都比较大,并且集中在能源、石化、采矿及建筑材料等行业。如英国石油公司(British Petroleum)和帝国化学公司(Imperial Chemical Industries)等为承保它们自己业务范围内的风险在英国开设了保险公司。

自保公司大体有三种类型:只为单一母公司保险的自保公司、为单一母公司和姊妹子公司保险的自保公司以及以利润为中心的自保公司。

(1) 经营与管理

自保公司的主要业务集中于建筑物及其内部财产的火险、营业中断险、运输险、责任险、犯罪和保证保险。很多自保公司为享受免税优惠,在百慕大等地注册。目前,自保公司主要集中在百慕大、开曼群岛(Cayman Island),以及欧洲的格恩西岛(Guernsey)、卢森堡、曼恩岛(the Island of Man)和都柏林等地。自保公司的经营通常是雇用自保管理公司或由母公司的风险管理部来进行。

如果母公司是跨国公司,则自保公司就会委托在东道国的许可保险公司作为出面公司(fronting company)签发保单并提供当地的服务。出面公司收取签单费用或代办费用,然后将收取的保险费自留一小部分,其余以再保险的方式缴予自保公司。

(2) 自保公司的优点

首先,通过自保公司的交易可以降低期望纳税,这也是企业成立自保公司的一个主要动机,第十三章将会讨论,保险公司拥有优惠的税收待遇。在实际中,由于种种原因,投保并不是企业的最佳选择,企业就希望能有一种可以被视为保险的交易作为替代,自保公司就是这样一种形式。①

除了可以享受一般保险公司的特殊税收政策之外,如果自保公司是离岸建立的,还可以得到额外的税收优惠。许多离岸国对投资收入和承保收入有更低的税率,如果自保公司的收入在发生的当年不用被母公司计入纳税收入,那么就可以得到税收优惠。

其次,自保公司使得承保弹性增加。自保公司经营灵活,可以尽量适应企业的需要,至少在其完全自留业务范围内的管理方式是如此。一方面,自保公司可以承保传统保险市场不保的风险;另一方面,自保公司在关于保单条款的解释,缴付保费的时间以及赔款的处理等方面,都容易与企业协调一致。

再次,损失控制加强。自保公司的组建人,可以利用自保公司的专业人才和管理技术,为企业及其所属组织开展各种预防工作,从而更有效地控制风险损失。

最后,可以与再保险结合。企业建立意外补偿基金受自有资金力量的限制,企业集体建立自保公司也不能完全承担企业集团的巨额风险。通常,企业集团的自保公司只承保一定范围和一定比例的业务,同时,自保公司可进入再保险市场,将风险进行转移和分散。另外,如果与外国保险公司的交易是再保险,在执照税上还可以享受税收优惠,因为与外国保险公司交易的执照税是保险费的4%,是再保险费的1%。

(3) 自保公司的不足

自保公司也有其自身难以摆脱的限制。

第一,自保公司的业务量有限。虽然多数自保公司可以接受外来业务,扩大了营业范围,但大部分业务仍然来自组建人及其下属,因而风险单位有限,大数法则较难发挥功能。

第二,风险过于集中。自保公司所承保的业务,多数是财产风险以及在传统保险市场上难以获得保障的责任风险。这些风险有时相对集中,损失频率高,损失幅度大,且赔偿时间可能拖得很久,因此经营起来,难度颇大。

第三,规模小,财务基础薄弱。自保公司的规模通常较小,组织结构也很简单。自保公司的资本金较小,财务基础脆弱,业务发展因此受限。虽然可以吸收外来业务,但若来源不稳、品质不齐,则更加增添财务负担。

专栏12.4

中国的自保公司及监管

2013年12月,中国保监会印发了《关于自保公司监管有关问题的通知》,这是我国首

---

① 如果是只为单一母公司保险的自保公司,它与母公司之间的交易不会被视为保险交易,因为它不具有保险的特性,因此,这部分业务一般不能享受特殊的税收待遇。

个专门针对自保公司监管的规范性文件,于2013年12月2日起正式实施。

该通知规定,自保公司的投资人应为主营业务突出、盈利状况良好的大型工商企业,且资产总额不低于人民币1 000亿元;投资人所处行业应具有风险集中度高、地域分布广、风险转移难等特征,且具有稳定的保险保障需求和较强的风险管控能力等条件;自保公司可以采取股份有限公司或者有限责任公司两种组织形式,公司名称中必须含有"自保"字样,并明确财产保险性质;设立自保公司,除法律法规规定的保险公司相关条件外,还应当具备注册资本与公司承担的风险相匹配的条件。

由于中国的自保公司是指经中国保监会批准,由一家母公司单独出资或母公司与其控股子公司共同出资,且只为母公司及其控股子公司提供财产保险、短期健康保险和短期意外伤害保险的保险公司,因此,保费收入实际上是在集团内部流转,很容易发生关联交易。为此,保监会要求自保公司按照现代企业制度独立运营,在人员、资金、财务管理等方面与母公司建立防火墙。自保公司应当按照保监会的有关规定申报与母公司及其控股子公司之间在资金方面的关联交易情况。

2002年,中海油的自保公司——中海石油保险有限公司在香港开业,近日,中石化的自保公司也在香港获准成立,而内地的第一家自保公司则为近日开业的中石油集团公司和中石油股份公司共同发起设立的中石油专属财产保险股份有限公司。根据2012年全球企业资产排行榜进行测算,除金融企业外,中国境内满足设立自保公司标准的企业大约有50家,并且已有多家公司表达了申请意愿。

资料来源:《中国保险报》,2013年12月12日。

4. 信用限额

当意外损失发生,企业一时无法从内部筹措到足够的资金以渡过财务危机时,可以采用借入资金的方式,信用限额(line of credit)就是其中的一种。

利用这种方法时,企业在损失发生前,就与银行进行谈判,约定在一段特定时间内按预先协商好的利率和数额借支贷款,即信用限额。如果发生了意外损失,企业就可以用信用限额来弥补损失,这笔贷款也称为应急贷款。

当某些风险投保的费率较高而事故发生的可能性极小时,应急贷款较保险有更多的优点。当然,应急贷款的利率相对于传统贷款的期望利率来说可能高一些,企业也要花费一定的时间和银行协商安排。

5. 特别贷款与发行新证券

当特大损失发生时,如果企业事先安排的融资工具效力不足或根本没有安排融资工具,就需要寻求特别贷款或发行新证券。与应急贷款相比,特别贷款是没有计划的行为,且受损后的企业信誉降低,因此,特别贷款的利率可能更高,条件也可能较苛刻。

表面上看,信用限额、特别贷款及发行新证券都是利用外部资金来弥补风险所致的损失,但是贷款总需要归还,发行新证券的过程中原有股东也会受到影响,因此,支付损失的负担最终还是落在企业的股东身上。

二、保险

保险是对付可保的纯粹风险的一种重要风险融资工具。[①] 对于企业来说,通过缴纳保费,将自身面临的风险负担转移给了保险公司,即以小额成本(保险费)替代大额不确定损失(保险所保的意外事故)。单从出险后保险公司给予赔付这一层面来看,保险并没有改变企业所面临的风险[②],而是事先做一个安排,使得一旦风险事故发生了,能够从保险公司那里得到资金弥补损失,也就是说,保险消除了损失发生后经济负担的不确定性。第十三章将会详细讨论保险的机制。

按照承保风险范围的不同,保险可分为人身保险、财产保险及责任保险三类。

1. 人身保险

人身保险转移的是那些可能会妨碍个人收入的风险。这些风险共有四种类型:死亡、意外事故与疾病、失业以及年老,其中,商业保险商比较愿意提供死亡、意外事故与疾病和年老等类型的保险业务,而社会保险则涵盖所有类型的风险。

(1) 人寿保险

人寿保险是设计来管理早逝风险的。人们可能在还没有为依赖他生活的人做好充分的未来经济安排时就去世了,这种不利的经济后果可以由人寿保险来解决。

人寿保险与财产保险和责任保险不同,它不存在部分损失的可能性。因此,人寿保险不同于其他类型的保险设计,试图在个人或组织在遭到损失后使之恢复到受损前的财务状况。我们也很难对人的生命确定价值,所有的保单都是现金支付保单,一旦损失发生,保险人将按照保单面额进行支付。

人寿保险的基本种类如下:

定期寿险。定期寿险提供一定期限内的保障,保障期限可能是1年、5年、10年或20年,或者到被保险人达到一个确定的年龄。定期寿险保单仅持续一定时期,只有当被保险人在这期间死亡时,保险人才给付受益人保险金。如果被保险人在此期间没有死亡,则保险人不承担给付责任。

定期寿险的优点源于它具有纯粹保障和暂时保障的双重特点。作为一种纯粹保障,它的保费完全用于保障,与保障程度相同的其他人寿保险相比,其保费较低,适合于低收入者;而暂时性的特点使其非常适合暂时需要保险的人。相应地,定期保险的缺点是无法满足永久性的需求;由于逆选择发生的机会高,附加保费的比率比终身寿险要大。

终身寿险。终身寿险提供终身保障,一般到100岁这个上限为止,如果被保险人到100岁仍生存,保险人也会给付保险金。终身寿险包括普通型和限期内缴费型两种,主要区别在缴费期限上,前者终身缴费,后者须在有限期间内缴清保费。终身寿险适用于那些需要永久性保障的人,并且具有保障和储蓄的双重功能,保单的储蓄部分可以用于发生意外时贷款,也可用于支付未来的保费。

两全保险。两全保险类似于定期保险,有一定期限,如10年或20年。如果被保险人

[①] 本章及第十三章中的保险指的是商业保险。
[②] 除了经济补偿功能之外,保险还有损失控制的功能,这一功能可以在一定程度上降低风险,但在保险业发展初期,这一作用较为薄弱,所以人们看到的更多的是前者的效果。

在保单期限内死亡,则保险人给付受益人保险金;如果被保险人在期满后仍生存,保险人给付被保险人保险金。两全保险不仅对死亡风险进行保障,而且对年老和退休风险进行保障,具有一定的投资性质。

万能寿险。万能寿险产生于20世纪70年代末80年代初美国创纪录的高利率时期[1],它具有灵活性和透明性的特点。所谓灵活性是指,保单所有者可以在一定限度内根据自己的意愿增加或降低所缴保费,并在一定限制条件下增加或降低保单面额。透明性指的是寿险产品定价的三个要素——死亡率、利率和费用率会明确列明并向消费者公布。

变额寿险。这是一种终身寿险,被保险人有权决定如何对保单的现金价值[2]进行投资,并且承担现金价值和死亡给付波动带来的投资风险。变额寿险推出的一个目的就是解决伴随通货膨胀的美元购买力下降的问题。

可调整寿险。对于个人对人寿保险不断变化的需求和支付能力所造成的两难问题,出现于1971年的可调整寿险是一种解决办法。这种保险允许购买人随着保障需求和支付能力的变动调整保单的各个方面。在一定范围内,保单持有人可以提高或降低保险金额,并在保单存续期内增减保费。

(2) 年金保险

年金是指在一定时期内,如几年或某人生存期间,每隔一个确定的时期支付一定货币金额的经济合同。款项的支付可以从一个规定的日期开始,延续若干年份或是在某人的生存期间。每个人都有可能在丧失获取收入的能力后仍然好好地活着,收入的减少就是我们面临的一种风险,年金保险可以对此进行保障。

年金保险的基本种类包括:

纯粹终身年金。年金受领者只在生存期间可领取年金,死亡后停止给付。年金受领人死亡后就没有任何遗留价值。

偿还终身年金。年金受领人死亡后,剩余的年金继续付给受益人。

联合和最后生存者年金。年金受领者为两个或两个以上,如夫妇或兄弟姐妹,年金给付到最后一个年金受领者死亡为止。

变额年金。变额年金是一种终身年金。一般固定数额年金的退休给付金额是固定的,一旦发生通货膨胀,给付的购买力就会下降。而变额年金的保费被投资于普通股及其他投资方式,且在保险人独立的账户中,这样,变额年金的给付额就随着普通股价格水平的变动而变动。既然货币的价值随着时间变动,那么分散化的股票投资组合的价值也会和价格水平保持同样的变动趋势,因此,变额年金可以防范通货膨胀对个人储蓄退休金的影响。

(3) 意外与健康保险(或简称健康保险)

健康保险保障的是人们因生病或身体意外伤害而遭受的损失,包括医疗费用增加及收入减少等。健康保险主要包括:

医疗费用保险。医疗费用保险提供医疗费用保障。它可以补偿的费用主要有门诊费用、住院费用、药费、手术费用、各种检查费用及护理费等,根据补偿费用的类别,还可以

---

[1] 1982年,美国货币市场利率高达15%。
[2] 寿险保单的现金价值指的是死亡费用的预累积。

细分为普通医疗费用保险(只报销非外科的门诊医疗费用)、住院费用保险、外科手术费用保险等。

失能收入保险。当被保险人因伤病而全部或部分丧失工作能力时,失能收入保险可以定期给付被保险人以补偿其收入损失。

长期护理保险。当被保险人因失能而生活无法自理,需要住在康复中心或在家中接受他人护理时,该保险可以对护理所需的种种费用提供补偿。

2. 财产保险

财产保险是对财产的损毁或遗失进行保障的保险。主要包括以下险种:

专栏12.5

瑞士再保险公司:2004年全球灾害产险赔付创新高

瑞士再保险公司12月16日宣布,根据该公司 *Sigma* 研究报告的初步估算,2004年全球因自然和人为灾害造成的罹难人数超过21 000人,灾害导致全球经济损失总计约1 050亿美元,世界各地的产险公司需要承担当中约420亿美元的损失,这是继1992年、1999年和2001年后损失金额再次创下的纪录,其中95%损失来自自然灾害,与过去比较,经通胀数字调整后的1992年损失约为380亿美元(包括Andrew飓风),1999年的数字则达360亿美元(包括Lothar和Martin冬季暴风雪),2001年的数字为370亿美元(包括"9·11"恐怖袭击)。因此,2004年再次造成损失额上升势头,部分是由财产价值趋向集中并扩展到较易受灾害波及的地区等引起的。

资料来源:《国际金融报》,2004年12月19日。

(1) 火灾保险

最初的火灾保险只有火灾一种可保风险,后来保险范围扩大,赔偿由火灾、雷电、风暴、冰雹、爆炸和其他一些危险因素引起的建筑物、设备、家具或其他动产的损失。承保风险的确定采取两种方法,一种是指定风险,即在保单中列明所承保的特定风险;另一种只列出除外责任,对除此之外的风险引起的损失进行赔偿。保险赔偿范围包括直接损失(如资产损坏的实际损失)和间接损失(如由于资产损失而带来的收入损失和/或额外开支)。

(2) 海上保险

海上保险是财产保险中最古老的一个险种,它涉及的风险与海上运输有关,承保所有类型的海上运输工具及货物,还可承保船主的责任,造成损失的原因包括恶劣天气、碰撞、沉没、搁浅、投弃、船长或船员的恶意行为等。

(3) 内陆运输保险

内陆运输保险也是与运输有关的保险,它是海洋海上保险发展的自然分支。交通在商业发展中起着非常关键的作用,因此,随着交通设施的发展,就产生了对保险的需求,以保障运输货物的安全。除了海上运输之外,还有陆上运输,最初的陆上运输保险只为铁路、摩托车、轮船、驳船等交通工具在内河和海滨运输的货物承保,后来扩展到为交通和通信手段承保,如桥梁、隧道、管道、输电线、广播电视通信设备等。最后,它又扩展到不属于运输过程中的各种财产,但不包括房地产。

(4) 农业保险

农业保险可以细分为种植业保险和养殖业保险,种植业保险是指保险人对农作物因水灾、旱灾、台风、霜冻、冰雹、病虫害等自然灾害而导致的减产或绝收承担赔偿责任;养殖业保险对各种牲畜、家禽因疾病或意外事故而死亡或损伤承担赔偿责任。在国外,农业保险一般都得到政府资助,或由政府部门直接经营。

(5) 地震保险

地震保险是一些地震风险较高的国家或地区普遍开展的险种,例如日本的地震保险就开展得较好,并由政府提供再保险。地震保险可以单独承保,也可以作为附加险。

(6) 信用保险

信用保险是一个非常专业化的险种,适用于生产商和批发商,它在被保险人无法从客户那里收回应收款项时,为被保险人提供保障。该保险要求有一个相当于正常坏账损失额的免赔额。

(7) 保证保险

保证保险是一方(保证人)与第三方(权利人)达成的协议,为另一方(被保证人)的债务或违约行为提供保证。换句话说,就是保证人就被保证人的某种行为进行保证,如果被保证人无法按照保证的方式行为,则保证人要对权利人负责。

保证保险分为两种:忠诚保险和保证保险。忠诚保险保护权利人免受其雇员的欺骗。大多数保证保险是为建筑商、涉及法律诉讼的人、要求获取许可证的人出示的,它担保被保险人是诚实的,有必要的能力和财务实力履行他所担保的义务。

(8) 盗窃保险

盗窃保险为补偿被保险人的财产由于他人犯罪行为而造成的损失而设计。

(9) 锅炉爆炸保险

这是最早的意外保险之一。由于锅炉内部存在压力,因此面临爆炸的风险,造成人身伤害和财产损失。为了防止损失,保险人会对锅炉和机器设备进行检查,这种检查服务是购买保险的主要原因。

(10) 玻璃保险

玻璃保险也是一种特殊的意外保险,为玻璃提供广泛的可能保护。火灾保险和海上保险也对玻璃承保,但往往只针对特定的风险,而玻璃保险承保的原因只对火灾和战争除外。

(11) 所有权保险

所有权保险是一种很狭窄的特殊保险形式,它对被投保的所有权的缺陷进行承保。土地转让的法律手续是相当技术性的,很可能产生产权不明的情况。在所有权保单中,保险人同意就有缺陷的所有权转让带来的经济损失进行赔偿。从某种意义上说,所有权保险是独特的,因为它所保障的是过去事件的一些影响,而不是未来事件的经济损失。

3. 责任保险

商业经营引起的责任风险既数量众多又形式多样,对一个公司而言,法律责任引起的损失实际上是没有一个可计算的上限的,可能引起责任的源泉会随着商业复杂程度的增加而倍增,因此,商业责任领域明显比个人责任保险领域复杂。

责任保险包括很广泛的承保范围,它可以简单地分为三种类型:雇主责任和劳工赔偿、汽车责任以及一般责任。

(1) 雇主责任和劳工赔偿

雇主对雇员在与工作有关的伤亡事故中遭受的损失负有法律赔偿责任,包括医疗费、工资损失及抚恤金等,雇主面临的这方面的风险可以通过购买劳工赔偿保险和雇主责任保险来转移。在美国的保险体系中,劳工补偿保险①根据州法律规定的赔偿金额给付;如果雇员或家属提起诉讼并且证明雇主有过失,法庭会判决雇主须对因工伤亡者进行赔偿,此时雇主责任险可以为雇主提供其在法律上应承担的赔偿金。更详细的讨论请看第七章与第十五章。

(2) 汽车保险

汽车保险是一种财产和责任综合保险,分为车损险和第三者责任险两大部分。

车损险承保被保险人的汽车因碰撞、偷窃或其他原因造成的损失。第三者责任险承保被保险人因汽车事故对第三者的人身伤害和财产损失应负的法律赔偿责任。各国对第三者责任险大都实行强制保险。

(3) 一般责任保险

商业公司的经营活动千差万别,它们面临的责任风险也五花八门,但每个公司都会面临下面一个或几个责任风险:

房产的所有和维护:因房产本身的原因或房产引起的原因使公众、他人受到伤害,或使他人财产受到损失,则房屋的所有者或租户要为损害负责。

商业经营行为:如果公众、他人或他人财产因房产所有人或其雇员的行为遭到损害,公司要为此承担责任。

产品:销售商的法律责任风险并不会因产品已经销售或已发送给顾客而终止,对他人造成伤害或使他人财产遭受损失的有瑕疵产品的生产商或分销商要为此承担法律责任。②

完工劳务:和产品风险类似,已完成的工作如果有瑕疵,则任何由此造成的损害都会导致责任的产生。

连带责任:公司有时可能会因为独立经营的承包商完成的工作而承担责任。一般来说,委托人不需为独立承包人的过失负责,但如果由独立承包商完成的工作本身是不合法的,或这项工作具有固有的危险性,或委托人应当实施监管等情况下,委托人须负责。

合同责任:公司可以通过书面或口头合同对另一个人的过失行为承担责任。

商业一般性责任保险(CGL)为各种组织提供了一般性责任保险,它提供了两种保单:事故发生式保单和索赔提出式保单。前者以事故发生为基础,不论什么时候提出索赔或提起诉讼,保单都承保发生在保单有效期内的伤害和损失;后者只对保单有效期内提出的索赔进行赔付。

---

① 这是一种社会保险。
② 详细讨论见第七章。

三、套期保值

传统的风险管理主要针对纯粹风险,应用保险和控制型措施等进行风险控制与风险转移,但从 20 世纪末开始,风险管理开始越来越多地涉及金融风险管理,利用期权、期货、远期与互换等衍生工具对金融风险进行套期保值。

衍生工具(derivative instrument)是进行套期保值的主要手段,它是一种收益由其他金融工具的收益衍生而来的金融工具,它可以建立在实物资产,如农产品、金属以及能源等之上,也可以建立在金融资产,如股票、债券等之上。主要的衍生工具包括期权、期货合约、远期合约、互换等。

1. 期权

期权是指在将来一定时间内以一定价格买卖特定商品的权利,它为期权的买方所拥有。

2. 远期合约

远期合约指交易双方,即买方和卖方,达成一种协议,同意按照当日确定的某一价格在将来某一日期买卖某种资产。

3. 期货合约

期货合约是一种标准化的远期合约,在期货交易所场内进行交易,服从逐日结算的程序,保证合约的损失方将款项及时支付给对方。期货合约中商品或其他资产的规格、品质、数量、交货时间、地点都是确定的。

4. 互换及其他衍生金融工具

期权、远期和期货构成了衍生金融工具市场的基本工具系统,但仍有许多混合型和变异型的衍生产品不可忽视,其中,运用最广泛的就是互换(swap)。互换合约是一种以特定的方式交换未来一系列现金流量的协议,它可看做是远期合约的一种组合。互换的标的资产可以是利率、汇率、权益、商品价格或其他指数。一般地,互换应用时间比远期和期货要长。

除了互换之外,还有许多以期权、远期或期货为基本要素的混合型及变异型衍生产品。例如,一家公司可能选择买入一种期权合约,它的盈亏表现不依赖于基础性资产的运营状况,而取决于两种或两种以上资产中运营状况较好或较差的那个表现,这种期权被称为可选择性期权合约。此外,有些类型的金融合约结合了一些其他类型金融合约的元素,它们被称作混合合约。

运用基本的衍生金融工具进行风险管理的机理将在第十六章进一步讨论。

四、其他利用合同的融资措施

除了保险、套期保值这些比较常用的风险转移措施之外,还有一些基于合同的融资型风险转移形式。融资型风险转移与控制型风险转移最大的区别在于,控制型风险转移将承担损失的法律责任转移了出去,而融资型风险转移只是将损失的经济后果转移给他人承担,法律责任并没有转移,一旦接受方没有能力支付损失,损失最终还要由转移方支付。

融资租赁合同就是一种融资型风险转移措施。在财产租赁合同中,出租人和承租人经常会就出租物的质量责任、维修保养责任和损坏责任等问题发生纠纷。为了转移此类责任风险,出租人可以根据承租人的租赁要求和选择,出资向供货商购买租赁物,并租给承租人使用,承租人支付租金,并可在租赁期届满时,取得租赁物的所有权、续租或退租,这就是融资租赁合同。在这种情况下,出租人最主要的义务是为承租人融通资金,购买租赁物,对他而言,既取得了租赁财产的租金收入,又转移了租赁财产的损失责任风险。对承租人来说,虽然承担了风险,但可以从其他渠道取得资金以保证正常经营。

第四节 内部风险抑制

评价风险大小的最主要的两个方面,一个是损失期望值,一个是损失方差。前面所述的控制型措施和融资型措施都在从不同角度影响损失期望值,而内部风险抑制的目的在于降低损失方差。

主要的内部控制措施包括分散与复制、信息管理和风险交流等。

一、分散与复制

分散是指公司把经营活动分散以降低整个公司损失的方差,这类似于不把鸡蛋放在同一个篮子里的道理。例如,一家公司可能会让雇员分散在不同地方工作,使一场爆炸或其他灾难所伤害的人数不会超过一定限度。

分散可以体现在公司的跨行业或跨地区经营、将风险在各风险单元间转移或将具有不同相关性的风险集中起来。

复制主要指备用财产、备用人力、备用计划的准备以及重要文件档案的复制。当原有财产、人员、资料及计划失效时,这些备用措施就会派上用场。例如在"9·11"事件中,位于世贸大楼内的一家公司由于在其他地方设有数据备份站,可以实时备份数据,所以当大楼倒塌,楼内办公室里所有电脑设备和文字材料都损毁后,公司的信息资料并未遭到太大损失。

二、信息管理

在现有的技术条件下,怎样能对风险进行有效的管理?信息在其中起着举足轻重的作用。我们反复强调,风险是未来的一种状态,而且不只一种结果,但我们所做的决策却只有一个,只有对未来的这些不确定结果有正确的认识,才能保证决策确实达到了我们所要达到的目的。否则,按照错误的预测进行风险管理决策,所采取的措施再高明,也是"无的放矢"。信息就是正确认识风险的保证。

信息管理包括对纯粹风险的损失频率和损失幅度进行估计,对潜在的价格风险进行市场调研,对未来的商品价格进行预测,对数据进行专业化的分析等。在美国,有许多公司专门从事为其他公司提供信息和预测服务的业务,如数据库的经营者和风险咨询公司。

三、风险交流

在风险管理领域,风险交流是新近被认识到的,它是指企业内部传递风险和不确定结果及处理方式等方面信息的过程。

风险交流一般具有五个特征:(1) 一般的"听众"不了解风险管理基本概念和基本原则;(2) 即使向一般的员工介绍风险管理,仍然有很多方面过于复杂,难以理解;(3) 理解风险经理提出的问题往往需要一定的专业知识,这对其他经理来说是一个挑战;(4) 人们对风险管理的态度非常主观;(5) 很多人常常低估风险管理的重要性。风险经理进行交流的内容和结构应当反映以上这些特征。

第一,因为风险管理是一个相对较新的领域,所以很多管理人员可能对风险管理的概念和原则非常陌生。由于缺乏这个领域的知识,他们不可能在决策过程中考虑风险管理方面的意见。因此,至少在最开始,风险经理们的交流应当侧重于教育,应当向管理人员提供风险管理方面的概念和背景,使他们对风险管理的原则有一个初步的了解,能把风险管理的观点融入自己的日常活动中。

第二,很多重要的风险管理概念难以向其他领域的经理们讲清楚。风险管理行业之外的人士很少能理解为什么企业的主动自留风险计划可以激励企业提高责任水平。概率原理、信息与不确定性之间的关系对很多人都是一个难题。而且,风险管理经常随时间的变动而改变自己的方向。虽然很多管理功能是按年或按季度来评价的,但风险管理活动不适用于这种短期的参考框架。当然,风险经理的策略应当符合公司的短期目标和长期目标,但是,短期目标往往不适合用来评价风险管理措施的真正效果。

第三,就那些想完全理解风险暴露内容的"听众"或传达者而言,很多重要的风险管理问题需要特殊的知识。环境伤害就是一个非常好的例子。大多数风险经理都认识到环境伤害是一个非常严重的问题,而且他们的脑海中还可能伴随着一些可怕的情节。但是,当已经确认存在某种特定的环境伤害危险时,风险经理有时需要一些技术方面的专业知识,如化学、生物和环境科学方面的知识,许多重要风险源(如车间安全、政治风险、健康保健服务、融资)的认识过程都需要一些非常专业的知识。

第四,对风险的态度可能受个人因素的影响,这种影响很可能因人而异。因此,风险经理遇到的挑战之一就是,人们可能以不同的方式来解释相互交流的信息。因此对信息的主观评价是风险交流中的一个特殊问题。

第五,诸如团体健康保健成本、员工赔偿金、环境伤害、产品责任及信用责任等对很多企业来说都是一些亟待解决的重要问题。互相告知各自的重要性是风险交流的主要目标之一。[①]

[①] C. Arthur Williams, Jr., Michael L. Smith, Peter C. Young, *Risk Management and Insurance*, 8th ed., New York: Irwin/McGraw-Hill Inc., 1998.

专栏 12.6

德国金属公司石油期货交易巨额亏损案的教训

1993 年夏天,德国金属公司下属的一家专门从事石油产品交易的美国子公司——德国金属精炼及市场公司,与客户签订了一份长期供货合同。签约之后,谁也没有想到这笔交易给公司带来的会是一个噩梦。

这个合约实际上是一个特殊的供货合同加上一些金融衍生交易组成的。公司承诺在 10 年内以固定价格向美国的油品零售商提供汽车油、取暖油和航空燃油。具体供应分两部分,一部分定期定量交货,另一部分交货时间由用户随时指定。合约的特殊性体现在供货价格长期固定,不像普通长期供货合约一样随通货膨胀因素调整;另外,交货的时间和数量也不完全确定。所谓金融衍生交易是指公司授予用户一个选择权,在合约的 10 年有效期内,如果世界油品市场价格有利于用户,用户有权决定是否要求公司将未交货部分油品以市场价格和合约定价之间的价差折算成现金收益付给用户,从而提前终止合约。

合约赋予用户的利益是显而易见的,德国金属精炼及市场公司之所以接受合约条件,原因是多方面的:第一,特殊的合约条件有助于开拓市场;第二,公司曾投资于一家美国石油勘探和炼油公司,具有一定的供应商背景,在合约签订时,合约定价比现货市价高出约 3—5 美元;第三,也是最重要的,公司为此合约制定了一套套期保值策略,并对此非常自信。

不幸的是,1993 年底世界能源市场低迷、石油价格猛烈下跌,公司用以套期保值的多头短期油品期货合约及互换协议形成了巨额浮动亏损,巨额保证金的压力使金融圈一片哗然,不光是债权人对德国金属公司融通资金信心不足,连大股东们对其能否渡过危机也十分怀疑。加之当时的衍生交易的财务核算和会计记账规则仍不健全,持仓头寸的浮动亏损要在第一财税期末记入公司财务报表,而浮动盈利却不能记作公司利润,这误导了那些不了解事件全部情况或虽知道一些情况但没有足够时间进行专业判断的投资者和债权人,加剧了危机,几乎所有人的印象都是:公司在能源市场有重大的投机行为,由于判断失误已酿成巨额亏损。

结果,很短时间内,德国金属公司的董事长和财务总监以渎职和误导被炒了鱿鱼;套期保值合约被全部斩仓;长期供货合约以高成本了断。公司因此元气大伤。具有讽刺意味的是,1994 年夏天,原油价格就上升至每桶 19 美元,如果不忙着全部斩仓,此时就会扭亏为盈。

资料来源:左柏云:《金融风险案例剖析》,广州:广东经济出版社 2001 年版。

本章总结

1. 风险管理措施包括控制型风险管理措施、融资型风险管理措施以及内部风险抑制。

2. 控制型风险管理措施是指在风险成本最低的条件下,所采取的防止或减少灾害事故发生以及所造成的经济及社会损失的行动。其目标分为两种:一是降低事故的发生概率,二是将损失减小到最低限度。控制型措施的理论基础包括:工程性理论、多米诺理论和能量释放理论。

3. 基本的控制型风险管理措施包括风险规避、风险控制及控制型风险转移。

(1) 风险规避是指有意识地回避某种特定风险的行为。

(2) 损失控制是指通过降低损失频率或者减少损失程度来减少期望损失成本的各种行为。一般地,降低损失频率称为损失预防,减少损失程度称为损失减少,也有的措施同时具有损失预防和损失减少的作用。

(3) 控制型风险转移是指借助合同或协议,将损失的法律责任转移给其他个人或组织(非保险人)承担,其方式主要有出售、分包、签订免除责任协议。

4. 融资型风险管理措施的着眼点在于事后的补偿,其目的在于通过事故发生前所做的财务安排,使得在损失一旦发生后能够获取资金以弥补损失,为恢复正常经济活动和经济发展提供财务基础。

5. 基本的融资型风险管理措施包括风险自留、保险、套期保值以及其他利用合同的融资措施。

(1) 风险自留是由经历风险的单位自己承担风险事故所致损失的一种方法,其资金来源一般包括:将损失摊入营业成本、专用基金、自保公司、信用限额、特别贷款与发行新证券。

(2) 保险是对付可保的纯粹风险的一种重要风险融资工具,通过缴纳保费,企业将自身面临的风险负担转移给了保险公司。

(3) 衍生工具是进行套期保值的主要手段,它是一种收益由其他金融工具的收益衍生而来的金融工具,主要包括期权、远期、期货、互换等。

6. 内部风险是从降低损失方差的角度来管理风险的。主要的内部控制措施包括分散与复制、信息管理和风险交流等。

进一步阅读的相关文献

1. C. Arthur Williams, Jr., Michael L. Smith, Peter C. Young, *Risk Management and Insurance*, 8th ed., Irwin/McGraw-Hill Inc., 1998:ch11—ch13.

2. H. W. Heinrich, *Industrial Accident Prevention*(4th ed.), New York:McGraw-Hill Co., 1959, pp.14—16.

3. Emmett J. Vaughan, Therese M. Vaughan, *Fundamentals of Risk and Insurance*, 8th ed., New York:John Wiley & Sons, Inc., 1999.

4. Emmett J. Vaughan, *Risk Management*, New York:John Wiley & Sons, Inc., 1997.

5. Scott E. Harrington and Gregory R. Niehaus, *Risk Management and Insurance*, 2nd ed., New York:Irwin/McGraw-Hill Inc., 2004:ch11, ch22.

6. Head, George L., and Stephen Horn, *Essentials of Risk Management*, 3rd ed., Vols. 1 and 2, Malvern, PA.:Insurance Institute of America, 1997.

7. Kenneth Black, Jr., Harold D. Skipper, Jr., *Life and Health Insurance*, 13th ed., Prentice Hall, 2000:ch 4.

思考与练习

1. 要降低在车祸中遭受人身伤害的风险,我们可以采取哪些控制型措施和融资型措施?
2. 公司可以采取哪些办法降低由于公司产品对消费者造成人身伤害而引起法律诉讼的风险?
3. 控制型风险管理措施有哪些主要手段?
4. 融资型风险管理措施有哪些主要手段?
5. 控制型风险转移和融资型风险转移的主要区别是什么?
6. 成立自保公司的动机有哪些?
7. 风险自留的优点和弊端有哪些?
8. 解释为什么下面这些考虑会影响企业采取风险自留的意愿:
(1) 公司的风险承受能力;
(2) 风险的最大可能损失;
(3) 接受风险的机构的风险承受能力;
(4) 企业对风险的控制水平;
(5) 保险的额外费用。
9. 为什么说信息管理是重要的?企业如何进行信息管理?

第十三章 保 险

▮本章概要▮

保险具有经济补偿、减少不确定性、提供防灾防损服务及投资的作用,这些功能的实现原理是风险汇聚。保险的经营方式可以降低汇聚安排的成本,但一方面,由于风险汇聚的理论基础——大数定律与中心极限定理的要求,只有满足一定条件的风险才是理想的可保风险,另一方面,保险公司面临偿付能力不足的风险,这对于投保人来说是一个极大的威胁。本章将对上述问题进行分析,并讨论降低保险公司偿付能力不足风险的管理措施。

▮学习目标▮

1. 了解保险公司的主要经营活动
2. 理解保险的作用
3. 能够对理想的可保条件进行分析
4. 理解保险的运作原理
5. 掌握保险公司偿付能力不足风险的管理措施

引 言

1989年10月23日,菲利普(Philips)汽油公司遭受了有史以来最大的陆上损失之一。在菲利普位于得克萨斯州帕萨迪纳的塑料厂内发生了因碳氢化合物泄漏引起的爆炸,其强度达到里氏3.2级,至少有7名工人丧生,直接和间接财产损失预计超过11亿美元,其中直接财产损失估计为7亿美元,间接损失估计为4亿美元。菲利普公司投保了13亿美元的财产保险,从而只损失了0.7亿美元的免赔额。

通过购买保险,企业可以在损失发生后得到经济补偿,重建毁坏的设施及恢复生产。保险是怎样具备这种能力的?保险是否也有"不保险"的风险?这种风险怎样解决?本章将对这些问题进行讨论。

第一节 保险的运行与作用

一、保险的运行

保险公司的主要经营活动可以划分为费率厘定、展业、承保、损失理赔、投资五个环节。

1. 费率厘定

保险费率是每一单位保险的价格,它和保险费不同,保险费取决于费率和购买保险的份数。保险费率由保险公司的精算部门厘定,包括纯保费和附加保费两部分。纯保费完全是风险的体现,取决于分摊到每一风险单位的预期损失①,主要用于未来赔付,附加保费则用于支付公司的运营费用。

如同其他商品价格一样,保险费率是保险产品成本的体现。但保险业又有和其他行业不同的特点,因此,保险费率也与其他行业产品的价格有着不同的特征。

首先,其他行业的产品在制定价格的时候,成本一般是确定可知的,但保险产品是对未来的一种保障,而未来是什么样现在还不能完全确定②,因此,未来的成本只能是一种预测,费率就建立在这种预测的基础之上。

其次,其他很多行业的产品价格可以基于市场供需进行涨跌,但由于保险特殊的角色,很多国家和地区的保险费率都要接受政府的监管,不能过高,不能有不公平的差别对待,在一段时间内要保持相对的稳定。

2. 展业

保险公司的展业部门有时也称为代理部,是其销售或市场策划部门。该部门负责外部的销售环节,由代理人或公司支付薪水的销售代表负责。

代理人是展业环节的中坚力量。产险公司和寿险公司的代理人有不同的作用,在财产和责任保险中,代理人是"授权订立、终止、修改保险合同的个人"③,在人寿保险中,代理人的权限就受到较多的限制。

除了通过代理人展业之外,近年来出现了一些新型的保险营销渠道,如邮政保险、电话销售、银行保险等。

3. 承保

并不是所有的风险保险公司都会接纳,保险公司会对风险单位进行选择并且分级,这个过程就是承保。

承保是防止逆向选择的关键环节。它的目标并不是选择那些不会发生损失的风险单位,而是要避免过多地承保实际损失大于预期损失的高风险标的。此外,保险公司也要通过承保来防止保险标的过度集中以减少巨灾损失。

承保的质量直接关系到费率是否充分。精算师计算出来的费率,是由承保人员应用于每一类型的标的上的,因此,从事承保工作的人员必须具备敏锐的判断力及有关不同风险标的损失的广泛知识,只有这样,才能做出准确的判断。承保的过程不仅仅是接受或拒绝,还包括级别的调整。如某一个风险单位在某个费率水平上不被承保,但它可能适合在另一个费率水平上被承保。

4. 损失理赔

保险的损失补偿作用是在理赔中实现的。理赔包括四个步骤:(1) 通报损失。即向保险公司通报损失发生,大多数情况下,都要求通报要尽可能快。(2) 调查。保险公司接到通报后,就要判断是否真的发生了承保范围内的损失。(3) 提供损失证明。(4) 支

---

① 第二节将详细讨论这种分摊的原理。
② 只能确定一个概率分布(假设有充足的数据)。
③ Emmett J. Vaughan, Therese M. Vaughan, *Fundamentals of Risk and Insurance*, 8th ed., New York: John Wiley & Sons, Inc., 1999.

付或拒绝支付。如果一切都符合规定,保险公司将赔付损失。如果不符合条件,如损失并没有发生、保单未承保已发生的损失或索赔的金额不合理等,则拒赔。

5. 投资

投资是保险经营的重要支柱。由于用于投资的资金一部分必须支付未来的索赔,因此保险投资的首要原则是安全性原则。投资回报是费率厘定过程中的一个重要变量。人寿保险公司在计算保费时会假设可获得的最低利率,财产和责任保险公司也将投资收益考虑到费率计算中。

二、保险的作用

对于企业来说,保险的作用主要有以下几点:

1. 经济补偿

保险的首要目的就是当被保险人遭受不可预期的损失时,按照保险合同向被保险人提供经济补偿,为其迅速恢复生产、经营及正常的生活秩序提供保障。

2. 减少不确定性

购买保险之前,当企业面临某种风险时,未来是不确定的,不知道什么时候会发生风险事故,事故造成的损失有多大。如果不购买保险,企业就会为此而担忧,可能就会拿出精力和资金做一些其他的风险控制工作。但购买保险之后,每年只需缴纳固定数额的保费即可,一旦发生损失,保险公司会按照合同进行赔偿,免除了企业的后顾之忧,减少了不确定性。

3. 提供防灾防损服务

保险的作用与吸引力不仅仅是事后的经济补偿,还包括事前的风险分析与防灾防损服务。事实证明,许多完善的风险管理制度都是由这两方面合作完成的。

保险公司拥有大量风险事故的数据,具备如何对这些数据进行分析以及如何进行防灾防损的技术与手段,在风险管理方面具有专业性。保险公司为企业提供防灾防损服务,不仅有技术上的优势,而且对保险公司最终降低索赔成本、通过降低风险进而降低保费来吸引消费者、获得良好的声誉与形象都有极大的帮助。

4. 投资

由于保费是在保险金支付之前一段时间预先收取的,保险公司会从中提留各种准备金,并将这些暂时闲置的准备金进行投资。尤其对于寿险公司,投资更是对付利率风险的重要手段。

保险投资不仅会在一定程度上降低保费、保障公司业务的正常运行进而保障投保人的利益,而且一些带有投资理财功能的险种还会使投保人从中获益。

第二节 保险的原理:风险汇聚

一些风险管理措施采用了风险汇聚(risk pooling)的安排,保险就是最典型的一种。

风险汇聚的理论基础是概率论中的两个重要理论:大数定律与中心极限定理。

根据大数定律,在风险汇聚的安排中,假如在一个单位时间内,面临相同风险的参与者约定平摊损失,则参与者越多,每个人负担的数额就越固定,不确定性就越小,而这个数额就是风险损失的期望值。这也是保险纯保费计算的一个基本思想。

下面这个例子有助于读者理解风险汇聚的原理。

一、二人的情况

先从最简单的情况看起:

假设小王在未来一年中,有20%的可能性会遭遇损失为10 000元的意外事故,有80%的可能性安然无恙。他的朋友小李在下一年也面临相同的风险,如表13.1所示。再假设二人是否遭受损失是不相关的。

表13.1 小王和小李各自面临的风险

损失金额(元)	概 率
0	0.80
10 000	0.20

对于他们每个人来说,来年的这一风险都可能给他们造成一定压力,但如果二人能够达成一个协议,情况就会好一些。这个协议就是:平摊任一次事件的成本。这也可以形象地描述为,小王和小李进入到一个风险池(risk pool)中。

1. 概率分布的比较

表13.2显示了小王在进入风险池之后所面临的风险。

表13.2 小王在进入风险池之后的风险

损 失 (元)	概 率	解 释	
		可能发生的情况	二人的总成本(元)
0	0.8×0.8=0.64	二人都未发生意外事故	0
5 000	0.2×0.8=0.16	小王发生事故,但小李没有	10 000
5 000	0.8×0.2=0.16	小李发生事故,但小王没有	10 000
10 000	0.2×0.2=0.04	二人都发生了意外事故	20 000

对于二人来说,未来一年可能有四种情况发生。第一种是二人都安然无恙,这时小王当然没有任何损失,但这个损失为零和小王没有加入风险池之前的损失为零的概率就不同了,这时的损失为零是在二人都没有事故的时候发生的,由于二人的损失不相关,因此二人都没有事故的概率为0.8×0.8=0.64,小于先前的0.8。

还有一种情况是只有一人遭遇事故,这又分为两种可能,即小王发生事故但小李没有,或小李发生事故但小王没有。不管怎样,因为损失平均分摊的协议,小王的损失都是5 000元,而这两种可能的概率分别为0.2×0.8=0.16,0.8×0.2=0.16。根据概率的加法,小王的损失为5 000元的概率为0.2×0.8+0.8×0.2=0.32。

最后一种情况是最不好的,即二人都发生了意外事故,概率为0.2×0.2=0.04,二人的损失总和为10 000元+10 000元=20 000元,小王须分摊20 000元/2=10 000元。虽然加入风险池之前小王也有可能遭遇10 000元的巨大损失,但加入风险池之后,这个极端结果发生的可能性大大降低了。

小李的情况和小王是完全相同的。综上所述,这个协议改变了每个人的事故损失的概率分布。每个人未来的损失仍有可能是 0 或 10 000 元,但这两种结果的概率都有所降低,同时,他们可能面临第三种结果。

2. 损失期望值与标准差的比较

在没有进行风险汇聚之前,小王和小李的损失期望和标准差分别为:

损失期望:$(0 \times 0.8 + 10\,000 \times 0.2)$元 $= 2\,000$ 元

标准差:$\sqrt{(0-2\,000)^2 \times 0.8 + (10\,000-2\,000)^2 \times 0.2}$元 $\approx 4\,381$ 元

风险汇聚之后,每个人的损失期望和标准差分别为:

损失期望:$(0 \times 0.64 + 5\,000 \times 0.32 + 10\,000 \times 0.04)$元 $= 2\,000$ 元

标准差:

$\sqrt{(0-2\,000)^2 \times 0.64 + (5\,000-2\,000)^2 \times 0.32 + (10\,000-2\,000)^2 \times 0.04}$元 $\approx 2\,828$ 元

通过比较可以看出,风险汇聚前后,每个人的期望损失并没有变化,但标准差缩小了,这意味着对每个人来说,风险变得好预测了。这就是风险汇聚的成效。

二、多人的情况

如果小王和小李的朋友小张也愿意和他们达成这样的约定:谁有了损失,都在三人之间平摊。当小张也加入到风险池中后,三人中的每个人在来年的风险又发生了变化,可能会面临 0、333 元、666 元和 10 000 元四种结果,而 10 000 元这种极端结果发生的概率进一步降低为 0.008。相应地,每个人的损失期望值仍然是 2 000 元,标准差进一步缩小。

风险池中每个人承担的都不再是自己的风险,而是大家风险总和的一个平均值。这种安排对每个参与者所面临的损失概率分布的影响如下:

(1)每人所负担的平均损失的标准差下降,且由此导致极端事件——极高或极低的损失发生概率降低。

(2)汇聚安排使每个参与者的损失变得更加容易预测。特别地,当参与者的人数达到足够多时,标准差趋于零。这时,风险池中的每个人的未来结果可以近似看为只有一种,即 2 000 元的期望损失。既然只有一种结果,也就无所谓风险了。这个规律是大数定律的体现。

(3)加入风险池中的人数越多,每个人的损失概率分布越像一个钟形分布,直到最终变为一个正态分布。这反映的是中心极限定理的规律。

三、可保风险的理想条件

为了达到良好的风险汇聚效果,以及出于对自身财力、经济效益和能否正常而合理地操作的考虑,商业保险公司对风险的选择非常重视,它不愿承担其他人转移过来的所有风险。要想成为保险的对象,必须具备一定特征。下面的几个条件代表了可保风险的理想要素,但在某些情况下,一些不具备下述条件的风险也可以被承保。

1. 必须是纯粹风险

保险的精神是互助共济,雪中送炭,而投机风险的后果既可能是损失,也可能是获

利,如果保险人承担这类风险,则无论损失是否发生,被保险人都处于获利地位,这和保险的本意不符。

2. 必须有大量独立(同分布)的风险单位

根据大数定律,必须有足够多的同分布的风险单位,平均损失才能够较为稳定,保险人收取的保费才能较为准确地估测出来。中心极限定理也要求样本数量必须足够多,并且相互独立,只有这样,所趋近的正态分布的标准差才能趋于零。承保的风险标的只有满足这个条件,保险公司预期对索赔和费用等的估计才能和实际情况相差不大。

从整个保险公司的业务角度来说,如果其承保的风险不止一种,同分布的要求就弱化了,只要所有险种的风险单位总数足够多,保险人就能较准确地预测下一年度的综合损失。也就是说,此时即使某种风险只有一个投保人,保险人仍可以考虑是否作为可保风险予以承保。

3. 损失的发生是偶然的

从损失频率的角度来说,损失必须是意外事故的结果,即它可能发生也可能不发生,不能是必然发生的事件。如果某个事件将来必然发生,那么保险公司收取的保费就是必然支付的损失额以及日常运营的管理开支,这种情况下投保就没有什么意义了。

4. 概率分布可以确定

既然损失是不确定事件,它的定量描述——概率分布必须能够确定,因为保费、免赔额、再保险等的确定都是基于损失概率分布的。

5. 风险造成的损失必须是明确的,可计量的

从损失幅度的角度来说,风险所致的损失在时间、地点、原因和数额上必须都能确定,并且在经济上是可以衡量的。否则,损失出现后,会为赔偿的计算带来困难,保险人很难确定这个损失是否在保险人的赔偿范围内,也很难确定应该赔偿多少。

6. 损失不能是灾难性的,但也不能太小

首先,在一个风险池中,不能出现很大比例的风险单位同时遭受损失的情况。因为风险汇聚的思想是损失分担,每个人分担的数额相对于损失来说很小,如果灾难性损失发生的可能性很大,保险人必然要收取较高的保费,这会阻碍投保人购买保险。

其次,损失也不能太小。极端地,如果一项损失只有10元,投保人缴纳的保费可能就会超过这个值,这就没有意义了,这种风险完全可以通过自留来解决。

第三节 风险汇聚与保险公司的偿付能力不足风险

一、风险汇聚的成本

任何一种风险汇聚安排都是有成本的。风险汇聚的成本主要有两类,一是风险事故发生前加入风险汇聚有关的成本,二是事故发生后履行协议的成本。

1. 与参加者加入风险汇聚有关的成本

(1) 分销成本

首先,为了保证大数定律和中心极限定理中风险单位数量足够多的条件,风险汇聚中需要尽可能多地接纳(最好是相互独立的)参与者,这就需要进行市场营销,在市场中寻找潜在的满足条件的参与者,使他们同意参与进来,并且要确定汇聚安排的协议条款,这个协议表明了参与者的权利和义务,大家都要共同遵守。市场营销和确定协议条款都属于分销成本。

(2) 承保费用

同一个风险池中的成员必须是风险同质的,即面临相同的风险,否则就会出现道德风险。因此,对于每个潜在的参与者,已参加汇聚的成员需要对每个潜在参与者的期望损失进行评估,这也是有成本的。

2. 与履行风险汇聚规则有关的成本

所谓风险汇聚规则,就是当某个参与者遭受损失时,由所有人共同为他平摊损失。这一规则的履行需要经过两个步骤:理赔与收集。

(1) 理赔费用

损失发生后,为了避免某个人谎报损失或夸大损失数额,风险汇聚的参与者需要对每项损失进行监控,以确认其真实性,以及是否符合之前协议中对损失的有关规定。这项工作称为理赔。

(2) 收集成本

通过理赔,确认需要进行赔付,风险汇聚的参与者就要履行承诺,拿出自己负担的一部分费用,这一步骤的成本包括向每名成员发送账单的成本以及努力确保每名成员支付其应缴金额的成本。

二、保险合同的优势

现实中,保险合同之所以成为一种常见的汇聚安排形式,就是因为它在本质上降低了汇聚安排的成本。

与原始的风险汇聚①相比,保险人能够降低汇聚安排成本是因为它扮演着一个中心化组织的角色,如图 13.1 所示。

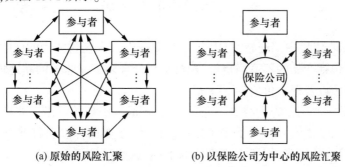

图 13.1 两种风险汇聚的模式

---

① 即像第一节中的例子那样,小王要找到小李,和他达成汇聚协议,二人要找到小张,达成协议,三人又要去找到第四个人,达成协议,依此类推。

首先，风险汇聚的参与者到市场上寻找其他的潜在参与者是需要很大成本的。一方面，人们的交往范围有限，个人或公司自己寻找其他参与者非常困难，但保险公司可以通过独立代理人和经纪人、专营代理人或保险公司雇员、直接销售（电话销售、邮购系统和在线营销）等多种渠道和方式联系其他人。另一方面，即使我们能够找到1 000个成员加入到风险池中，每个成员都需要和其他人签订合同，那就是999份，整个风险汇聚就需要1 000×999/2＝499 500份合同。而保险公司只需和每个人签订一份合同即可，1 000名成员只需要1 000份合同，成本降低显而易见。

其次，保险公司具备专业优势，在对潜在参与者进行风险评估时，成本和效率也是非专业人士所不可比的。

再次，当损失发生后，如果没有保险公司这样一个专职的机构进行理赔，风险汇聚的参与者对每项损失进行监控，需要耗费大量精力。

最后，每个人都要参与收集分摊款项，这也是一个庞大的工程。

三、保险合同的风险

风险池中的成员有两种平摊损失的方式，一种是在损失发生后，根据实际损失的大小进行平摊，另一种是在损失发生前，根据预估的损失、投资收益和管理费用事先收取费用。保险采用的是后者，这主要是出于以下原因：

第一，如果事后分摊，有些人可能会因分摊的费用太多或自身经济条件一时不理想而延迟支付，或者在一些情况下逃避支付。

第二，一些严重的直接损失往往伴随着数额更大的间接损失，此时受害者可能会急需经济补偿，延迟支付索赔的结果会给那些遭受了损失的参加者带来高昂的代价。

第三，虽然在理想条件下[①]，风险池中的每个人都将负担期望损失那么多的费用，费用的标准差为零。但这个理想条件并不总是满足，加入风险池中，究竟要负担多少费用还是有一些不确定性，而事后摊派等于让参加者承担了这种不确定性。

损失发生之前预先收取保险费，就和事后才能确定赔偿数额及管理费用之间形成一个时间差，这个时间差使得收取的款项和支出的款项可能不一致，这就导致了风险，这种由保险的固有机制带来的风险称为偿付能力不足风险。

第四节 保险公司偿付能力不足风险的管理

从20世纪80年代中期开始，与历史同期水平相比，无偿付能力的保险公司的数量有显著上升，原因包括产品的不适当定价、相对于资产来说承保业务的超速增长、过高的投资风险、巨灾损失以及资产价值的下降等。

保险所有的核心工作都围绕着一个目的：履行风险汇聚的承诺。如果保险公司的偿付能力不足，那么承诺的履行就受到了威胁。因此，各国的保险业都非常重视保险公司偿付能力不足风险的管理，根据实施主体的不同，这些措施可以分为保险公司内部措施和外部措施两类。

---

① 损失相互独立且参与者人数足够多。

一、内部措施

1. 增加资本金

(1) 资本金的概念

保险公司的资本金是指资产的市场价值与负债的市场价值之差。资产的市场价值即保险公司的股票、债券、房地产和现金等的市场价值,负债的市场价值等于保险公司承诺将来为已出售保单支付的索赔额的现值。

如果某保险公司的资产为1 000万元,期望负债为900万元,则它有100万元的资本金,但如果实际发生的负债达到1 010万元,那么该保险公司的资产和负债之间就有一个负的差额,保险公司的资本金为负数,此时,保险公司就出现了偿付能力不足,10万元的负债没有能力偿付。

大多数保险公司都会通过合理选择资产与负债,持有适当数额的资本金,以避免无偿付能力的情况出现。在资产方面,经过严格的精算厘定费率,对保险投资进行科学的组合;在负债方面,选择自己有能力承保的风险,加强从承保到理赔过程的管理。

(2) 资本金的来源

保险公司的资产和负债在很多情况下都会有一个差额。如果这个差额是负的,谁负责提供额外的资本金来支付不足的部分?如果这个差额是正的,谁有权利拥有超出的部分?这个问题和保险公司的所有制有关。目前保险公司所有权形式主要有两种:相互制保险公司和股份制保险公司。

相互制公司是合伙型公司,保单持有人是公司的所有者。公司开办时,通常是投资人提供启动资本金,如果出现不利情况,启动资本金可以用来支付保费的不足部分。相互制公司开始运营后,将会用营业利润继续积累资本金,也可以将利润作为红利支付给保单持有人。

股份制保险公司是投资人所有的保险公司,这些投资人拥有公司的股票。最初的资本金是通过发行股票募集来的,以后的资本金可以通过营业利润、股票或债券的发售来积累。当预期成本和实际成本出现差异时,股东在有限责任的范围内负责不足的部分,也有权利拥有超额的部分。

(3) 增加资本金的成本

虽然增加资本金可以使保险公司偿付能力不足的概率降为无限小甚至为零,但是,持有资本金是有成本的,它的数额不可能无限增加。

资本金的成本与机会成本有关。资本金来自投资者,投资者把钱投到的保险公司,也就放弃了投资到其他渠道的机会,这就产生了机会成本。机会成本与不同投资渠道之间的差异有关。如果投资其他渠道比投资保险公司有更高的收益,那么保险公司募集资金的成本就会较高。

2. 承保风险分散

根据大数定律,分散化是一种内部风险抑制措施。承保风险的分散化通过在不同地区销售包括不同保障类型的大量保单,使得平均索赔成本更趋近于期望值。例如,承保与天气有关的风险时,就会面临区域内风险标的之间的相关性问题。一场洪水过后,某个地区的房屋可能全部受灾,损失是正相关的。如果能够在许多不同的区域销售保单,这种相关性就会在一定程度上被中和,一个地区受灾,另一个地区可能没有受灾,这样,平均索赔成本的标准差就会减小。又如,如果保险公司只销售一种保单,如只销售航空意外保险,一旦出现空难,很容易出现偿付能力不足,而经营多个险种,有助于中和这种相关性。

平均索赔成本(即实际值)和期望值之间的差异是承保风险的来源,分散化降低了承保风险。但同时,它也阻碍了保险公司专注于某项产品或者某个区域的市场。

3. 再保险

再保险是保险人通过保险把风险损失转移出去的一种技术,是在若干保险人之间分担风险的一种方式。

根据风险分摊的形式,再保险可大致分为比例再保险和非比例再保险。比例再保险是指再保险人为分出保险人(即原保险人)分担一定比例的索赔成本。例如,分出保险人承担风险损失的70%,再保险人承担30%。相应地,分出保险人将保费的一定比例支付给再保险人。

非比例再保险指的是当索赔成本超过一定阈值时,超出部分由再保险人负担。这个阈值可以针对某个风险标的的索赔成本,也可以针对分出保险人在某个时间范围内(如一年)的总索赔成本。

对于分出保险人来说,再保险通过风险转移而使其在承保某个风险时减少所持有的资本金,但是,因为和原保险同样的道理,分出保险人向再保险人购买再保险是有成本的。

4. 合理选择资产

保险公司的偿付能力不足问题源自预期与实际之间的差距,这种差距除了与保费有关之外,还与投资有关。资产选择合理,较高的投资收益可以增加偿付能力,否则,投资方面的巨大亏损足以使保险公司因偿付能力不足而破产。20世纪末,日本相继有几家寿险公司破产,就是因为在股票市场投资比例过大,导致受股票市场长期低迷所累。

图13.2和图13.3显示了2004年美国保险公司投资的资产比例。从整体上看,固定收益债券的投资占了主要部分,这种债券的违约风险很低,比较适合于保险资金对安全性的要求。产险公司投资股票的比例比寿险公司多,一是因为产险公司资金以短期为主,适合于股票投资;还有一个原因是税收方面的,普通股的公司持有者获得的红利大部分可免缴所得税。

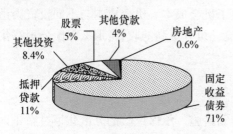

图13.2 2004年美国寿险公司投资构成

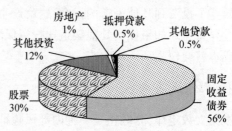

图13.3 2004年美国产险公司投资构成

二、外部措施

除了内部措施之外,还有一些来自保险公司外部的力量对偿付能力不足风险进行管理。

1. 偿付能力评级

偿付能力评级是评级公司对保险公司的偿付能力做出的评估,它综合考虑了保险公司的理赔能力、经营能力、财务质量及资产质量等多方面得出结果。图13.4是中诚信资信评级公司对寿险公司的评级方法模式图。

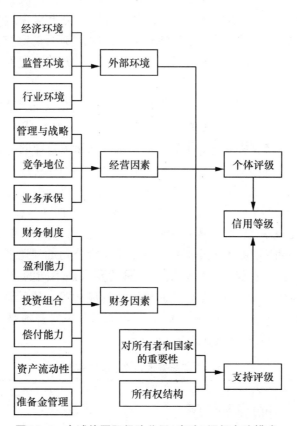

图13.4　中诚信国际保险公司(寿险)评级方法模式

资料来源:中诚信资信评级公司,2003。

公司的风险经理非常关注权威评级机构的评级结果,他们会选择评级高的保险公司进行合作。

2. 偿付能力的监管

保险监管有很多环节,如对保险人开业的许可、对保险人的检查等,但它的首要目标是防止保险公司丧失偿付能力。对偿付能力的监管包括三个层次:第一,对保险公司的偿付能力风险进行监测;第二,对保险公司的资本和资产进行限制;第三,为防止保险公司的确到了偿付能力不足的地步时,保单受益人遭受损失,监管部门要建立向无偿付能力的保险公司提供索赔保障的保证体系。前两个方面是为了降低损失频率,相应的措施为监管预警,第三个方面是为了降低损失幅度,相应措施为建立保证基金或风险保障基金。

(1) 监管预警

监管预警的目的在于对潜在资不抵债情况的早期发现。以保险业发达的美国为例,在监管预警中,监管者使用了保险监管财务系统和风险资本两种不同的系统。

保险监管财务系统是一些计算机软件,包含了一些与偿付能力状况有关的财务指标。1974年,美国保险监督官协会使用了保险监管信息系统(insurance regulation information system, IRIS),该系统利用计算机分析收集到的需要审查的各种比率来找出存在资金问题的保险人。经过改进后,系统中针对财产—责任保险公司的比率有11个,针对人寿—健康保险公司的比率有12个。通过对比历史上出现过破产的保险公司和具有偿付能力的保险公司的比率值,系统规定了每项比例的正常范围。如果初步检查发现某保险公司有与这些设定的标准发生偏离的比率,那就需要对其财务报表进行深入审查。

尽管保险监管信息系统为监管者提供了有用的信息,但是它作为预测保险人资金困难的工具所具有的不充分性还是受到批评。到了20世纪90年代初,作为偿付能力监督方案的一部分,保险监督官协会发展了发现潜在危机的保险公司的其他工具,如偿付能力财务分析工具(financial analysis solvency tools, FAST)。FAST使用了更多的财务比率,每个比率都划定了若干区间,对应于不同分值。对某个保险公司进行偿付能力预测时,先将各比率的得分算出,再将分数加总,就得到一个总分,监管者根据这个总分进行判断。

除了保险监管财务系统之外,美国保险监督官协会还于1992年和1993年分别向各州提供了关于人寿—健康保险公司和财产—责任保险公司的风险资本标准的示范性法规。在风险资本标准中,对保险人风险资本数量的要求是不同的,取决于保险人所面临的风险,包括承保风险、保险人投资有价证券组合的风险等。风险资本标准的基本思想是:承担高风险的保险公司必须拥有更多的资本[1]来满足风险资本要求。

风险资本中考虑的风险类型如表13.3所示。

表13.3 风险资本公式中的风险类型

财产—责任保险公司	人寿—健康保险公司
资产风险(发行人违约和市场价值下降)	资产风险
信用风险(如再保险和其他应收账款在未来无法收回的风险)	保险风险(与疾病和死亡率相关的承保风险)
承保风险(定价和所报告的索赔债务与实际索赔成本相比可能不充分)	利率风险(主要是市场利率上升时保单持有人会撤回资金投资于其他方面的风险)
各种"资产负债表外"风险(如与保费收入高速增长相关的风险)	其他经营风险(如需要缴纳保证基金征收费的风险)

资料来源:Scott E. Harrington and Gregory R. Niehaus, *Risk Management and Insurance*, 2nd ed., New York: Irwin/McGraw-Hill Inc., 2004.

---

[1] 风险资本标准并没有取代对资本和净资产的要求。事实上,只有保险人提供了经营账面之后,风险资本的比率才能进行计算。

风险资本标准要求保险公司调整后的总资本和被用于反映保险人经营风险的风险资本的数量相匹配。保险监督官将实际资本与风险资本进行对比，相应的标准以及可能采取的措施如表13.4所示。

表13.4　风险资本公式中的风险类型

保险公司资本水平	相应措施
在风险资本的150%—200%之间	公司必须向保险监督官提交计划，解释资本不足的原因，并说明如何改进
在风险资本的100%—150%之间	保险监督官必须对公司进行检查，并采取必要的纠正措施
在风险资本的70%—100%之间	保险监督官可以依法对公司进行整顿或清算
低于风险资本的70%	保险监督官必须接管公司

资料来源：Scott E. Harrington and Gregory R. Niehaus, *Risk Management and Insurance*, 2nd ed., New York：Irwin/McGraw-Hill Inc., 2004.

专栏13.1

中国的保险公司偿付能力额度及监管指标

2003年3月，中国保监会以1号令的形式颁布《保险公司偿付能力额度及监管指标管理规定》，建立了偿付能力监管制度框架。

2005年，中国保监会开始对此规定进行修订。修订后，财产保险公司应具备的最低偿付能力额度拟定为以下两项之和：一项是"最近会计年度自留保费减营业税及附加后50亿元人民币以下部分的9%和50亿元人民币以上部分的8%"；另一项是"最近三年平均综合赔款金额25亿元人民币以下部分的22.5%和25亿元人民币以上部分的12.5%"（"综合赔款金额"是指赔款支出、未决赔款准备金提转差、分保赔款支出之和减去摊回分保赔款和追偿款收入）。另外，经营不满三个完整会计年度的保险公司，应具备的最低偿付能力额度为上述第一项的2倍。

资料来源：《保监会将出非寿险业务最低偿付能力额度新标准》，新华网，2005年8月26日。

（2）保险保障基金

如果保险公司真的到了破产的地步，就需要有一个保障基金来弥补保险公司破产时公众遭受的损失。

保障基金的征收可以在事前进行，由所有保险公司按照自留保费的一定比例进行缴纳，也可以在某个保险公司出现了无偿付能力的状况后，由其他有经营业务的保险公司按市场份额比例承担无偿付能力的保险公司赔偿额超过其资产的那一部分。

保障基金在使用中，对保单持有人的救济一般都有一定的免赔额。免赔额既可以是一个固定的数额，也可以是索赔的一定比例，如美国的丧失偿付能力保证基金在很多赔偿条件中都规定了一个100美元的免赔额，而中国的保险保障基金只赔偿保单持有人损失的一定百分比。

1995年《保险法》颁布后，中国就着手建立并不断完善保险保障基金制度，率先在金融行业建立了市场化的风险自救机制,以保障被保险人的利益,维护保险市场和金融市场稳定。2004年年末,中国保监会发布了《保险保障基金管理办法》(保监会令[2004]第16号),于2005年1月1日正式实施,这标志着中国的保险保障基金正式开始建立。2008年9月,保监会、财政部、中国人民银行三部门共同颁布了新的《保险保障基金管理办法》,并经国务院批准,由政府出资设立了中国保险保障基金有限责任公司,依法负责保险保障基金的筹集、管理和使用。保监会依法对保障基金公司业务和保障基金的筹集、管理、运作进行监督。伴随保障基金公司业务逐步开展,基金规模不断壮大,余额从2008年年末的149亿元增至2014年2月末的近490亿元,增长了2.3倍。

根据《保险保障基金管理办法》的规定,使用保险保障基金有三种方式。一是对保单持有人的救济,即直接向非人寿保险合同保单持有人提供救济,通常的流程是:发布救济公告并接受登记救济申请;进行保单的甄别确认;经监管部门审批后,实施救济。二是对保单受让公司的救济,即向依法接受人寿保险合同的保险公司提供救济,通常的流程是:核定受让寿险保单损失;确定保单受让公司并与其达成救济方案;方案经审批后,实施救济。三是对保险公司的风险处置,即由中国保监会拟定风险处置方案和使用办法,经和有关部门协商后,报经国务院批准,一般包括:股权托管、股权重组、流动性救助等方式。依据《保险保障基金管理办法》规定,在保险公司被依法撤销或者依法实施破产,其清算财产不足以偿付保单利益时,保险保障基金将按照以下规则对保单持有人提供救助,如表13.5所示。

表13.5 保险保障基金救助规则

保单持有人	寿险合同救助金额	非寿险合同救助金额	
个人	以转让后保单利益不超过转让前保单利益的90%为限	损失在5万元人民币以内部分	全额救助
		损失超过5万元人民币部分	超过部分金额的90%
机构	以转让后保单利益不超过转让前保单利益的80%为限	损失在5万元人民币以内部分	全额救助
		损失超过5万元人民币部分	超过部分金额的80%

资料来源:《保险保障基金:最后一道防线》,《中国保险报》,2014年3月17日。

专栏13.2

中国的保险保障基金

《保险保障基金管理办法》规定,除保险公司在境外直接承保的业务和从境外分入的业务、政策性保险业务和中国保监会认定不属于保险保障基金救济范围的其他保险业务外,保险公司应当按照其财产保险、意外伤害保险和短期健康保险业务自留保费的1%,有保证利率的长期人寿保险和长期健康保险业务自留保费的0.15%,无保证利率的长期人寿保险业务自留保费的0.05%缴纳保险保障基金。当财产保险公司、综合再保险公司和财产再保险公司的保险保障基金余额达到公司总资产6%,人寿保险公司、健康保险公司和人寿再保险公司的保险保障基金余额达到公司总资产1%时可暂停缴纳。

保险保障基金由中国保监会集中管理,统筹使用。

保险公司被撤销或被宣告破产,其清算财产不足以偿付保单责任的,保险保障基金按照比例补偿限额与绝对数补偿限额相结合的方式对保单持有人或保单受让公司进行救济。具体来说，对非寿险保单，保单持有人的损失在5万元(含5万元)以内的部分予以全额救济；超过5万元的部分，保单持有人为个人的，救济金额为超过部分金额的90%，保单持有人为机构的，救济金额为超过部分金额的80%。寿险公司被撤销或被宣告破产，其持有的人寿保险合同应依法转让给另一家寿险公司。保险保障基金向人寿保单的受让公司提供的救济金额，如果保单持有人为个人，以转让后其保单利益不超过转让前保单利益的90%为限；如果保单持有人为机构，以转让后其保单利益不超过转让前保单利益的80%为限。

资料来源：中国保监会网站(http://www.circ.gov.cn)，2005年1月。

尽管保证基金给保单持有者提供了某种保护，但在破产前发现保险公司的偿付能力不足，才是真正解决使保单持有人避免因保险人丧失偿债能力而造成损失的方法。

本章总结

1. 保险公司的主要经营活动包括如下环节：
   (1) 费率厘定
   (2) 展业
   (3) 承保
   (4) 损失理赔
   (5) 投资
2. 保险的作用主要有：
   (1) 经济补偿
   (2) 减少不确定性
   (3) 提供防灾防损服务
   (4) 投资
3. 理想的可保条件为：
   (1) 必须是纯粹风险
   (2) 必须有大量独立(同分布)的风险单位
   (3) 损失的发生是偶然的
   (4) 概率分布可以确定
   (5) 风险造成的损失必须是明确的，可计量的
   (6) 损失不能是灾难性的，但也不能太小
4. 保险的运作基于风险汇聚的原理，和其他汇聚形式相比，保险降低了汇聚安排的成本。但同时，因为费用的收取是在损失发生前，根据预估的损失、投资收益和管理费用事先确定的，所以保险公司不可避免地面临偿付能力风险。
5. 保险公司偿付能力不足风险的管理措施分为内部措施和外部措施两类。
   内部措施包括：
   (1) 增加资本金
   (2) 承保风险分散

(3) 再保险

(4) 合理选择资产

外部措施包括：

(1) 偿付能力评级

(2) 偿付能力监管

进一步阅读的相关文献 》

1. Scott E. Harrington and Gregory R. Niehaus, *Risk Management and Insurance*, 2nd ed., New York: Irwin/McGraw-Hill Inc., 2004: ch.4—ch.7.

2. Denenberg, Herbert S., The legal definition of insurance, *Journal of Risk and Insurance*, Vol.30, No.3, 1963.

3.《保险公司偿付能力额度及监管指标管理规定》(保监会令[2003]第1号)，《中国保险报》，2003年3月28日。

4.《保险保障基金管理办法》(保监会令[2004]第16号)，中国保监会网站。

思考与练习 》

1. 许多保险公司都设有自己的研究机构，如瑞士再保险公司有很多天气研究专家，美国利宝互助保险公司与清华大学联手启动职业安全研究项目，对职业伤害原因的来龙去脉开展深入研究。试分析保险公司为什么要这么做。

2. 传统的可保风险为什么需要满足独立性要求？

3. 举例说明，现实中有哪些承保风险不满足理想的可保条件。保险公司是如何处理这种不理想的条件的？

4. 当风险个体独立时，汇聚安排可以使每个人的损失标准差逐渐减少，趋近于零。试分析当风险个体的损失之间不完全正相关和完全正相关时，随着参加者个数的增多，损失标准差将会怎样变化。

5. 试从收益角度对保险公司的投资和共同基金的投资进行比较。

第十四章　民事侵权责任体系

▎本章概要▎

民事侵权责任体系是管理责任风险的工具，它的目标有两个，一是对潜在的侵害者施加最优的安全激励，二是对潜在的受害者提供最优的赔偿。由于风险成本的影响，安全激励和赔偿都不是越多越好。当风险信息不充分以及存在额外交易成本的时候，都需要民事侵权责任体系。但民事侵权责任体系也不是万能的，对于员工伤害责任风险来说，没有精神和痛苦赔偿的强制给付就优于民事侵权责任体系。

▎学习目标▎

1. 理解民事侵权责任体系的经济目标
2. 理解风险信息和交易成本的影响
3. 了解强制性员工赔偿的经济作用

引　言

民事侵权责任体系是责任风险管理的基础。一方面，责任风险源于民事侵权责任体系，它实际上是对责任风险的一种分配，谁承担责任，就意味着谁承担风险。而另一方面，从全社会的角度来讲，民事侵权责任体系也是一种管理责任风险的工具。

机动车对行人的责任曾经有严格责任和过失责任两种，在严格责任下，如果机动车辆对行人造成伤害，无论机动车方是否有违章行为，都得承担赔偿责任；而在过失责任下，仅当机动车方有违章（过失）行为时，才承担责任。哪一种责任原则是合理的？医生对病人的责任是一种过失责任，如果手术失败，只有当医生有过失时，才会对患者进行赔偿。但有人提出，为什么不把医生的责任定为严格责任或绝对责任？这样可以减少很多医疗纠纷。

那么，怎样的分配机制是最优的？换句话说，一个法律体系应该达到一个什么目标？本章首先讨论了民事侵权责任体系的经济目标，然后分析了为什么需要民事侵权责任体系，接下来讨论了民事侵权责任体系的不足和弥补措施，最后，针对员工责任风险，通过与民事侵权责任体系对比，讨论了强制性的员工赔偿是否达到了最优安全激励和最优赔偿的目标。

第一节　民事侵权责任体系的经济目标

张仲景的《伤寒杂病论》中有一句话："上医治未病之病，中医治将病之病，下医治已病之病。"法律也是一样，法律的首要目的是提供一种激励机制，诱导行为人在事前采取从社会角度看最优的行动,即对行为人施加一种最优的安全激励,这是一种事前效率(ex ante efficiency)。但这毕竟是一种无形的压力,不可能做到万无一失,因此,法律还有另外一个目的,就是为受害者提供最优的赔偿,这是一种事后效率(ex post efficiency)。因为这两个目的中的最优性都是在权衡了收益和成本之后确定的,因此,综合起来说,两者的共同目标是社会风险成本的最小化。

这两个目标经常是不能同时达到的,当事前效率与事后效率发生冲突时,就要选择究竟以哪一方面为重。此外,在现实中,达到这些目标就要有交易成本,所以,现实中的实际情况和理论中无交易成本假设下的情况是不同的。

一、最优的安全激励

最优的安全激励,是指激励个人或企业进行最优的损失控制投资的标准。因为任何减少损失的措施都是有成本的,因此,绝对安全并不是最优的安全,最优的安全激励不是要使得生产商或医生做到万无一失。一些情况下,虽然我们明知道风险或缺陷的存在,但我们却不应改变它,因为它是"合理"的,或者说是"最优"的。

最优的安全激励应该激励人们只在边际收益超过边际成本时,才为额外的安全进行投资,而不是试图达到一个"零风险"的社会。

例 14.1 假设 H 公司生产的某种家用电器可能使得消费者受伤,事故的发生概率为 0.07,如果事故发生,消费者的损失为 1 万元。为了简化起见,假设消费者要么是风险中性的,要么能以等于预期损失成本的保费(即纯保费)购买保险。那么 H 公司应该花费多少钱,使得从社会的角度来说,这种设备最安全?

解答 在这个问题中,我们是从社会的角度,而不是从 H 公司利润最大化的角度来讨论最优的安全投入的问题。这就要看消费者的意愿了,因为安全投入最终是由消费者来承担的。这里我们假设消费者拥有充分信息,即消费者完全知晓事故的发生概率以及损失。

这种产品在不同安全投入下风险水平的变化以及消费者的边际收益与边际成本见表 14.1。

表 14.1 H公司的安全成本分析 (单位:元)

安全投入	损失概率	消费者预期损失	消费者边际收益	消费者边际成本
0	0.07	700		
50	0.06	600	100	50
130	0.05	500	100	80
220	**0.04**	**400**	**100**	**90**
400	0.03	300	100	180
610	0.02	200	100	210

由表 14.1 可以看出,如果要把产品的事故概率由当前的 0.07 降低到 0.06,厂家需要投入 50 元的成本,他要把这 50 元的成本转嫁给消费者,也就是将产品价格提高 50。而对于消费者来说,此时的预期损失由 700 元降低到 600 元,边际收益是 100 元,相对于 50 元的边际成本,消费者是合算的,他会愿意多拿 50 元来购买安全性更高的产品,实际上,只要不超过 100 元,他愿意拿出更多。所以 50 元的安全投入是合理的。

如果要将产品的事故概率从 0.07 降低到 0.05，需要投入 130 元。此时消费者又有 100 元的边际收益，相对于价格再增加 80 元来说，这也是合算的，因此，130 元的投入也是合理的。

更进一步，如果将产品的事故概率从 0.07 降低到 0.04，需要投入 220 元。消费者的边际收益仍然是 100 元，边际成本 90 元也还是合算的。所以 220 元也合理。

后面的情况就不一样了。当产品的安全性进一步提高，也就是事故发生概率降低到 0.03 时，厂家要投入 400 元，比起 220 元，消费者要多花 180 元，却只能减少 100 元的损失。这就不合算了，因此，风险中性的消费者不会多花这 220 元，而宁愿承受损失概率为 0.04 的风险。当安全投入为 610 元的时候就更是这样了。

由上面的分析我们可以看出，在这种情况下，220 元的安全成本是最优的，低于 220 元和高于 220 元都不合理。这就是民事侵权责任体系的目标，我们希望民事侵权责任体系可以激励 H 公司花费 220 元的安全成本，使得风险成本达到最小化。低于这个标准，不够安全，而高于这个标准又过度安全，都不是最优的。

二、最优赔偿

最优赔偿指的是对受害者提供最优保护。许多人都认为，受到伤害后，得到的赔偿越多越好。

实际上，巨额赔偿并不见得是好事，这是因为，法律规定会向行为人提供一个价格体系，它会引导人们在制度中安排自己的行为。索赔会作用于潜在的被告，可能对其造成过度的安全激励，而对于潜在的原告，可能会诱发道德风险，例如夸大自己的精神损害或痛苦。

首先，如果法律一味追求对受害人的高额赔偿，某些人可能为了这样的判决赔偿，不惜舍身索赔。结果企业为了逃避这样的赔偿，或者投入过度的预防，或者改行。无论哪种结果，都可能导致社会的不均衡。过度预防会导致企业的成本上升，在市场中竞争无力，甚至可能使企业破产；改行可能会使社会中缺少某种产品，导致该种产品的需求上升，继而导致该产品的价格不合理地上升。

其次，如果从整体和长远的角度来看，民事侵权责任体系的赔偿机制和保险非常类似。以产品责任为例，我们从产品伤害中得到的赔偿被生产商在事前或事后以期望赔偿的形式加在了产品价格里。就像保险一样，保险公司事先收取保费，等到损失发生，保险公司从这些保费中拿出一部分赔偿损失；生产商也是事先或事后估计出产品的损失风险，然后将期望损失加在价格上，等到有索赔发生时，再从中拿出费用来进行赔偿。

既然受害人得到的赔偿最终是由其群体自身来承担的，那么最优的赔偿就和最优的安全激励一样，实际上是一个权衡，即期望赔偿和商品或劳务价格增加额之间的一个权衡。民事侵权责任体系的目标不是一个单方面的问题，任何目标的达到都是有成本的，必须系统地来分析。当价格增加额超过一定限度时，人们可能就不再愿意支付这样的价格来得到获得高赔偿的权利。当我们不考虑安全目标，只从赔偿的角度来看时，这个限度是多少？也就是说，我们愿意购买多少保险？要回答这个问题，需要考察风险信息和交易成本的情况。

专栏 14.1

341 万元的工伤索赔

籍贯四川省的刘涛受聘于深圳金龙毛绒布织造有限公司,从事挡车工作。1998 年 8 月,27 岁的刘涛与公司签订了劳动合同,但公司没有为其办理工伤保险。1998 年 11 月 20 日下午,刘涛在工作中被自己操作的 4 号梳毛机头轧断双臂,右第 2、3、5、7 后肋骨骨折,全身多处皮肤挫裂伤。1999 年 3 月 25 日,经深圳市医务劳动能力鉴定委员会鉴定,刘涛为二级伤残,丧失劳动能力 100%,并建议安装假肢。

由于双方在赔偿数额上难以达成一致,刘涛全权委托律师周立太将金龙公司告上法庭。原告律师提出的索赔项目及相应金额如下:

(1) 一次性伤残补偿金:1 532 元(深圳市 1998 年职工月平均工资)×14(个月)= 21 448 元

(2) 残废补助费:1 532 元×12(个月)×(70-27)(平均寿命减去发生工伤时的年龄)= 790 512 元

(3) 护理补助费:1 532 元×50%×12(个月)×(70-27)= 395 256 元

(4) 假肢安装及更换费:73 480 元/次×11 次(每 4 年更换一次)= 303 280 元

(5) 本人误工工资:1 500 元/月×9(个月)= 13 500 元

(6) 被抚养人生活费(父母、孩子):300 000 元

(7) 精神损失费:1 000 000 元

另有易地安家费、事故处理前生活补助费、返家路费等 91 568 元,索赔合计 3 413 364 元,创全国之最。

2000 年 3 月 30 日,深圳市福田区人民法院做出一审判决,原告因工伤事故造成的损失应由被告承担,但原告主张的赔偿计算标准与法律法规规定的标准不符,法院计算出的总费用为人民币 1 338 801 元。

争议较大的一项是假肢安装费用,原告要求按照德林义肢矫形康复器材(深圳)有限公司证明的型号和价格安装假肢,价格 7 万余元(两臂),但法院却判定,该假肢公司属中外合资企业,按有关规定,残疾用具应使用国产普及型产品,价格约 1 万余元(一臂)。但原告认为后者只是美观,无实际功能,而前者有一些简单功能,如端杯子喝水、翻报纸。另一项争议是被抚养人生活费,法院以工伤保险没有这方面的规定为由,不支持这一请求,而律师认为,这是法律的不完善之处。

资料来源:根据《南方周末》1999 年 11 月 5 日第 5 版文章《一双手价值 342 万元》及《全国最高工伤索赔案昨一审判决原告表示不服》,载 http://newsnet.szptt.net.cn/news/sznews/news-xznews-20000331-16.html 整理。

1. 风险信息

风险信息指的是潜在的受害人对伤害风险的了解。如果消费者不知道某种产品存在风险,他就不会愿意支付多出来的价格。而如果消费者完全知道事故的风险,他愿意购买民事侵权责任体系中的多少赔偿呢?这和风险大小以及风险偏好有关。赔偿并不

是越多越好,如果法院判决的赔偿超出一个合理的限度,表面上看,我们可能会觉得对方就应该受到严厉的惩罚,我们就应该得到这样的保护,但实际上,这个法律体系是在强迫我们购买超额保险,这可能并不是我们所情愿的。

2. 交易成本

交易成本包括法律成本、道德风险和逆选择。通过民事侵权责任体系来获得赔偿,要发生律师费、诉讼费等,这就是法律成本。道德风险是由于疼痛等难以度量的损失造成的,对疼痛和精神痛苦的放大与购买保险后放弃对风险的控制从而在一定程度上增大风险的道理是一样的。逆选择是针对付出的成本和获得的期望收益不对等的情形,在很多赔偿中,赔偿数额与受害人收入成正比,同样的伤害,不同的受害人赔偿数额可能会不同,但在诸如产品责任这样的系统中,每个消费者支付的相当于保险费的价格增加值却是一样的,这就产生了逆选择。

如果民事侵权责任体系考虑了交易成本,或者说,保险条款中反映了交易成本,即这些交易成本已经事先被预估并作为附加保费的一部分了,受害人希望从民事侵权责任体系中获得多少赔偿?即他愿意购买多少保险?保险理论证明,大多数情况下,人们并不希望购买足额保险,也就是说,人们不希望民事侵权责任体系将所谓的所有损失都赔偿给自己。

第二节 为什么需要民事侵权责任体系

在现实中,最优安全激励和最优赔偿这两个目标有的时候在市场经济的作用下可以达到,但在一些情况下市场经济不能达到这两个目标,最主要的两种情况,一种是当双方存在交易,也就是有价格作为联系的时候,风险信息不充分;另一种是双方不存在交易时,额外的交易成本过高。此时,就要有民事侵权责任体系。本节将要分析,为什么在这些情况下必须有民事侵权责任体系。

一、风险信息的影响

例 14.1 已经说明,从社会的角度来看说,H 公司的最优安全投入应为 220 元。在实际中,是否会达到这个最优标准呢?如果消费者对产品的风险有足够的了解,知晓价格变化与风险变化的关系,市场经济的机制会促使 H 公司投入 220 元,此时不需要民事侵权体系;但如果消费者对产品的风险不了解或者低估了风险,在没有民事侵权责任体系的情况下,对生产商的安全激励将不会达到最优水平。通过下面几种情况的对比,可以看出消费者的风险信息对安全激励的影响。

1. 信息充分,无责任:最优安全水平

在这种情况下,消费者对产品风险拥有充分的信息,但没有民事侵权责任体系,即生产商对消费者因使用产品而受到的伤害不负任何责任。

最初,H 公司生产的这种家用电器有 7% 的风险,消费者知道其期望损失为 700 元。如果风险降为 6%,消费者的期望损失就会减少 100 元,他会愿意多支付 100 元来购买一个风险为 6% 的产品,而生产商只需投入 50 元就可以使产品的风险降为 6%,50 元和 100 元之间还有很大的利润空间,H 公司会愿意投入这 50 元。接下来,投入 130 元也是可行的,因为将损失降为 5%,消费者又愿意多拿出 100 元来,而 H 公司只需多投入 80 元。同样的道理,投入 220 也可行,消费者愿意多拿出 100 元,H 公司只需投入 90 元,还是有利润空间。但 H 公司不会愿意进一步降低风险了,因为接下来的投入都比消费者愿意多支付的价格高。

由此看出,此时市场经济已经为生产商提供了适当的激励,拥有充分信息的消费者将促使 H 公司进行最优的安全投入。

2. 信息不充分,无责任:较低安全水平

假设消费者对产品的风险一无所知或者低估了风险,生产商以利润最大化为目标,且对消费者因使用产品而受到的伤害不负责任。

在第一种情况下,生产商不会在现在的基础上对安全做任何投入。因为消费者不知道产品有风险,他不会愿意多支付一分钱来购买只是风险有所降低的另一件产品,既然这样,追求利润的生产商自然也不会在安全方面做任何投入,这时的安全水平是最低的。第二种情况,消费者低估风险,则生产商所做的安全投入可能达不到最优水平,如表 14.2 所示,消费者将风险低估了 5%,此时生产商只投入到 130 元便不会再继续投入了。

表 14.2　消费者低估风险的情况　　　　　　　　　　　　　　(单位:元)

安全投入	实际损失概率	消费者低估的损失概率	消费者低估的预期损失	消费者边际收益	消费者边际成本
0	0.07	0.02	200		
50	0.06	0.01	100	100	50
130	**0.05**	**0**	**0**	**100**	**80**
220	0.04	0	0	0	90
400	0.03	0	0	0	180
610	0.02	0	0	0	210

因此,当消费者信息不充分,并且生产商没有责任体系的约束时,可能导致较低的安全水平。

3. 信息不充分,完全责任:最优安全水平

假设消费者的风险信息不充分,即对风险一无所知或低估风险,但存在民事侵权责任体系,生产商需要为产品伤害负责任,并假设只要遭到起诉,就要全额赔偿。此时 H 公司的安全成本分析如表 14.3 所示。

表 14.3　完全责任下 H 公司的安全成本分析　　　　　　　　(单位:元)

安全投入	损失概率	生产商预期赔偿	生产商边际收益	生产商边际成本
0	0.07	700		
50	0.06	600	100	50
130	0.05	500	100	80
220	**0.04**	**400**	**100**	**90**
400	0.03	300	100	180
610	0.02	200	100	210

由表14.3可以看出,强制赔偿会使得生产商在安全投入和期望赔偿之间进行权衡,权衡的结果是投入220元对他是最合适的,而这也正是从社会角度来讲的最优安全投入。这说明,当消费者信息不充分时,民事侵权责任体系会起到最优安全激励的作用,而由前面的分析可知,没有民事侵权责任体系则达不到这一目标。

4. 信息不充分,不承担完全责任:较低安全水平

假设消费者的风险信息不充分,存在民事侵权责任体系,但对受害者的损失只是部分赔偿,如赔偿50%。H公司的安全成本分析如表14.4所示。

表14.4 部分责任(50%)下H公司的安全成本分析 （单位:元）

安全投入	损失概率	生产商预期赔偿	生产商边际收益	生产商边际成本
0	0.07	700×50%=350		
50	**0.06**	**600×50%=300**	**50**	**50**
130	0.05	500×50%=250	50	80
220	0.04	400×50%=200	50	90
400	0.03	300×50%=150	50	180
610	0.02	200×50%=100	50	210

当生产商投入50元时,其边际收益已经达到边际成本,这已经是一个临界值了,生产商不会再多投入。因此,当消费者信息不充分时,不承担完全责任可能会使得生产商的投入量少于最优投入量,导致较低的安全水平。

5. 信息不充分,承担过度责任:过度安全水平

仍然假设消费者信息不充分,存在民事侵权责任体系,但对受害者加倍赔偿,如包含很高的惩罚性赔偿的情况。假设消费者需承担200%的过度责任,H公司的安全成本分析如表14.5所示。

表14.5 过度责任(200%)下H公司的安全成本分析 （单位:元）

安全投入	损失概率	生产商预期赔偿	生产商边际收益	生产商边际成本
0	0.07	700×200%=1 400		
50	0.06	600×200%=1 200	200	50
130	0.05	500×200%=1 000	200	80
220	0.04	400×200%=800	200	90
400	**0.03**	**300×200%=600**	**200**	**180**
610	0.02	200×200%=400	200	210

由于过度赔偿,当生产商投入220元时,他只需多投入90元,就能减少200元的期望赔偿,因此这个水平是能够达到的。并且,把损失概率从0.04降到0.03,再多投入180元,又能减少200元的期望赔偿,这也是可以达到的,但这时就已经超出了最优的安全水平,成为过度安全了。之所以称之为"过度",是因为虽然产品更安全了,但由于其安全性增高所增加的价格超过了消费者期望损失的减少,消费者会认为不值得多花这些钱,他宁愿购买一个不那么安全的但相对便宜的产品。

由以上分析可以看出,民事侵权责任体系的一个重要作用就是当潜在的受害人风险信息不充分时,为潜在的侵害人提供一个最优的安全激励。

二、额外交易成本的影响

在上面 H 公司的例子中,生产商和消费者之间存在交易,有价格作为纽带,交易双方协商的价格反映了交易中已察觉的风险,如果双方都拥有充分的信息,则市场经济的机制可以起到最优安全激励的作用。但有些情况下,双方不存在交易,例如行人没有和所有可能对他造成伤害的司机之间有任何形式的交易,此时,市场经济就需要额外的交易来处理面临的风险。而当额外交易的成本超过一定限度时,市场经济在达到最优安全激励和最优赔偿方面的作用就会消失,民事侵权责任体系的作用就是必需的了。在交易成本存在的情况下,法律将是决定经济行为的主要因素之一。①

例 14.2 一家工厂向河里排放污水,这些污水对在河里养鱼的人产生了潜在的危害。假设污水有 50% 的可能性会杀死河里的鱼,且每个人都知道如果鱼死了,则养鱼的人损失 400 元。养鱼者面临的风险如表 14.6 所示,易知其期望损失为 200 元。

表 14.6 养鱼者的风险

损 失(元)	概 率
400	0.5
0	0.5

假设每个人都是风险中性的,也就是说,当保费等于期望损失时,大家会购买足额保险。

污水在向河里排放之前可以进行处理,我们考虑两种污水的处理成本:150 元和 250 元。从社会的角度来看,工厂是否应处理污水?②

解答 由表 14.7 可以看出,当污水处理成本为 150 元时,由于只需投入 150 元就可减少 200 元的期望损失,因此工厂应该处理污水。但当污水处理成本为 250 元时,投入 250 元却只能减少 200 元的期望损失,工厂不应这样做。所以,从社会的角度来说,并不是所有的污染都应被处理,是否处理污水关键在于污水处理的成本是否超过没有处理污水时的期望损失。在实践中,工厂的行为是否会和从社会角度来看的标准一致呢?除了污水的处理成本之外,我们还要再考虑工厂和养鱼者之间的额外交易成本。

表 14.7 损失控制的最优水平

	处理成本(元)	
	150	250
社会最优产出	不污染	污染

1. 额外交易成本为零

首先,如果工厂须对养鱼者的损失承担责任,工厂就会考虑,不处理污水的期望损失将是 200 元,而如果花费 150 元就可以避免这个损失,还是合算的,但如果需要花费 250 元,那还是承担风险好。所以此时工厂会有一个最优的安全激励,即花费 150 元处理污水。

其次,如果工厂不需承担污染责任,表面上看,似乎工厂不会采取什么措施,但实际

---

① 这一结论被称为科斯第二定理。
② [美]Scott E. Harrington, Gregory R. Niehaus 著,陈秉正、王珺、周福平译:《风险管理与保险(第 2 版)》,北京:清华大学出版社 2005 年版。

上,自负损失的养鱼者会采取风险控制的措施,如联合起来付给工厂钱,让工厂处理污水。如果成本是150,养鱼者支付150元就可以减少200元的期望成本,他们是愿意支付的,而如果成本达到250,养鱼者就会选择自留风险,不采取控制措施。

由此看出,由于污水的处理存在这样一个契约的解决形式,因此当额外交易成本为零时,市场经济会提供一个最优的激励,没有民事侵权责任体系也可以达到社会最优的水平,如表14.8所示。

表14.8 额外交易成本为零时工厂的行为

	处理成本(元)	
	150	250
工厂承担责任时	不污染	污染
工厂不承担责任时	不污染	污染

2. 额外交易成本不为零

如果额外交易成本不为零,当额外交易成本达到一定数额,超过污水处理成本和期望损失之差时,就必须要有民事侵权责任体系了。

假设养鱼者联合起来和工厂谈判的费用不为零,而是55元。当工厂承担责任时,这一部分费用并不发生,工厂自己就会在处理成本为150元时主动处理污水,而成本为250元时不处理。但如果工厂不承担责任,他就不会主动处理污水。当处理成本为150元时,养鱼者联合起来的成本是55元,加起来是205元,超过了承担风险时的期望损失,养鱼者就不会联合起来去给工厂钱了,他们会自己承担风险。当污水处理成本为250元时就更是如此,如表14.9所示。

表14.9 额外交易成本不为零(55元)时工厂的行为

	处理成本(元)	
	150	250
工厂承担责任时	不污染	污染
工厂不承担责任时	污染	污染

在这个例子中,如果损失控制措施(处理污水)的成本小于期望损失,那么这个差额就是额外交易成本允许的范围,一旦额外交易成本超过这个差额,市场经济就会失去安全激励和最优赔偿的作用,此时就需要民事侵权责任体系了,也就是说,民事侵权责任体系比市场经济更能起到达到最优安全激励和最优赔偿目标的作用。

第三节 民事侵权责任体系的不足及弥补

尽管民事侵权责任体系有上述诸多优点,但它并不是完美的,在一些情况下,它也无法使最优安全激励和最优赔偿的目标得以实现。

一、民事侵权责任体系的不足

如果应该对损害承担责任的一方可以逃避责任,那么民事侵权责任体系的安全和赔偿目标就会遭到破坏。最常见的可以逃避责任的情况是被告财富有限,此时,被告无法足额赔偿受害者,这就使得赔偿目标无法实现;而如果被告事先知道他可以不全部赔偿自己对别人造成的损害,那么他的安全激励肯定也是不足的。

二、强制责任保险的作用

对于这种情况,各国普遍采取的一个做法就是强制责任保险。例如,机动车交通事故赔偿制度发展到现在,就是主要通过强制保险制度来解决赔偿的问题。在此之前,这一领域采取无过错责任或者过错推定制度,这虽然加重了机动车一方的责任,但对被侵权人的保护还是不够。一是解决纠纷耗时长,有时需要 4 至 5 年诉讼才能出结果,这对被侵权人及时救助非常不利。二是如果事故比较严重,被侵权人伤亡大,机动车一方可能赔不起,此时赔偿不能落实。因此,英国、德国从 20 世纪 30 年代,更多的国家从五六十年代开始建立强制保险制度解决道路交通事故赔偿问题。

强制责任保险的作用主要体现在三个方面:第一,更好地实现赔偿目标;第二,更好地实现安全激励目标;第三,鼓励个人和企业不从事收益小于成本的风险行为。

1. 赔偿目标的实现

如果强制行为人购买适当保额的保险,则事故发生后,受害人会得到合理的赔偿,这就避免了有限财富对赔偿目标的损害。

2. 安全激励

保险费通常和风险状况挂钩,如汽车责任险的保费就和驾驶记录有关,强制保险可以激励驾驶员更安全地行驶,因为他会在安全行驶的成本和节省的保费之间进行权衡,很多情况下前者是更小的。也就是说,保险的费率调节机制在强制保险中将发挥更普遍的作用。而如果保险不是强制的,对于那些未投保责任险但又是有限财富情形的行为人来说,就没有足够的激励。

3. 对风险行为的影响

在安全激励问题的讨论中,我们实际是假定行为人认为行为的收益大于成本,从而肯定是要进行这个行为的,在这个假定下,强制保险可以促进安全激励,这类似于损失控制的效果。现在来看这个假定本身,如果行为的收益小于成本,按照风险成本最小化的标准,则不应从事此行为,接下来我们要说明,强制保险可以促成这种类似于风险规避的效果,而无强制保险,则会有很多人不进行风险规避。

例如,假设甲拥有并驾驶一辆汽车,其成本为 100 元,包括汽车成本和汽油,他没有购买保险而发生事故时要承担的期望成本也为 100 元,这也是他为避免这些损失而购买保险所要支付的保费(假设只有纯保费)。如果甲认为驾驶的价值至少为 200 元,则他驾驶汽车得到的好处超过总成本,他应该驾驶汽车。但如果他的驾驶价值是 180 元,无强制保险时,如果存在有限责任的情形,其开车总成本中的 100 元或其中一部分可以逃避,当甲可以逃避的责任大于 20 元时,他还是会选择驾驶,因为此时其开车的总成本小于 180 元的开车价值。在这种情形下,甲驾驶时的风险成本就没有最小化。而有了强制保险,甲就会放弃驾驶。所以说,强制保险减少了风险成本,相当于促进了风险规避。

三、强制责任保险的局限性

强制责任保险在实践中存在一定的局限性,首先因为责任保险的定价不可能精确地反映期望损失;其次,购买责任保险可能会产生道德风险问题,这将抵消保险对安全的正面影响。例如,一些驾驶员一旦购买了强制的责任保险,开车就会变得不小心,因为他们不用再像无责任保险时那样担心损失了。直观地说,一个没有购买保险的穷人与一个购买了巨额责任保险的人相比,会采取更小心的行为以保护他有限的财产不受损失。这种可能性的存在使得在某些情况下强制责任保险的安全激励效果变得有点说不清了。

第四节 强制给付员工赔偿的合理性

美国的员工赔偿是一种强制给付,同时员工放弃了对雇主的起诉权。这种体系是否有助于达到最优安全激励和最优赔偿的目的?

这就需要我们了解雇主支付给员工的伤害赔偿金是从哪里来的。

尽管从表面上看,法律要求雇主支付员工的伤害赔偿,但实际的支付者是员工自己,雇主是从员工的工资中扣抵这些费用的,员工的工资将随着时间的推移而减少。当利润处于竞争水平的时候,雇主也不会用减少利润的方式来支付赔偿。他势必会减少员工数量,或提高产品的价格。所以,从长期来看,伤害成本最终是员工来支付的。既然这样,对工伤提供赔偿的最好模式是什么?

1. 无强制给付,无民事侵权责任

(1) 安全激励

在没有强制给付也没有民事侵权责任的社会中,雇主并非没有一点对安全进行投资的动力,这个动力主要来源于员工和公众。

如果员工对工作中的风险有充分的了解,相当多的风险厌恶者就会宁愿放弃一部分工资而选择安全性提高的工作,如果员工放弃工资的数额在雇主看来是合算的,那么雇主就会在安全方面进行投入。

但是,很多工作环境和可能的伤害原因很复杂,员工不一定能够获得有关安全的足够信息。如果员工低估了风险,他们可能就会接受较低的安全水平,那么无补偿体系就会提供过少的安全性。因此,强制给付和民事侵权责任的一个作用就是阻止这种情况的出现。

除了来自员工的激励之外,由于出现较大的工伤事故可能会造成不利的公众影响,雇主对自身及公司声誉的重视也会促使雇主在安全方面进行考虑。

(2) 赔偿

如果员工没有工伤保险,发生工伤后,他既无法得到强制的赔偿,也无法到法庭上起诉雇主,自己承担的损失可能会非常大,这时赔偿显然是不充分的。

2. 无强制给付,有民事侵权责任

(1) 安全激励

如果雇主的工伤责任是一种过失责任,即当雇主因疏忽而导致员工在工作中受伤时，雇主就会被起诉，负担员工的损失，此时，雇主①的安全激励是充分的。

(2) 赔偿

为了使得雇主能有一个充分的安全激励，民事侵权责任的赔偿中包括了精神和痛苦损失，这实际上是放弃了最优赔偿的目标。而且，如果员工自己有相应的健康保险和其他人身保险，民事侵权责任也不排斥这种其他来源的赔偿。所以，当雇主有过失时，赔偿是过度的；而当雇主没有过失时，员工就会败诉，赔偿就是不充分的。

(3) 存在的问题

在无强制给付、有民事侵权责任体系这种模式下，存在一些问题。第一，如果雇主没有过失，员工很可能就得不到赔偿，而如果有强制给付，这种情况就不会发生。第二，通过民事侵权责任体系来解决问题，涉及一系列的取证和抗辩问题，这带来大量的法律成本，而强制给付则好得多。

3. 有强制给付，无民事侵权责任

(1) 安全激励

在强制给付下，一旦发生了工伤事故，雇主必须做出赔偿，所以雇主的安全激励是充分的。

(2) 赔偿

美国的员工赔偿不包括痛苦和精神赔偿，虽然与民事侵权责任的安全激励相比，员工赔偿的激励要低一些，但在赔偿方面更为合理。② 而且其争议的解决成本更低一些。

4. 有强制给付，有民事侵权责任

(1) 安全激励

有强制给付也有民事侵权责任是指如果出现工伤，员工既可以从强制给付中得到大部分货币损失，还可以通过诉讼获得另外一些货币损失以及非货币损失。这为雇主提供了充分的安全激励，由于员工还可能要求精神和痛苦赔偿，加之惩罚性赔偿会导致更大的不确定性，这些作用于雇主的安全激励上，导致它可能过分。

(2) 赔偿

非货币赔偿和惩罚性赔偿违背了最优赔偿的原则，因此，如果雇主有过失，赔偿就是过分的。

本章总结

1. 民事侵权责任体系的经济目标包括两个方面，一是最优的安全激励，二是最优赔偿，两者的共同目标是社会风险成本的最小化。这两个目标有时不能同时达到。

2. 现实中，最优安全激励和最优赔偿这两个目标有的时候在市场经济的作用下可以达到，但在一些情况下市场经济不能达到这两个目标，最主要的两种情况，一种是当双方存在交易，也就是有价格作为联系的时候，风险信息不充分；另一种是双方

---

① 这里的雇主必须有足够的资产进行赔偿，或者有强制责任保险。
② 为员工减少了道德风险和逆选择的负担。

不存在交易时,额外的交易成本过高。

3. 与民事侵权责任体系相比,强制性的员工赔偿更有助于达到最优安全激励和最优赔偿的目的。

进一步阅读的相关文献

1. Coase, R. H., The problem of social cost, *J. Law Econ.*, No. 2, 1960.
2. August Ralston, Pollution liability and insurance: an application of economic theory, *The Journal of Risk and Insurance*, Vol. 46, No. 3, 1979, pp. 497—513.
3. Richard D. MacMinn, Li-Ming Han, Limited liability, corporate value, and the demand for liability insurance, *The Journal of Risk and Insurance*, Vol. 57, No. 4, 1990, pp. 581—607.
4. Bruce Yandle, Jr., Products liability, risk, and economic efficiency, *The Journal of Risk and Insurance*, Vol. 41, No. 4, 1974, pp. 699—709.
5. Paul K. Freeman, Howard Kunreuther, The roles of insurance and well-specified standards in dealing with environmental risks, *Managerial and Decision Economics*, Vol. 17, No. 5, 1996, pp. 517—530.
6. 〔美〕Scott E. Harrington, Gregory R. Niehaus 著,陈秉正、王珺、周福平译:《风险管理与保险(第2版)》,北京:清华大学出版社 2005 年版。

思考与练习

1. 损失控制可以通过两种途径达到,一个是减少风险行为的数目,一个是提高预防能力。请从下面两个方面分析,从最优安全激励这个目标来看,为什么需要产品责任:
(1) 消费者是否购买了适当数量的风险产品?
(2) 生产商和消费者是否有动力采取正确的预防措施来防止事故发生?
2. 从安全激励角度来看,严格责任和过失责任相比有何优势?
3. 在产品责任案件中,如果法庭试图赔偿受害人全部的医疗费用、工资损失、疼痛和精神损失,这是否提供了适当水平的赔偿?

第十五章 员工福利计划

▍本章概要▍

员工福利分为法定福利和企业福利两部分。法定福利包括社会保险和各类休假制度,企业福利对法定福利起到补充作用,包括健康保健计划、收入保障计划和员工服务计划。本章在对员工福利计划进行概述的基础上,分别对法定福利中的社会保险、企业福利中的医疗费用保险和退休计划进行了介绍与分析,讨论了国外典型的做法、存在的问题与改革措施,并探讨了我国的情况。

▍学习目标▍

1. 理解员工福利的界定与内涵
2. 了解其他国家与我国的社会保险情况及人口老龄化带来的冲击
3. 理解团体医疗费用保险中道德风险的成因及改革措施
4. 掌握退休计划的主要类型及税惠方式
5. 了解其他国家典型的退休计划及我国企业年金的现状

引 言

面对人力资本风险,企业通过员工福利计划来进行风险管理。什么是员工福利?它是我们通常概念中的奖金、实物或是休假、社会保险吗?福利计划是如何成为企业吸引和留住人才的一种激励手段的?国外的企业都有哪些典型的福利?我国企业员工福利的现状如何?本章将会对这些问题进行详细的分析和阐述。

第一节 概 述

一、员工福利的界定

1. 什么是员工福利

员工福利有广义和狭义之分。广义的福利包括除直接薪金之外的任何形态的津贴,如法定的社会保险、雇主支持的福利计划、带薪休假、员工持股等,而狭义的福利强调基于雇佣关系,并排除由政府直接承保和给付的部分。本章采用了基于广义福利与雇主所支付的整体报酬的交叉概念,将员工福利界定为:企业基于雇佣关系,依据国家的强制性法令及相关规定,以企业自身的支付能力为依托,向员工所提供的、用以改善其本人和家庭生活质量的各种以非货币工资和延期支付形式为主的补充性报酬与服务。[①]

2. 员工福利的内涵

首先,员工福利是员工通过工作所应该获得的全部报酬的一部分,据美国商业部1993年的数据,只算与保险有关的保险金价值,就占发放工资额的39.3%。但是,和工资、奖金等直接薪酬不同,员工福利并不与员工的工作业绩挂钩,例如法定保险、带薪休假等,一个单位的员工与员工之间没有太大差别。稍后我们会分析,为什么雇主不直接将这一部分福利以货币的形式和直接薪酬一起支付给员工,而要做这种看似复杂的福利计划。

其次,员工福利的一些项目要受到国家法律的强制性约束,如基本的社会保险、法定休假等,除此之外,企业的很多福利都是以税收优惠为前提的,这也必须受到一些规章制度的制约,遵从服务于社会目标限制和托管的复杂网络。

最后,与风险有关的保障是员工福利的一个主要内容,员工通过各种渠道可能享受到的保障可以分为三个层次:社会保险、企业提供的福利计划以及个人购买的商业保险。前两者都是员工福利的内容,社会保险是国家通过立法实施的一种强制性计划,企业提供的团体保险则可以由企业自主决定,它提供社会保险没有覆盖的那些风险中的一部分。[②] 个人商业保险则不包括在员工福利范围内,它完全是员工个人的选择。

二、员工福利的形式

员工福利分为法定福利和企业福利两部分。

1. 法定福利

法定福利是国家通过立法强制实施的员工福利,包括社会保险和各类休假制度。

社会保险旨在保障劳动者在遭遇年老、生病、伤残、失业、生育或死亡等风险事故,暂时或永久性地失去劳动能力或劳动机会,从而全部或部分丧失生活来源的情况下,能够享受国家或社会给予的物质帮助,维持其基本的生活水平。由于各国的历史、经济、文化、价值观等因素的差异,社会保险制度也存在着不同的模式。

专栏 15.1

社 会 保 险

社会保险制度最早产生于德国。1833年德国颁布了《疾病社会保险法案》,标志着社会保险制度的诞生。该法案规定,对全体从事工业性经济活动的工人一概实行强制性疾病社会保险,工人负担保险费的三分之二,企业主负担三分之一。对参加保险的工人,其医疗和药品的费用由社会保险承担。随后,德国又相继颁布了《工伤事故保险法》(1884),《老年和残疾社会保险法》(1889),陆续实行了疾病保险计划、工伤事故保险计

[①] 仇雨临主编:《员工福利管理》,上海:复旦大学出版社2004年版。
[②] 虽然员工福利还包括带薪休假和员工持股等,但本章将重点放在与风险有关的保障上,只是为了表述完整,在第一节涉及其他方面。

划和退休金保险计划,初步建立起当时世界上最完备的工人社会保险制度。

社会保险制度在 19 世纪 80 年代出现,主要是因为当时工业化生产方式所带来的社会风险,如工伤、失业、疾病等更加严重,而原有的家庭保障职能弱化,因此,国家出面对工人的利益给予保护。

2. 企业福利

企业福利是企业自主建立的,为满足员工的生活和工作需要,在法定福利之外向员工及其家属提供的一系列福利项目。企业福利对法定福利起到补充作用,包括健康保健计划、收入保障计划和员工服务计划。

健康保健计划和收入保障计划是以保险的形式实施的,它与个人商业保险既有联系,又有区别。它具有商业保险的一般特性,其具体经营方式和管理方式也与商业保险有相同之处,实际上大多数员工福利计划就是按照商业保险的模式经营,或交由商业保险公司经营的。但二者也有本质的区别,即保障计划享受财政、税收上的优惠政策,而个人商业保险则不能享受这种优惠,必须向国家依法足额纳税。

(1) 收入保障计划

收入保障计划的目的是保障或提高员工的收入,主要包括以下几个部分:

第一,企业年金。企业年金是社会养老保险的补充,它由企业自主发起,是一种延期支付的工资收入。大多数发达国家都建立了企业年金制度,甚至有一些国家通过立法,把企业年金变成了国家强制性的养老金制度。第四节将会详细介绍企业年金。

第二,人寿保险。死亡是每个员工都面临的风险,员工会担心因其去世而使家庭收入大幅减少,而雇主资助的人寿保险则使员工在一定程度上免除了后顾之忧。在美国,大约有 91% 的大公司向员工提供人寿保险。1998 年制造业平均为每位员工提供了 179 美元的人寿保险,而非制造业人均有 120 美元。[①] 绝大部分的雇主(79%)支付全额保费,其中超过 40% 的人寿保险覆盖了退休职工,2/3 的保单包含了意外死亡和伤残条款。

当员工离开公司时,原公司所提供的人寿保险就会被取消,这主要是为了鼓励员工为公司长期工作。

第三,住房援助计划。住房援助计划包括住房贷款利息给付和住房补贴。前者是指为购房员工支付住房贷款的利息,其额度基于员工的薪酬级别和职务级别,后者则指无论员工购房与否,企业每月均按照一定标准向员工支付一定额度的现金,作为员工住房费用的补贴。例如,我国的住房公积金制度就是一种住房补贴。

第四,员工持股等。

(2) 健康保健计划

健康保健计划是企业为员工建立的,在社会医疗保险保障范围之外的补充医疗保险计划。在不同的国家,公司为员工提供的健康保健计划有所不同。如在美国,雇主常选择的健康福利计划包括三种,一是参加商业保险,比较有影响的是蓝十字-蓝盾组织(blue

---

① 〔美〕约瑟夫·J. 马尔托其奥:《战略薪酬》,北京:社会科学出版社 2002 年版。

cross-blue shield organization）提供的保险；二是参加健康保险组织，如健康维持组织（health maintenance organization，HMO)和优先服务提供者组织(preferred provider organization，PPO)；三是参加某个一般保险不提供的项目,如牙科保险和视力保险。

在我国,由于城镇职工基本医疗保险制度的局限,一些企业为员工建立了补充医疗保险计划。这些保险计划基本上都是针对基本医疗保险费支付封顶线(社会平均工资的4倍)设计的保险,负担封顶线以上的医疗费用开支。

(3) 员工服务计划

员工服务计划旨在帮助员工克服生活困难以及支持员工事业发展,主要包括:员工援助计划,针对员工酗酒、赌博或其他疾病造成的心理压抑等问题提供咨询和帮助;教育计划,通过一定的教育或培训手段提高员工素质和能力;交通服务、旅游服务等。

三、弹性福利计划

传统上,公司向员工提供的福利大多是固定的,即所有员工享有同样的福利内容。但是,员工实际的需求可能并不完全一样,因此没有选择余地的统一型福利计划往往无法满足员工多样化的需求,从而削弱了福利实施的效果。自20世纪70年代开始,西方发达国家的一些企业开始针对员工的不同需求提供不同的福利内容,这就是弹性福利计划(flexible-benefit plan),也称为自选式福利计划(cafeteria benefit plan)。至今,实施这种计划的公司越来越多。

在弹性福利计划下,通常雇主会提供一份列有各种福利项目的"菜单",员工可从中自由选择。当然,这其中有一些非选项,如法定的社会保险。此外,每个福利项目都会有一个限额,公司还会根据员工的工资、工资年限、家庭背景等因素设定每一个员工所拥有的总福利限额,员工的选择不能超出这个限额。如果员工选择以领取现金的方式来替代福利,则所有存款均视为应税收入。

弹性福利计划之所以受到欢迎,就是因为它们提供了固定福利计划中不可能的选择。例如,某一无子女的员工就可以降低人寿保险金,而把节约下来的金额分配给一项保健计划。

在实践中,弹性福利计划主要有以下几种类型,企业可以根据自己的实际情况和不同需要加以选择。

1. 弹性支出账户

弹性支出账户(flexible spending account)对于员工来说非常灵活。它可以分为两类偿付账户:保健开支账户和子女保健账户,两大账户保持独立。员工在计划开始时从其税前收入中拨出一定数额的款项放入账户中,用来选购各种福利项目,如未保险的医疗和牙科费用以及子女的护理费用等。这一笔费用在计划实行期间不可改变,除非是在规定条件之下,比如家庭状况的变化。

由于拨入该账户的金额不必缴所得税,因此对员工具有吸引力。但同时,如果账户中的金额本年度没有用完,那么既不能在来年使用,也不能以现金形式发放,而且已经确认的认购福利款项也不得挪作他用,在计划实行年末,员工将失去保留在任一偿付账户中的一切金额(即"使用它或失去它"规则)。

因为员工倾向于这种有选择权力的弹性福利计划,所以比起为所有职工提供同额保险金的固定计划中的同种保险,弹性计划中的选择会更贵。因此,在实际中更多的是给所有员工提供一个核心保险,员工在核心保险之外可以再做选择,或者提供一些保险"套餐",使员工缩小这种不利选择的倾向。

2. 附加型弹性福利

这是最为普遍的一种弹性福利计划,它在现有的福利计划之外,再提供一些福利项目或提高原有的福利水准,由员工选择。员工根据自己分配到的限额去认购所需要的额外福利。有些公司规定,员工如果未用完自己的限额,余额可折发现金,但要和其他所得合并,缴纳所得税。如果员工购买的额外福利超过了限额,也可以从自己的税前薪资中扣抵。

3. 核心加选择型弹性福利

顾名思义,这种福利计划就是由核心福利项目加上选择福利项目组成的。核心福利是所有员工都享有的基本福利,不能随意选择。选择福利项目则包括所有可以自由选择的项目,并附有购买价格。每个员工都有一个福利限额,如果总值超过了所拥有的限额,差额就要折为现金由员工支付。

这种福利计划和附加型弹性福利最大的区别在于核心福利,后者的核心福利完全取自于原来的福利项目,附加的项目则是新增的;而前者相当于重新设计了一套福利制度,如果公司以前就有福利制度的话,在新制度中要全部重新调整,以决定新的福利计划要包括哪些项目,以及哪些项目属于核心部分,哪些项目属于选择部分。

4. 福利"套餐"

福利"套餐"即由企业提供多种固定的福利项目组合,员工只能自由地选择某种福利组合,而不能自己进行组合。

第二节 社会保险[①]

一、英国的社会保险

1941年6月,英国政府成立了一个综合研究机构——社会保险及相关福利研究联合会,任命英国经济学家、牛津大学教授贝弗里奇(W. H. Beveridge,1879—1963)为联合会主席。经过一年多的调查与研究,贝弗里奇于1942年发表了《社会保险和相关服务报告书》(*Social Insurance and Allied Services*),也称《贝弗里奇报告》。在这个报告中,贝弗里奇向政府提出了建立"福利国家"的方案,主张实行失业、残疾、疾病、养老、生育、寡妇、死亡等七个项目的社会保险。他还提出,社会保险的对象是全体公民,个人所得待遇同个人缴费多少没有太大的联系,以保证大家都享受到最低的保障水平。该报告进一步提出了

---

① 由于本章对员工福利的界定包括被称为法定福利的社会保险,因此,本节的内容将有助于读者全面理解员工福利,以及后面两节企业福利设计的理由。此外,本章以医疗费用保险和养老保险作为重点,在本节中也只介绍了这两个方面并以与员工有关的内容为主,但并不是说,社会保险只有这些。

有关社会保险的基本原则,即所有家庭不管其收入水平如何,应当一律按照统一的标准缴纳保险费和领取津贴;领取津贴的时间与数额应当充分;行政管理应当统一。第二次世界大战后,英国工党政府全面推行"贝弗里奇计划",终于在1948年宣称建立了"从摇篮到坟墓"的"福利国家"保障制度。此后,英国的"福利国家"保障制度被其他工业化国家,尤其是北欧国家和英联邦国家争相效仿,这些国家先后建立起"普遍保障"的社会福利制度。

1. 双重养老保险

英国的社会养老保险是以全社会成员为实施对象并实行定额支付的基础养老金和以被雇用人员为实施对象并根据工资与缴纳年数实行支付的附加养老金两部分组成。

(1) 基础养老金

基础养老金的享受资格包括满足可计年数和达到退休年龄两方面。可计年包括两类,第一类为缴足50周保险费(1975年以前)或52周保险费(1975年以后)的年,第二类为满足免缴保费条件的年,免缴保费条件包括失业者、生育补助领取者及无劳动能力者等。周保险费以一周收入下限为基础,如1990年周收入下限为46英镑,员工缴纳46英镑的2%,另加46—350英镑的9%。可计年数必须达到整个工龄的90%,否则就不能领取全额养老金,如果低于25%,就没有领取养老金的资格。英国的法定退休年龄为男性65岁,女性60岁。

法定退休年龄即为支付开始年龄,女性的退休年龄从2010年起通过10年分阶段从现在的60岁提高到65岁。在基础养老金和附加养老金中都不存在提前支付制度,但可以在推迟退休时(男性65—70岁,女性60—65岁)推迟支付。此时,每推迟一周,就可以增加0.143%的养老金。

基础养老金采用绝对金额给付方式,这是英国养老保险的一个特色。单身者的养老金额大约为男性劳动者平均工资的20%,夫妇的养老金额为单身者的1.6倍。表15.1列出了1998年度的全额养老金额。实发养老金额的计算公式为

$$养老金额 = 全额养老金额 \times \frac{实际缴费年数 + 免缴年数}{应该加入年数}$$

表15.1 1998年度英国的全额养老金额　　　　　　　　(单位:英镑)

	全额养老金额(1周)
单身者	64.70
配偶加发	38.70
高龄加发(80岁以上)	0.25
小孩加发	
第一个小孩	11.45
第二个小孩	9.30

资料来源:钟仁耀:《养老保险改革国际比较研究》,上海:上海财经大学出版社2004年版,第63页。

1980年,养老金额根据物价上涨率和工资上涨率中高的一方来进行调整,但从1980年之后,则仅根据物价上涨率来调整。

(2) 附加养老金

附加养老金制度是根据1975年的《社会保障养老金法》(Social Security Pension Act, 1975), 从1978年起开始实施的一种收入比例养老金制度。

缴纳第一种保险费的人(员工)达到支付开始年龄(男女都为65岁,其中女性将分阶段逐步提高到65岁)的退休者可以享受附加养老金,如果男性达到70岁,女性达到65岁,则无需退休条件。与基础养老金相同,附加养老金也不允许提前支付,如果推迟支付,则在70岁之前每推迟一周,增发0.143%。附加养老金的支付与基础养老金的领取资格以及金额之间不存在任何关系。

附加养老金支付额的计算公式为

$$养老金额 = 超过收入下限的平均收入 \times 支付率 \times 调整率$$

其中,超过收入下限的平均收入是以平均工资上涨率为基准进行再评价后的结果,各年的收入下限不同,如1998年的1周收入下限为64英镑。支付率将在2010年之前分阶段从25%降低到20%。调整率则是与物价有关的系数。

(3) 保险费

基础养老金和附加养老金的保险费与其他国民保险一起征收。周保险费基于收入下限,这个数额大约是男性劳动者平均工资的20%—25%。如果员工的收入超过收入上限,则由雇主为这部分薪金缴纳保险费,员工不必为此多缴纳保险费,收入上限大约为收入下限的7.5倍。

保险费分为四种。第一种保险费针对职工,根据职工的周工资,由雇主与员工共同缴纳。达到支付开始年龄后,员工就不需再缴纳保险费了,但雇主还要缴纳。缴纳第一种保险费的人拥有所有保险金的领取资格。第二种保险费针对个体经营者,达到一定的年收入者,则每周缴纳定额保险费。第三种保险费针对无业人员和低收入者,对他们实行任意缴纳(1998年为每周6.25英镑)。第四种保险费针对高收入的个体经营者,他们在第二种保险费的基础上,缴纳年收入的6%。

(4) 现状与改革

近三十多年来,英国养老金领取者平均收入的增长要比劳动者平均收入的增长快得多。尽管如此,仅依靠基础养老金作为老年生活的来源是不够的。首先,一些没有收入的人除了基础养老金之外没有附加养老金和企业年金等,而基础养老金的数额非常小;其次,养老金的给付金额是由缴纳的保险费决定的,而保险费基于缴费期间工资的一定比率,这就使得一些低收入者的保障水平很低。

英国养老保险的目的是保证将来养老金的领取者能够安心度过晚年生活,针对上述支付不充分的问题,政府于1998年12月发表了关于养老保险制度改革的绿皮书,对养老保险制度进行了一系列改革,鼓励国民在可能的范围内尽量为晚年进行储蓄。政府将帮助建立第二基础养老金,以代替附加养老金。对自己无法储蓄的人,如年收入9 000英镑以下的人、有疾病或者残疾的人,追加的第二基础养老金的数额大约为支付给年收入9 000英镑者的附加养老金的2倍,这样就大幅增加了低收入者的养老金额。年收入超过9 000英镑的员工,第二养老保险制度为他们提供了一种将缴纳保险费作为一种储蓄的方式,使得国民通过自己的努力积累起来的资金最终反映在养老金额中。

2. 国家医疗保险

1948年,英国通过了《国民医疗保健服务法》,实行了对绝大多数医疗机构的国有化,医疗机构的医护人员是国家卫生工作人员。1964年,英国又颁布了《国家卫生服务法》,对所有公民提供免费医疗。该法规定,凡是英国公民,无论有多少财产,均可免费享受公立医院的医疗,患者只需付挂号费。英国的这种医疗保险模式被称为国家医疗保险,也称为全民医疗保险,在这种制度下,社会医疗保险的资金不是来自保费,而是主要来自税收,政府通过预算分配的方式,将由税收形成的医疗保险基金有计划地拨给有关部门或直接拨给医院。国家医疗保险已经成为雇主资助的医疗费用保险(详见第三节)降低成本的一种主要改革方式。

英国的医疗服务体系分为中央医疗服务、地区医疗服务和地段初级医疗服务三级组织。中央医疗服务机构主要负责疑难病的诊治和进行医疗科技研究,地区医疗服务提供综合医疗服务和专科医疗服务,地段家庭医生提供初级医疗服务。英国的公立医院占全部医院总数的95%,包括综合医院和专科医院,其主要职能是向必须住院的病人提供治疗,服务项目包括急诊、少量门诊、短期住院和长期住院。

家庭医生是整个医疗体系中非常重要的一环。居民必须在所在地段的家庭医生诊疗所登记注册,患病时首先到家庭医生诊疗所就医,由家庭医生视病情决定是否要转到上一级医院(地区综合医院或专科医院)继续治疗,转院必须要有家庭医生的介绍。家庭医生的薪金不是基于所提供的医疗服务,而是根据登记注册的居民数领取政府发给的工资。全国每个家庭医生的平均注册居民数为2 200人,如果注册居民数少于1 800人则不得开业。除了提供全科医疗服务以外,家庭医生还负责居民的疾病预防及保健服务。

今天,在英国医疗总费用中,来自政府税收的费用约占79%,其他则来自社会保险缴费、患者自己负担的医疗费用以及其他收入。其中,社会保险基金部分是由雇主和员工缴纳的社会保险费(国民保险金)中用于医疗保险开支的部分,约占整个医疗费用总开支的15%。

二、美国的社会保险

美国没有全民的社会保险,最主要的一项社会保险计划就是以达到一定收入水平的劳动者为主的老年、遗属、伤残和健康保险(old-age, survivors, disability, and health insurance, OASDHI)计划。该计划包括两部分,一是为65岁及以上的老年人及特定的65岁以下伤残人员服务的联邦健康保险(medicare)计划,二是为退休人员、死亡工人的受抚养人和伤残人员提供保险的老年、遗属、伤残保险(old-age, survivors, and disability insurance, OASDI)计划。

1. 联邦健康保险计划

联邦健康保险计划是美国联邦政府于1965年根据《社会保障法》设定的,为65岁及以上并领取OASDI退休金或铁路退休金的老人提供的医疗保障,1972年的一项修正案将保险范围扩及永久性和两年以上的残疾人,以及处于肾病末期的患者。这个计划为保险对象提供了基本的医疗保健费用,给付形式分为两种,一种是现金补助,罗德岛、加利福尼亚、新泽西、纽约和夏威夷五个州及波多黎各实行了这种计划,补助的金额为收入的一定百分比。另一种,也是覆盖面比较广的一种是医疗补助,包括 A 和 B 两个部分,A 部分是住院保险(hospital insurance,HI),B 部分是补充医疗费用保险,是与就诊有关的保险。

在 A 部分的保障下,承保对象第一天住院的费用自己负担,以后的费用就由社会保险基金支付。它为被保障者每次生病提供最多 90 天的住院费用,90 天以后,病人自付费用的 1/2,此外,它还提供最多 100 天的熟练护理服务,以及一些特定的家庭健康照顾服务和疗养院服务。B 部分涉及门诊、急救服务、其他由医生开处方提供的医疗和健康服务等。该部分每年有 100 美元的自付额,超过 100 美元的费用可以得到 80% 的支付,但不包括大部分处方药。

A 部分的保费来自工薪税,受益人缴纳工资的 1.45%,雇主缴纳工薪总额的 1.45%,自营业者缴纳收入的 2.9%。1.45% 税率的最高征税工资上限为 13 万美元。B 部分则是由受益人按月缴纳保费,雇主不用缴纳。保费的数额每年都会根据整个计划的成本进行调整,如 1998 年月保费为 43.8 元。受益人缴纳的保费能够承担全部成本的 25%,其余 75% 主要来自财政收入。

2. 老年、遗属、伤残保险计划

(1) 保障对象

OASDI 计划是一种社会养老保险计划,即基础养老金,根据 1935 年《社会保障法》制定。OASDI 的保障对象最初只是工商业员工和雇主,1950 年扩大到军人、农场工人、个体工商业者,以及部分地方公务员和国家公务员。参加者的收入必须达到一定水平。该计划的实施范围占到整个劳动行业的 95% 以上,受益人数达 1.44 亿人,1997 年领取养老金的人数达到 4 000 万人。其余 5% 是一些临时雇佣的农场劳动者、家庭内部劳动者、年收入不满 400 美元的个体经营者等。

OASDI 对于工商业者来说是强制性的,州政府和地方政府的员工、教士可自愿参加,铁路员工、联邦员工有专门的退休养老制度。

(2) 支付条件

OASDI 计划包括老年养老金、伤残养老金和遗属养老金三种。

老年养老金的支付条件是有一定的工作收入并且积累了一定的受保时间[①],退休后达到支付开始年龄。

确定保障的基本度量单位是季度。例如在 1998 年,一个员工的年收入中,每 700 元可以获得 1 季度保障,相当于积得 1 分(credit)[②],每年最多可得 4 分。根据出生时间不同,对退休者的得分要求也不同。1929 年及以后出生者,要求有 40 分(即缴足 40 个季度的保险费);1929 年以前出生者,则每早 1 年递减 1 分。达到得分要求才属于完全受保,从而有资格享受养老金。

2000 年之前,退休后的正常支付开始年龄为 65 岁。之所以定在 65 岁,是因为早先

---

① 参加者是通过缴纳强制性的 OASDI 工薪税来作为保费的。
② 为了反映国民平均工资的增长,每积 1 分所需的收入将逐年增加。

社会保障制度的设计者认为,规定 60 岁退休将会导致巨额社会保障金支出,而 70 岁退休又不能很好地解决失业问题以及保障老年人的晚年生活,于是便采取了这种折中态度。随着人的预期寿命不断增加,1983 年的一项国会立法不得不对最初确定的正常退休年龄做出逐渐延长的相应规定,如表 15.2 所示。① 这一规定从 2000 年开始执行,到 2027 年分阶段提高到 67 岁。

表 15.2 全额养老金领取者退休年龄标准

出生年份	正常的退休年龄
1937 年或以前	65 岁
1938 年	65 岁 2 个月
1939 年	65 岁 4 个月
1940 年	65 岁 6 个月
1941 年	65 岁 8 个月
1942 年	65 岁 10 个月
1943—1954 年	66 岁
1955 年	66 岁 2 个月
1956 年	66 岁 4 个月
1957 年	66 岁 6 个月
1958 年	66 岁 8 个月
1959 年	66 岁 10 个月
1960 年及以后	67 岁

除了正常退休年龄之外,还有提前退休和推后退休两种情况,养老金的数额也会相应减少或增加。如在目前的改革阶段,66 岁退休领取全额(100%)养老金,62—65 岁属提前退休,此时也可以领取,只是要打一定折扣,62 岁退休可领取 75% 的养老金,63 岁和 64 岁则可分别领取 80% 和 86.67%,65 岁可领取 93.33% 的养老金。如果确因健康原因而无法继续工作,不得不提前退休者,可以申请残疾津贴,相当于全额养老金。而 67—70 岁属推后退休,每推后一年,养老金的数额都会增加一定的百分比。

专栏 15.2

美国的社会保障制度改革

美国在 20 世纪 70 年代建立起养老金的"三支柱":第一支柱是基础养老金,也称为"联邦养老金"或"社会保障金";第二支柱是补充养老金,也称为"私人养老金",即 401(K),从 55 岁起就可以领取;第三支柱是个人退休账户,即 IRA(individual retirement account),从 59.5 岁起可以开始使用。个人退休账户享有税收递延(tax deferred)优惠,允许个人在该账户内存入限定额度的资金以获取利息或投资收益,并可以延缓缴纳资本利得税(capital gain tax),直到退休后提取资金时才缴纳相应的所得税。个人退休账户自

---

① 资料来源:姜守明:《美国的老年问题与社会保障制度》,《社会学研究》,1996 年第 3 期。

1974 年开设以来,经过几十年的长足发展,已成为美国私人退休金市场上与 401(K) 计划并驾齐驱的退休产品,2000 年年底,美国退休金市场的资产总额共 11.5 万亿美元,其中 IRA 为 2.65 万亿美元,大约占 24%。

美国的渐进式延迟退休年龄改革是在上述三支柱都已建立起来之后,里根总统于 1983 年宣布的。改革之后,虽然全额领取基础养老金的年龄逐渐推后,但在这之前可以领取一定比例的养老金,而且还有更早时间可以领取的私人养老金 401(K) 及个人退休账户资金的保障。

退休养老金不仅发放给退休老人,也惠及符合条件的配偶。配偶达到或超过 62 岁[①],或不足 62 岁,但有不满 16 岁的受抚养子女或残疾子女,如果自己的养老金数额更低,则可以获得受保人年金 50% 的给付。

伤残之后经过一年的观察仍然不能从事有收益工作的人,或最终死亡者,如果满足受保条件,即可获得伤残养老金或遗属养老金。此时受保人从 21 岁起每年必须至少缴纳 1 个季度保险费,最高缴纳 40 季度,或发生残疾以前缴足 20 季度保险费。对于青年人或盲人,限制更少。伤残工人受抚养人获得给付的条件和退休给付类似。

遗属养老金的支付条件包括:配偶不足 60 岁,并有不满 16 岁的受抚养子女或残疾子女(养老金的 75%);配偶达到或超过 60 岁(65 岁时 100%);50—59 岁的伤残配偶(养老金的 71.5%);未婚受抚养子女(养老金的 75%);达到或超过 62 岁的父母(1 人 82.5% 或 2 人 150%)。此时,死亡的受保人必须是年金领取者;或者自 21 岁起每年至少缴纳 1 个季度保险费,最高缴纳 40 季度;对于孤儿则放宽条件,只要在死亡前 13 季度内缴纳了 6 季度保险费即可。

(3) 支付额

满足完全受保条件必须是缴纳了 40 季度的保险费,如果超过这个限度,并不会对养老金的支付标准产生影响。OASDI 的支付额是在指数化月均收入(average indexed monthly earning, AIME)的基础上计算出来的。指数化月均收入是将受保人到达指数化年[②]以前的各年社会保障税的应纳税收入按国民平均工资增长率加以调整。例如,某工人在 1998 年满 60 岁,将他在此之前的年薪按从大到小的顺序排列,设排在前面 35 年(如果有这么多,这是一个上限)的年薪分别为 $x_1, x_2, \cdots, x_{35}$,61—65 岁(设其为正常年龄退休)的年薪分别为 $x_{36}, x_{37}, \cdots, x_{40}$,则其指数化月均收入为

$$\text{AIME} = \frac{1}{12 \times 40} \left(\sum_{i=1}^{35} x_i \frac{\bar{x}}{\bar{x}_i} + \sum_{i=36}^{40} x_i \right)$$

其中,$\bar{x}$ 为指数化年,即 1998 年的国民平均工资;$\bar{x}_i$ 为第 i 年的平均工资。

得到 AIME 之后,就可以计算工人的基本保险金额(primary insurance amount, PIA)。PIA 是乘以表 15.3 中的比率得出的数字。

---

① 如果是前配偶,与受保人之间必须维持过 10 年以上的婚姻关系。
② 退休给付中指数化年是 60 岁,遗属给付和伤残给付的指数化年是死亡或伤残之年的前两年。

表 15.3　美国 PIA 公式中的系数(1998 年)

指数化月均收入(AIME)	比率
A:AIME 中,477 美元为止的部分	0.90
B:AIME 中,477—2 875 美元的部分	0.32
C:AIME 中,2 875 美元以上的部分	0.15

资料来源:钟仁耀:《养老保险改革国际比较研究》,上海:上海财经大学出版社 2004 年版。

如某个工人的指数化月均收入为 3 000 美元,那么其基本保险金额就为

$$0.9 \times 477 + 0.32 \times (2\,875 - 477) + 0.15 \times (3\,000 - 2\,875) = 1\,215.41(美元)$$

基本保险金额要根据几个方面的调整才能成为最终的给付金额。首先,将当年的消费价格指数(CPI)与前一年的 CPI 进行对比,与第二年 1 月份进行保险金额的调整,避免因通货膨胀而降低购买力。其次,对一个家庭的养老金支付额,在每个收入区域里设定了 PIA 一定比率的上限,防止过度支付。另外,在领取养老金时,领取人如果还得到一定的其他收入,那么根据每个领取人的年龄,养老金要进行调整,如表 15.4 所示。

表 15.4　根据收入对养老金的调整

受保人	支付额的调整
70 岁以上	全额支付
65—69 岁	年收入超过 14 500 美元,其收入每超过 3 美元,养老金就减少 1 美元
64 岁及以下	年收入超过 9 120 美元,其收入每超过 3 美元,养老金就减少 1 美元

资料来源:钟仁耀:《养老保险改革国际比较研究》,上海:上海财经大学出版社 2004 年版。

(4) 保险费

养老金的保险费主要来自工薪税(payroll tax),其中员工按年薪的 6.2% 缴纳 OASDI 税,个体经营者缴纳收入的 12.4%,雇主缴纳工薪总额的 6.2%,直到规定的最大年薪税基(maximum taxable wage base)。

对于员工来说,除了 6.2% 的 OASDI 税以外,社会保险方面还要缴纳 1.45% 的联邦健康保险计划 A 部分的保险费,即 OASDHI 税一共为 7.65%。这些保险费和雇主资助的养老金中确定缴费计划(详见第四节)的免税缴资不同,它们是从税后收入中支出的。

养老保险基金由联邦政府卫生与公共服务部所属的社会保险署管理,支付时根据 AIME,分三段按不同比例计发养老金。按照这种累退比例的计发办法,美国低收入阶层(年收入 1.2 万美元以内)的养老金大体相当于过去工资的 54%,中等收入阶层(年收入 2.5 万美元)大体相当于 42%,高收入阶层(年收入 4.7 万美元以上)仅相当于 24%。[①]

三、中国的社会医疗保险制度

1. 传统医疗保险制度

中国的社会医疗保险制度是在计划经济体制下建立的城市医疗保障制度(公费医疗和劳保医疗制度)和农村合作医疗制度的基础上发展而来的。[②]

自中华人民共和国成立到 1994 年,在长达几十年的时间里,城市的医疗保险具有极

---

① 董克用、王燕:《养老保险》,北京:中国人民大学出版社 2000 年版。
② 和本书的主题企业风险管理有关的主要是劳保医疗制度。

浓的福利色彩,从严格意义上说,是不完全具有社会保障性质的无偿供给的医疗保障制度。在这期间,依据保障对象的身份不同分成两个独立的医疗保险系统。一是 1952 年正式确定的国家机关、人民团体和事业单位实行的"公费医疗制度";另一个是国有企业职工实行的"劳保医疗制度"。其他的城市居民或由于是上述的受保对象的亲属而享受"半劳保或统筹医疗",或是完全自费医疗。所以在城市实际实行的是二元社会医疗保险制度。农村的合作医疗制度是指以农村居民为对象,实行集体和个人共同筹集资金,由合作医疗基金组织和个人按一定比例共同负担医疗费用的一种互助互济的制度。

劳保医疗制度也称企业医疗保险制度,它根据 1953 年修订的《中华人民共和国劳动保险条例》建立,实施范围包括全民所有制企业和城镇集体所有制企业的职工及离退休人员,随后又包括了中外合资企业的职工。劳动保险条例对职工劳保医疗作了明确的规定,其保险项目和待遇标准与公费医疗基本相同,但是管理体制、经费来源和开支范围上与公费医疗有所不同。劳保医疗由企业行政自行管理,经费是按企业工资总额的一定比例连同职工福利基金一并提取。劳保医疗经费的支付范围,除了规定的职工医药费外,还支付职工供养直系亲属的医疗补助费(家属的半劳保医疗)、企业医务人员工资、医务经费等。

劳保医疗开支的主要项目有:① 因病或非因工负伤在医治时的诊疗费、检查费、药品费、治疗费、手术费及床位费等;② 计划生育手术的医疗费;③ 因病情需要,经治疗单位证明安装国产人工器官的费用,或安装进口人工器官不超过国产最高价格部分的费用;④ 因病情需要进行器官移植,按国家、单位和个人共同负担的原则,应由劳保医疗负担的费用;⑤ 因工负伤、致残的医疗费用,住院时的膳食费和就医路费等;⑥ 用于抢救危重病或治疗工伤所必需的贵重药品、滋补药品费用。

2. 问题与改革

随着中国的经济体制转型,传统医疗保障制度的不足逐渐暴露出来,这些问题主要有:

(1) 医疗费用由国家和企业包揽,对供需双方缺乏有效的控制机制,由此引起诱导需求和过度利用医疗服务的现象,导致"小病大治长年住院,一人公费全家享用"等现象。

(2) 缺乏合理的经费筹集机制和稳定的经费来源,使职工的基本医疗得不到保障。

(3) 医疗保障的覆盖面及社会化程度低,出现"一个病人拖垮一个厂"的现象,而部分劳动者(城镇小集体、民企、外企及个体工商劳动者)的医疗难以保障。

(4) 解决了公平性的问题,但卫生资源的配置效率及卫生服务的提供效率较低。

(5) 只强调公平性和互助共济,没有考虑积累问题,两代人之间的矛盾激化,现收现付制度受到挑战。

(6) 医疗保障管理机构不健全,管理运行机制不完善。

这些问题最终导致医疗费用增长速度过快,使国家和企业不堪重负。据统计,1993 年全国公费、劳保医疗费总额为 415 亿元,仅过两年,1995 年全国公费、劳保医疗费总额就达到 653.8 亿元。在人口老龄化、人类疾病谱的变化和新药、高新技术检查设施不断发展的背景下,医疗费用上涨本来就是不可避免的趋势,而在以单位为依托的高福利公费、劳保医疗制度之下,单位承担无限责任,对费用控制既没有制度优势,又缺乏有效的政策约束,使得支付不足成为当时的普遍问题,单位拖欠职工医疗费、职工医疗费数年得不到报销的现象引起职工的极大不满。

1994年12月,国务院在江苏省镇江市和江西省九江市率先进行医疗保险制度的改革,俗称"两江试点"。试点的核心是探索社会统筹和个人账户相结合的社会保险制度,重点解决单位和个人的缴费责任和缴费比例,建立社会统筹医疗基金和职工个人医疗账户,以及设定医疗保险的保障范围和职工的待遇水平等问题;探索定点医疗机构的管理机制,通过支付机制的建立,规范供方服务行为;从制度层面防范逆向选择和道德风险。1996年,试点开始扩大到20多个省、市、自治区的40多个城市。

在改革试点的基础上,1998年年底颁布了《关于建立城镇职工基本医疗保险制度的决定》,开始在全国范围内全面推进建立城镇职工基本医疗保险制度,包括以下几个方面:

(1)"低水平,广覆盖",保障职工基本医疗需求

(2)基本医疗保险费由用人单位和个人共同负担,形成新的筹资机制

(3)完善社会统筹和个人账户相结合的制度

个人账户主要支付门诊或小病医疗费,统筹基金支付住院或大病医疗费。统筹基金的起付标准原则上控制在当地职工年平均工资的10%以内,最高支付限额原则上控制在当地年平均工资的4倍左右。

(4)合理确定基本医疗保险的统筹层次,加强基金的管理

(5)加快医疗机构改革,提高医疗服务的质量和水平

要确定基本医疗服务的范围和标准,制定基本医疗药品目录、诊疗项目和医疗服务设施标准以及相应的管理办法。实行医药分开核算,分别管理。

(6)规定了特殊人员的医疗待遇

这里的特殊人员指离休人员、老红军、二等乙级以上革命伤残军人以及国有企业下岗职工等。

1999年,财政部、原劳动和社会保障部出台《社会保险基金财务制度》和《社会保险基金会计制度》,规定城镇职工基本医疗保险基金纳入财政专户,实行收支两条线管理。2003年和2004年,原劳动和社会保障部出台文件将灵活就业人员、混合所有制企业和非公有制经济组织从业人员纳入城镇职工基本医疗保险范围。2000年,我国开始同步推进医疗保险、医疗卫生体制和药品流通体制改革,重点解决医疗卫生服务和医疗保障制度改革中面临的体制性障碍。[①] 2009年4月,为缓解突出的"看病难、看病贵"问题以及医患矛盾,《中共中央国务院关于深化医药卫生体制改革的意见》和国务院《医药卫生体制改革近期重点实施方案(2009—2011年)》相继颁布并实施,中国新一轮医改拉开了帷幕。新医改致力于逐步实现人人享有基本医疗卫生服务的目标,将逐步建立覆盖全民的基本医疗保障制度,城镇职工医保最高支付限额逐步提高到当地职工年平均工资的6倍左右。在缴费方面,职工缴费基本上为职工工资总额的2%左右,单位缴费比例一般在6%—11%。

2010年,《社会保险法》颁布,城镇职工基本医疗保险制度进入法制化轨道。

---

① 劳动和社会保障部社会保险研究所:《中国医疗保险制度改革1994—2004》,北京:中国劳动社会保障出版社2004年版。

专栏 15.3

北京市的基本医疗保险

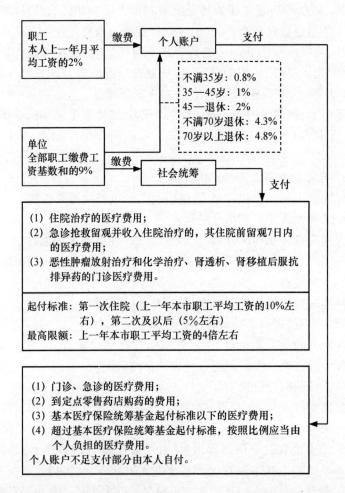

资料来源:根据北京市人民政府[2001]第68号令,《北京市基本医疗保险规定》(2001年2月)整理。图中用人单位缴纳的基本医疗保险费划入个人账户的标准中,退休前的比例基于本人月缴费工资基数,退休人员的比例基于上一年本市职工月平均工资。统筹基金起付标准以上的部分,也按不同数额由个人负担一定比例。

专栏 15.4

城镇职工基本医疗保险制度的成效

首先,参保覆盖面不断扩大。截至2011年年底,全国各地均建立了城镇职工基本医疗保险制度,参保人数24 357.67万人,比2005年年底增长88.72%。2011年全国有115 138.89万人次享受城镇职工基本医疗保险待遇,比2005年增长207.14%,见下图。

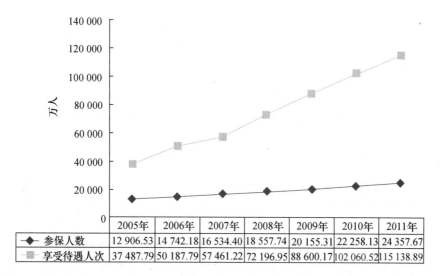

其次,医疗保障水平稳步提高。城镇职工基本医疗保险政策范围内的报销比例逐年提高,到 2011 年达到了 77%。城镇职工基本医疗保险的实际报销比例近年来也稳步上升。2011 年全国城镇职工基本医疗保险平均实际报销比例为 64.10%,比 2005 年增长 5.19 个百分点。

再次,较好地解决了历史遗留问题。2008 年以来,为妥善解决关闭破产企业退休人员基本医疗保障问题,从制度和资金上解决经济体制转轨和国有企业改革中的历史遗留问题,国务院有关部门出台文件,按照多渠道筹资、财政支持、地方尽责、中央补助的原则,解决关闭破产企业退休人员和困难企业职工的基本医疗保障问题。2008 年至 2009 年,中央财政先后两次共安排 509 亿元专项补助,帮助地方解决关闭破产国有企业退休人员参加职工基本医疗保险等长期未解决的问题,并采取以奖代补方式推动地方统筹解决关闭破产集体企业退休人员和困难企业职工等其他城镇未参保人员医疗保障问题。截至 2011 年年底,累计将 1 031 万关闭破产企业退休人员和困难企业职工纳入医疗保险。

资料来源:《审计署公布城镇职工基本医疗保险基金审计情况》,人民网,2012 年 8 月 2 日。

四、人口老龄化与养老保险制度改革

1. 养老保险基金的筹集方式

养老保险基金的筹集方式有现收现付制、完全积累制和部分积累制三种类型。这三种方式的最大不同在于对人口老龄化趋势和通货膨胀的抵御能力不同。

(1) 现收现付制

绝大多数工业化国家的社会养老保险最初都是采用现收现付制来筹集资金。所谓现收现付制,顾名思义,就是现在筹集的资金,现在就支付出去。现在筹集的资金来源于当前正在工作的人员,现在支付的对象是已退休人员。当前的在职人员退休后,他们的养老金则由那时的在职人员缴纳,因此,这种模式也称为"代际赡养"。在这种制度下,社会养老保险的缴费率基于短期平衡原则,具体数额由当前退休人员所需的养老金决定,即在一个较短时期内(通常为一年),社会保险的收入仅仅满足本预算期内的支出需要,不为以后时期留存积累资金。

这种方式的优点是,不存在养老基金的投资与增值问题,减少了由于通货膨胀和战争等严重灾难导致的养老金贬值的风险。但采取现收现付方式的基本前提是:人口增长相对稳定,劳动力成长速度和退休人员增长速度基本一致。而在当前普遍的老龄化趋势下,现收现付制就会面临巨大的危机,因此,许多原来实行这一模式的国家都在进行改革。

(2) 完全积累制

完全积累制遵循的是"同代自养"原则,即每一个参加社会养老保险的人从开始工作起就逐月缴纳保险费,与现收现付制不同,这些保险费并没有支付给他人,而是放入缴费人的个人账户中进行投资,直到缴费人达到领取养老金的条件时,即可从自己的账户中提取资金。由于缴纳的保险费是为了若干年后投保人自己领取,因此缴费率基于长期(几十年至一百年)收支平衡原则,先预测每个人晚年所需的养老金数额,然后确定一个相对稳定的收费率。

完全积累制能够适应人口结构的急剧变化,不会受到人口老龄化的影响,而且能够刺激个人缴费的积极性,减弱提前退休的倾向。但是,由于投资时间较长,能否保值甚至增值就有很大的不确定性,很容易受到经济波动和通货膨胀的影响,同时也增加了管理成本和难度。

(3) 部分积累制

部分积累制是介于现收现付制和完全积累制之间的一种模式。当期筹集的资金一部分用于支付已退休者的养老金,另一部分为在职者积累起来,用于他们今后的养老。

部分积累制既能满足一定时期(5—10年)的支出,又留有一定积累资金,因此,它不仅能够适应人口结构变化和劳动力社会负担的变化,又能够在一定程度上避免完全积累制下的投资风险。由于只是部分积累,退休者的养老金只有一部分来自个人账户的资金,即使个人账户投资收益不佳,损失也不会很大。

2. 人口老龄化对养老保险制度的挑战

当前,在全球范围内出现了人口老龄化的趋势,其主要原因之一是战后生育高峰一代的老龄化,而近年来生育率的下降与寿命的延长又加速了这种趋势。全球范围内的人口老龄化,对很多国家实行的现收现付制养老保险制度造成了极大的冲击。经济学家指出,如果不进行改革,欧洲、亚洲和拉丁美洲的养老金体系将在10年至20年间发生严重的财政危机。

专栏15.5

全球老龄化趋势及各国的改革

詹妮·弗兰西科斯是一名普通的保险公司职员,今年58岁。根据法国的养老金制度,她已经进入临退休状态,一周只需工作两天,工资是原工资的70%以上,到60岁以后,工资也只是略有下降。法国以前的养老金制度使普通工人也可以在50岁左右的壮年退休,安享晚年。但是现在,这样的日子已经一去不复返了。为了避免财政紧缩,法国政府在2003年颁布了新规定,延后了退休年龄。意大利与德国政府也颁布了类似的规定。日本首相小泉纯一郎宣称要在2017年将养老金税从目前工资的14%提升到18%,而福利从目前平均工资的59%削减到50%。在美国布什总统提出要将个人所缴的部分社会保障金纳入个人投资账户,此事引起了争议。此外,芬兰、韩国、巴西与希腊最近都提出要削减福利,延后退休年龄,增加养老金个人缴纳的部分等。

资料来源:《银发浪潮再度席卷全球,养老制度改革刻不容缓》,《国际金融报》,2005年1月26日。

中国的老龄化压力也很大。2010年第六次全国人口普查数据显示,中国65岁及以上老年人人口为1.18亿,占全国总人口的8.87%,而0—14岁人口与10年前相比比重则下降了6.29个百分点。未来数十年,中国老龄化程度会进一步加剧,预计2040年,65岁及以上人口将达到3.12亿。① 随着老年人人口比重增加,领取养老保险金的人数逐年增加,而纳税人口却在减少,供需缺口越来越大,社会养老保障体系面临严峻的挑战。

20世纪90年代以来,世界许多国家已经提出了养老保险改革方案并着手实施,所采取的措施主要有以下几个方面②:

(1) 提高生产率

提高生产率虽然有助于经济增长,但由于劳动力数量减少,因此提高生产率本身不足以抵消退休人员增多带来的影响。

(2) 提高个人对养老金的缴纳金额

如果要坚持许多国家现在采用的现收现付制,为了保证越来越多的退休者的养老金供给,在职者就要缴纳更多的保险费。许多国家的改革拟采取的做法就是增加个人缴费数额。但有专家预测,在有的国家,为了维持养老金水平不变,几十年后个人缴纳的养老保险费可能会占收入的50%,如此高的缴费率将是在职工作者无法承受的,他们会认为不公平,由此产生代际矛盾。

(3) 延迟退休年龄

延后退休既可以缓解由于出生率下降带来的劳动力不足的状况,又可以使这些人推迟领取养老金,现在许多国家的系列改革措施中都涉及推迟退休年龄。在这方面,芬兰被看作是鼓励工人延长工作年限的成功典范。芬兰原来采用的是欧洲通用的调整工业结构与缓和高失业率的提前退休政策,这使得芬兰人的平均退休年龄仅为56岁。1998年,芬兰政府的特别工作小组启动了包括40个计划在内的国家老龄工人项目,旨在增加55岁至64岁劳动力的数量。2004年,芬兰平均退休年龄已从1997年的56.6岁增至59岁,而55岁至64岁人口的就业率也从36%跃至50%。

(4) 改革现收现付制

将现收现付制改为部分积累制或完全积累制,是应对人口老龄化的最彻底的办法,但其成本也较高。中国从20世纪80年代开始尝试对现收现付模式进行改革,1997年,

---

① 资料来源:国家统计局。
② 参考董克用、王燕主编:《养老保险》,北京:中国人民大学出版社2000年版。

政府出台了《国务院关于建立统一的企业职工基本养老保险制度的决定》,正式确定了以社会统筹和个人账户相结合的混合型养老保险体制。

3. 中国的养老保险制度

回顾新中国成立以来中国养老保险制度的发展历史,可以大体分为两个阶段:计划经济时期的以国家统筹和企业养老为特点的国家养老模式阶段,以及改革开放时期的"统账结合"模式阶段。

(1) 传统养老保险制度及存在的问题

中国传统的养老保险制度是在20世纪50年代初,为了适应产品经济和高度集中统一的计划管理体制的要求而建立的,是典型的计划经济的产物,可以称为国家养老模式。

在1951年至1984年的国家养老模式阶段中,又可分为两个阶段:首先,1951年至1969年是国家统筹阶段,1978年至1984年是企业养老阶段。1951年公布的《中华人民共和国劳动保险条例实施细则修正草案》是中国第一部社会保障法规,该条例对保险费的征集、管理和发放、保险项目和标准,以及执行与监督都作了明确的规定。当时建立的是企业全部缴费、全国统筹的现收现付养老保险制度。制度规定企业按工资总额的3%缴费,其中30%上缴中华全国总工会,建立社会保险统筹基金,由中华全国总工会委托中国人民银行代理监管,用于社会调剂,70%留在企业工会,用于退休金的支付。退休给付依据工龄、工种和职工退休前工资水平等规定,采取待遇预定型给付方式,替代率为35%—60%,此后经调整为50%—70%。在此之后,又颁布了一系列法律法规,至1969年,我国城镇已经基本上建立了比较完整的养老保险体系,也奠定了中国计划经济时期养老保险的基本框架。这一阶段的特征是国家、单位共同保障,个人无需缴费,保障的覆盖范围广泛,替代率高,财政负担重。1969年至1978年,"文化大革命"爆发,已经初步建立的养老保险体系遭到破坏。

1978年6月,国务院公布《国务院关于安置老弱病残干部的暂行办法》和《国务院关于工人退休、退职的暂行办法》(即著名的104号文件),针对"文化大革命"中出现的不正常现象和过去制度中的缺陷,重新规定了离退休的条件及待遇标准,养老保险体系重新被建立。1978年至1984年是企业养老阶段,企事业单位自己负责本单位的离退休职工的离退休金的筹集与发放。当时离退休人员数量少、比重小,老年保障的压力不大,退休者能够及时足额地领到自己的退休金,国营企业职工退休金可以达到退休前工资额的70%左右,集体企业职工退休金为退休前工资额的40%—60%。

但是,传统养老保险制度的弊端在经济体制改革开始以后日益显露出来。首先,这种由单位和企业办养老保险的制度安排,不仅使企业的经济负担日益沉重,而且将职工与企业死死地捆在了一起,职工将终身在一个企业工作,退休以后从这个企业领取退休金。在企业不断吸收新职工的情况下,职工队伍越来越庞大,退休职工的队伍也越来越庞大,使得企业不堪重负,生产成本增加,竞争力减弱。

其次,传统养老保险基本上只针对国有企业,而近年来迅速发展起来的民营经济、私营经济以及"三资"企业等则被排除在外,这说明这种制度已经不适合时代发展的需要。

最后,传统养老保险采取的是现收现付制模式,在人口老龄化的背景下,提高缴费率的压力越来越大。

(2) 改革

20世纪80年代以后,随着经济体制改革的深入与发展,中国社会养老保险制度开始进行改革。从1985年起(少数地区从1984年起)各地纷纷进行了重建养老保险社会统筹制度的试点,恢复养老金在市县一级或行业内部实行社会统筹。

1991年,国务院颁布了《国务院关于企业职工养老保险制度改革的决定》,指出基本养老保险基金由政府根据支付费用的实际需要和企业、职工的承受能力,按照以支定收、略有结余、留有部分积累的原则统一筹集。确立我国养老保险实行社会统筹,三方共同担负费用的原则和基金筹集实行"部分积累"的模式,并提出今后要逐步建立起基本养老保险、企业补充养老保险和个人储蓄性养老保险相结合的多层次养老保险制度。1993年,党的十四届三中全会做出了《关于建立社会主义市场经济体制改革若干问题的决定》,提出建立社会统筹和个人账户相结合的养老金制度,提出由现收现付的养老保险向基金制过渡。

1995年,国务院又颁布了《国务院关于深化企业职工养老保险制度改革的通知》,明确提出了基本养老保险实行社会统筹与个人账户相结合的方法①,以及资金来源多渠道和保障方式多层次的目标。但其中推荐的两个具体操作方案差异较大,在执行中造成了一定混乱,从而政府不得不重新统一制度。

1997年,政府出台《关于建立统一的企业职工基本养老保险制度的决定》(以下简称《决定》),这一文件在缴费和养老金的领取等方面做了统一规定。首先,企业按一般不超过职工工资总额的20%缴纳基本养老保险费,个人缴费比例逐年增加,最终达到8%。其次,按本人缴费工资11%的数额为职工建立基本养老保险个人账户,个人缴费全部记入个人账户,其余部分从企业缴费中划入。随着个人缴费比例的提高,企业划入的部分要逐步降至3%。最后,《决定》实施后参加工作的职工,个人缴费年限累计满15年则可在退休后按月领取基本养老金,基本养老金由基础养老金和个人账户养老金组成。个人缴费年限累计不满15年的,退休后不享受基础养老金待遇,其个人账户储存额一次支付给本人。《决定》实施前已经离退休的人员,仍按国家原来的规定发给养老金,同时执行养老金调整办法。这标志着中国养老保险制度改革进入了一个新阶段,初步建立了养老保险费用社会统筹与个人账户相结合的混合型养老保险制度。

但是,新的制度运行了几年后,社保基金出现了巨额缺口。据报道,2011年中国城镇基本养老保险个人账户记账额为2.5万亿元左右,而实账部分仅为2703亿元左右,"空账"达到2.25万亿元②,2013年则超过2.6万亿元③。实际上,这是中国社保制度所必须承担的转轨成本的一部分。这是因为,在现行养老保险制度确立之前,企业员工基本无需缴纳养老保险费用,因此现有的养老保险基金中也就没有这部分职工的个人账户部分,他们退休后的养老金需全部来自社会统筹部分。但在养老保险制度设立之后,仅靠统筹账户不足以应对当期发放。虽然财政已经对养老保险进行了大量补贴,从1997年起,各级财政对养老保险累计补贴金额达1.2526万亿元④,但各地财政实力不同,多数地

---

① 社会统筹采取的是现收现付的筹资方式,即从现有在职人员那里筹集资金,支付退休人员养老金。个人账户则选择储备积累的筹资方式,由在职人员为自己储蓄一笔钱,以备将来养老之用。
② 《经济参考报》,2012年7月23日。
③ 中国社会科学院:《中国养老金保险发展报告2013》,中国日报网,2013年12月12日。
④ 郑秉文主编:《中国养老金发展报告》,北京:经济管理出版社2011年版。

区不得不在实际上采用了现收现付制的方法,即挪用个人账户的资金,用正在工作的一代人合计缴纳的28%的月工资来支付现有退休人员的退休金,个人账户仅仅记账。

为解决这一问题,我国从2000年开始了"做实"个人账户试点,此外,2005年11月,劳动与社会保障部决定,从2006年1月1日起,个人账户的规模统一由本人缴纳工资的11%调整为8%,全部由个人缴费形成,单位缴费不再划入个人账户。截至2011年年底,参与试点的辽宁、江苏、山东等13个省份共积累个人账户基金2703亿元,但其与记账额之间的差额,仍达到2.23万亿元。

截至2012年年底,城镇职工基本养老保险总参保人数为3.04亿,2011年增加了7.17%,但增速慢于上一年的10.44%。其中参保职工人数为2.3亿,比上年增长6.57%,增速回落了4.58个百分点;离退休人员数量为7445.68万,比上年增长9.07%,增速提高了0.81个百分点。缴费人员增速下降,领取养老金人数增速上升,这一增一减导致城镇职工基本养老保险的制度赡养率由2011年的31.65%上升到32.4%。2012年城镇职工基本养老保险个人账户累计记账额达到29543亿元,比2011年增加了18.84%。同时,试点了许多年的个人账户做实工作推进艰难,2012年13个做实个人账户的试点省份中,基金收入共计722亿元,累计做实个人账户基金收入为3499亿元。2012年城镇职工基本养老保险基金累计结余额为23941亿元。[①] 由此看出,空账问题仍然是一个隐患。

第三节 团体医疗费用保险

团体医疗费用保险是企业为员工提供的一种重要福利。

健康保险按照赔偿内容可以分为定额补贴保险、医疗费用保险和收入保险三类。定额补贴保险是指当发生某些疾病后,给予一定数额补贴的保险。例如住院补贴保险,就是针对住院天数,每一天给予一定数额的补贴。收入保险是以因意外伤害、疾病导致收入中断或减少为给付条件的保险。在本章中,我们主要讨论医疗费用保险。

团体医疗费用保险(group medical expense coverage)是由雇主出面为员工购买的一种以医疗费用为保障内容的团体保险,它是最常见、最重要的一种员工福利。在实际中,团体医疗费用保险和社会医疗保险制度紧密相关,当社会医疗保险制度比较健全和完善时,企业的团体医疗费用保险就不那么重要了。例如英国、加拿大以及一些北欧国家是实行全民医疗保障制度的福利国家,公民的基本医疗保障由国家社会医疗保障体系来提供,实行免费或基本免费的医疗服务,这样,企业提供补充保险的需求就不那么迫切。相反,在美国,并没有建立全民的医疗保险制度,这就使其成为员工医疗保险计划最多和最成熟的国家。

团体医疗费用保险的模式也经历了从探索到逐渐成熟的过程,即便是现在,这一过程也还没有结束。

---

① 中国证券网,2013年12月13日。

专栏 15.6

现代团体医疗费用保险的雏形

17 世纪时,在欧洲一些国家出现了医疗费用的互助形式,工人自发地筹集一些资金,为患病工友提供医疗费用资助。

随着西方资本主义的发展,要追求更大的利润,就要确保再生产所必需的劳动力,这样,资本家逐渐意识到健康投资的重要性。加之工人们为了维护自身的利益,向资本家提出了医疗的要求,于是企业主介入了医疗互助,即雇主为员工负担一部分医疗费用,尤其是大企业首先实行,它们愿意为员工提供医疗服务的部分费用。

这种医疗费用的筹集方式得到了医生的赞同和支持,因为医生也希望病人能支付得起医疗费用,从经济收入的角度出发,医生们也愿意参与医疗互助,这就形成了雇主、员工和医生共同参与的医疗保健,出现了各种形式的基金会和劳动者救济组织,并且得到政府的支持,有的已逐渐形成由政府参与的官方或半官方的组织。这就是现代团体医疗费用保险的雏形。

资料来源:周绿林、李绍华主编:《医疗保险学》,北京:人民卫生出版社 2003 年版。

一、早期传统服务付费方式的医疗保险

许多国家都在 20 世纪中期开始建立团体医疗保险制度,但由于经验不足,早期的模式或多或少都有一些缺陷。美国在 20 世纪 40 年代到 80 年代一直实行的传统服务付费方式(traditional fee-for-service arrangement)的医疗保险就是一个典型。

1. 安排

任何一种团体医疗费用保险都包括三方当事人:提供保险的雇主以及保险公司、享受保险的员工以及提供医疗服务的医生及医院。在传统服务付费方式下,这三方的安排如图 15.1 所示。

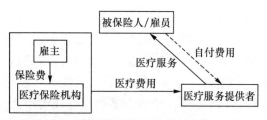

图 15.1 传统服务付费方式的医疗保险安排

首先,雇主通过自保或者购买商业保险的方式为特定的医疗费用提供全部或部分保障。

其次,员工以及保障范围内的受抚养人有充分的余地选择提供护理的医生或医院。

最后,医疗服务的提供者所收取的费用来自保险人。在实践中,一种方式是提供者直接向保险人收费,如果费用超出了福利计划保障的范围,则超出的部分要么是由员工支付给提供者,要么是由保险人先支付,然后员工再偿还给保险人。另外一种方式是提

供者先向员工收取费用,然后员工再从保险人处获得补偿。

2. 提供保障的组织

大型企业的雇主通常会对福利计划的大部分或全部进行自保。很多情况下,这些雇主通过保险人或第三方管理者来管理保险福利。中小型企业的雇主一般购买商业保险公司的团体医疗保险。这两部分的比例大约各占一半。

在美国,蓝十字-蓝盾组织也销售这类团体医疗保险。蓝十字和蓝盾是美国最大的两家非营利性的民间医疗组织,它们作为保健服务的提供者,创立于1930年,在美国的医疗保险历史上有重要的地位。蓝盾由医生组织发起,承保范围主要为门诊服务,蓝十字由医院联合会发起,承保范围主要为住院医疗服务。医疗保险基金主要来源于参加者缴纳的保险费。由于非营利性,许多州给了它们优惠的税收待遇,如蓝盾和蓝十字的保险基金可免缴2%的保险税。蓝盾按常规的医疗费用支付给医生,但有一个上限;蓝十字根据投保人的医疗情况向医院支付住院费,但享有平均14%的折扣待遇。

近年来,绝大多数相互独立的蓝十字和蓝盾进行了合并,既提供住院服务也提供门诊服务。虽然税收优惠降低了它们在与营利的保险人竞争时的经营成本,但许多蓝十字—蓝盾组织发现它们承保了很大比例的那些难以在其他地方获得健康保险的人,这导致了它们遭遇严重的财务亏损,并使其开始关注将营利性市场作为一个替代性的选择。因此,从20世纪90年代中期开始,大量的蓝十字-蓝盾组织转换成股份制保险公司,其保险业务也通过扩展到医疗保险以外以及为自保的雇主医疗计划提供理赔服务而进行了多元化发展。

二、医疗费用增高的原因

20世纪70年代以来,美国的医疗费用增长加速,并逐渐超过军费开支,成为第一大财政支出项目。经过一系列改革,医疗费用虽然有所下降,但20世纪90年代早期又出现了迅猛增加的势头。费用增高的原因有很多,包括传统服务付费方式下的道德风险、越来越多的对于高质量护理的需求、技术进步、人口老龄化等。

1. 传统服务付费方式下的道德风险

(1) 保健体系的当事人及特点

保健体系包括三方当事人,分别为:保健服务的提供者,如医生或医院;保健服务的消费者,即员工;雇主/保险人。保健服务是这三者的核心,围绕这一核心,提供者和消费者在传统服务付费方式下就有两个重要特点:第一,提供者一般比消费者更多地了解所需要的服务。例如,如果一个医生推荐给病人某种检查或治疗,大多数病人都不会有资格或能力去质疑医生的安排。因此,在很多情况下,提供者对于保健服务的需求具有重要的影响。第二,由于是消费者以外的保险人和雇主支付绝大部分保健服务的费用,而服务提供者的收入随着所提供服务的增加而提高,那么提供者就有动机提供额外的医疗服务。而消费者不直接支付费用,他们也倾向于要求更多的护理,或至少对护理成本的节省并不关心。这两个特点导致了传统服务付费方式下的事后道德风险。

(2) 道德风险

这里的道德风险可以分为事前道德风险和事后道德风险。

首先，作为一种团体保险，员工缴纳的保费与其个人期望索赔成本没有直接的相关关系。因此，在员工受伤或生病之前，他们的健康谨慎意识可能会下降，这就是所谓的事前道德风险。当然，这种风险并不是传统服务付费方式特有的，任何一种团体保险都会涉及类似情况。

其次，团体医疗保险中，可能会出现对保健服务的过度利用，这称为事后道德风险。上述传统服务付费方式下提供者和消费者的特点使得他们都缺乏动机来经济地利用医疗护理，甚至可能会过度利用，就使得事后道德风险加剧。对于提供者来说，由于他们的收入与所提供的服务成正比，因此他们可能会过度供给，哪怕治疗效果微乎其微也无所谓，也可能会诱导消费，如诱导孕妇做剖腹产手术。此外，我国"以药养医"的模式也是过度利用的一个因素。对于患者来说，他们关心的只是医疗服务带来的益处，完全忽略费用问题。这就像消费者去商店买东西，当每件东西都要自己付款时，消费者就是理智的购买者。但是，当患者接受医疗服务时，是由别人，即保险公司付款，这时患者可能就不会那么理智了。加之他们也少有能力判断医疗服务的合理性，所以需求方可能会出现小病大治、要求高价药、允许他人"搭便车"等现象。道德风险引起了医疗需求的过度膨胀，医疗费增长迅猛，使得政府不堪重负。但是，有很长一段时间，医学界都拒绝承认他们的行为助长了道德风险。有评论家指出，患者或许会时常要求得到一种特殊药物或是接受一种诊断试验，但通常情况下他们会让医生给出医疗结论。这样，道德风险就不会像给患者开空白支票让他们随便购物之类的事情那样简单了。假如道德风险存在，那么以下三件事中至少有一件就会发生：（1）享受保险的患者很可能每次患病都要与医生见面；（2）当患者享受保险时，医生很可能会推荐更贵的医疗服务；（3）享受保险的患者很可能对医生的推荐表示认可。

医生对以上假定能否站得住脚提出了质疑，他们认为：（1）患者如果只是头疼脑热之类的小病，可能会考虑费用和时间而不见医生，但如果病情严重的话，自然就不会顾虑其他而与医生联系了；（2）医生几乎总是根据医疗效果，而不是经济利益为患者推荐医疗服务；（3）患者并不总是对推荐的服务表示赞同。如果以上论点正确的话，那么道德风险发生的机会就微乎其微了。

1974年，美国国会为兰德公司的全国医疗保险实验拨款8 300万美元，对道德风险的严重性进行了彻底的调查研究。80年代公布的调查结果令人震惊：享受免费医疗的患者与需个人承担部分费用的患者相比，前者的医疗费多出了30%。[①] 兰德公司的研究说明道德风险确实存在，而且非常严重。

2. 对于提高护理质量的需求以及技术进步

随着人们收入的提高，人们对高质量医疗护理的需求不断增加。此外，许多经济学家认为医疗技术的进步是几十年来医疗保险开支在世界各国都持续上涨的罪魁祸首。例如，以前没有器官移植技术的时候，出现器官衰竭症状的患者很可能不治身故，但现在有了这种技术，医疗保险就不能因为费用昂贵而不允许使用。结果就是，如果我们想得到这种医疗效益，就必须付出相应的代价。

---

① David Dranove, *What's Your Life Worth? Health Care Rationing... Who Lives? Who Dies? And Who Decides?*, Pearson Education, Inc., 2003.

新的医疗技术的前进步伐在任何时候似乎都不会放慢速度。如果过去的一切只是个开始的话,那么与提高生命质量的承诺同时而来的就是标价极高的药品与医疗服务。因此,这种原因的控制比道德风险的控制更加困难。我们在下面"控制昂贵医疗服务的数量?"这一部分中将会进一步感觉到这一点。

3. 人口老龄化

国内外的研究都表明,老年人的人均医疗费用是其他人的三到五倍。这些研究也表明,在老龄化的过程中,老龄人口医疗费用会增加。关于人口老龄化对医疗卫生总费用的影响,存在两种不同的观点,一种观点认为人口老龄化是医疗卫生费用上升的主要推动力,另一种观点则认为老龄化对医疗卫生费用上升的影响并不大,因为尽管老年人口医疗费用很高,但是很难确定医疗费用总量的上升到底是人口结构变化造成的,还是医疗费用、保险覆盖率这些因素导致的。①

专栏 15.7

你的生命值多少钱?

也许你还没有考虑自己的生命价值这个问题,但那些为你付医疗费的人已经开始为你考虑这个问题了。一些为医疗保险投保的人,包括澳大利亚和英国的政府投保人,正在做着一件你意想不到的事:用金钱为生命估价。在这些国家,现行的生命价格约为每年5万美元,不同地区间可能会有几千美元的差别。如果你正面临生命危险,而救治你的费用又超过了5万美元,那么为你投保的人或许就会认为得不偿失。至少英国人和澳大利亚人对生命的价值非常清楚,如果他们认为能够得到与支出相当的收益,就会增加投入。加拿大、德国和其他一些国家的政府投保人则毅然决定:不管收益如何,都要在医疗保险的费用中画一道界线。美国的雇主由于要为员工缴纳医疗保险的大部分费用,也赞同这一举措。也就是说,他们认为无论有多少生命面临死亡的危险,都不值得花更多的钱去挽救生命。

你一定会觉得这种想法令人不快,怎么会有人把金钱看得比生命还重要呢?

由于社会资源有限,除了医疗保险之外的其他社会目标,如正义、美好、知识等也理应占有一部分社会资源。我们可能会提出健康是最重要的社会目标,但这样就意味着每个人、每个国家都有义务为解除人民的疾病、痛苦和不必要的死亡而倾其所有吗?

假如我们都竭尽所能去减少疾病、避免痛苦和延长生命的话,用于医疗保险的费用就会占去社会开支的大部分。那么剩下的用于正义、美好、食品、国防以及其他我们认为珍贵的东西上的开支就会少得可怜。所以,要想实现所有的社会目标,必须缩减医疗保险方面的开支。

资料来源:V. Fuchs, *Who Shall Live*? New York: Basic Books, 1974.

---

① U. E. Reinhardt, Does the aging of the population really drive the demand for health care? *Health Affairs*, 2003, Vol. 22, No. 6, p.27.

三、成本分担

1. 控制昂贵医疗服务的数量?

传统医疗保险下的事后道德风险使得消费者愿意接受对身体康复有益的任何护理,医生也为了增加收入以及减少误诊诉讼的可能而有动机提供额外的护理,甚至是不必要的护理。这使我们立即想到的一个措施就是制定一个标准,以确定什么服务是必需的,什么服务是额外的。

那么,怎么判断医疗服务是不是额外的呢?是否能有一个成本收益的标准,如果护理的成本超过其期望收益,我们就称这种护理是额外的?这里的期望收益等于一个有代表性的人对其健康状况的预期改善所给予的价值评价,但实际上,人们的康复状况有相当大的不确定性,因此最佳护理数量非常难确定。

专栏 15.8

关于 β-干扰素的争议

1994 年,英国国家卫生局成立了国家临床评价研究所,目的是"在患者、专业医疗人员和公众在'最佳实践方案'的基础上为医疗保险提供权威的、有力的和可靠的指导"。自成立之后,国家临床评价研究所对许多药物的使用意见都惹恼了医生、患者以及制药商,其中,对 β-干扰素使用的指导说明引起的公众反应最为强烈。

β-干扰素曾被研究指明可以用来治疗多发性硬化症,这是一种中枢神经系统疾病,患者要忍受许多病痛,包括重影、易疲劳及协调性差等。这些症状在某些患者身上会忽隐忽现,但他们的病情通常会逐渐加重,症状也不见缓解。而研究表明,注射 β-干扰素对一些患者减少发病频率和缓解症状有良好的效果。因此,政府于 1995 年批准该药在英国销售。

但 2000 年,有消息传出说国家临床评价研究所将反对将 β-干扰素治疗多发性硬化症列入医疗保险的范围内。这在英国掀起了轩然大波,《伦敦每日电讯报》刊登了一篇患者的文章,作者表示对此决定感到"震惊和愤慨",并用"凶狠残酷"来形容国家临床评价研究所。研究所的主席并没有对这些言论表示反驳,反而证实了尚未公布的报告内容,并声明研究所之所以不认可 β-干扰素,就是由于其支出超过了医疗收益。

结果,这进一步激起了支持者的怒火,国内各家报纸相继刊登了关于这一争端的评论性文章,议员向国家卫生局施加政治压力,让其不顾国家临床评价研究所的反对而为 β-干扰素付费。国家临床评价研究所也将关于 β-干扰素的指导说明公布日期一拖再拖,直到 2002 年 2 月才公布决定,允许当前的患者继续接受此药物的治疗,但不同意为新的患者支付药费。因为 β-干扰素的决定,研究所的官员被公众指责为"无所不为的破坏者与臭名昭著的杀人犯",其受到的政治压力也与日俱增。

资料来源:David Dranove, *What's Your Life Worth? Health Care Rationing... Who Lives? Who Dies? And Who Decides?* Pearson Education, Inc., 2003.

由于医疗护理的最佳数量很难验证,在传统服务付费方式下,单纯从限制昂贵医疗服务的使用上控制道德风险是不够的。20 世纪 70 年代中期以来,美国开始对传统医疗保险制度进行调整和改革,包括与员工分担成本,以及管理式医疗保险。

2. 成本分担的方式

由兰德公司的研究可以自然地得出结论:控制医疗保险支出的简单有效途径就是要求患者负担部分医疗费用。因此在美国,一些雇主对传统服务付费方式进行了修改,不再由雇主和保险公司承担全部的服务付费。

一种修改是采用免赔额以及其他与病人共同负担成本的方式。在这种修改下,由于病人也要负担一部分服务费用,他就会有动机从医生那了解治疗所能获得的期望收益,当期望收益和昂贵的成本相比并不占优时,病人就可能拒绝医生向他提供这种治疗或服务。相应地,由于病人选择医生的标准也基于医生在提供有成本效益的护理方面所建立的声誉,医生也会自发地关注所提供服务的成本效益,不再倾向于推荐一些与成本比较期望收益很少的治疗。

另一种修改是向员工提供多种选择,如果员工选择不分担成本的保险计划,就要缴纳更多的费用,如果选择分担成本的保险计划,费用相对来说就会便宜。

3. 效果

虽然兰德公司的研究证明了让患者负担部分医疗费用可以降低总的保健成本,但有人提出了疑问:需要负担部分费用的患者是否会因此而享受不到必需的医疗服务?如果这种情况发生,那么,在医疗保险中,尽管道德风险或许是值得关注的,因为此时患者享受免费医疗的支出可能要高一些,但如果患者的病情有所好转,这种高额的支出也就值得了。

对这种质疑,兰德公司也做了相应研究。他们在对两种情况进行对比时,并没有仅仅计算医疗费用,还考虑了参与者的健康问题。研究参照了 4 大类 11 种健康衡量标准。这 4 大类是:总体健康状况、卫生习惯、生理健康以及死亡风险。在几乎所有的标准中,如身体机能、精神健康及死亡的风险等,享受免费医疗与个人负担部分费用的患者没有任何差别。

四、管理式医疗保险

美国医疗保险的另一种主要改革方法是在医疗服务的提供方式和保险费用的支付方式上进行综合的改变,这被称为"管理式医疗(managed care)保险"的模式。管理式医疗保险组织就是一个同时接受客户投保和提供医疗服务的团体或组织,即保险和医疗的混合体,对价格、服务质量和人们获得医疗服务的途径都进行严格管理。具体来说,病人不再像过去那样自由选择医生看病,而是到指定的医院看病,这也是管理式医疗保险和传统服务付费方式的医疗保险的一个最大区别;保险公司直接参与对医疗保险整个运行过程的管理,与医院就医疗保险的价格进行谈判;改变医疗保险费用"实报实销"的支付方式。

"管理式医疗保险"反映了大多数雇主和保险人的共识,即在投保人能够获得充分和适当的医疗服务的前提下,降低费用开支。因此,自20世纪70年代兴起之后,这种模式发展迅速,在整个健康保险计划中的比例已从1993年的52%猛增到2002年的95%[①],成为企业健康保险计划的首选。

"管理式医疗保险"的形式包括健康维持组织、优先服务提供者组织和指定服务计划等。

1. 健康维持组织

健康维持组织(Health Maintenance Organization,HMO)是20世纪70年代在美国出现的管理式医疗保险的主要模式之一。HMO多半是由一大群医生自己组织而成,也有些是由医院、人寿与健康保险公司、蓝十字-蓝盾组织等其他机构建立,目的是将整个保险制度和医疗系统进行集中管理,以便杜绝医疗资源的滥用和浪费,节省开支。HMO一般要求参加的雇主缴纳一笔固定的年度费用,为其员工提供医疗护理服务。该组织所提供的保障通常是综合性的,包括日常护理。

专栏15.9

HMO的历史

HMO的源头可以追溯到19世纪晚期,当时有一些医生为公司每个员工提供了提前付款的医疗服务。到了20世纪40年代,几个预付医药费的医疗计划的范围已经遍布美国,其中最著名的是凯泽基础健康计划(Kaiser Foundation Health Plan)和西雅图普吉湾团体保健合作医院。国家的医疗机构觉察到这种提前付款会对职业风气构成威胁,地方医疗团体开始试图取消医生的特权,禁止他们提前收取医药费。最终,法庭扫除了以上障碍,批准了这种形式。

1970年,一个名叫保罗·埃尔伍德(Paul Ellwood)的年轻医生兼医疗保险顾问用"健康维持组织"的名字来概括上述预付医疗费的方案,并提出其宗旨是鼓励尽力预防疾病,而不仅仅是治疗疾病。

资料来源:C. Cutting, *Historical Development and Operation Concepts*. In: A. Somers, ed., *The Kaiser-Permanente Medical Program*, New York: Commonwealth Fund, 1971.

HMO的主要特点是:(1) 制定选择医院的标准;(2) 通过与经过挑选的医疗服务提供者(医生或医院)签订合同,向参加者提供一系列的医疗保健服务;(3) 通过正式计划来进行医疗服务质量的改善和药品使用的审核;(4) 强调保持参加者的身体健康是HMO的宗旨,以避免因为节约成本而降低治疗和服务的质量;(5) 建立经济奖励机制,鼓励参加者使用HMO的服务。

HMO进行成本控制的策略是对保健服务的消费者和提供者都实行了与传统服务付费方式不同的约束,这形成了这一模式的成本控制机制。

首先,对于保健服务的消费者来说,患者不再有随便选择医生的权利,而是只能到指

[①] 水吉:《美国管理式医疗保险举足轻重》,《中国劳动保障报》,2002年11月6日。

定的医院或医生那里就诊(急诊除外)。这样 HMO 就可以把注意力集中在服务提供者那里。

其次,对于保健服务的提供者来说,在 HMO 工作的医生是其员工,只拿薪水,不从病人服务中提酬。HMO 选择医生有一定的标准,如接受过良好的医疗教育等。如果 HMO 认为医生所提供的额外护理超过了特定的水平,它会减少支付的费用或者终止与医生之间的合作协议;反之,如果额外护理控制在一定水平之下,HMO 就会给医生相应的奖励。这一措施在保证护理质量的前提下成功控制了成本。传统服务付费方式之所以使得道德风险加剧,就是因为服务提供者的薪水和其所提供服务的成本是正相关的,服务提供者有动机多提供服务,HMO 的这一限制使得这种关系不复存在,甚至在一定条件下变为了负相关,服务提供者不再有动机提供"多余"的治疗和护理。

最后,对医疗服务的利用和药品的使用制定标准并进行审查。在美国,有很多专门提供医疗审查的公司对医疗服务的标准进行审查,国会还于 1983 年成立了专业审查组织(professional review organizations, PRO),成员大部分来自当地医学界,目的是为减少医疗利用率和医疗开支制定明确目标。为实现这一目标,就要建立适当的医疗标准。有了这些标准,医生就要接受是否达到标准的审查。例如,如果某个医生在做心脏手术时没有达到标准,那么专业审查组织就会建议 HMO 拒绝支付医疗费。此外,还有为管理式医疗组织工作的药品福利管理公司(pharmacy benefits management firms, PBM),它们制定符合标准的处方药名录,加入 HMO 等管理式医疗组织的患者如果使用名录中的药,则个人只需负担很少的费用,而如果要用名录之外的药,费用就会很高。这样就在一定程度上影响了名录之外药品的销售,迫使制药商压低价格。

除了上述直接的成本控制之外,HMO 的限制还产生了一种间接效果,这种间接效果更为积极,从某个角度来说,它实现了风险管理"合理的赔偿与有效的安全激励"的真谛,这种作用使得 HMO 具有可持续的成本控制的作用。因为前述 HMO 对医生的规定,HMO 的医生为了节约医疗费用开支,把工作重点放在了健康教育和强化预防措施方面,如加强预防性出诊、加强健康检查、开办戒烟和减肥等服务,做好入院前的准备,尽量缩短平均住院日等。据调查,一段时间后,推行 HMO 的地区医疗费用下降 10%—40%。

2. 优先服务提供者组织

优先服务提供者组织(preferred provider organization, PPO)是管理式医疗保险的另一种形式,它于 20 世纪 80 年代出现,在管理上比 HMO 更加灵活,主要是给予了参加者更多的选择医疗服务提供者的自由。

PPO 代表投保人的利益,针对医疗服务收费与医院和医生进行谈判及讨价还价,最终选择同意降低收费价格并愿意接受监督的医院和医生签订合同。PPO 同意医院和合同医生按服务项目付费,一般将价格压低 15% 左右。由于 PPO 的保险费较低,并且选择医院和医生的自由度更大一些(一般保险公司提供 3 家医院供选择),因此比较受欢迎。

3. 指定服务计划

指定服务计划(point-of-service, POS)是管理医疗的第三种模式,有时也被认为是 HMO 和 PPO 的混合模式。它建立了一个医疗服务提供者的网络,要求员工从中选择一位初级保健医生作为医疗服务的提供者,由这位医生来控制有关专科服务。当员工或其保障范围内的受抚养人生病时,他们必须先到初级保健医生处就诊,该医生有权力决定病人是否需要转到专家处继续治疗,以及其他费用昂贵的护理形式。

如果从网络中指定的初级医生那里接受服务,则支付很少或不支付费用,且不限制投保人的服务需求。如果从非指定的医生那里获得服务,也可以得到补偿,但要自付较高比例的费用。

五、中国的多层次医疗保障体系框架

中国目前正在建立城镇职工的多层次医疗保障体系,以适应国家的经济发展状况以及正在发展的商业医疗保险市场。按保障内容来分,这个体系包括五个层次。

第一,基本医疗保险。基本医疗保险的政策全国统一(详见本章第二节)。

第二,地方补充医疗保险。基本政策全市或全地区统一,各地可以根据自己的经济发展状况和医疗消费水平确定筹资比例和待遇水平。

第三,公务员医疗补助和企业补充医疗保险。公务员医疗补助是指由当地财政拨款,对公务员在基本医疗保险保障之外的风险给予一定的补助。企业补充医疗保险则是企业根据自身的经济效益为职工购买的团体商业医疗保险。

第四,商业性医疗保险。这是有条件的个人在基本保险和企业保险之外购买的个人商业保险。

第五,社会医疗救助。针对无法享受企业补充医疗保险和无力参加商业医疗保险的特困人群。

员工福利涉及的除了基本医疗保险以外,主要是地方补充医疗保险和企业补充医疗保险。地方补充医疗保险有由社保经办机构直接经办的形式,也有由商业保险公司承办的形式。目前市场上商业保险公司出售的团体医疗保险大致可以归类为6种,可供广大企业按需选择,亦可进行组合投保。

(1) 住院医疗保险:因疾病或意外伤害事故住院,由保险公司负责住院医疗费用。

(2) 住院补贴保险:因疾病或意外伤害事故住院,由保险公司负责按住院天数给付补贴金和按手术等级支付手术津贴。

(3) 重大疾病保险:因患保险合同规定的重大疾病,由保险公司负责给付保险金。

(4) 团体防癌保险:员工因癌症住院,保险公司按日支付住院保险金,按治疗次数给付手术保险金和放疗保险金。

(5) 补充医疗保险:员工住院医治期间,在社保有关规定范围内发生费用,需要企业和员工个人承担的部分,由保险公司按规定给予赔偿。

(6) 意外伤害附加医疗保险:因意外伤害事故而就医治疗(含门诊和住院)时,由保险公司支付医疗费用。

第四节 退休计划

随着年龄的增长,我们每个人都会退休,而退休后收入下降,生活水平不如工作时就成为每个人都面临的风险。降低这种风险的途径有三种,第一是参加政府主办的基本养

老保险,第二是参加单位设立的企业补充养老保险,第三则是自己进行储蓄或购买相应的储蓄性质的个人商业养老保险。这三种途径通常被称为养老保险的三个支柱。虽然各国养老保险三个支柱的结构不尽相同,但多数认为,替代率①分别为 40%、30%、10% 的构成较合理。根据本章第一节广义福利计划的界定,基本养老保险和企业补充养老保险构成了员工的退休福利计划,本节主要讨论单位为员工建立的企业补充养老保险,即企业养老金。基本养老保险的情况对于理解企业养老金非常重要,这已经在本章第二节有所述及。

在人口老龄化的趋势下,企业养老金已经成为现代养老保障体系不可缺少的组成部分,占据重要的地位。在发达国家,企业养老金如同巨大的"蓄水池",汇集了巨额的民间资金。在科学的制度安排下,这些资金被有效配置到养老保障和资本市场体系,对减轻政府财政收支压力、完善社会保障体系、培育金融机构、发展资本市场都发挥了积极作用。

专栏 15.10

早期的企业养老金

19 世纪,美国还以家庭养老为核心,直到 19 世纪末,美国经济的迅速工业化以及人口从农村向城市的迁移使得老一代人退休之后问题越来越突出。1875 年,美国运通公司(American Express)为其员工建立了世界上第一个企业养老金计划。

直到 20 世纪初,美国的企业养老金还只有很少几个,其运作也很简单。养老金只限于"永久残疾"的工人,即那些有过工伤的老年员工,而不是针对所有员工。几乎所有企业养老金计划的资产与资助计划公司的总资产都融为一体,而不是单独放在一个信托基金之中。资金也几乎全部来自雇主的当期应税收入,养老金计划的资产几乎没有什么投资运营,而都是和公司的资产一起或是存入银行或是重新以成本的形式投入于本公司的业务之中。

资料来源:张美中等:《企业年金》,北京:企业管理出版社 2004 年版。

一、退休计划的主要类型

企业养老金有两种类型可供选择,一种是确定缴费计划(defined contribution plan),一种是确定给付计划(defined benefit plan)。

1. 确定缴费计划

如果企业养老金是确定缴费型的,则单位每年为员工缴纳的费用事先确定,一般为员工薪金的一定比例,同时,员工也负担薪金一定比例的缴费。

确定缴费计划只限定缴纳的费用,员工退休时所得的给付则是不确定的,要根据退

---

① 替代率是指员工养老金的给付所占员工最后薪金的百分率。如员工最后的薪金为每月 3 000 元,退休后基本养老保险的支付为每月 1 200 元,则基本养老保险的替代率就是 40%。

休基金在其退休前的投资收益而定。投资回报高,则员工的退休给付多,投资回报低,则员工得到的给付就低。投资的风险完全由员工承担。

员工退休时,退休基金及其收益可以一次性领取,也可以用来购买年金,为其提供退休之后每月的固定给付,直至死亡为止。

2. 确定给付计划

确定给付计划中员工退休后所得的收益是单位事先承诺的。

一般情况下,单位根据确定的承诺支付额决定出资额,有的时候员工也会被要求承担一部分缴费。由于投资收益的不确定性,退休基金累积的数额和事先的承诺就可能有差别,如果退休基金没有达到承诺的收益,单位就要承担这种投资风险。也就是说,确定给付计划和确定缴费计划的一个很大的区别就是前者由单位承担投资风险,后者由员工承担投资风险。

在确定给付计划中,最终给付的具体数额基于某个公式,其中工作年限和员工最后几个服务年限内的薪水一般会起决定作用。例15.1中的公式基于员工的最后薪金,在这种退休计划中,如果员工在工作过程中换了工作,就可能会影响退休金的数额,有的时候影响还会很大。

例15.1 A曾经换过一次工作,他在第一个单位工作了15年,最后月薪为4 000元,在第二个单位工作了10年,最后月薪为6 000元。假设无论他在哪个单位工作,退休时的最后月薪都是6 000元。他的前后两个单位都采用相同的确定给付计划,每月退休金为其工作年限乘以最后薪水的2%。

换了工作后,其退休金为:$0.02 \times 15 \times 4\,000 + 0.02 \times 10 \times 6\,000 = 2\,400$(元)。替代率为40%。

而如果他只在一个单位工作,那么退休金就会为:$0.02 \times 25 \times 6\,000 = 3\,000$(元)。替代率为50%。

因此,只在一个单位工作,会得到更多的退休金。

二、退休计划的税惠方式

由单位对员工的生老病死进行管理的一个原因就是单位资助的福利计划享有优惠的税收政策。退休计划在纳税方面的优惠也是它吸引员工的一个重要原因。在美国,企业养老金享有双重税收递延的优惠,养老金的缴资和投资收益都是在领取的时候才需纳税。这种双重的递延效果使得它在其他条件不变的条件下优于普通储蓄和某些形式的商业年金,如例15.2至例15.4[①]所示。

例15.2(出资额和投资收益的递延纳税) 假设员工B及其单位当年向税优退休计划缴纳资金1 000元,资金以储蓄的形式进行累积,两年内的年度税前回报率为5%。两年之后B退休,其适用固定个人所得税税率8%。出资额和投资收益都在退休后纳税,则,

税前投资累积 = $1\,000 \times (1.05)^2 = 1\,102.5$(元)

---

① 例题参考 Scott E. Harrington and Gregory R. Niehaus, *Risk Management and Insurance*, 2nd ed., New York: Irwin/McGraw-Hill Inc., 2004。

税后退休给付 = 1 102.5 × (1 - 8%) = 1 014.3(元)

如果单位将本应缴纳的资金以现金的形式发给员工,员工自己将资金以储蓄的形式进行累积,则税收将使最终的累积额相对较低。

例 15.3(普通储蓄) 假设 B 的单位以现金形式向 B 支付 1 000 元,B 将这笔资金用于储蓄,储蓄在两年内的年度税前回报率也为 5%。两年之后 B 退休,其适用固定个人所得税率 8%,则,

投资额 = 1 000 × (1 - 8%) = 920(元)

税后投资回报率 = 5% × (1 - 8%) = 4.6%

累积退休储蓄 = 920 × $(1.046)^2$ = 1 006.59(元)

某些形式的寿险和年金只有投资收益的递延纳税优惠,此时的税后余额只略优于普通储蓄,较企业养老金来说,相对差距很大。

例 15.4(投资收益的递延纳税) 假设 B 可以在退休之前投资于某账户,其投资收益的税收可递延到退休时缴纳。B 的税前投资为 1 000 元,假设储蓄在两年内的年度税前回报率 5%,两年之后 B 退休,其适用固定个人所得税税率 8%,则,

投资额 = 1 000 × (1 - 8%) = 920(元)

税前投资 + 回报 = 920 × $(1.05)^2$ = 1 014.3(元)

投资回报纳税 = (1 014.3 - 920) × 8% = 7.544(元)

税后余额 = 1 014.3 - 7.544 = 1 006.756(元)

三、国外的退休计划

1. 美国的雇主养老金

从第二次世界大战到 20 世纪 70 年代,是美国雇主养老金从数量到资产金额方面都飞速发展的时期,其间,政府的联邦税收制度是很大的一个推动力。1974 年,《员工退休金保障法》颁布,使得雇主养老金的行政管理和投资运营体制日趋完善。目前,雇主养老金已成为养老金体系中占比最大的一个部分。据统计,养老金总资产 20 多万亿美元中,政府养老金占比 12.5%,企业年金占比 64.0%,个人退休账户占比 23.5%。[①]

美国的雇主养老金包括确定缴费计划和确定给付计划两种类型,目前,前者的数量远远超过后者,资产也与后者的价值相近。到 2000 年为止,美国全部雇主养老金的资产已经达到 83 000 亿美元,其中确定给付计划的资产为 49 750 亿美元,确定缴费计划的资产为 32 550 亿美元。[②]

确定缴费计划包括 401(K) 计划[③]、利润分享计划和员工股权计划等。

401(K) 计划是美国著名的养老金计划,起源于 20 世纪 70 年代,是指美国 1978 年《国内税收法》新增的第 401 条 K 项条款(section 401K)的规定,这一规定的目的是为雇主和员工的养老金存款提供税收方面的优惠。

---

① 《经济参考报》,2012 年 7 月 23 日。
② 杨燕绥:《企业年金理论与实务》,北京:中国劳动社会保障出版社 2003 年版,第 269 页。
③ 美国的确定缴费计划还包括 403(b) 计划和 457 计划,但这两项只有非营利组织和政府机构才有资格资助。

(1) 缴费与支取

计划规定,企业为员工设立专门的 401(K)账户,员工每月从其工资中拿出不超过 25% 的资金存入养老金账户;企业属于配合缴费(即可缴可不缴),但是一般说来,大部分企业也会按照一定的比例(不能超过员工存入的数额)往这一账户存入相应的资金。目前美国 80% 以上的雇主都提供配套资金,配套资金的比例各不相同,约在 25%—100% 之间。[①]

计入员工个人退休账户的资金,员工在退休前一般不得领取,但是这笔钱可以用作投资。企业向员工提供 3—4 种不同的证券组合投资计划,员工可任选一种进行投资,收益归 401(K)账户,其风险也由员工自己承担。

正常情况下领取 401(K)账户基金的条件是达到法定退休年龄、死亡、高度残疾。在美国法定退休年龄为 59.5 岁,达到这个年龄,无论是否继续工作,均可支取账户基金(但要缴一定的个人所得税)。未达到退休年龄也可以支取账户基金,但有一定惩罚措施,所提取款项视为一般收入所得,按 20% 的税率预缴所得税,同时加收 10% 的惩罚税。如果参加者死亡,账户的资金属于其指定或法定的继承人。参加者高度残疾丧失劳动能力的,视为达到退休年龄,可以正常支取账户基金。

员工能够领取多少养老金具有不确定性的特点,取决于缴费额的高低(账户资金的数量)、资金管理的状况以及资本市场发展的情况。

(2) 税收优惠

美国税法规定,401(K)账户年存款额不超过 1.05 万美元时可延期纳税,员工和企业存入 401(K)账户的资金从税前收入中扣除(即国家允许企业的这部分补充缴费直接进入成本,企业给员工的存款可以按工资的 15% 获得税收扣除),不必缴纳所得税;账户基金投资收益也不缴税。只有等员工达到法定退休年龄,开始从账户中取款时才缴税。

专栏 15.11

人们对退休储蓄的关注

尽管 401(K)条款及类似计划风靡一时,可是,一段时间以来,在公司化的美国并没有很多员工能够拥有足够的退休储蓄。这一并不乐观的结论是康州一家退休金计划咨询公司在 1996 年 3 月发表的调查报告中公布的。该公司调查了一些总资产达到 3 250 亿美元的公司的退休金计划主管者,询问他们认为退休金计划在多大程度上对员工的退休储蓄有帮助。只有不到 1/3 的主管人员认为他们的员工会为退休金计划储蓄足够的钱。为什么呢?很多原因:员工没有参加计划、员工的缴费不足、员工使用资金不当……

雇主指出,为了增加退休基金的积累,他们将采取以下措施:向员工解释退休金计划,教他们怎样投资;增加投资渠道;增加贷款渠道;提供公司有关情况;缩短投资周期。超过一半的被调查者都说确定缴费计划已经成为公司推行退休储蓄的主要方式。

2001 年,安然破产事件暴露了 401(K)计划的一个隐藏的最大问题:它没有限定将职工养老储蓄用于购买一只股票的比例。由于公司提供给员工的养老基金投资方式一般

[①] 闻岳春、解学勤:《美国 401K 条款及对中国发展企业年金的借鉴》,《保险研究》,2005 年第 10 期。

比较单调,购买自己公司的股份就成了职工最方便的选择。特别是美国大公司员工一般将自己的养老基金中约 1/3 的资金用于购买本公司股票。在可口可乐、通用电器、麦当劳等公司,超过 3/4 的职工养老基金被用于购买自己公司的股份,而宝洁公司在这方面的比重竟高达 95%。投资本公司股票,看起来既省时、省力又省钱,省去了委托投资公司等中介机构进行投资所花费的委托、管理费用,而且职工购买本公司股票往往还可以获得一定折扣,公司也会施加影响令职工选择本公司股票。但是,这种"把所有鸡蛋放进一个篮子"的做法使得一旦公司经营出现问题,员工很可能陷入养老积蓄与工作一起丢掉的困境,或因股市动荡导致公司股票大幅缩水,职工养老储蓄将遭受巨大损失。

因此,有专家指出,如何保护如此巨大的养老基金,是一个大问题。

资料来源:根据 Ellen E. Schultz:《从管理中观察员工面对的问题》,《华尔街杂志》,1996 年 3 月 27 日;闻岳春、解学勤:《美国 401K 条款及对中国发展企业年金的借鉴》,《保险研究》,2005 年第 10 期整理。

2. 加拿大的雇主退休金

在加拿大,雇主资助的退休计划是职工养老保险体系中最重要的支柱。雇主通过合同委托私人公司管理计划基金,但投资渠道和分享形式等由雇主或员工自己选择。加拿大的雇主退休金主要有注册的养老金计划、储蓄计划和利润分享计划等。

(1) 注册的养老金计划(registered pension plans, RPP)

顾名思义,如果雇主选择建立 RPP 计划,就必须到省养老金法规部门进行注册。注册时需提供相应的法律文书,明确设立计划的法律动机以及一些具体的事宜,如缴费率、投资渠道、待遇享受条件等。建立 RPP 计划的雇主必须保证执行由税务局和各省养老金法规部门设定的最低标准,还要遵守联邦税务局和省税务部门的税法以及各类养老金法规。

RPP 在注册后如果获得批准,就可以享受有关的税收减免优惠。

在实践中,RPP 也分为确定缴费计划和确定给付计划,许多雇主还将这两种计划综合起来,建立新的混合计划。

(2) 注册的退休储蓄计划(registered retirement saving plans, RRSP)

RRSP 需要到加拿大联邦税务局进行注册。该计划不受养老金法规的约束,只需遵守联邦税务局的税法。

RRSP 规定员工必须缴费,但雇主的缴费不是必需的。联邦税务局规定了缴费上限,即缴费总额不能超过员工总收入的 18%,最高缴费总额不能超过 13 500 美元。一般情况下,RRSP 基金的投资渠道由员工选择,然后统一由承办机构进行投资。除了首次购房和参加教育培训时可以暂时借用基金外,个人账户中的基金必须留待员工到达退休年龄时才可以提取,而借用期限不能超过 15 年,否则就要向联邦税务局补税。

RRSP 在加拿大比较普遍,一个主要原因就是员工除了可以通过为自己缴费而减税外,还可以选择为没有经济收入或经济收入不高的配偶缴费,这样一方面进一步减少了纳税,另一方面也为配偶做了养老保障。

(3) 延期利润分享计划(deferred profit sharing plans, DPSP)

DPSP 也不受养老金法规的约束,但要遵守联邦税务局的税法。选择 DPSP 的雇主需拿出部分利润作为缴费,缴费上限为雇主利润的 5%,每一位员工每年不能超过 6 750 美元。员工必须要达到退休年龄才能领取待遇。

四、中国的企业年金计划

1. 建立企业年金的意义

首先,建立企业年金是职工退休后享受较高水平生活保障的重要保证。目前,我国社会基本养老保险制度面临着严峻的挑战,过重的历史欠账、现行退休金高替代率以及由此导致的个人账户空账运行等,造成目前企业和职工缴费压力增大。但职工退休后实际退休费又不高,仅依靠基本养老保险金难以提供较充足的退休保障,而由于我国基本养老保险计划的财政负担已经过重,指望国家提供全部的较高水平的养老金不现实,也不符合养老保障体系发展的国际趋势。根据我国养老保险制度的改革目标,国家提倡企业在自愿的基础上建立企业年金,使职工在得到基本养老保险金保障的同时,又有补充养老保险的辅助,基本养老保险的替代率将逐步降低,企业年金在养老体系中所占的比重会逐步升高,替代率比例也会提高,因此,企业年金在我国未来的养老保险体系中的重要作用是不言而喻的。

其次,建立企业年金是企业实施人才发展战略,增强凝聚力的重要手段。有资料显示,北美、欧洲等发达国家已经广泛建立了商业化的企业年金制度。20 世纪 90 年代以来,这些国家又将企业人力资源发展战略、员工个人职业生涯设计、激励性分配及老年生活保障结合起来,使企业与员工更紧密地结合在一起,最大限度地调动了员工的积极性和创造性。国外的成功经验说明,企业年金的一大优势就是将企业利益同个人利益长期有机结合在一起,对激励人才、吸引人才和留住人才,强化本企业人力资源优势,确保企业高效健康发展确实能起到重要作用。我国企业职工的社会保障体系还不够健全,在不断深化社会养老保障体系的今天,借鉴国外经验,加快完善企业年金体系,对提高企业凝聚力和竞争力显得尤为重要。

最后,发展企业年金是完善养老保障体系,促进保险市场和资本市场发展的重要途径。建立基本养老保险制度与发展企业年金、商业保险并不矛盾,而是可以相互补充、相互促进的。企业年金需要商业化的运作方式,企业年金的经营应该交给多元化市场主体,实行商业化运作,并在市场上形成竞争机制。商业运作形成的市场竞争将推动企业年金的专业化经营,由此带来更好的服务和更高的效率。因此,发展基本养老保险与发展补充养老保险可以同时进行,这将有助于我国经济体制转轨过程中逐步建立起比较完善的养老保障体系。

2. 中国企业年金的发展历程

中国的社会保障体系由基本养老保险、企业年金①和个人储蓄养老三个支柱组成。这基本构成了一个人退休后收入保障的"三大块",即政府提供的基本养老金、企业提供的补充性养老金和个人储蓄性养老保险。其中,前者由国家强制执行,后两者则是自愿

---

① 企业年金针对的是企业,在我国,事业单位建立的补充养老保险称为职业年金。

购买。

但在以往相当长的一段时间内,基本养老保险的替代率水平偏高,达到85%—90%。由于中国养老保险体系建立较晚,吸纳资金有限,许多以前没有缴纳保险基金的退休职工都要依靠养老保险基金来支付退休金,使得养老保险基金背负了上万亿元的隐形负债,债务和资金"缺口"严重。因此,迫切需要调整三个支柱的结构,需要其他资金来源弥补职工退休收入的不足,补充建立私人养老保障机制。

1991年,在《国务院关于企业职工养老保险制度改革的决定》中,第一次提出"国家提倡、鼓励企业实行补充养老保险"。1994年,《劳动法》规定:国家鼓励用人单位根据本单位实际情况为劳动者建立补充养老保险,将其用法律的形式确定下来。2000年,国务院颁布《关于完善城镇社会保障体系试点方案》,将企业补充养老保险正式更名为"企业年金",并提出:有条件的企业可为职工建立企业年金,并实行市场化运营和管理。

虽然在制度上已经建立,但作为"第二支柱"的企业年金,运行多年但进展缓慢,无论从占GDP的比重、员工参与率还是替代率,都与全球尤其是发达国家存在很大差距。在中国整个养老保障体系中,企业年金和个人商业养老保险的作用非常薄弱。数据显示,到2010年年底,中国的养老金总资产2万多亿人民币中,政府养老金占比89.5%,企业年金10.5%,个人退休账户几乎没有。数据显示,截至2010年年末,全国只有3.71万户企业建立了企业年金,参加职工人数为1335万人,粗略计算,建立年金计划的企业数仅占当时企业总数的0.31%,参加企业年金计划的职工人数仅占参加城镇职工基本养老保险人数的5.19%,占就业总人数1.51%。从规模来看,2011年企业年金资产占我国GDP的比重仅为0.76%,而全球企业年金占全球GDP的比重约38%。[①]

2013年国务院批准发布了《关于深化收入分配制度改革的若干意见》,提出:"完善基本养老保险制度。发展企业年金和职业年金,发挥商业保险补充性作用。"十八届三中全会通过的《中共中央关于全面深化改革若干重大问题的决定》也明确提出:"加快发展企业年金、职业年金、商业保险,构建多层次社会保障体系。"

3. 中国企业年金的制度

2004年5月,劳动和社会保障部颁布了20号令《企业年金试行办法》,同时,劳动和社会保障部等四部委联合签署了23号令《企业年金基金管理试行办法》,这标志着企业年金在我国已进入实质性的发展阶段。

(1) 企业年金的建立

符合下列条件的企业,可以建立企业年金:

第一,依法参加基本养老保险并履行缴费义务;

第二,具有相应的经济负担能力;

第三,已建立集体协商机制。

但与基本养老的强制参加原则不同,企业年金的建立完全由企业自愿决定。

(2) 缴费

企业年金所需费用由企业和职工个人共同缴纳。对于缴费水平、执行办法等由企业

---

① 《经济参考报》,2012年7月23日。

自主决定,但规定了上限额度,即企业缴费每年不超过本企业上年度职工工资总额的1/12。企业和职工个人缴费合计一般不超过本企业上年度职工工资总额的1/6。鼓励职工少缴、企业多缴。

(3) 基金的积累与管理

企业年金采取确定缴费型完全累积方式,采用个人账户方式进行管理。职工在职期间为企业做出的贡献越大,所获得的养老收入水平就越高,使职工个人业绩得到了体现。

职工变动工作单位时,企业年金个人账户资金可以随同转移。职工升学、参军、失业期间或新就业单位没有实行企业年金制度的,其企业年金个人账户可由原管理机构继续管理。

建立企业年金的企业,应当确定企业年金受托人(以下简称受托人),受托管理企业年金。受托人可以是企业成立的企业年金理事会,也可以是符合国家规定的法人受托机构。

受托人可以委托具有资格的企业年金账户管理机构作为账户管理人,负责管理企业年金账户;可以委托具有资格的投资运营机构作为投资管理人,负责企业年金基金的投资运营。

受托人应当选择具有资格的商业银行或专业托管机构作为托管人,负责托管企业年金基金。

(4) 支付水平与分配办法

职工在达到国家规定的退休年龄时,可以从本人企业年金个人账户中一次或定期领取企业年金。职工未达到国家规定的退休年龄的,不得从个人账户中提前提取资金。

职工或退休人员死亡后,其企业年金个人账户余额由其指定的受益人或法定继承人一次性领取。

(5) 递延纳税政策

递延纳税是指在年金的缴费环节和年金基金投资收益环节暂不征收个人所得税,将纳税义务递延到个人实际领取年金的环节,也称 EET 模式①。EET 模式是西方发达国家对企业年金普遍采用的一种税收优惠模式。OECD 国家中,法国、德国、美国、日本等多数国家均选择了 EET 模式。

2013 年 12 月,财政部、人力资源和社会保障部、国家税务总局联合下发《关于企业年金、职业年金个人所得税有关问题的通知》称,自 2014 年 1 月 1 日起,我国将实施企业年金、职业年金个人所得税递延纳税优惠政策。这一政策对企业年金将产生激励和推动作用。

本章总结

1. 员工福利是指:企业基于雇佣关系,依据国家的强制性法令及相关规定,以企业自身的支付能力为依托,向员工所提供的、用以改善其本人和家庭生活质量的各种以非货币工资和延期支付形式为主的补充性报酬与服务。

2. 员工福利分为法定福利和企业福利两部分。法定福利是国家通过立法强制

---

① E 代表免税,T 代表征税。

实施的员工福利,包括社会保险和各类休假制度。企业福利对法定福利起到补充作用,包括健康保健计划、收入保障计划和员工服务计划。

3. 保健体系包括三方当事人,分别为:保健服务的提供者,如医生或医院;保健服务的消费者,即员工;雇主/保险人。三方当事人在传统服务付费方式下就有两个重要特点:第一,提供者一般比消费者更多地了解所需要的服务;第二,由于是消费者以外的保险人和雇主支付绝大部分保健服务的费用,而服务提供者的收入随着所提供服务的增加而提高,那么提供者就有动机提供额外的医疗服务。而消费者不直接支付费用,他们也倾向于要求更多的护理。这两个特点导致了传统服务付费方式下的道德风险。

4. 管理式医疗是美国医疗保险的一种主要改革方法,它从医疗服务的提供方式和保险费用的支付方式上进行综合的改变。管理式医疗保险组织是一个同时接受客户投保和提供医疗服务的团体或组织。具体来说,病人到指定的医院看病;保险公司直接参与对医疗保险整个运行过程的管理,与医院谈判医疗保险的价格;改变医疗保险费用"实报实销"的支付方式。

5. 企业养老金有两种类型可供选择,一种是确定缴费计划,一种是确定给付计划。

进一步阅读的相关文献 》》

1. David Dranove, *What's Your Life Worth? Health Care Rationing... Who Lives? Who Dies? And Who Decides?*, Pearson Education, Inc., 2003.

2. H. Luft, How do health maintenance organizations achieve their "savings"? *New England Journal of Medicine*, 298 (24), 1978, pp. 1336—1343.

3. William A. Glasser, *Health Insurance in Practice—International Variations in Financing, Benefits, and Problems*, Sanfrancisco: Jossey-Bass Publishers, 1991.

4. Feldstein, Paul J., *Health Care Economics*, Albany, NY: Delmar Publishers, 1998.

5. Allen, Melone, Rosenbloom, VanDerhei, *Pension Planning*, 8th ed., McGraw-Hill Companies Inc., 1997.

6. Jerry S. Rosenbloom, ed. *The Handbook of Employee Benefits*, Irwin Professional Publishing, 1996.

7. Kenneth Black, Jr., Harold D. Skipper, Jr., *Life and Health Insurance*, 13th ed., Prentice Hall, 2000: ch18—ch22.

8. 林义:《社会保险》,北京:中国金融出版社1998年版。

9. 董克用、王燕主编:《养老保险》,北京:中国人民大学出版社2000年版。

10. 姜守明、耿亮:《西方社会保障制度概论》,北京:科学出版社2002年版。

11. 周绿林、李绍华:《医疗保险学》,北京:人民卫生出版社2003年版。

12. 仇雨临、孙树菡:《医疗保险》,北京:中国人民大学出版社2001年版。

13. 信春鹰主编:《中华人民共和国社会保险法释义》,北京:法律出版社2010年版。

14. 杨燕绥:《企业年金理论与实务》,北京:中国劳动社会保障出版社2003年版。

思考与练习

1. 企业福利都包括什么?
2. 在人口老龄化的趋势下,我国的养老保险制度有哪些改革,改革过程中出现了什么问题?
3. 试分析传统服务付费方式下团体医疗费用保险的道德风险的成因。
4. 试分析退休计划的税惠方式。

第十六章 套期保值

▌本章概要▌

套期保值是管理价格风险的常用措施。套期保值中使用的基本的衍生工具包括期权、期货、远期和互换。通过买入或卖出的操作,运用衍生工具可以转移价格变动的风险,但衍生工具具有非常特殊的性质,运用它的同时,也会使使用者面临新的风险。本章将对运用基本衍生工具进行风险管理的原理进行解释,并分析衍生工具带来的新风险。

▌学习目标▌

1. 了解衍生工具的性质及基本类别
2. 理解基本衍生工具的作用
3. 理解基本衍生工具的使用所带来的新风险

引　言

美洲贝律克资源公司位于加拿大多伦多市,它是世界上成长最快和在财务上最成功的黄金开采企业之一。在 20 世纪 90 年代初,很多大金矿都没有把自己产品所面临的价格风险进行套期保值,因此金矿的产出及利润、现金流量和股票价格随着黄金价格的波动而变化。而贝律克资源公司已经适时地进行了套期保值计划并使其成为整个公司战略中一个完整且引人注目的组成部分。在黄金价格不断下跌的情况下,公司的套期保值计划使自己获利甚丰并能够以高出市价的价格销售其产品。例如在 1992 年,当时黄金市价为每盎司[①] 345 美元,而该公司以每盎司 422 美元销售了 128 万盎司黄金。

套期保值是一种怎样的风险管理措施?它为什么能够使贝律克资源公司免受黄金价格下跌之累?用来进行套期保值的衍生工具有哪些?本章将分析典型衍生工具的作用以及使用这些衍生工具进行风险管理时需要注意什么问题。

第一节　衍生工具简介

一、衍生工具的性质

衍生工具(derivative instrument)是指从基础的交易标的物衍生出来的交易工具。基

[①] 1 盎司=28.3495 克。

础的交易标的物包括其他资产、基准利率或者指数,如消费价格指数。衍生工具所基于的资产也称为基础资产(underlying asset),它可以是商品、股票、货币或者债券等。衍生工具的价值就源于其基础资产的价值、基准利率或者指数。

与股票和债券等用于融资的证券不同,衍生产品是一种合约,或者说是双方的私人协议。因此,衍生产品合约的损益之和必定为零。在交易双方中,一方的任何收益就意味着另一方相同大小的损失,尽管在场内交易中,我们可能并不知道交易对方是谁。

衍生工具的一个最基本的用途就是帮助公司将风险转移到资本市场上。[①] 为了帮助客户对付形形色色的风险,投资银行不断设计出各种各样新的衍生工具,这些衍生工具就像一株枝繁叶茂的大树一样,充满了奇妙与诱人之处。

二、基本的衍生工具

衍生工具有很多分类方法,既可以根据交易标的物来分类,也可以根据交易形态来分类。宽泛地说,衍生工具可以分为线性工具和非线性工具两类。线性工具包括远期、期货和互换,它们都是根据预定的时间表交换支付的契约。远期合约和在交易所内进行交易的期货的定价相对简单,互换更为复杂一些。非线性工具包括期权,它在场内、场外均可交易。

(1) 远期合约

远期合约是交易双方之间达成的、在将来某个时点以当前约定的价格买进或者卖出合约标的物的一种协定。

远期合约市场没有实际的交易场所和设施,不存在任何建筑物或者作为市场的有序的公司体制,其交易范围仅限于场外交易市场,也就是由主要金融机构之间的直接交流而形成的市场。

早期的远期合约源于一些农民意识到,预先将未来的交割价格定下来是有益的,这使得他们可以避开预期产品销售的价格波动。远期合约的基本作用和期货合约非常相似,不同的是,远期合约不是标准化的,也不是在特定的交易所内买卖的,它通常是买卖双方私下的协议,约定在未来以固定的价格交易给定资产和现金。在一些技术细节上,远期合约和期货合约也有所区别。

远期合约乍听起来很像期权合约,但是期权合约只代表履行交易的权利,并不附带有义务。如果标的物价格发生变化,期权买方有权决定放弃以该固定价格买卖标的物,但远期合约的交易双方必须承担最终买卖标的物的义务。

(2) 期货合约

期货合约是交易双方达成的、在未来某一时点买卖合约标的物的协定。该合约必须在交易所交易,并按照当日结算的程序进行。

期货合约的发展源于远期合约,它保持了许多和远期合约相同的特点,与远期合约不同的是,期货合约在有组织的交易所,即期货市场中进行交易。期货合约的买方有责任在未来某一时点买进标的物,但他们也可以在期货市场上把期货合约直接卖掉,这就豁免了他们购买标的物的责任。同理,期货的卖方有义务于将来某一时点卖

[①] 衍生工具市场上有三类人:套期保值者、投机者和套利者,本章所述的对象都是套期保值者。

出合约标的物,他们也可选择从期货市场上把合约买回来,这也豁免了他们出售标的物的责任。

期货合约与远期合约还有一点不同之处,即它受制于当日结算程序。根据当日结算的要求,产生亏损的投资方需要每天向获得盈利的投资方支付款项。

期货价格每天都在不停地波动,作为套期保值者的合约买方和卖方都试图从价格波动中获利,以此降低合约标的物的交易风险。

(3) 互换合约

互换是一种交易双方同意彼此交换现金流量的合约形式。例如,交易一方现在从一笔投资中收到了现金,但是他更加青睐于另外一笔现金流量完全不同的投资,于是,该交易方找到互换经纪商,又找到一家从事场外市场交易业务的公司,要求它作为这笔交易的对手方。最后的结果是,这家公司和经纪商完成了现金流量的互换过程。由于价格或者利率的后续变化,交易一方可能赚得利润,而这恰恰是另一方的损失。

(4) 期权

期权是交易双方,即买方和卖方签订的一种合约,它赋予购买者一种权利,但不附加义务,使得购买者有权在某个日期按照现在商定的价格购买或者出售物品。为此,期权购买者需要支付给售方一笔资金,称为期权价格或权利金。如果期权买方愿意的话,期权卖方必须随时准备根据合约条款卖出或者买进合约标的物。

尽管期权交易是在管理有序的市场中进行的,但相当一部分期权交易仍然以交易双方私下成交的方式完成,他们认为这种双方订立的合约要比交易所的公开交易好。这种市场称为场外期权市场。自 1973 年有组织的期权交易所创办以来,场外期权交易市场的利益受到冲击,但近年来,场外市场又开始兴起,现在已有相当大的规模,参与者大多为公司和金融机构。但无论是场内交易还是场外交易,期权定价和期权使用的原则并没有太多区别。

第二节 利用期权进行套期保值

为了直观地说明利用期权进行套期保值的基本思想,我们先看两个简单的例子。[①] 假设某公司 A,在生产中需要以某种燃油作为能源,当燃油价格上涨时,公司的成本将增加,反之,公司成本下降。由于未来的燃油价格不是固定的,因此,A 公司的成本也面临波动。如果 A 公司的产品价格需要维持一定的稳定性,它就不能把所有增加的成本都转嫁给消费者,则它的利润就面临一定的风险。虽然 A 公司面临的风险可能给它带来收益,但潜在的利润降低是它所希望避免的。

假设未来 6 个月内 A 公司所需类型的燃油价格和 A 公司的利润之间有如图 16.1 所示的关系。

---

① Scott E. Harrington and Gregory R. Niehaus, *Risk Management and Insurance*, 2nd ed., New York: Irwin/McGraw-Hill Inc., 2004.

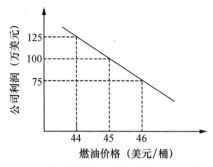

图 16.1　燃油价格和 A 公司利润之间的关系

为了简化问题,假设 A 公司的利润和燃油价格之间是线性递减的关系。由于还有一些未被考虑的因素的影响,图中所示利润是期望利润,实际中的利润可能会围绕这个期望值而随机变动。另外,利润曲线也可能是别的样子,这可以通过它的历史数据估计出来。

再假设某公司 B 是一个在市场上出售燃油的公司,它对油价的反应和 A 公司恰好相反,燃油价格上涨,公司利润增加,燃油价格下跌,公司利润减少。假设与 A 公司类似,B 公司同样面临燃油价格风险,未来 6 个月内 B 公司所生产的燃油价格和 B 公司利润的关系如图 16.2 所示。

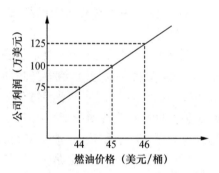

图 16.2　燃油价格和 B 公司利润之间的关系

一、通过买入期权进行套期保值

1. 买入看涨期权

假设 A 公司认为,100 万美元的利润已经非常低了,他希望在利润低于 100 万美元,即油价超过 45 美元/桶时,能够有一个交易对手,补偿给他当时油价和 45 美元/桶这个限度之间的差价,使他能够维持 100 万美元的利润。例如,当油价为 46 美元/桶时,A 公司的交易对手将付给 A 公司 25 万美元(100 万美元 − 75 万美元),当油价为 47 美元/桶时,A 公司的交易对手将付给 A 公司 50 万美元(100 万美元 − 50 万美元)。而油价达到或低于 45 美元/桶时,他希望不和对手发生任何交易,获得利润。作为回报,他会根据合约中标定的油品数量给对方一定的报酬,假设这个报酬为 10 万美元。这时,我们就称 A 公司买入了一个看涨期权(call option)。

A 公司买入看涨期权后的损益线就变为图 16.3。当然,此时 A 公司的最低利润变为

90万美元,假设 A 公司认为这样值得。

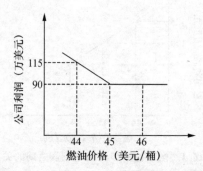

图16.3　A 公司买入看涨期权后燃油价格和公司利润之间的关系

在 A 公司买入的看涨期权中,基础资产是未来 6 个月内某一等级的燃油。作为买入看涨期权的一方,当燃油价格超过某个价格时,A 公司就有权利从其交易对手,即看涨期权的卖出者那里得到相应的补偿,这个特定的价格是事先确定的,称为执行价格(exercise price)或敲定价格(strike price)。相应地,A 公司付给对手的 10 万美元就是他为了拥有这个权利而支付的费用,称为期权价格(option price)或期权费、权利金。

2. 买入看跌期权

像 A 公司那样买入看涨期权主要是为了转移买入商品或金融资产时价格上涨的风险,而 B 公司的情况和 A 公司恰好相反。

假设 B 公司也认为 100 万美元的利润已经很低,他希望在利润低于 100 万美元,即油价低于 45 美元/桶时,能够有一个交易对手,补偿给他当时油价和 45 美元/桶这个限度之间的差价。例如,当油价为 44 美元/桶时,交易对手能付给 B 公司 25 万美元(100 万美元 - 75 万美元),当油价为 43 美元/桶时,交易对手能付给 B 公司 50 万美元(100 万美元 - 50 万美元)。而当油价达到或高于 45 美元/桶时,他希望能够获得全部的利润。同样,作为回报,他付给对方一定的报酬,假设这个报酬也是 10 万美元。这时,我们称 B 公司买入了一个看跌期权(put option)。

B 公司买入看跌期权后的损益线如图 16.4 所示。

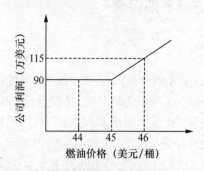

图16.4　B 公司买入看涨期权后燃油价格和公司利润之间的关系

例 16.1(通过买入期权减少风险)　6 月 1 日时,多利公司计划要在 8 月 1 日出售 1 000 千克某种商品,当时这种商品的市价是 104 元/千克。公司担心未来两个月内该商品价格大幅下降,因而希望通过某种操作使自己不受损失。结果,多利公司为 1 000 千克此种商品买入了看跌期权进行套期保值,执行价格为100元,期权价格为2元/千克。

这样做使得多利公司以2000元(2元/千克×1000千克)的代价,保证了在期权有效期内至少可以以100元/千克的价格出售该种商品。

如果8月1日时,商品价格果然低于100元/千克,则多利公司执行期权,出售商品,在得到补偿后获得10万元(100元/千克×1000千克),扣除期权价格,还剩下9.8万元。

如果8月1日时,商品价格高于100元/千克,则不执行期权,按当时的市价出售商品,虽然付出了2000元的期权费,但获利大于9.8万元。

也就是说,多利公司的操作使得它至少在事先保证了9.8万元的收入,即保证了98元/千克的结果,达到了减少风险的目的。

从上面这个例子可以看出,期权具有一定的保险功能。这个结论可能具有一定的迷惑性,因为人们普遍认为,保险主要应用于纯粹风险管理。当然,期权虽然通过融资帮助买入者抵消了未来价格不利变动的影响,但仍然允许买入者从有利的价格中获利。

二、通过卖出期权进行套期保值

对于A公司和B公司来说,如果单纯看它们在买入期权中的损益,就得到如图16.5所示的结构图。它们的交易对手,即期权卖出者的损益线恰好相反,如图16.6所示。从图16.6中可以看出,卖出期权也具有一定的套期保值功能,但这种功能是有限的。当基础资产的价格向对其不利的方向变动时,它最多可以规避期权价格那么多的损失,但当基础资产的价格向对其有利的方向变动时,因为此时正是买入者的损失区间,它需要补偿对方的损失,自己的获利越多,补偿给对方的相应也就越多,最终,获利的大部分将会和付给对方的补偿相抵消。

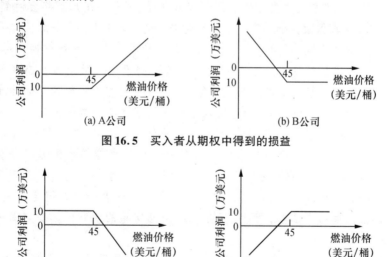

图16.5 买入者从期权中得到的损益

图16.6 卖出者从期权中得到的损益

例16.2(通过卖出期权减少风险) 某投资者购入10000股B公司股票,准备持有2个月,购入价为50元/股。为转移持股期间市场价格下跌的风险,该投资者同时卖出以B股票为标的物的看涨期权合约100份,每份合约的交易单位为100股B公司股票。期权的协定价格为 48 元/股,收取的期权费为 3 元/股,权利期间为两个月。①

卖出看涨期权后,随着到期日市场价格的变动,该投资者的损益如表 16.1 所示。

表 16.1　卖出看涨期权的套期保值结果　　　　　　　　　　（单位:元）

到期日市场价格	现货市场损益	期权市场损益	净损益
60.00	+10.00	−12.00 +3.00	+1.00
55.00	+5.00	−7.00 +3.00	+1.00
48.00	−2.00	+3.00	+1.00
47.50	−2.50	+3.00	+0.50
47.00	−3.00	+3.00	0
45.00	−5.00	+3.00	−2.00
30.00	−20.00	+3.00	−17.00

执行价格 48 元/股是一个转折点。当到期日的股票市场价格高于这个值时,虽然该投资者有正的收益,但期权的买入者恰好有损失,要执行期权,这使得最终的结果只剩一个固定的净收益。而当股票价格低于 48 元/股时,期权买入者不执行期权,该投资者只得到期权费,当损失超过期权费时,就会出现净损失。

专栏 16.1

交易对手是谁

无论是通过买入期权还是卖出期权进行套期保值,还是应用后面将会讲到的期货,在衍生工具市场上,套期保值者都会有一个交易对手。这个对手进行交易的目的是什么呢?

投资者具有不同的风险偏好。一些人对待风险比另一些人更加理性。然而,所有投资者都希望在一个可接受的风险水平之内保留他们的投资。衍生工具市场使得希望减少风险的人得以将风险转移给希望增加风险的人,后者被称为投机商。因为市场在投资者之间重新分配风险的机制是如此有效,以至于我们根本不用事先假定一个不理想的风险水平。最终,投资者都愿意向市场投入更多的资金。

套期保值的交易对方就是投机套利。除非套期保值者能够找到另一个持有相反需求的套期保值者,否则套期保值者的风险必须由投机者来承担。衍生工具市场为投机套利行为提供了一种可选择的、高效的运作途径。许多投资者宁愿在衍生工具上投机,也不愿投资基础性的商品或证券。而且,衍生工具交易实施的便利性让套期保值者感到更容易,成本更低。

但是,投机套利也有一定的争议,衍生工具市场已经受到了来自外部多方面的批评,包括认为该行为等同于合法性赌博的指责。

资料来源:Non M. Chance, *An Introduction to Derivatives and Risk Management*, 5th ed., Harcourt Inc., 2001.

---

① 此例题参考施兵超、杨文泽:《金融风险管理》,上海:上海财经大学出版社 1999 年版。

三、期权风险的特征

期权虽然可以用来进行套期保值,转移价格不利变动的风险,但它也会给使用者带来新的风险。

首先,期权的买入者和卖出者所面临的情况有所不同。对于买入者来说,期权使得他只面临有限的风险,但对卖出者来说,他只能得到有限的报酬。买入者不可能失去比所支付的期权价格更大的价值,因此,他只需要支付期权费,而不需要承担任何未来的损失或偿付资金的责任。因此,不管合约中相关商品价格的变动有多大,期权的所有者都不用担心。另一方面,卖出者则处于极为不利的位置上,他从买入者那里所得到的期权费是他所能得到的最大补偿,如果损失进一步扩大,他的潜在损失将是无限的。

其次,利用衍生工具进行套期保值会面临基差风险(basis risk),期权也不例外。所谓基差风险,是指被套期商品所导致的损失不能完全被来自套期保值工具的收益所抵消的风险。在实践中,这个问题很普遍。导致基差风险的原因很多,被套期商品和衍生工具所基于的商品种类不同、发生交易的时间不同等,都会导致基差风险。

最后,利用买入期权进行套期保值可能会面临价格风险。由于买入者需要支付期权费,假设期权费为10 000元,当基础资产价格发生小幅的不利变动时,如果损失只有1 000元,虽然可以从期权的执行中得到损失补偿,但相比期权费来说,这个收益太小了。而如果没有事先的套期保值,损失仅限于1 000元,而套期保值后损失却扩大到9 000元(10 000元 - 1 000元)。

第三节 利用期货与远期进行套期保值

一、通过买入期货进行套期保值

在上节A公司的例子中,假设A公司仍然认为100万美元的利润是它能够接受的底线,他也希望有一个交易对手,当油价超过45美元/桶时,能够补偿给他当时油价和45美元/桶这个限度之间的差价。但和买入看涨期权的情况不同,此时A公司给对方提供的报酬是油价低于45美元/桶时的获利。例如,当油价为44美元/桶时,A公司支付给对方25万美元(125万美元 - 100万美元),当油价为43美元/桶时,A公司支付给对方50万美元(150万美元 - 100万美元)。这时,我们就称A公司买入了期货,也称为期货做多。

A公司进行多头保值后的损益线就变为图16.7。

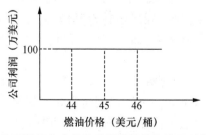

图16.7 A公司进行多头保值后燃油价格和公司利润之间的关系

利用期货做多进行套期保值后,A公司未来所面对的燃油价格就基本被锁定了。当一个公司确知它会在将来某个时候买进某种商品,而又担心价格在此期间上升,则可以采取多头保值。通过多头保值预先锁定一个价格,从而消除或减少价格风险。

例 16.3(通过期货做多进行套期保值) 4 月 15 日,某食品加工商确知将在 8 月 15 日买进小麦 50 000 蒲式耳①。当日小麦的现价为 3.10 元/蒲式耳,8 月份小麦的期货价格为 3.175 元/蒲式耳。每份小麦期货合约单位为 5 000 蒲式耳。该加工商买入 10 份 8 月到期的期货合约进行多头保值。根据期货价格与现货价格在到期日趋合的性质,这里将到期日的期货价格计为当日的现货价格。

多头保值使得该加工商将未来小麦的价格锁定在了 3.175 元/蒲式耳,表 16.2 就列出了 8 月 15 日小麦的现价为 3.125 元/蒲式耳和 3.275 元/蒲式耳时该加工商的净成本支出。由此不难推出,无论小麦的价格如何变动,加工商的净成本支出都是固定的。

表 16.2 期货交易相关数据

8 月 15 日小麦价格 (元/蒲式耳)	现货交易支出 (元)	期货多头收益 (元)	净成本支出 (元)
3.125	3.125 × 50 000 = 156 250	4 月份买入期货价值: 3.175 × 50 000 = 158 750 8 月份卖出期货价值: 3.125 × 50 000 = 156 250 收益: -2 500	156 250 - (-2 500) = 158 750
3.275	3.275 × 50 000 = 163 750	4 月份买入期货价值: 3.175 × 50 000 = 158 750 8 月份卖出期货价值: 3.275 × 50 000 = 163 750 收益:5 000	163 750 - 5 000 = 158 750

二、通过卖出期货进行套期保值

再看上节 B 公司的例子。假设 B 公司也希望放弃 100 万美元以上的收益而得到 100 万美元以下的补偿,由于 B 公司的损益线和 A 公司恰好相反,因此它要找的交易对手应在油价低于 45 美元/桶时,能够补偿给它 45 美元/桶和当时油价之间的差价。作为报酬,当油价为 46 美元/桶时,A 公司支付给对方 25 万美元(125 万美元 - 100 万美元),当油价为 47 美元/桶时,A 公司支付给对方 50 万美元(150 万美元 - 100 万美元)。这时,我们就称 A 公司卖出了期货,也称为期货做空。

B 公司进行空头保值后的损益线与图 16.7 所示的相同。此时,B 公司未来所面对的燃油价格也基本被锁定。当一个公司已经持有某商品,并且预期在未来卖出该商品,或者目前未持有某商品,但确知在未来某时间会持有时,为了避免未来价格下跌,就可以进行空头保值。

例 16.4(通过期货做空进行套期保值) 6 月中旬,一个原油提炼商表明要在 12 月份按 12 月 2 日公布的现货价格向一个客户交付 200 万加仑② 2 号取暖用油。此时的现货价格为 40 美分/加仑,如果这个价格在 12 月份也站得住脚,石油出售的价值将为 80 万

---

① 1 蒲式耳(英) = 36.368 升,1 蒲式耳(美) = 35.238 升。
② 1 加仑(英) = 4.546 升,1 加仑(美) = 3.785 升。

美元。显然,在这期间原油价格的波动会直接影响此原油提炼商的收益。为了消除这种价格的不确定性带来的风险,原油提炼商在纽约商品交易所以每加仑42美分的价格卖出了50张12月份取暖用油合约(每个合约的单位为4万加仑),如表16.3所示。这样,他在期货市场上的卖出价值为84万美元。

表16.3　现货与期货交易对比

日期	现货市场交易	期货市场交易
6月15日	无交易 现货价格40美分/加仑	卖出50份12月期货 期货价格42美分/加仑
12月2日	卖出2百万加仑 现货价格35美分/加仑	买入50份期货合约 价格36美分/加仑
收益	−10万美元	12万美元
纯收益		2万美元

12月2日,原油提炼商以当时普遍的35美分/加仑的价格把2号取暖用油交割给一个制造商。与6月份相比,现货市场上下降5美分导致了产品出售价值减少10万美元。然而,原油提炼商在12月1日已经以36美分/加仑的价格购买了50张期货合约,为他提供了空头部位上的12万美元的利润。最后其出售取暖用油的价值为82万美元(70万美元+12万美元),比6月份时期望出售的价值还多2万美元。

专栏16.2

期货市场的发展

很长一段时间以来,期货交易所只提供商品期货交易合同,如农产品和金属。而后,到了1971年,主要的西方国家开始允许它们的货币汇率自由浮动,这就开启了1972年国际货币市场(international monetary market, IMM)成立的大门。国际货币市场是芝加哥商品交易所的附属机构,专门从事外币的期货交易,这是最早的金融期货。1975年,又出现了第一份利率期货合约。1977年,芝加哥期货交易所开始推行当时美国最流行的期货交易品种——美国国债期货。到了20世纪80年代,股票指数期货蓬勃发展起来。

资料来源:Non M. Chance, *An Introduction to Derivatives and Risk Management*, 5th ed., Harcourt Inc., 2001.

三、期货风险的特征

利用期货进行套期保值,首先要面临价格风险。这种价格风险来源于期货交易的保证金制度。

为了有效防止交易者因市场价格波动而违约,期货交易建立了保证金制度。期货合约的买卖双方都必须向经纪人缴纳保证金,存入其保证金账户以保证履行合约。保证金分为初始保证金(initial margin)和维持保证金(maintenance margin)。客户开仓时缴纳的保证金称为初始保证金,一般相当于合约价值的5%—10%。初始保证金存入后,随着期货价格的变化,期货合约的价格也在变化,这样与市场价格相比,投资者未结清的期货合约就出现了账面盈亏,因而在每个交易日结束后,结算公司将根据当日的结算价格(一般为收盘价),对投资者未结清合约进行重新估价,确定当日的盈亏水平。如果账户余额超过初始保证金,投资者可将超出部分提走,但如果出现亏损,保证金账户余额必须维持在一个最低水平上,这就是维持保证金。它通常为初始保证金的75%。当账户余额低于维持保证金水平,经纪人就会要求客户再存入一笔保证金,使之达到初始保证金,这就是追加保证金。若客户不及时存入追加保证金,则经纪人将予以强行平仓。这种每日结算收益和损失的制度也称为逐日盯市。

保证金导致的杠杆作用以及逐日盯市制度使得套期保值者需要一定的资金维持期货仓位,当保值对象的数额比较大时,可能就会因为拿不出巨额的保证金而面临一定的风险。

此外,使用期货的套期保值者还会面临基差风险。通过期货交易,使得交易方预先锁定一个价格,完全消除了风险,这样的保值是完美的保值。但实践中,期货市场的损益与现货市场的损益可能不完全吻合,这就导致基差风险。具体地,期货交易的基差指的是现货价格与期货价格的差,在期货交易开始和终止时,如果基差恰好相等,就是完全的套期保值,现货市场的损益和期货市场的损益恰好抵消,反之,则可能有少量的净亏损或净收益。

四、利用远期合约进行套期保值

利用远期进行风险转移的原理和期货是一样的。

远期的出现早于期货。19世纪40年代,芝加哥迅速成为中西部地区的运输和销售中心。农民们将自己种植的农产品运到芝加哥销售,然后再通过铁路和五大湖的水路销往东部地区。但是,由于农作物的季节性,大部分农产品会在夏季末和秋季时运往芝加哥。城市的存储设施无法满足这种临时性的供给增加,因此,在收获季节,农产品价格大幅下跌;而随着供应的减少,价格又会稳步上升。

1848年,一群商人成立了芝加哥期货交易所,向解决这一问题迈出了第一步。芝加哥期货交易所成立的最初目的是使农产品的数量和质量标准化。几年后,第一份远期合约诞生。这种合约当时被称为到达合约,它使得农民能够与买方就农产品在未来某一日的交割预先达成价格协定。此后不久,交易所建立了一套管理这种交易的规章和制度。20世纪20年代,清算所成立,期货合约的本质才开始显现出来。

远期市场是一个巨大的世界范围的市场。由于交易非常私人化,因此其规模很难准确说清。根据瑞士布鲁塞尔国际清算银行的一份调查,截至1999年年末,估计远期场外市场的面值达170 000亿美元。

远期合约的双方必须相互协商一致,由于不像场内交易那样有一套完善的保证机制,远期交易的任何一方都需承担对方的信用风险。尽管如此,远期交易仍然具有很多优点:

(1)合约条款灵活

与场内交易的期货只有标准化的交易单位不同,远期合约的条款能根据交易双方的具体需要灵活拟定。例如,一家公司要对400 000蒲式耳的高粱进行套期保值。如果通过期货市场来确定未来的价格,就会遇到两个麻烦:第一,期货市场上没有高粱期货,只有谷物期货,而高粱和谷物的价格走势可能会有差别;第二,期货的到期日都是限定的,这和公司要求可能不同。而在远期市场上,这家公司可能会找到和它的需求相吻合的合约。

(2) 不受监管

场外市场是不受监管的,虽然这引起了很多争论,但不受约束的场外市场给予了投资者非常大的投入资金的灵活度,并通过从旧式合约中发展出新的变形品种,使市场能根据需求和环境的变化做出迅速反应。

第四节 利用互换进行风险管理

互换包括三种基本类型:货币互换①、利率互换及货币利率互换。通过互换,可以将自身面临的汇率风险或利率风险转移出去,从而达到风险管理的目的。

1. 货币互换

在货币互换中,互换双方将自己所持有的、以一种货币表示的资产或负债调换成以另一种货币表示的资产或负债。它起源于20世纪70年代发展起来的平行贷款和"背靠背"式贷款。

货币互换可能会给交易双方都带来好处,包括:解决市场规模限制的困难,轧平各种货币头寸,充分发挥各自的相对优势以增加收益或降低成本,以及转移外汇风险。由于货币互换的期限通常为5—7年,有的甚至长达10年以上,因此它常用来转移长期的外汇风险。

最初,由银行担任经纪人的角色,将两家需求恰好相对应的公司联系起来。例如,美国的A公司在德国有一投资项目,需借入2亿欧元,如果A公司直接从欧洲欧元市场上筹措2亿欧元,利率高达8%,如果在未来3年内欧元升值,还可能在还本付息中由于汇率风险而遭受损失。另有一个公司B,需要1亿美元,但由于种种原因,它在欧洲欧元市场融资成本更低。这样的两个公司就有互换的基础。

接下来,在中介银行的安排下,两个公司进行相应的商洽,安排随后的本金互换与利息互换。银行收取一笔服务费。

随着互换的发展,市场发生了一些变化,如果暂时无法找到对应的交易方,银行有时也会充当另一方的角色,从而促成交易。在随后的时间里,银行再寻找合适的交易对手方。这一变化使得互换业务的交易量在20世纪80年代中期出现了爆炸性的增长。

2. 利率互换

一个标准的利率互换是交易双方达成的一个协议:双方承诺在事先确定的将来日期、在一名义本金基础上用指定的同种货币定期支付利息给对方;一方是固定利率支付

---

① 货币互换容易和掉期交易混淆,所谓掉期,是指人们同时作两笔外汇交易,一笔买进,另一笔卖出;这两笔交易的币种相同,金额也相同,但期限不同。虽然英文形式都为swap,但二者有着明显的区别:(1) 掉期最长不超过1年,而货币互换的期限大多在5年以上;(2) 掉期是为了调换不同的期限,而货币互换是为了调换不同的货币;(3) 掉期是在一个时点上买进一种外汇,而在另一个时点上卖出同一种外汇,货币互换是在一定时期内交换以不同货币表示的资产或负债。

方(固定利率在互换开始时就已确定),另一方是浮动利率支付方(浮动利率在整个互换期间参照一个特大的市场利率确定);双方没有本金的交换,仅有利息的交换。

利率互换一方面可以使交易双方降低成本,另一方面,交易双方可以通过利率互换转移利率风险。

例 16.5(通过利率互换转移利率风险) A、B 两个公司,A 公司信用等级较高,为 AAA 级,B 公司信用等级较低,为 BBB 级。由于信用等级不同,两公司在固定利率市场和浮动利率市场上的筹资成本也不同,具体如表 16.4 所示。[①]

表 16.4 利率互换相关信息

公司	信用等级	固定利率	浮动利率	相对优势
A 公司	AAA	9%	6 个月 Libor + 0.25%	固定利率
B 公司	BBB	10%	6 个月 Libor + 0.75%	浮动利率
利率差		1%	0.5%	

从表中可以看出,虽然 A 公司在两个市场上都有优势,但相对来说,它在固定利率市场上的优势更大一些,而 B 公司在浮动利率市场上的劣势更小一些,这可以称为"相对优势"。

假设由于资产负债匹配的需要,A 公司希望能够在浮动利率市场上筹资,同时,B 公司担心 Libor 上升,希望在固定利率市场上筹资。如果 A、B 公司都直接按照需要去借款,虽然规避了利率风险,但成本都较高,而如果二者采取互换的做法,则不仅回避了利率风险,还降低了成本。

具体来说,A 公司以 9% 的固定利率筹资后,中介银行以 Libor + 0.05% 的浮动利率与甲公司交换 9% 的固定利率,B 公司以 Libor + 0.75% 筹资后,中介银行以 9.8% 的固定利率与 B 公司交换 Libor + 0.75% 的浮动利率,如图 16.8 所示。

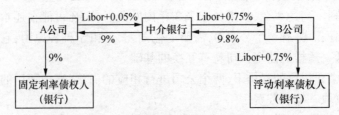

图 16.8 A、B 公司的利率互换

通过互换,A 公司仅支付 Libor + 0.05% 的浮动利息,B 公司仅支付 9.8% 的固定利息,这比它们单独在浮动利率市场和固定利率市场上筹资的成本都要低。

本章总结

1. 衍生工具是指从基础的交易标的物衍生出来的交易工具。衍生工具的一个最基本的用途就是帮助公司将风险转移到资本市场上。
2. 基本的衍生工具包括远期、期货、互换和期权。
3. 利用期权进行套期保值的方式有四种:买入看涨期权、买入看跌期权、卖出看

[①] 此例题引自施兵超、杨文泽:《金融风险管理》,上海:上海财经大学出版社 1999 年版。

涨期权及卖出看跌期权。其中,买入看涨期权和卖出看跌期权可以转移价格上涨带来的风险损失,买入看跌期权和卖出看涨期权可以转移价格下跌带来的风险损失。

4. 利用期权进行套期保值,会给使用者带来新的风险,主要有:

(1) 对于买入者来说,期权使得他只面临有限的风险,但对卖出者来说,他只能得到有限的报酬;

(2) 基差风险;

(3) 价格风险。

5. 利用期货进行套期保值的方式有两种:期货做多及期货做空。期货做多可以转移价格上涨带来的风险损失,期货做空可以转移价格下跌带来的风险损失。

6. 利用期货进行套期保值,会给使用者带来新的风险,主要有:

(1) 因保证金制度和逐日盯市导致的保证金风险;

(2) 基差风险。

7. 利用远期进行风险转移的原理和期货相同,和期货相比,远期具有合约条款灵活及不受监管的优点。

8. 互换包括三种基本类型:货币互换、利率互换及货币利率互换。通过互换,可以将自身面临的汇率风险或利率风险转移出去,从而达到风险管理的目的。

进一步阅读的相关文献 》》

1. Nance, D. R., C. W. Smith, Jr., and C. W. Smithson, On the determinants of corporate hedging, *The Journal of Finance*, No. 48, 1993, pp. 267—284.

2. 〔美〕菲利普·乔瑞著,张陶伟、彭永江译:《金融风险管理师手册(第 2 版)》,北京:中国人民大学出版社 2004 年版。

3. 胡继之主编:《金融衍生产品及其风险管理》,北京:中国金融出版社 1997 年版。

4. 施兵超、杨文泽:《金融风险管理》,上海:上海财经大学出版社 1999 年版。

思考与练习 》》

1. 应用期权进行套期保值,将会面临哪些风险?

2. 买入看涨期权和买入看跌期权分别适用于什么情况?

3. 假定你是一位糖业交易商。当前是 9 月 26 日,你拥有 112 000 磅[①]、单价为 0.0479 美元的糖。1 月份到期的期货合约价格为每磅 0.0550 美元。每份合约数量为 112 000 磅。为了避免糖价下跌带来损失,你应该采取多头套期保值和还是空头套期保值? 假定套期保值头寸在 12 月 10 日平仓,此时现货价格为 0.0574 美元,1 月份期货价格为 0.0590 美元。试分析你的套期保值的效果。

4. 对于下列每一种情况,请确定应使用期货做空还是期货做多来进行套期保值,并说明理由。

(1) 某公司预期三个月后发行股票。

[①] 1 磅 =0.4536 千克。

（2）投资者计划30天后买进债券。

（3）某银行持有另一家银行发行的浮动利率证券。

（4）某公司计划两个月后借款。

5. 举例说明基差风险对利用期货进行套期保值的影响。

6. 远期合约与期货合约的相同和不同之处分别是什么？它们各自有哪些优点？

第十七章 风险管理决策模型

▍本章概要▍

  风险管理决策是在未来不确定性的基础上制定出来的,不同的决策只能从长期的角度进行比较。度量长期结果的重要指标之一就是期望值。期望损益决策模型就是以期望损失或期望收益作为评价指标的。但是,期望损益是建立在绝对的期望损失额或期望收益额的基础上的,没有考虑到不同的决策者面对相同的结果可能有不同的价值判断,因此,它有一定的局限性,期望效用决策模型是解决这一问题的有效手段。马尔可夫风险决策模型和随机模拟则是获得不同决策下损益概率分布的方法。

▍学习目标▍

1. 理解风险管理决策的评价标准
2. 掌握期望损益决策模型的应用
3. 掌握期望效用决策模型的应用
4. 掌握马尔可夫风险决策模型的应用
5. 理解随机模拟的应用

引　言

  俗话说:"两害相权取其轻,两利相权取其重。"企业面对的风险纷繁复杂,而对付风险的措施多种多样,为了达到以最小的安全投入获得最大安全保障的目的,企业需要进行选择:是购买保险还是自己承担?是否要做一些风险控制?如果购买保险,免赔额是多少?这些问题的答案都要从长期的角度对风险进行权衡,趋其利,避其害。

  虽然我们在日常生活中所做的决策很多并没有经过数学模型的计算,但实际上我们在心里的确做了一番权衡,也用到了概率分布这个风险的描述,无论它是来自主观、客观还是二者兼有。当然,在面对风险的时候,不同的人可能有不同的安排,这和个人的决策标准、对风险的认识程度以及对风险的承受能力等因素有关。

  本章介绍了四种常用的风险管理决策模型,它们从不同的角度进行决策。期望损益决策模型和期望效用决策模型是以期望值为决策标准进行决策的方法,马尔可夫风险决策模型和随机模拟的重点则在于获得不同决策下的损失或收益的概率分布,在其结果的基础上,再应用期望损益决策模型或期望效用决策模型。

第一节 期望损益决策模型

一、期望损益决策模型的原理与应用

一项决策的效果取决于两方面的因素,一是决策者所选择的行动方案,二是决策者所无法控制的客观因素,前者通常称为决策变量,后者称为自然状态。

风险管理决策的对象是未来的不确定性,即风险,它由概率分布来量化,是决策者根据几种不同自然状态可能发生的概率所进行的决策。由于任何一个行动方案都会遇到一个以上自然状态所引起的不同后果,因此,不同方案实施的效果往往无法直接比较。

更为重要的一点是,风险管理措施只能从概率的意义上来说是最优选择,或者说从长期的角度来讲是最优的,但对一次具体的实际情况来说,不能保证事先的行为最佳。这是风险管理中一个非常重要的认识。例如,一幢建筑物面临火灾风险,为了降低火灾的损失幅度,在建筑物内安装了价格不菲的自动喷淋系统。如果从长期的角度来说,安装自动喷淋系统比什么都不做地承受火灾风险要更合算,但从短期来看也许并不是这样,如果下一年没有发生火灾,安装自动喷淋系统就是不合算的。度量长期结果的重要指标之一就是期望值。绝大多数风险管理决策都建立在对期望值进行比较的基础上。

期望损益决策模型是常用的风险管理决策模型之一,它是以每种方案的期望损益作为决策依据,选择期望损失最小或期望收益最大的措施。

二、期望损失准则

期望损失准则一般适用于纯粹风险,它以不同方案的期望损失作为择优的标准,选择期望损失最小的方案为最优方案。

例 17.1 某辆运输车面临交通事故风险,为简便起见,只考虑两种可能后果:不发生损失或全损,发生全损的概率为 2.5%。有三种风险管理方案可以选择:

(1) 自留风险并且不采取任何安全措施;
(2) 自留风险并且采取安全措施,安全措施的使用使得发生全损的概率降为 1%;
(3) 购买保险,保费为 3 000 元。

每一种方案的实施结果如表 17.1 所示,其中间接成本指的是如信贷成本上升这样的成本,如果购买保险,就不存在间接成本了。[①] 这种不同决策方案下的损失额、费用与概率的描述也称为损失模型,用这种形式表达复杂的风险结果,会使得风险的不确定性及决策的效果一目了然。

表 17.1 不同措施下的损失 (单位:元)

方案	成本	
	发生火灾时	不发生火灾时
(1) 自留风险不采取安全措施	直接损失:100 000 间接损失:5 000	0
(2) 自留风险采取安全措施	直接损失:100 000 间接损失:5 000 措施成本:2 000	安全措施成本:2 000
(3) 投保	保费:3 000	保费:3 000

---

① 许谨良主编:《风险管理(第二版)》,北京:中国金融出版社2003年版,第160页。

解答 对于纯粹风险,一般根据期望损失最小的标准进行决策。由三种方案下不同的概率分布,可以计算出各自的期望损失:

方案(1)的期望损失:$(105\,000 \times 2.5\% + 0 \times 97.5\%)$元 $= 2\,625$ 元

方案(2)的期望损失:$(107\,000 \times 1\% + 2\,000 \times 99\%)$元 $= 3\,050$ 元

方案(3)的期望损失:$(3\,000 \times 2.5\% + 3\,000 \times 97.5\%)$元 $= 3\,000$ 元

从计算结果可以看出,方案(1)的期望损失最小,因此,选择方案(1)作为风险管理决策方案。

在上例中,为了简化问题,只考虑了不发生损失或全部损失两种情况,备选方案也比较简单,在实际中,如果风险事故发生,可能造成若干种不同的损失,备选方案也会更加灵活。

例 17.2 企业的某栋建筑物面临火灾风险,在不考虑有关税赋及时间因素的情况下,有自动灭火装置和没有自动灭火装置情形下的损失及概率如表 17.2 所示。

表 17.2 火灾损失金额及概率

损失金额(元)		概 率	
直接损失	间接损失	没有自动灭火装置	有自动灭火装置
0	0	0.75	0.75
1 000	0	0.20	0.20
10 000	0	0.04	0.04
50 000	2 000	0.007	0.009
100 000	4 000	0.002	0.001
200 000	8 000	0.001	0.000

注:间接损失是指未保险时损失发生所带来的间接损失。当直接损失为 150 000 元时,间接损失为 6 000 元。

企业有六个风险管理方案可以选择,见表 17.3。[①]

表 17.3 可供选择的方案及相关费用

序 号	方 案	费 用
1	完全自留风险,不安装自动灭火装置	0
2	完全自留风险,安装自动灭火装置	自动灭火装置的年维护费用和折旧费共计 500 元
3	购买保额为 50 000 元的保险	保费 1 500 元
4	在方案 3 的基础上安装自动灭火装置	灭火装置的年维护费用和折旧费共计 500 元;保费 1 350 元
5	购买带有 1 000 元(绝对)免赔额、保额 200 000 元的保险	保费 1 650 元
6	购买保额 200 000 元的保险	保费 2 000 元

解答 各方案的损失模型及期望损失如下:

---

① 许谨良主编:《风险管理》,北京:中国金融出版社 2003 年第 2 版,第 164 页。

(1) 方案 1 的损失模型

损失金额(元)			概　率
直接损失	间接损失	合　计	
0	0	0	0.75
1 000	0	1 000	0.20
10 000	0	10 000	0.04
50 000	2 000	52 000	0.007
100 000	4 000	104 000	0.002
200 000	8 000	208 000	0.001

期望损失：$(0 \times 0.75 \times 1\,000 \times 0.20 + 10\,000 \times 0.04 + 52\,000 \times 0.007 + 104\,000 \times 0.002 + 208\,000 \times 0.001)$ 元 $= 1\,380$ 元。

(2) 方案 2 的损失模型

损失金额(元)				概　率
直接损失	间接损失	折旧与维护	合　计	
0	0	500	500	0.75
1 000	0	500	1 500	0.20
10 000	0	500	10 500	0.04
50 000	2 000	500	52 500	0.009
100 000	4 000	500	104 500	0.001
200 000	8 000	500	208 500	0.000

期望损失：$(500 \times 0.75 \times 1\,500 \times 0.20 + 10\,500 \times 0.04 + 52\,500 \times 0.009 + 104\,500 \times 0.001 + 208\,500 \times 0.000)$ 元 $= 1\,672$ 元。

(3) 方案 3 的损失模型

损失金额(元)				概　率
直接损失	间接损失	保险费	合　计	
0	0	1 500	1 500	0.75
0	0	1 500	1 500	0.20
0	0	1 500	1 500	0.04
0	0	1 500	1 500	0.007
50 000	2 000	1 500	53 500	0.002
150 000	6 000	1 500	157 500	0.001

期望损失：$(1\,500 \times 0.75 \times 1\,500 \times 0.20 + 1\,500 \times 0.04 + 1\,500 \times 0.007 + 53\,500 \times 0.002 + 157\,500 \times 0.001)$ 元 $= 1\,760$ 元。

(4) 方案 4 的损失模型

损失金额(元)					概　率
直接损失	间接损失	折旧与维护	保险费	合　计	
0	0	500	1 350	1 850	0.75
0	0	500	1 350	1 850	0.20
0	0	500	1 350	1 850	0.04
0	0	500	1 350	1 850	0.009
50 000	2 000	500	1 350	53 850	0.001
150 000	6 000	500	1 350	157 850	0.000

期望损失:(1 850×0.75×1 850×0.20+1 850×0.04+1 850×0.009+53 850×0.001+157 850×0.000)元=1 899元。

(5) 方案 5 的损失模型

损失金额(元)				概 率
直接损失	间接损失	保险费	合 计	
0	0	1 650	1 650	0.75
1 000	0	1 650	2 650	0.20
1 000	0	1 650	2 650	0.04
1 000	0	1 650	2 650	0.007
1 000	0	1 650	2 650	0.002
1 000	0	1 650	2 650	0.001

期望损失:(1 650×0.75×2 650×0.20+2 650×0.04+2 650×0.007+2 650×0.002+2 650×0.001)元=1 900元。

(6) 方案 6 的损失模型

损失金额(元)				概 率
直接损失	间接损失	保险费	合 计	
0	0	2 000	2 000	0.75
0	0	2 000	2 000	0.20
0	0	2 000	2 000	0.04
0	0	2 000	2 000	0.007
0	0	2 000	2 000	0.002
0	0	2 000	2 000	0.001

期望损失:(2 000×0.75×2 000×0.20+2 000×0.04+2 000×0.007+2 000×0.002+2 000×0.001)元=2 000元。

通过比较可知:期望损失最小的是方案 1。

三、期望收益准则

期望收益准则一般适用于投机风险,因为有获利的可能,所以它以不同方案的期望收益作为择优的标准,选择期望收益最大的方案为最优方案。

例 17.3 某化工厂为扩大生产能力,拟订了三种扩建方案以供决策:(1) 大型扩建;(2) 中型扩建;(3) 小型扩建。三种扩建方案下,产品销路好时和产品销路差时的获利情况如表 17.5 所示,根据历史资料,预测未来产品销路好的概率为 0.7,销路差的概率为 0.3。试做出最佳扩建方案决策。

表 17.4　不同方案下的获利情况　　　　　　　　　　　　(单位:万元)

方　案	销路好	销路差
大型扩建	200	-60
中型扩建	150	20
小型扩建	100	60

解答 首先,计算各方案的期望收益值。

方案(1):(200×0.7+(-60)×0.3)万元=122万元

方案(2):(150×0.7+20×0.3)万元=111万元

方案(3):$(100 \times 0.7 + 60 \times 0.3)$ 万元 = 88 万元

根据期望收益决策准则,选择期望收益最大的方案1,即进行大型扩建。

四、忧虑成本的影响

例17.1的结果说明,什么都不做,自己承担风险是最优的,但在实际中,为什么很多人在面对这样的风险的时候还是愿意进行一些损失控制活动或者购买保险呢?这是由于在面对风险的时候,对高额损失的担忧,对自身风险把握能力的怀疑,以及风险态度和风险承受能力都会导致一种主观成本——忧虑成本。

在例17.1中,全额投保后无论是否发生损失,无论发生的损失额是多少,未来都是确定的,即只需支出3 000元的保险费即可,此时没有忧虑成本。方案2对风险进行了一些控制工作,风险降低了,忧虑成本虽然存在,但和方案1相比,忧虑成本有所减少。假设方案1的忧虑成本为2 500元,方案2的忧虑成本为1 500元。则考虑忧虑成本之后,各方案下的期望损失如下:

方案1的期望损失:$(107\,500 \times 2.5\% + 2\,500 \times 97.5\%)$元 = 5 125元

方案2的期望损失:$(108\,500 \times 1\% + 3\,500 \times 99\%)$元 = 4 550元

方案3的期望损失:$(3\,000 \times 2.5\% + 3\,000 \times 97.5\%)$元 = 3 000元

此时,方案3的期望损失最小,因此,选择方案3作为风险管理决策方案。

同理,如果例17.2中也考虑忧虑成本,并假设忧虑成本如表17.5所示,则期望成本最小的是方案5。这个结果也和实际比较相符,现实中最佳的选择是带有少量免赔额的保险。

表17.5 不同方案的忧虑成本 (单位:元)

方案	期望损失	忧虑成本	合计
1	1 380	800	2 180
2	1 672	600	2 272
3	1 760	500	2 260
4	1 899	350	2 249
5	1 900	80	1 980
6	2 000	0	2 000

第二节 期望效用决策模型

期望损益决策模型在实践中应用非常广泛,但是,期望损益是建立在绝对的期望损失额或期望收益额的基础上的,没有考虑到不同的决策者面对相同的结果可能有不同的价值判断,因此,它有一定的局限性。虽然加入忧虑成本会使情况有所好转,但仍难以有效地表现主观态度的不同。本节讨论的期望效用决策模型是解决这一问题的有效手段。

一、效用与效用理论

1. 问题的提出

18世纪的时候,著名数学家丹尼尔·伯努利的表兄尼古拉·伯努利提出了一个悖

论,称为"圣彼得堡悖论"(St. Petersburg Paradox),其目的是挑战当时以金额期望值,如平均回报或平均损失作为决策依据的标准。

悖论是以一个故事开头的:过去,在圣彼得堡的街头流行一种赌博,参加者先付一定数目的钱,如100卢布,然后掷硬币,当第一次出现人像面朝上时,一局赌博终止。将此时掷硬币的次数记为 n,则参加者可以收回 2^n 个卢布($n = 1, 2, \cdots$)。决策者面临的问题是是否应该参加这个赌博?

尼古拉·伯努利指出,设硬币是均匀的,则第 n 次投掷才出现人像面朝上的概率为 $\left(\dfrac{1}{2}\right)^n$,相应的回报为 $2^n - 100$。如果以金额期望值作为决策的标准,则参加赌博的平均回报

$$E = \sum_{n=1}^{\infty} (2^n - 100) \frac{1}{2^n} = +\infty$$

不参加赌博的平均回报 $E = 0$。

因此,只花100卢布参加赌博就可以赢得(平均来说)"无穷多"卢布,参加赌博是绝对合算的。可实际情况却是,总是掷不了几次就结束了,极少有能收回100卢布以上的情况。

这里,对概率的评估肯定没有问题,对平均回报即期望值的计算也没有错,而且,"参加赌博"所对应的期望值与庄家所要求的赌注无关,无论押多大的赌注,平均回报都是正无穷大,绝对是合算的。那么,是不是仅仅看平均回报的大小不对呢?

2. 问题的解决

悖论提出后,许多学者都试图解决它,其中丹尼尔·伯努利的解答最为著名,发表在他1738年的一篇论文里,其主要结论之一就是最大期望效用原理,这条原理至今仍是经济学最基本的原理之一。

原理(最大期望效用原理) 个人对商品和财富所追求的满足程度由其相对于他的主观价值——效用来衡量。在具有风险和不确定条件下,个人的行为动机和准则是为了获得最大期望效用值,而不是为了获得最大期望金额值。

这个原理解释了圣彼得堡悖论。从效用的角度出发,参加赌博的平均回报为

$$E = \sum_{n=1}^{\infty} u(2^n - 100) \frac{1}{2^n}$$

如果用对数函数作为对普通人效用函数的近似,那么不考虑赌博成本时,"参加赌博"的期望效用为

$$E = \sum_{n=1}^{\infty} \ln(2^n) \frac{1}{2^n} = 1.39$$

这是一个有限的数,也就是说,一个具有对数函数效用函数的人不愿付出超过1.39个效用单位的成本来获得玩此游戏的权利。人们愿为参加这个赌博而付出的代价是有限的。

3. 效用函数的获得

效用函数是一种主观判断,因此,确定某人的效用函数也是通过测定这个人对一些

具体得失的反应来完成的。

首先，限定效用函数自变量的范围，因为一个人的效用函数在不同情况下可能会是不同的类型。

其次，在自变量范围内取 n 个点，按从小到大的顺序依次记为 $x_1, x_2, \cdots, x_n$。假设这 n 个点是一个游戏的 n 个可能结果，并设 $u(x_1) = 0, u(x_n) = 1$。

对于 x_i，让被试者说出一个概率 P_i，使得他对于

（1）确定地获得 x_i，还是

（2）以 P_i 的概率获得 x_n，以 $(1-P_i)$ 的概率获得 x_1 感到无所谓。则

$$u(x_i) = u(x_n)P_i + u(x_1)(1 - P_i) = P_i$$

这个概率是存在的，因为一个人总会对一个确定的事和一个赌博觉得无所谓。实际上，P_i 就代表他对 x_i 的渴望程度。

最后，将 $P_1, P_2, \cdots, P_n$ 描点连线，即可得到效用曲线的大致轮廓，由此可近似判断效用函数。

4. 效用函数与风险态度

要评价某个决策者对于某个风险的态度，必须首先明确这个风险。由于风险通常被表达为一个概率分布，而简单的概率分布可以解释为某种抽签，如把概率分布 $\{0, 0.5; 100, 0.5\}$ 解释为一个以 50% 的机会抽得 100 元，以同样的机会什么也抽不到，这个抽签的平均值是 50 元。衡量该决策者风险态度的基本思想就是看他愿意进行抽签还是愿意拿 50 元。如果愿意抽签，则他就是风险偏好的；如果宁愿拿平均值 50 元，则他是风险厌恶的；如果在两者之间无所谓，则是风险中立的。

根据这一思想，决策者的风险态度可以和他的效用函数联系起来。

设决策者在一个区间 $[a, b]$ 上的效用函数为 $u(x)$，区间上的任何一点 x 可看做是一个抽签 $\{b, \alpha; a, 1-\alpha\}$ 的期望，即 $x = b\alpha + a(1-\alpha)$。

当决策者的效用函数是一条直线时，有

$$u(x) = u[b\alpha + a(1-\alpha)] = u(b)\alpha + u(a)(1-\alpha)$$

也就是说，区间内任何一点 x 的效用和抽签 $\{b, \alpha; a, 1-\alpha\}$ 的效用是一样的，这个决策者是风险中立的。

如果

$$u(x) > u(b)\alpha + u(a)(1-\alpha)$$

即区间内任何一点 x 的效用大于抽签 $\{b, \alpha; a, 1-\alpha\}$ 的效用，决策者宁愿选择该点，而不愿选择抽签，则这个决策者是风险厌恶的。

反之，如果

$$u(x) < u(b)\alpha + u(a)(1-\alpha)$$

即区间内任何一点 x 的效用小于抽签 $\{b, \alpha; a, 1-\alpha\}$ 的效用，决策者宁愿选择抽签，说明这个决策者是风险偏好的。不同风险态度下的效用函数如图 17.1 所示。

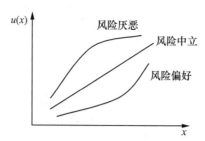

图 17.1 不同风险态度下的效用曲线

现实生活中,大多数人都是风险厌恶的。

5. 风险态度的度量

为了衡量风险态度的程度或比较不同决策者之间风险态度的差异,可以用效用曲线的凸性程度来定量地刻画风险态度。普拉特(Pratt,1964)和阿罗(Arrow,1965,1974)提出了两种用效用函数来度量风险态度的指标,分别为绝对风险指数和相对风险指数,统称 Arrow-Pratt 指数。

定义 17.1 设决策者的效用函数 $u(x)$ 定义在 $[a,b]$ 上,且二次可微,则

$$\text{绝对风险指数 } R_a(x) = -\frac{u''(x)}{u'(x)}$$

$$\text{相对风险指数 } R_r(x) = -\frac{xu''(x)}{u'(x)}$$

二、期望效用决策模型

期望效用决策模型以期望效用损益作为决策的标准,选择期望效用损失最小的方案或期望效用收益最大的方案。

例 17.4 某建筑物面临火灾风险,有关风险的资料如表 17.6 所示。如果不购买保险,当较大的火灾发生后会导致信贷成本上升,这种由于未投保造成的间接损失与火灾造成的直接损失的关系也列在表中。

表 17.6 火灾损失金额及概率

损失金额(元)		概 率
直接损失	间接损失	
0	0	0.75
1 000	0	0.20
10 000	0	0.04
50 000	2 000	0.007
100 000	4 000	0.002
200 000	8 000	0.001

注:当直接损失为 150 000 时,间接损失为 6 000 元。

风险管理者面临 6 种方案,如表 17.7 所示。

表 17.7　可供选择的方案及相关费用

序号	方案
1	完全自留风险
2	购买全额保险,保费 2 200 元
3	购买保额为 5 万元的保险,保费 1 500 元
4	购买带有 1 000 元免赔额、保额为 20 万元的保险,保费 1 650 元
5	自留 5 万元及以下的损失风险,将 10 万元和 20 万元的损失风险转移给保险人,保费 600 元
6	自留 1 万元及以下的损失风险,将剩余风险转移,保费 1 300 元

经调查,风险管理者对拥有或失去不同价值的财产的效用如表 17.8 所示。

表 17.8　拥有或失去不同价值财产的效用

拥有财产价值（千元）	拥有的效用	损失财产价值（千元）	损失的效用
200	100	200	100
198	99.9	170	75
194	99.8	120	50
190	99.6	100	25
185	99.2	75	12.5
180	98.4	50	6.25
170	96.8	30	3.2
150	93.75	20	1.6
125	87.5	15	0.8
100	75	10	0.4
80	50	6	0.2
30	25	2	0.1
0	0	0	0

除表中所示之外,其他价值的效用度可以通过线性插值计算出来。例如,要计算损失额 52 000 元的效用,因为损失 52 000 元在表中损失 50 000 元和 75 000 元之间,则相应的效用损失 $u(52 000)$ 也在 $u(50 000)$ 和 $u(75 000)$ 之间,即

$$6.25 < u(52 000) < 12.5$$

由 $\dfrac{u(52 000) - 6.25}{52 000 - 50 000} = \dfrac{12.5 - 6.25}{75 000 - 50 000}$,可得

$$u(52 000) = 6.75$$

根据期望效用决策模型,这个风险管理者会选择哪种方案?[1]

解答　本例中的问题是针对纯粹风险的问题,因此应用期望效用损失最小的方案。各方案的损失模型及期望效用损失如下:

---

[1] 参考许谨良主编:《风险管理(第二版)》,北京:中国金融出版社 2003 年版,第 172 页。

(1) 方案 1

损失额(元) (直接损失 + 间接损失)	效用损失	概率
0	0	0.75
1 000	0.05	0.20
10 000	0.4	0.04
50 000 + 2 000	6.75	0.007
100 000 + 4 000	30	0.002
200 000 + 8 000	100	0.001

期望效用损失:$0 \times 0.75 + 0.05 \times 0.20 + 0.4 \times 0.04 + 6.75 \times 0.007 + 30 \times 0.002 + 100 \times 0.001 = 0.233$。

(2) 方案 2

损失额(元) (直接损失 + 间接损失)	效用损失	概 率
2 200	0.105	1

期望效用损失:0.105。

(3) 方案 3

损失额(元) (直接损失 + 间接损失)	效用损失	概 率
1 500	0.075	0.997
100 000 − 50 000 + 2 000 + 1 500 = 53 500	7.125	0.002
200 000 − 50 000 + 6 000 + 1 500 = 157 500	68.75	0.001

期望效用损失:$0.075 \times 0.997 + 7.125 \times 0.002 + 68.75 \times 0.001 = 0.158$。

(4) 方案 4

损失额(元) (直接损失 + 间接损失)	效用损失	概 率
0 + 1 650	0.0825	0.75
1 000 + 1 650 = 2 650	0.11625	0.25

期望效用损失:$0.0825 \times 0.75 + 0.11625 \times 0.25 = 0.091$。

(5) 方案 5

损失额(元) (直接损失 + 间接损失)	效用损失	概 率
0 + 600	0.03	0.75
1 000 + 600 = 1 600	0.08	0.20
10 000 + 600 = 10 600	0.448	0.04
50 000 + 2 000 + 600 = 52 600	6.9	0.007
100 000 − 100 000 + 600 = 600	0.03	0.002
200 000 − 200 000 + 600 = 600	0.03	0.001

期望效用损失:$0.03 \times 0.75 + 0.08 \times 0.20 + 0.448 \times 0.04 + 6.9 \times 0.007 + 0.03 \times 0.003 = 0.10481$。

(6) 方案 6

损失额(元) (直接损失 + 间接损失)	效用损失	概 率
0 + 1 300	0.065	0.75
1 000 + 1 300 = 2 300	0.1075	0.20
10 000 + 1 300 = 11 300	0.52	0.04
50 000 − 50 000 + 100 000 − 100 000 + 200 000 − 200 000 + 1 300 = 1 300	0.065	0.007 + 0.002 + 0.001 = 0.01

期望效用损失: $0.065 \times 0.75 + 0.1075 \times 0.20 + 0.52 \times 0.04 + 0.065 \times 0.01 = 0.0917$。

以上六个方案中,方案 4 的期望效用损失最小,因此,选择方案 4,自留 5 万元及以下的损失风险,将 10 万元和 20 万元的损失风险转移给保险人,保费 600 元。

例 17.5 一个投资者现有财产 $w = 10$,他拥有财产的效用函数为 $u(x) = x - 0.02x^2$。他想用资金 5 来投资,设 X 表示投资的随机收益,

$$X \sim \begin{bmatrix} 20 & 0 \\ 0.5 & 0.5 \end{bmatrix}$$

这项投资对他是否有利?

解答 如果投资的期望效用收益大于不投资的期望效用收益,则投资就是有利的。

$$\begin{aligned} E[u(x + X - 5)] &= 0.5u(10 + 20 - 5) + 0.5u(10 - 5) \\ &= 0.5 \times (25 - 0.02 \times 25^2) + 0.5 \times (5 - 0.02 \times 5^2) \\ &= 8.5 \end{aligned}$$

$u(w) = 10 - 0.02 \times 10^2 = 8$

因为 8.5 > 8,所以投资是有利的。

第三节 马尔可夫风险决策模型

马尔可夫方法是以俄国数学家马尔可夫(A. A. Markov)的名字命名的数学方法。这种方法在自然科学和社会科学中有着广泛的应用,如水文、气象、地质以及市场、经营管理、人事管理、项目选址等方面的预测决策。

一、基本概念

1. 状态与状态转移

定义 17.2 在一系列试验中,某系统出现可列个两两互斥的事件 $E_1, E_2, \cdots, E_n$,而且一次试验只出现其中的一个 $E_i(i = 1, 2, \cdots, n)$,每个 E_i 就称为状态。

如一项财产在火灾中有全损、半损失、轻微损失三种状态,一台机器有故障和无故障两种状态。在应用马尔可夫模型之前,要把所研究的实际问题的结果分为若干个不同的状态。状态一般记为不同的数字,如将故障记为 1,无故障记为 2。

定义 17.3 系统所有状态组成的集合称为状态空间。

状态空间可以记为 $I = \{1, 2, \cdots, n\}$。

定义17.4 从一个状态变化到另一个状态,称为状态转移。如果某状态经过 n 步①转移到另一个状态,则称为 n 步状态转移。

2. 概率向量与概率矩阵

定义17.5 在一个行向量中,如果每一个分量均非负且和为1,则称此向量为概率向量。

如 $\begin{bmatrix} \frac{1}{4} & \frac{1}{2} & 0 & \frac{1}{4} \end{bmatrix}$ 就是一个概率向量。当系统处于某一步时,可能出现不同的状态,概率向量就用以描述此时状态空间中各状态出现的概率,记为 $S^{(i)}$。

定义17.6 由概率向量组成的矩阵称为概率矩阵。

如 $\begin{bmatrix} \frac{1}{2} & \frac{1}{3} & \frac{1}{6} \\ \frac{1}{3} & 0 & \frac{2}{3} \\ \frac{1}{4} & \frac{1}{2} & \frac{1}{4} \end{bmatrix}$ 就是一个概率矩阵。

3. 转移概率与转移概率矩阵

定义17.7 系统由状态 i 经过 n 步转移到状态 j 的概率,称为 n 步转移概率,记为 $P_{ij}^{(n)}$。

由 n 步转移概率组成的矩阵称为 n 步转移概率矩阵,简称 n 步转移矩阵,记为 $P^{(n)}$,

$$P^{(n)} = \begin{bmatrix} P_{11}^{(n)} & P_{12}^{(n)} & \cdots & P_{1N}^{(n)} \\ P_{21}^{(n)} & P_{22}^{(n)} & \cdots & P_{2N}^{(n)} \\ \vdots & \vdots & \vdots & \vdots \\ P_{N1}^{(n)} & P_{N2}^{(n)} & \cdots & P_{NN}^{(n)} \end{bmatrix}$$

转移矩阵具有如下性质:

(1) $P^{(n)} = P^{(n-1)} P^{(1)}$;

(2) $P^{(n)} = [P^{(1)}]^n$。

4. 马尔可夫链

定义17.8 如果系统在状态转移过程中满足以下条件,则称此系统的状态转移过程为马尔可夫链:

(1) 系统的状态空间不变;

(2) 系统的转移矩阵稳定;

(3) 系统的状态转移仅受前一状态的影响(无后效性);

(4) 经过一段较长时期后,系统逐渐趋于稳定状态(系统处于各状态的概率保持不变),而与初始状态无关。

---

① "步"指的是所研究问题的单位时间,如一年、一个月等。

现实生活中,很多风险的动态变化都是一个马尔可夫链,或者可以近似看做马尔可夫链。

二、马尔可夫模型

设系统共有 N 个状态,系统的初始状态 ($n=0$) 已知,n 步转移概率矩阵为 $P^{(n)}$,系统经过 $n-1$ 步转移后的概率向量为

$$S^{(n-1)} = (S_1^{(n-1)} \quad S_2^{(n-1)} \quad \cdots \quad S_N^{(n-1)})$$

其中,$S_i^{(n-1)}$ 表示系统经过 $n-1$ 步转移后处于状态 i 的概率。则系统从初始状态起经过 1 步转移后的概率向量为

$$S^{(1)} = (S_1^{(1)} \quad S_2^{(1)} \quad \cdots \quad S_N^{(1)}) = S^{(0)} P^{(1)}$$

$$= (S_1^{(0)} \quad S_2^{(0)} \quad \cdots \quad S_N^{(0)}) \begin{bmatrix} P_{11}^{(1)} & P_{12}^{(1)} & \cdots & P_{1N}^{(1)} \\ P_{21}^{(1)} & P_{22}^{(1)} & \cdots & P_{2N}^{(1)} \\ \vdots & & & \vdots \\ P_{N1}^{(1)} & P_{N2}^{(1)} & \cdots & P_{NN}^{(1)} \end{bmatrix}$$

同理,$S^{(2)} = S^{(1)} P^{(1)} = S^{(0)} [P^{(1)}]^2, \cdots, S^{(n)} = S^{(0)} [P^{(1)}]^n$。

等式 $S^{(n)} = S^{(0)} [P^{(1)}]^n$ 称为马尔可夫模型。

例 17.6 假设有一台机器,设状态 1 表示"无故障",状态 2 表示"有故障",其 1 步 (由第 i 天到第 $i+1$ 天) 转移矩阵为 $P^{(1)} = \begin{bmatrix} 0.7 & 0.3 \\ 0.6 & 0.4 \end{bmatrix}$。

这个机器的状态转移过程是一个马尔可夫链吗?

解答 马尔可夫链的前三个条件显然是满足的。

再由

$$P^{(2)} = [P^{(1)}]^2 = \begin{bmatrix} 0.7 & 0.3 \\ 0.6 & 0.4 \end{bmatrix} \begin{bmatrix} 0.7 & 0.3 \\ 0.6 & 0.4 \end{bmatrix} = \begin{bmatrix} 0.67 & 0.33 \\ 0.66 & 0.34 \end{bmatrix}$$

$$P^{(3)} = P^{(2)} P^{(1)} = \begin{bmatrix} 0.67 & 0.33 \\ 0.66 & 0.34 \end{bmatrix} \begin{bmatrix} 0.7 & 0.3 \\ 0.6 & 0.4 \end{bmatrix} = \begin{bmatrix} 0.667 & 0.333 \\ 0.666 & 0.334 \end{bmatrix}$$

$$\lim_{n \to \infty} P^{(n)} = \begin{bmatrix} \frac{2}{3} & \frac{1}{3} \\ \frac{2}{3} & \frac{1}{3} \end{bmatrix}$$

当初始状态为 1 时,

$$\lim_{n \to \infty} S^{(n)} = S^{(1)} \lim_{n \to \infty} P^{(n)} = (1 \quad 0) \begin{bmatrix} \frac{2}{3} & \frac{1}{3} \\ \frac{2}{3} & \frac{1}{3} \end{bmatrix} = \begin{bmatrix} \frac{2}{3} & \frac{1}{3} \end{bmatrix}$$

当初始状态为 2 时,

$$\lim_{n \to \infty} S^{(n)} = S^{(1)} \lim_{n \to \infty} P^{(n)} = (0 \quad 1) \begin{bmatrix} \frac{2}{3} & \frac{1}{3} \\ \frac{2}{3} & \frac{1}{3} \end{bmatrix} = \begin{bmatrix} \frac{2}{3} & \frac{1}{3} \end{bmatrix}$$

即经过一段较长时期后,系统逐渐趋于稳定状态 $\begin{bmatrix} \frac{2}{3} & \frac{1}{3} \end{bmatrix}$,而与初始状态无关。

因此,这个机器系统的状态转移过程是一个马尔可夫链。

三、马尔可夫链的稳定状态

1. 稳定状态的概率向量

稳定状态是指系统经过一段时期后,状态向量开始趋于稳定,即 $S^{(n)} = S^{(n-1)}$。
根据马尔可夫模型可以求出系统的稳定状态:
由 $S^{(n)} = S^{(n-1)} P^{(1)}$ 及上式可得 $S^{(n)} = S^{(n)} P^{(1)}$,即

$$(S_1^{(n)} \quad S_2^{(n)} \quad \cdots \quad S_N^{(n)}) = (S_1^{(n)} \quad S_2^{(n)} \quad \cdots \quad S_N^{(n)}) \begin{bmatrix} P_{11}^{(1)} & P_{12}^{(1)} & \cdots & P_{1N}^{(1)} \\ P_{21}^{(1)} & P_{22}^{(1)} & \cdots & P_{2N}^{(1)} \\ \vdots & \vdots & \vdots & \vdots \\ P_{N1}^{(1)} & P_{N2}^{(1)} & \cdots & P_{NN}^{(1)} \end{bmatrix}$$

按照矩阵的乘法,即得

$$\begin{cases} S_1^{(n)} = P_{11}^{(1)} S_1^{(n)} + P_{21}^{(1)} S_2^{(n)} + \cdots + P_{N1}^{(1)} S_N^{(n)} \\ S_2^{(n)} = P_{12}^{(1)} S_1^{(n)} + P_{22}^{(1)} S_2^{(n)} + \cdots + P_{N2}^{(1)} S_N^{(n)} \\ \vdots \\ S_N^{(n)} = P_{1N}^{(1)} S_1^{(n)} + P_{2N}^{(1)} S_2^{(n)} + \cdots + P_{NN}^{(1)} S_N^{(n)} \end{cases}$$

此方程组共有 N 个未知数,N 个方程,但其中有一个方程是非独立的,可消去一个,如消去第 N 个方程。再加上由状态向量的性质所得的方程

$$S_1^{(n)} + S_2^{(n)} + \cdots + S_N^{(n)} = 1$$

方程组变为

$$\begin{cases} (P_{11}^{(1)} - 1) S_1^{(n)} + P_{21}^{(1)} S_2^{(n)} + \cdots + P_{N1}^{(1)} S_N^{(n)} = 0 \\ P_{12}^{(1)} S_1^{(n)} + (P_{22}^{(1)} - 1) S_2^{(n)} + \cdots + P_{N2}^{(1)} S_N^{(n)} = 0 \\ \vdots \\ P_{1N}^{(1)} S_1^{(n)} + P_{2N}^{(1)} S_2^{(n)} + \cdots + (P_{NN}^{(1)} - 1) S_N^{(n)} = 0 \\ S_1^{(n)} + S_2^{(n)} + \cdots + S_N^{(n)} = 1 \end{cases}$$

即

$$\begin{bmatrix} P_{11}^{(1)} - 1 & P_{21}^{(1)} & \cdots & P_{N1}^{(1)} \\ P_{12}^{(1)} & P_{22}^{(1)} - 1 & \cdots & P_{N2}^{(1)} \\ \vdots & \vdots & \vdots & \vdots \\ 1 & 1 & \cdots & 1 \end{bmatrix} \begin{bmatrix} S_1^{(n)} \\ S_2^{(n)} \\ \vdots \\ S_N^{(n)} \end{bmatrix} = \begin{bmatrix} 0 \\ 0 \\ \vdots \\ 1 \end{bmatrix}$$

则

$$(S_1^{(n)} \quad S_2^{(n)} \quad \cdots \quad S_N^{(n)})' = \begin{bmatrix} P_{11}^{(1)}-1 & P_{21}^{(1)} & \cdots & P_{N1}^{(1)} \\ P_{12}^{(1)} & P_{22}^{(1)}-1 & \cdots & P_{N2}^{(1)} \\ \vdots & \vdots & \vdots & \vdots \\ 1 & 1 & 1 & 1 \end{bmatrix}^{-1} \begin{bmatrix} 0 \\ 0 \\ \vdots \\ 1 \end{bmatrix} \quad (17.1)$$

$(S_1^{(n)} \quad S_2^{(n)} \quad \cdots \quad S_N^{(n)})$ 即为系统在稳定状态时处于各状态的概率。根据稳定状态时各状态的概率,求出此时的期望值,即可进一步应用期望损益决策模型或期望效用决策模型进行决策。

2. 适用范围

马尔可夫模型及马尔可夫链的稳定状态性质适用于具有如下特点的决策问题:

(1) 系统具有多个周期或多个观察时刻;

(2) 系统是一个动态系统,即系统所可能达到的状态不止一个,而且不同状态之间可以转移;

(3) 备选方案的实施影响到系统在不同状态间的转移概率;

(4) 在不同状态实施不同的行动方案都伴随着经济利益的变化,或者获利,或者发生损失。

需要知道的信息包括:

(1) 系统所可能达到的全部不同状态;

(2) 系统处于每个状态 i 时可供选用的行动方案的全体;

(3) 根据长期观测资料得到的系统在不同状态之间的转移概率。

例 17.7 A、B、C 三家公司生产同一产品。A 公司为了扩大市场,计划进行一系列广告。现在要在两个广告方案中选择一个,A 公司先在两个地区进行了试验。已知这两个地区该产品的市场占有率均为 A 公司 30%,B 公司 40%,C 公司 30%。这两个地区的用户使用此种产品的转移矩阵均为

$$P^{(1)} = \begin{bmatrix} 0.6 & 0.3 & 0.1 \\ 0.2 & 0.7 & 0.1 \\ 0.1 & 0.1 & 0.8 \end{bmatrix}$$

试验中,在地区 1 采用了广告方案 1,在地区 2 采用了广告方案 2。经过一段时间后,观察到这两个地区用户的转移矩阵变为:

$$P_1^{(1)} = \begin{bmatrix} 0.7 & 0.2 & 0.1 \\ 0.2 & 0.7 & 0.1 \\ 0.1 & 0.1 & 0.8 \end{bmatrix}, \quad P_2^{(1)} = \begin{bmatrix} 0.8 & 0.1 & 0.1 \\ 0.1 & 0.8 & 0.1 \\ 0.2 & 0.1 & 0.7 \end{bmatrix}$$

如果这两个广告方案的费用相同,在稳定状态下,A 公司应选用哪个方案?

解答 分别求出在这两个广告方案作用下的稳定状态,选择 A 公司产品市场占有率可能较高的那个方案。

根据式(17.1),在广告方案 1 的作用下,地区 1 达到稳定状态时的概率向量为:

$$(S_1^{(n)} \quad S_2^{(n)} \quad S_3^{(n)})' = \begin{bmatrix} -0.3 & 0.2 & 0.1 \\ 0.2 & -0.3 & 0.1 \\ 1 & 1 & 1 \end{bmatrix}^{-1} \begin{bmatrix} 0 \\ 0 \\ 1 \end{bmatrix} = \begin{bmatrix} \frac{1}{3} & \frac{1}{3} & \frac{1}{3} \end{bmatrix}'$$

即从长期来看,A 公司产品在地区 1 的市场占有率将达到 $\frac{1}{3}$。

在广告方案 2 的作用下,地区 2 达到稳定状态时的概率向量为

$$(S_1^{(n)} \quad S_2^{(n)} \quad S_3^{(n)})' = \begin{bmatrix} -0.2 & 0.1 & 0.2 \\ 0.1 & -0.2 & 0.1 \\ 1 & 1 & 1 \end{bmatrix}^{-1} \begin{bmatrix} 0 \\ 0 \\ 1 \end{bmatrix} = \begin{bmatrix} \frac{5}{12} & \frac{4}{12} & \frac{3}{12} \end{bmatrix}'$$

即从长期来看,A 公司产品在地区 1 的市场占有率将达到 $\frac{5}{12}$。

由此可知,广告方案 2 优于广告方案 1。

例 17.8 某建筑公司的施工队长期分布在甲、乙、丙三地。施工所需的大型建筑设备由公司统一调配。已知此大型建筑设备在三地的转移矩阵为

$$P^{(1)} = \begin{bmatrix} 0.8 & 0.2 & 0 \\ 0.2 & 0 & 0.8 \\ 0.2 & 0.2 & 0.6 \end{bmatrix}$$

若公司欲建设备修理厂,则应建在何处?

解答 由式(17.1),当系统处于稳定状态后,此大型设备处于三地的概率为

$$(S_1^{(n)} \quad S_2^{(n)} \quad S_3^{(n)})' = \begin{bmatrix} -0.2 & 0.2 & 0.2 \\ 0.2 & -1 & 0.8 \\ 1 & 1 & 1 \end{bmatrix}^{-1} \begin{bmatrix} 0 \\ 0 \\ 1 \end{bmatrix} = \begin{bmatrix} \frac{1}{2} & \frac{5}{18} & \frac{2}{9} \end{bmatrix}'$$

即该大型建筑设备处于甲地的概率最大,因此,设备修理厂应该建在甲地。

第四节 随 机 模 拟

近几十年来,随着计算机和高灵敏度测量仪器功能的增强,随机模拟开始越来越多地被用于解决那些高费用、长耗时或很难用分析方法来解决的风险决策问题。由《财富》杂志评选出的 100 家公司中,75% 以上的公司都在使用随机模拟,并且认识到它是管理风险和进行重要决策的极为宝贵的工具。

一、随机模拟简介

模拟是建立系统或决策问题的数学或逻辑模型,并以该模型进行试验,以获得对系统行为的认识或帮助解决决策问题的过程。随机模拟又称蒙特卡罗模拟(Monte Carlo Simulation),它的目的是估计依若干概率输入变量而定的结果的概率分布,常用于估计策略变动的预期影响和决策所涉及的风险。

下面这些情况适合用随机模拟来解决:

(1) 在费用和时间上均难以对风险系统进行大量实测;
(2) 由于实际风险系统的损失后果严重而不能进行实测;
(3) 难以对复杂的风险系统构造精确的解析模型;
(4) 用解析模型不易求解;
(5) 为了对解析模型进行验证。

例 17.9 凯迪糖果店是一家专门出售巧克力和糖果的小商店。每年的情人节,商店

都提前几周向供应商订购专门包装的巧克力。一种心形的巧克力每盒的购入价是 7.50元,售价是 12 元。假设在 2 月 14 日后未售出的任何一盒巧克力都打 5 折,且总是容易售出。过去每年的售出盒数介于 40 盒和 90 盒之间,没有明显的增加与减少趋势,因此,为了简化问题,假设销售量以相同的概率取 40、50、60、70、80 和 90。凯迪糖果店应该为情人节的顾客订购多少这种心形巧克力?[1]

解答 因为销售量是不确定的,所以,无论订购多少糖果,都会面临风险,如果订货量超过需求量,则超过的部分就会导致损失,而如果订货量少于需求量,又将失去获利机会。

设 Q 表示订购数量,D 表示销售数量,则在两种不同的情况下,销售此种巧克力的利润为

$$\begin{cases} 12D + 6(Q-D) - 7.50Q, & \text{如果 } Q \geq D \\ 12Q - 7.50Q, & \text{如果 } Q < D \end{cases}$$

可以利用随机模拟来确定订购数量。模拟的时候,在上述利润表达式的基础上,需要输入两个变量:

(1) 订购数量 Q;
(2) 销售数量 D。

在某一个订购数量下,销售数量是不确定的,但根据假设,可知它的概率分布。模拟和分析方法的区别就在于如何利用这个概率分布上。模拟是假设现实情况一次次发生,然后从最终的结果中总结出规律。我们可以找到一个和需求随机变量的概率性质相同的模型:掷骰子。掷骰子出现的六个点数也具有相同的概率,在掷骰子和销售数量之间可以建立一种对应关系,如下表所示:

骰子点数	1	2	3	4	5	6
销售数量	40	50	60	70	80	90

模拟的时候,每掷一次骰子,就可以利用这种对应关系假设一种情况发生。如掷出一个 2 点,就假设销售数量为 50,再掷一个 5 点,就假设销售数量为 80。

对于订购数量 $Q = 40$,蒙特卡罗模拟的过程如下:

(1) 掷骰子;
(2) 根据上表确定销售数量 D;
(3) 利用这个 D 和 $Q = 40$,计算此时的利润。

例如,掷出一个 4 点,意味着销售数量为 70。根据利润公式,此时的利润为 $(12 \times 60 - 7.50 \times 60)$ 元 = 270 元。这就是一次模拟的结果,可以按照这样的程序重复若干次(如 500 次)。对于其他的订购数量,也依照此法模拟。最后,计算各订购量对应的模拟结果的均值和标准差,综合考虑平均利润以及利润的变化,进行比较。

以上就是随机模拟的基本过程,不同的问题可能会有不同的分析内容,但基本的程序是不变的。随机模拟的基本程序为:

(1) 建立所研究的系统或问题的理论模型;

---

[1] Evans, J. R. and Olson, D. L., *Introduction to Simulation and Risk Analysis*, Prentice-Hall, 1998.

(2) 设计试验方法;
(3) 从一个或多个概率分布中重复生成随机数;
(4) 分析结果。

二、随机数的产生

在例 17.9 中,用掷骰子的结果来模拟服从等概率离散分布的销售数量,这种方法虽然比较直观,但并不适合实际的模拟使用,一是这样做会耗费大量时间,二是并不是所有的问题都服从这样的离散型分布,还有许许多多其他类型的离散型分布以及连续型分布。因此,对于所要模拟的问题中的不确定变量,必须要有一种通用的、便捷的对应方式,这就是随机数(random number)。

1. 均匀分布的随机数

在计算机支持的随机模拟中,用随机数来对应概率分布确定的随机变量。模拟的基础是 0 与 1 之间均匀分布的随机数,其他分布的随机数都在此基础上利用某种函数变换产生。由于应用广泛,因此很多计算机软件都有生成一系列独立的 0 与 1 之间均匀分布的随机数的功能,如 Excel 中的 RAND( )函数。

对 0 与 1 之间均匀分布的随机数的要求包括三个方面:第一,统计特性好。随机数具有分布的均匀性,即所得数列的统计性质与从[0,1]上均匀分布抽样得到的字样相同,或至少相当近似。第二,周期长。在使用的过程中,随机数不能发生循环。第三,计算简便。生成过程应使计算机的自给方便。

从技术上来说,计算机软件的所有结果都是由软件程序决定的,所以计算机生成的随机数严格来说并不是真正随机的,而是一种伪随机数(pseudorandom number)。但因为算法中考虑了独立、循环等问题,一般也将软件生成的随机数看做是近似随机的。

2. 产生均匀分布随机数的方法

产生均匀分布随机数的方法主要有三类:检表法、物理方法和数学方法。

(1) 检表法

早期由于计算机技术的限制,很多模拟都是手工进行的,随机数从事先编好的随机数表中随机读取。因此,将这种方法称为检表法。

(2) 物理方法

为了获得真正的随机数,有人在研究中将具有随机性质的物理过程转换为随机数,如将某种放射性物质和计算机相连,将放射的粒子的某种性质视为随机数。但这种方法的费用较高,很难普及。

(3) 数学方法

数学方法即通过某种算法,用一个数字递推出一系列随机数。其使用成本低,简单易行,是现在随机模拟中生成随机数的主要方法。

3. 产生服从其他分布随机数的方法

得到 0 与 1 之间均匀分布的随机数,就可以在此基础上模拟服从其他各种分布的随机变量,进而模拟各种复杂的实际系统。常用的方法主要有以下几种。

(1) 反函数法

设 u 来自均匀分布总体 $U[0,1]$。随机变量 X 的分布函数为 $F(x)$,求与 X 具有相同分布的随机数。

如果 X 的分布函数 $F(x)$ 有反函数 $F^{-1}(x)$,令随机变量 $X = F^{-1}(U)$,则 X 的分布函数为:

$$P\{X < x\} = P\{F^{-1}(U) < x\} = P\{F(F^{-1}(U)) < F(x)\}$$
$$= P\{U < F(x)\} = F(x)$$

因此,

$$x = F^{-1}(u)$$

即为所要求的随机数。

例 17.10 试用反函数法生成服从指数分布的随机数。

解答 指数分布的分布函数为 $F(x) = 1 - \exp(-\lambda x), x > 0, \lambda > 0$,其反函数为:

$$F^{-1}(y) = -\frac{1}{\lambda}\ln(1-y)$$

生成一个随机数 $u \sim U[0,1]$,令

$$x = F^{-1}(u) = -\frac{1}{\lambda}\ln(1-u)$$

即得到一个服从参数为 λ 的指数分布的随机数。因为 $1 - U$ 也服从 0 与 1 之间的均匀分布,因此,也可以令

$$x = -\frac{1}{\lambda}\ln u$$

(2) 中心极限定理法

利用中心极限定理,可以生成服从标准正态分布的随机数。

首先,生成 n 个服从 0 与 1 之间均匀分布的随机数 $u_1, u_2, \cdots, u_n$。这些随机数的和的均值为 $\frac{n}{2}$,方差为 $\frac{n}{12}$。由中心极限定理可知,随机变量

$$X = \frac{\sum_{i=1}^{n} U_i - \frac{n}{2}}{\sqrt{\frac{n}{12}}}$$

在 n 足够大时近似服从标准正态分布。

(3) 区间法

区间法适用于生成离散型的随机变量。

设离散型随机变量 X 的概率分布为 $P\{X = x_i\} = p_i, i = 1, 2, \cdots, n$,其中 $p_i > 0$,并且设 $x_1 \leq x_2 \leq \cdots \leq x_n$。

将 $[0,1]$ 区间分为长度为 p_i 的若干个子区间。生成一系列服从 0 与 1 之间均匀分布的随机数 $u_1, u_2, \cdots$,对于任何一个 u_i,规定:

$$y_i = \begin{cases} x_1, & 0 \leq u_i \leq p_1 \\ x_2, & p_1 \leq u_i \leq p_1 + p_2 \\ \vdots & \vdots \\ x_i, & p_1 + \cdots + p_{i-1} \leq u_i \leq p_1 + \cdots + p_i \\ \vdots & \vdots \end{cases}$$

则 $y_1, y_2, \cdots$ 即为 X 的随机样本。

三、模拟样本的容量

模拟样本的容量或模拟试验的次数对随机模拟结果的质量影响很大。模拟样本的大小取决于概率分布的形式和对估计值精确程度的要求。一般来说,对估计值精度的要求越高,样本容量的要求就越大。在一定的精度要求下,样本容量应该至少达到多少呢?

当模拟的对象是某个变量的平均值时,可以利用抽样分布的性质。

由统计学可知,多个来自某一总体的容量为 n 的样本的平均值会形成一个分布,称为该平均值的抽样分布。例如,对例 17.8 中凯迪糖果店销售心形巧克力的利润进行 100 次模拟,得到一个平均利润值,再进行 100 次模拟,又可以得到一个平均利润值。重复多次后,这些平均利润值将形成一个分布,即平均值的抽样分布。

平均值的变异程度与模拟次数有关,次数越多,变异越小。样本平均值的变异性用平均标准误差(standard error of the mean)来度量,平均标准误差的计算公式如下:

$$\text{平均标准误差} = \frac{\sigma}{\sqrt{n}}$$

其中,σ 是样本观测值的标准差,n 是每次模拟样本值时重复的次数。

如果将置信区间的宽度视为在估计均值时希望获得的精确度,如希望估计值能以 $100(1-\alpha)\%$ 的置信水平精确在 $\pm A$ 之间,置信区间的半径就被设为 A,即

$$\frac{z_{\alpha/2}\sigma}{\sqrt{n}} = A$$

则

$$n = \frac{z_{\alpha/2}^2 \sigma^2}{A^2}$$

当上式中 σ 的值未知时,可以用样本标准差来估计。

本章总结 》》

1. 风险管理决策的对象是未来的不确定性,风险管理措施只能从概率的意义上来说是最优选择,或者说从长期的角度来讲是最优的,但对一次具体的实际情况来说不能保证事先的行为最佳。

2. 期望损益决策模型是常用的风险管理决策模型之一,它是以每种方案的期望损益作为决策依据,选择期望损失最小或期望收益最大的措施。但是,期望损益是建立在绝对的期望损失额或期望收益额的基础上的,没有考虑到不同的决策者面对相同的结果可能有不同的价值判断,因此,它有一定的局限性。

3. 个人对商品和财富所追求的满足程度由其相对于他的主观价值——效用来

衡量。在具有风险和不确定条件下,个人的行为动机和准则是为了获得最大期望效用值,而不是为了获得最大期望金额值。期望效用决策模型即以期望效用损益作为决策的标准,选择期望效用损失最小的方案或期望效用收益最大的方案。

4. 设系统共有 N 个状态,系统的初始状态 ($n=0$) 已知,n 步转移概率矩阵为 $P^{(n)}$,系统经过 $n-1$ 步转移后的概率向量为

$$S^{(n-1)} = (S_1^{(n-1)} \quad S_2^{(n-1)} \quad \cdots \quad S_N^{(n-1)})$$

当系统达到稳定状态,即有 $S^{(n)} = S^{(n-1)}$ 时,

可得稳定状态 $(S_1^{(n)} \quad S_2^{(n)} \quad \cdots \quad S_N^{(n)})' = \begin{bmatrix} P_{11}^{(1)}-1 & P_{21}^{(1)} & \cdots & P_{N1}^{(1)} \\ P_{12}^{(1)} & P_{22}^{(1)}-1 & \cdots & P_{N2}^{(1)} \\ \vdots & & & \vdots \\ 1 & 1 & \cdots & 1 \end{bmatrix}^{-1} \begin{bmatrix} 0 \\ 0 \\ \vdots \\ 1 \end{bmatrix}$

根据稳定状态时各状态的概率,求出此时的期望值,即可进一步应用期望损益决策模型或期望效用决策模型进行决策。

5. 随机模拟又称蒙特卡罗模拟,它的目的是估计依若干概率输入变量而定的结果的概率分布,常用于估计策略变动的预期影响和决策所涉及的风险。

下面这些情况适合用随机模拟来解决:
(1) 在费用和时间上均难以对风险系统进行大量实测;
(2) 由于实际风险系统的损失后果严重而不能进行实测;
(3) 难以对复杂的风险系统构造精确的解析模型;
(4) 用解析模型不易求解;
(5) 为了对解析模型进行验证。

进一步阅读的相关文献 》》

1. Arrow, K. J., Risk perception in psychology and economics, *Economic Inquiry*, No. 20, 1982, pp. 1—9.

2. Farquhar, P. H., Utility assessment methods, *Management Science*, No. 30, 1984, pp. 1283—1300.

3. French, S. and Xie Z., A perspective on recent development in utility theory. In: Sixto Rios, Kluwer eds., *Decision Theory and Decision Analysis: Trends and Challenges*, 1994.

4. Evans, J. R. and Olson, D. L., *Introduction to Simulation and Risk Analysis*, Prentice-Hall, 1998.

5. 《风险管理》编写组:《风险管理》,成都:西南财经大学出版社1994年版,第14章。

思考与练习 》》

1. 某冷饮厂拟确定今年夏天某种冷饮的月计划产量。该种冷饮每箱成本为100元,售价200元,每箱销售后可获利100元。如果当天销售不出去,每剩一箱就要由于冷藏费用及其他原因而亏损60元。通过统计分析和市场预测,确认当年市

场销售情况如下表所示：

日销售量(箱)	200	210	220	230
概　率	0.3	0.4	0.2	0.1

试应用期望收益原则确定,该厂今年夏天每日生产量应定为多少,才能使利润最大？

2. 一个投资者现有财产 $w=1$,他拥有财产的效用函数为 $u(x)=\sqrt{x}$。这个投资者要把他的财产投资到下面两个项目之一：

(1) 8 年后,其财产可能变成

$$X \sim \begin{bmatrix} 0 & 1 & 5 & 10 \\ 0.1 & 0.4 & 0.3 & 0.2 \end{bmatrix}$$

(2) 固定收益率,年利率为 i。

当年利率 i 为何值时,投资者认为这两个项目收益相当？

第十八章 巨灾风险管理

▌本章概要▌

巨灾风险是风险管理领域的一个难题。在世界各地,巨灾造成了触目惊心的损失,而且损失呈增长趋势,但是,巨灾风险的特点决定了它不能通过传统的保险与再保险进行风险分散。

在经历了一系列改革之后,美国的水灾风险管理和日本的地震风险管理都有比较成功的做法,即政府支持下的保险计划。除了保险之外,巨灾证券化和政府管理也是正在探索的方法。

▌学习目标▌

1. 了解巨灾风险的特点
2. 理解巨灾保险与再保险中存在的问题
3. 了解美国的水灾风险管理制度
4. 了解日本的地震风险保险制度
5. 了解巨灾风险管理的其他途径

引 言

2004年12月26日,东南亚发生的地震引发海啸,夺去了上万人的生命;2005年8月29日,"卡特里娜"飓风登陆美国,虽然此前飓风所经城市新奥尔良已进行了全城大撤离,但整个城市被水淹没,恢复重建将是一项艰巨的工作,这次飓风成为美国历史上最严重的飓风之一;2005年10月8日,南亚次大陆发生7.6级强震,印度和巴基斯坦两国约2万人在地震中丧生;2008年5月12日,中国汶川发生大地震,导致直接经济损失8 451亿元,87 150人死亡或失踪。

巨灾造成的损失触目惊心,巨灾风险也一直是令整个保险业感到头痛的一个难题。如何界定巨灾风险以及如何应对巨灾风险,这些都是还远没有被解决的问题。

第一节 巨灾风险的特点与趋势

一、巨灾的界定

巨灾通常是指洪水、地震、飓风、火灾、暴风雨等破坏力强大的自然灾害——即狭义的巨灾概念。2001年的"9·11"事件,更将"恐怖主义巨灾"这一新名词摆在了人类面前。此外,巨灾还包括航空、航海、宇航业等的重大事故。

美国保险业界对巨灾(catastrophe)有如下的定义:造成超过 500 万美元的财物损失且同时影响到多位保险人与被保险人,它通常是指突发的(sudden)、无法预料的(unexpected)、无法避免的而且严重的(severe)灾害事故。[①] 这个概念似乎更倾向于广义的巨灾概念——包括了以上列举的各种灾难。

二、巨灾风险的特点

1. 客观性

巨灾风险是一种不以人们主观意志为转移的客观存在。人们可以采取以降低损失频率和损失幅度为目的的控制型措施进行风险管理,也可以将风险转移到保险公司或资本市场,但巨灾风险是不可能从根本上消除的。而且,对于某些灾害来说,例如水灾,一味地想要控制它,采取大量的工程性措施进行围堵是没有太多效果的,从长期来看,对付灾害的科学的做法只能是"和平共处"。

2. 损失巨大

如果把巨灾造成的损失与普通灾害事故加以比较,可以看出,虽然普通灾害事故发生的频率高,但每一次事故造成的损失较小;而巨灾发生的频率虽然低,但其一旦发生就会造成巨大损失。如一次火灾事故可以烧毁一幢建筑物或数幢建筑物,从而造成几万、几十万甚至上百万的损失,但一次大地震、大洪水则可导致一个大范围内的众多建筑被破坏,从而造成数亿、数十亿甚至更多的损失。例如,1993 年美国西部洪水造成的经济损失高达 120 亿美元,1995 年,日本的阪神大地震造成的损失估计高达 1 200 亿美元。

3. 不确定性程度高

由于巨灾发生概率小,发生机理复杂,可供研究的历史资料少,因此,人类对巨灾风险的认识与评估尚在探索之中。

4. 不完全满足可保风险的条件

完全可保风险的特征包括损失的可预测性,以及足够多的同类或相似的承灾体,而且这些承灾体不会因大的灾难全部或大部分受损,这是由保费厘定的基础——大数定理决定的。

对于这两个条件,严重的地震、洪水和风暴潮等巨灾都没有满足。首先,数据的不完备以及发生机制的复杂性使得人类对某些巨灾的发生频率估计还处于研究阶段。其次,巨灾往往造成同类或相似承灾体的大面积损失,而且较为严重。这就使得对巨灾风险的管理不能单纯依靠商业保险。

三、巨灾风险的现状

联合国国际减灾十年委员会于 1994 年在日本横滨召开的世界减灾大会上发表的灾情报告指出,世界上发生的大灾在过去 20 年间增加了数倍。根据新界定的大灾标准判

---

① Property Claims Services, PCS, 1993.

断(财产损失超过该国国民收入的1%,受灾人口超过该国总人口的1%,死亡人数超过100人),1963年至1992年的30年中,全球共发生大灾1531起,受灾人口达30亿,因灾害死亡人数360万人,直接经济损失超过3400亿美元。20世纪90年代以来,灾情有增无减,全球由于自然灾害而造成的保险损失居高不下。

四、巨灾风险的发展趋势

近年来,年度巨灾风险损失呈上升趋势,如图18.1所示。导致这种趋势的原因很多,社会的经济发展以及人类对高风险区的开发利用都是重要的影响因素。诸如1992年美国佛罗里达州的Andrew飓风,1999年欧洲冬季的暴风雪以及2002年夏季欧洲的洪水等,这些损失上百亿美元的巨灾,如果发生在较为发达的地区的话,损失可能会更加严重。随着人口、经济的增长,单次巨灾所带来的损失可能还会加大。电脑模拟就显示,如果Andrew飓风和Northridge地震这样的巨灾发生在人口稠密的地区,损失将有可能超过700亿美元,甚至达到1000亿美元。①

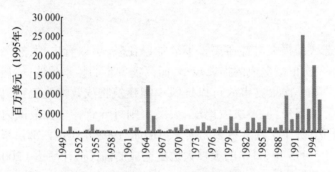

图18.1 已保巨灾损失

资料来源:Property Claims Services.

专栏18.1

厄 尔 尼 诺

所谓"厄尔尼诺"现象,就是在南美洲的秘鲁和厄瓜多尔沿海地带,在某些年份圣诞节前后海水突然出现增暖的现象。它不仅给南美海岸附近人民的生活带来巨大灾难,也往往酿成全球性的灾难性气候异常,如洪水、暴风雪、旱灾、地震等。

早在20世纪,一些科学家就发现,伴随着热带地区的火山爆发,在赤道太平洋一带常常会出现周期性的"厄尔尼诺"现象。但是近100年来,人们掌握的仅仅是一些相关的数据,没有充分的证据解释厄尔尼诺现象的发生根源。

2003年11月20日出版的英国《自然》杂志刊登了弗吉尼亚大学的一个研究小组的论文,对此问题进行了深入研究。科学家们通过对极地岩心和其他气候现象的研究,推断出"厄尔尼诺"气候急剧变化的时间,然后将这些时间记录与1649年以来记录在案的热带地区火山爆发的时间进行比较。结果发现,有近一半的"厄尔尼诺"现象发生在热带火山

---

① Cummins, J. D., Doherty, N., Lo, A., Can insurers pay for the "big one"? Measuring the capacity of the insurance market to respond to catastrophic losses, *Journal of Banking and Finance*, 26, 2002.

喷发之后,每当有一次火山爆发,当年冬天出现"厄尔尼诺"现象的概率就会增加一倍。

　　研究表明,当位于热带地区的火山喷发时,它喷发出来的悬浮微粒散射到大气的平流层中,并随着平流层扩散到北半球和南半球,这些悬浮微粒阻挡了部分太阳光,因此一定程度上冷却了地球的大气层。同时这种冷却又改变了大气和海洋之间的相互作用,极有可能导致热水集中在太平洋中心部位,继而引发"厄尔尼诺"现象。

资料来源:《北京晚报》,2003年12月29日。

第二节　巨灾风险保险与再保险

　　传统观点认为,对付巨灾风险最好的办法无过于进行再保险。关于这一点,许多学者都通过建立模型给予了严格的证明。① 但实际上的情况又是如何呢?

　　一般而言,一次巨灾发生以后,对于保险公司而言,一般都有正反两方面的效果。负面效果就是它要支付更多的损失赔偿,但同时巨灾的发生也有助于提高人们的风险防范意识。因此一旦例如洪水、地震、飓风这样的巨灾发生以后,投保的人数也会大为增加,保险公司就可以相应提高保费,并获得更高的收入。但奇怪的是,现实的情况正好与此相反。一旦一次巨灾发生以后,保险公司非但不积极提供这方面的保险,反而往往会把这个风险列为除外责任,对它的投保也加上一系列非常严格的限制。最典型的一个例子莫过于"9·11"事件以后,许多美国保险公司不仅不趁此机会销售"恐怖袭击保险",反而纷纷在保单中把"恐怖主义"列为除外责任,不予保险。而且即便保险,也要加上非常严格的限制。

　　由图18.2可以看出,随着承保损失的增加,再保险的比例逐渐下降。② 而且在实际中,再保险的保费也是远远高于期望损失。通过许多保险公司的做法,我们可以发现,与理论的预测正好相反,现实中的保险公司对于那些巨灾损失,往往不是通过再保险的方式将其转移出去,而是把它自留下来。

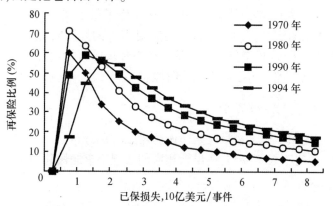

图18.2　保险公司对暴露风险进行再保险的百分比(大容量样本)

注:本图表显示的对象是一些向 Guy Carpenter & Company 购买再保险的保险公司,表现的内容是这些保险公司对每增加的一美元损失进行再保险的比例。

---

① 博尔奇:《保险经济学》,北京:商务印书馆1999年版。
② Froot, K.. The market for catastrophe risk: A clinical examination, *Journal of Financial Economics*, 60, 2000, pp. 529—571.

由此可见,在现实世界中,再保险并没有像理论预测的那样发挥其应有的作用,甚至它的表现还让人感到非常失望。比如,一旦一次巨灾发生以后,许多再保险公司往往不是在考虑积极进入该行业,而是在考虑是否应该部分或全部退出该行业。另外一些评级机构,如 Moody 也纷纷调低对再保险公司的信用评级。也就是说,在这个问题上,现实与理论之间存在着巨大的差距,这也被称为"再保险之谜"(the paradox of reinsurance)。

造成这一现象的原因主要有:

(1) 资本市场的缺陷

由于资本市场是不完善的,巨灾风险发生以后,保险公司不可能一下子就从资本市场筹措到大量的资金以进行赔付。这就要求保险公司拥有大量的流动性很强的资产以应付突然出现的赔付,但一系列因素(如会计、税收、被收购的风险等)却使得保险公司不愿意这样做。[①]

(2) 再保险公司拥有市场势力

当前的再保险市场由几家公司垄断经营(例如瑞士再保险公司、慕尼黑再保险公司等)。一个市场如果被几家公司垄断,它们往往就会采取少承保、提高保费的做法,以获取更高的利润。此外,再保险市场存在着严重的信息不对称,从而引发出道德风险与逆向选择问题;再保险公司内部在公司治理结构方面也存在代理问题等。

由于再保险公司以及再保险市场的一些缺陷,使得采用再保险来应付巨灾风险往往并不会达到最优的结果。

第三节 美国的水灾风险管理制度

一、美国水灾风险管理的发展历程

美国国土总面积的 7% 受到洪水威胁,1/6 的城市处在百年一遇的洪泛平原内,两万个社区易受水灾。从生命财产损失以及发生频率来看,洪水是美国最严重的自然灾害之一。在水灾损失的驱动下,美国的水灾管理政策经历了以工程性措施为主到工程性措施与非工程性措施并重的演变,人们逐渐认识到,对水灾的风险管理只有建立在人与自然系统全面协调的基础上,才能最终确保经济与生态环境的可持续发展。

美国的水灾风险管理经历了以下几个阶段:

1. 1928 年以前:"堤防万能"

美国的密西西比河下游是最早开始建设防洪工程的地区之一,早期的防洪堤坝是由居民自己兴建的,政府不仅不参与,还出台相应的法规要求居民建坝。

专栏 18.2

早期的密西西比河下游防洪工程建设

密西西比河全长 965 千米,由于河水携带大量泥沙,因而塑造了一个广袤的冲积平

[①] Jaffee, D., Russell, T., Catastrophe insurance, capital markets, and uninsurable risks, *Journal of Risk and Insurance*, Vol. 64, 1997, pp. 205—230.

原,这片平原洼地成为农业耕种的沃土,同时,雨季来临时也面临着洪水的威胁。

1699 年,法裔加拿大人 Bienville LeMayne 等人从法国漂洋过海,来到密西西比河河口地区,选了一个地方住下来,并定了一个镇址,即新奥尔良,并宣称该地区属于法国。当时新奥尔良已经有了一些房屋。1718 年,一场大洪水淹没了该地区,工程师兼建筑师 De La Tour 整治了河岸边有建筑的一段堤防以防御洪水。1722 年,新奥尔良成为拥有 700 幢房屋的路易斯安那省的省会,当地居民自己在各自的土地上修建堤防。1743 年实施了一部法规,规定如果居民到 1744 年 1 月 1 日还没有在自己的土地上建成大堤,其土地就要收归国王。直到 1770 年,尽管可能实施过一些没收政策,但居民对法规的响应并不积极,只在新奥尔良上延 50 千米、下伸 40 千米的地方有堤防。到了 19 世纪早期,在密西西比河下游两岸建成了零零散散的堤防,由于行洪区范围大,堤防极不连续且河堤高度不一致,当时的河水水位并不很高。

1803 年,美国从拿破仑手中购得路易斯安那地区,美国政府开始参与治理洪水。到了 1828 年,密西西比河岸从红河到新奥尔良,东岸从巴吞鲁日到新奥尔良已经有了连续的堤坝,但坝的高度并不统一,低的地方仅比天然堤高几厘米,高的地方高出天然堤 1 米多。随后的几十年间,堤坝还在继续延伸。

资料来源:姜付仁、向立云、刘树坤:《美国防洪政策演变》,《自然灾害学报》,2000 年第 3 期。

1794 年,美国陆军工程兵团开始负责美国境内港湾、河流的航运通道。最初的工作主要是绘制水运航线图以及设立灯塔标志,1825 年开始进行河流航运治理,开凿渠道。但洪水频繁冲毁两岸堤防,尤其是 1849 年和 1850 年密西西比河下游发生了大洪水,这引起了美国国会和联邦政府的高度重视,授权美国陆军工程兵团进行勘查。1961 年,在勘查结果上形成的一份报告提交国会,这份报告成为此后 65 年间密西西比河水利发展的基石。报告极力要求在密西西比河两岸,根据最大洪水流量设计并大规模修建相应高度的坚固堤坝,这样才能既改善航运,又兼顾防洪,把 1858 年型的洪水"遏制"在河道内。报告还旗帜鲜明地反对以水库蓄洪、裁弯取直和使用滞洪区作为防洪手段。这就是著名的"堤防万能"政策(levees only)。

由于"堤防万能"的观点容易被广泛接受,因此它很快成为美国当时大江大河防洪的主要政策。到了 20 世纪初,密西西比河两岸已经建成了完善的堤防体系,从伊利诺伊一直延续到密西西比三角洲,而且由于过分坚持"堤防万能",此时密西西比河上游尚无以防洪为目的的水库。直到 1913 年俄亥俄州迈阿密河流域发生了灾害性大洪水之后,美国才开始在河流上游大规模蓄水。这是美国国会第一次把防洪放在与航运同样的政治地位上。

1917 年,国会认识到防洪应独立于航运,由此颁布了防洪法,授权联邦参与防洪建设,并于当年和 1923 年分别拨款 4 500 万美元和 6 000 万美元用于建造和加固大坝。

1927 年,密西西比河下游发生大洪水,80—160 千米的大坝被冲毁,70 万人无家可归,经济损失超过 236 亿美元,成为美国最严重的水灾之一。这次灾害使人们认识到,大堤不可能高到足以防御任何水文记录的洪水,也不可能坚固到可抵御任何漫堤或水力冲刷,那么仅靠堤防来阻止洪水的措施必定会失败。1928 年,国会修订了防洪法,结束了"堤防万能"政策,

2. 1928—1956 年：综合性工程措施

"堤防万能"的失败使人们意识到，应该构建综合的工程性防洪体系，如修建水库，使之预留库容蓄滞洪水，以减轻河道堤防的压力，还应该开辟行洪区和分洪区以缓解其他重点地区的防洪压力。于是，1928 年之后，一个由水库、行洪区、分洪区与堤防协调防洪的计划开始实施。此时正值美国经济大萧条，为刺激经济，政府实施的新政掀起了大规模的水利建设高潮，如 1933 年成立的田纳西河流域管理局（TVA）在成立后的 20 年内就在田纳西河谷上陆续新建了 20 座水库，形成了水库调度系统。1936 年，美国新颁布了防洪法，继续支持堤防之外的辅助保护措施、土壤保持和水域保护措施，对防洪工程的财政支持力度也进一步加大。

1935 年和 1936 年发生的大洪水使国会深刻认识到，洪水威胁着国家的繁荣和稳定，这促使 1936 年新颁布了防洪法，继续支持堤防之外的辅助保护措施、土壤保持和水域保护措施，对防洪工程的财政支持力度也进一步加大。新的防洪法要求，降低洪水重现频率，减少灾害人员死亡，同时把陆军工程兵团负责的防洪区域从密西西比河流域扩展到全国。联邦通过陆军工程兵团承担上游具有防洪作用的水库与大坝的建设资金，而堤防维护仍由地方政府负责。

在 1928 年以前，美国政府认为防洪主要是地方政府的责任，此后开始将"控制"洪水作为国家政策问题，联邦政府承担领导责任。

3. 1956—1993 年：国家洪水保险计划与其他非工程性措施

（1）《联邦洪水保险法》

随着灾害频频发生，人们再一次对现有政策提出了质疑。尽管几十年来，政府投入了大量资金用于防洪工程的兴建，但水灾损失依然不断增长，政府救灾费用的负担越来越重。美国人认为，其原因在于洪泛区土地不合理的开发与利用。洪泛区地价低廉，防洪工程的兴建更是大大激发了投资者的开发热情，使得洪泛区内经济发展迅速，水灾损失节节攀升。因此，单纯的工程性措施无法从根本上解决问题，水灾的风险管理应该从工程性措施和非工程性措施的有机结合入手。

而在此之前，美国的保险业经历了一个迅速发展的阶段，以营利为目的的私营保险公司为了吸引更多的保费，将水灾风险积极列入保险保障的范围。起先，洪泛区中参加保险的居民较少，水灾损失的赔付对保险公司并不构成负担，收少赔多的实例正好作为保险公司广告宣传的样板。但随着保户覆盖率的增加，水灾发生后的赔付逐渐增多，一些保险公司因此遭受了灾难性的损失。此时，保险业认识到洪水保险与一般事故损失的保险有完全不同的特点，于是将洪水列入保障范围之外，至多只受理汽车和活动房屋的水灾保险。所以，单纯的以商业保险为核心的非工程性措施对于水灾风险的降低来说也没有很好的效果。

为此，1956 年美国国会通过了《联邦洪水保险法》(National Flood Insurance Act)，创设了联邦洪水保险制度。国会希望通过对洪泛区征收洪水保险费，一方面可以部分抵消地价低廉的诱惑，另一方面减轻政府救灾补助的财政负担。但当时洪水保险业务仍由私营保险公司承担，国会虽然意识到民间保险业应得到联邦政府的支持，若政府不予资助，一场大的洪水甚至可以导致数家保险公司破产,但是,由于保险行业意见分歧和对保险措施有效性的怀疑,保险基金一直未获批准。

(2)《国家洪水保险计划》

1964年阿拉斯加地震和1965年百斯特台风使得联邦救灾费用增加了4.5倍,这促使美国颁布了1968年的《联邦洪水保险法》,又于次年制定了《国家洪水保险计划》(National Flood Insurance Plan,NFIP),建立了国家洪水保险基金。国家下决心将洪水保险作为推动洪泛区管理的重要经济手段,以抑制洪灾损失急剧上升趋势。

国家洪水保险计划由联邦保险管理局(Federal Insurance Administration,FIA)负责管理。FIA与国家洪水保险者协会建立了合作关系,该协会是120多家私营保险公司的联合体。洪水保险就由私营保险公司直接承保,并由其在保费收入的范围内先行赔付。当这方面的赔款和费用支出超过保费收入时,联邦政府再对二者的差额给予补助。联邦补贴率大约占实际保险费的10%。

但1968年的洪水保险法实施之后并没有立即得到积极响应,虽然1969年国会对原法规做了一些修改,制订了洪水保险应急计划,但由于自愿性等问题,直到1973年5月,仍然有85%的面临洪水风险的社区没有参加。1973年12月,国会通过了《洪水灾害防御法》,强制推行洪水灾害保险,要求所有受洪水威胁的社区无条件参加保险,否则在享受联邦的灾害救济和援助方面就有所限制。

1977年年底,由于对洪水保险中权益的争论到了无法协调的地步,FIA解除了与国家洪水保险协会的合作关系,而于1979年转归联邦紧急事务管理局(FEMA)统一领导。1979年年底,共有16 732个社团购买了180万份保险。这一年,国家洪水保险计划支付66 175个申请者4.275亿美元,总统灾害基金以不同形式提供了2.295亿美元的救济资金,联邦小企业管理局和农民家庭管理局向灾区发放的救灾贷款达18亿美元,洪水保险计划投入的救灾经费约占总投入的1/6。

1981年开始,FIA推行了新的管理模式,充分利用了私营保险公司的业务网络。从1985年起,NFIP实现了自负盈亏,不需再用纳税人的钱来补贴赔偿和运营费用。

(3)洪水预警及现代技术的应用

除了保险以外,洪水预警也是美国防洪减灾非工程措施的核心内容之一。预测洪水并及时发出预警对于防洪减灾意义重大,美国的做法是:把全国划分为13个流域,每个流域均建立了洪水预警系统,每天进行一次洪水预报(可实时预报),最长的洪水预报是3个月。短期预报由国家海洋与大气管理局(NOAA)向社会发布,中长期预报一般不向社会发布,仅限于联邦政府内部使用。在全美两万多个洪水多发区域中,其中3 000个在国家海洋与大气管理局的预报范围内,1 000个由当地的洪水预警系统预报,其余由县一级系统预报。

此外,美国还利用先进的专业技术和现代信息技术,对洪水可能造成的灾害进行及时、准确的预测,发布警示信息,并逐步建立以地理信息系统(GIS)、遥感系统(RS)、全球卫星定位系统(GPS)为核心的"3S"洪水预警系统。

4. 1993年至今:洪泛平原管理统一规划

1993年,美国中西部发生了特大水灾,共有9个州的525个县被列为灾区,洪水淹没土地210万公顷,淹没或倒塌房屋近10万幢,造成的经济损失估计在120亿—160亿美元。这次特大洪水使得美国对水灾政策重新进行思考。总统特许成立了一个洪水泛滥区域管理审查委员会,专门调查洪水状况及其成因,评估人类在改造环境中的作用,确定未来降低水灾损失应当采取的办法。

1994年,国会颁布了《国家洪水保险改革法案》,该法案主要包括以下内容:

(1)大幅度提高水灾保险的保险金额,使投保人得到充分的保险保障;

(2)将水灾保险生效前的等待期从5天延长到30天,以减少投保人潜在的逆选择倾向;

(3)增加投保人的选择扩展权,以便帮助他们按照洪泛区的管理要求来重建遭受水灾损坏的房屋和营业场所。

1995年3月,克林顿政府向国会提交了《1994年国家洪泛平原管理统一规划》,报告从减轻人类的脆弱性和保护洪泛区功能等角度提出了洪泛区管理的新战略。

1993年的大洪水是美国水灾风险管理历史上的一个转折点,它改变了官方对水灾的观念,促使美国走上一条从流域范围着手,重视多部门协作,追求生态环境与经济发展协调平衡的道路——实行更全面、更协调的措施保护,并管理人与自然系统,以确保长期的经济运行与生态环境的可持续发展。

二、国家洪水保险计划的设计

美国是世界上最早提出并实践将洪水保险作为国家推动洪泛区管理的重要手段,以抑制水灾损失急剧上升趋势的国家,也是率先以立法形式将洪水保险列为水灾风险管理系统中的重要一环,制订并坚持实施全国性洪水保险计划的国家。美国洪水保险体制的发展,走过了一条艰难甚至是非常曲折的道路,最终形成了由联邦紧急事务管理局管理的国家洪水保险计划与私营保险公司相互补充的发展模式。它的最大特点是政府制定土地使用规定和建筑标准,在降低洪泛区建筑物风险的同时提供保险。这种将安全和赔偿有机结合起来的做法,成为有效降低全社会洪水风险损失的典范。

1. 运作模式

国家洪水保险计划由联邦政府管理和运作,是一种政府行为,私营保险公司的参与仅仅是为政府具体操作。1981年,FIA开始谋求重新发挥私营保险公司在NFIP中的作用。经过与几家大的保险公司和保险业协会代表的艰苦谈判,提出了一个"以你自己的名义"的计划(WYO)。私营保险公司仅以自己的名义为NFIP出售洪水保险,并在洪灾发生时及时办理有关赔偿手续和垫付赔偿资金,但售出的保单将全部转给FIA,保费收入上缴国家洪水保险基金,赔付也由国家洪水保险基金支付,公司并不承担赔付的风险。

洪水保险公司的收入主要是由FEMA根据售出保单的情况返还一定比例的费用,FEMA对保险公司约返还保险保费的32.5%,保险公司从FEMA返还的费用中再返还10%—20%给下面的洪水保险咨询公司,这些费用都是从FEMA管理的洪水保险基金中支出的。

1983年8月,FIA向私营保险公司发出参加WYO计划的邀请,至1986年10月,已有200多家私营保险公司与FIA签约向社会提供洪水保险服务。大约有88%的有效洪水保单属于 WYO 保单,其余 12% 的洪水保单由那些与 WYO 计划无关的直接来自联邦政府的代理人出单。

新的管理模式既体现了 FIA 在国家洪水保险计划中的主导地位,保证了洪水保险计划的经费可以在全国范围调用,又充分利用了私营保险公司的业务网络。从 1985 年起,NFIP 实现了自负盈亏,不再需用纳税人的钱来补贴赔偿和运营费用。至 1996 年 4 月,全美参加 NFIP 的社区数已达 18 469 个(占应参加数的 87%,其中参加正式计划的 18 277 个,参加应急计划的 192 个),共售出 3 416 842 份保单,平均每份支付保险金 284 美元,收入保险费 11.415 亿美元,投保总额达 3 496.447 亿美元。国家洪水保险计划总体上做到了收支平衡,尚有 2 600 万美元的结余,另有向财政部的借款 6.886 亿美元(法律规定的限额为 10 亿美元)以应付特大水灾的赔付。

2. 约束政策

NFIP 既是美国的洪水保险计划,又是洪泛区管理计划,它的成功之处就在于,它既做到了对水灾受灾者进行必需的损失补偿,又实现了降低全社会水灾风险的目的。这是通过其中一系列的约束政策来完成的。

一方面,要想享受联邦的财政援助,如遭受水灾时的经济援助或修建与购买房屋时与联邦有关的贷款,就必须参加 NFIP。

首先,社区可以不参加 NFIP,即当其被 FEMA 确认有洪水风险并配发洪水风险图后,在一年内选择不参加 NFIP,这时它就要被作为非受益地区对待,不能在该区购买洪水保险。如果没有洪水保险,即使发生了总统指定的水灾,特定洪水风险区(SFHA)[①]内的房屋永久修缮和重建也不能得到联邦的财政援助(可对灾民给予与房屋永久修缮和重建有关的其他形式的救灾援助),居住在洪泛区的受灾者若未购买洪水保险,将不能获得联邦政府的灾难援助或灾害贷款等实惠,其中包括利息仅为 2% 的长期贷款和 2 000 美元或更多的豁免优待。

其次,根据修订的《1973 年防洪法》,如果某个社区中包含特定洪水风险区,那么购买或修建特定洪水风险区中的房屋时,要想接受联邦或与联邦有关的财政援助,条件就是购买洪水保险。在没有购买洪水保险时,禁止向特定洪水风险区提供房屋贷款或进行赔偿。该禁止条款也适用于通货控制事务所以及联邦存款保险公司、联邦储蓄贷款保险公司、联邦家庭贷款银行委员会等联邦规定的中介机构。一般来说,联邦中介机构规定的贷款机关,或其存款参加联邦中介机构保险的贷款机关,必须按联邦中介机构的规定将购买洪水保险作为主要条件。贷款机关只有在核查居民洪水保险资料属实后,才会贷款给相应居民。不过,这一严格的限制在实施之初激起了大量的矛盾和反对,国会不得不在 1976 年放宽了抵押贷款的禁令。1977 年又通过了《洪水保险计划修正案》,取消了禁止由联邦保险的信贷机构向位于洪水风险区内但未参加 NFIP 的社区的资产所有者提供贷款的条款,但要求信贷机构告知借贷人,他将无权享受联邦的灾害救济和援助,因此在开发洪泛区时应自行采取相应的防洪保护措施。

另一方面,要想参加 NFIP,就必须满足相应的安全条件。

---

① 即百年一遇的洪水淹没范围。

洪泛区的管理是政府行为,必须依靠地方政府实施,但地方政府未必肯下力气做好这项既得罪人又不易见到短期效益的工作。为了解决这一矛盾,美国将改善洪泛区土地管理和利用、采取防洪减灾措施作为社区(community)参加洪水保险计划的先决条件,再将社区参加全国洪水保险计划作为社区中个人参加洪水保险的先决条件。这就对地方政府形成了双重的压力,即不加强洪泛区管理,就失去联邦政府的救灾援助,同时也可能失去选民的支持,从而促使地方政府加强洪泛区管理,使洪水保险计划达到分担联邦政府救灾费用负担和减轻水灾损失的双重目的。因此,所谓强制性洪水保险,首先是针对地方政府而言的;而对洪泛区中的个人、家庭和企业来说,强制性并不是强迫参加洪水保险,而是义务与权利的约定。

具体地,NFIP 对洪泛区管理的要求包括:① 采取措施限制洪水风险区的开发;② 引导拟建项目避开洪水风险区;③ 协助减轻洪水破坏;④ 采取其他长期改善洪泛区土地管理和利用的措施。根据洪水风险图,行洪河道被划分为行洪区和非行洪区,原则上,行洪区内禁止开发,已建的房屋要拆迁出去;行洪区外的洪泛区中,新建居民住宅的一层地面要超过百年一遇水位以上,非住宅建筑物应能抵御百年一遇的洪水。开发的新项目,必须取得许可证,并保证其所用的建筑材料和建筑方法将最大限度地减少未来有可能发生的洪灾损失。参加保险计划之前已有的建筑,要采取减灾措施。水毁的房屋,在利用保险赔付重建时,必须满足百年一遇的防洪要求,或从洪水高风险区迁出。

在 NFIP 实施过程中,州及地方政府肩负着重要职责:一是划定不同标准洪水淹没区域,指导洪泛区开发建设工作,制定洪泛区不同区域建筑物底部留出的洪水淹没高度标准;二是建立洪泛区建设许可制度。

3. 应急计划

1968 年的洪水保险法实施之后并没有立即得到积极响应,主要的困难有两个:第一,保险的参加是自愿性的。因为短期内要增加居民的负担,因此许多社区对此不感兴趣;第二,缺少厘定费率的基础——洪水保险费率图。这需要对各社区逐一进行详细的洪水风险研究,确定洪泛区范围,并对洪泛区进行风险区划,而所有工作至少需要 5 年才能完成。结果,尽管在政府补贴的优惠条件下,房屋财产投保金额每 100 美元仅 25 美分,但在计划实施的头一年,全国仅有 4 个社区有条件参加保险,总共只售出 20 份保险单。

为了解决这些困难,1969 年国会修改了原法规,制订了洪水保险应急计划。允许尚未完成费率图的社区以部分投保的形式先参加 NFIP 的应急计划。在应急计划中,仅根据洪水风险区边界图确定洪泛区,在洪泛区内,无论风险大小,都暂时采用全国平均的保险费率,但承保的最高限额只能采用正式计划中的低档级。当这个社区有了洪水保险费率图之后,才可以转入 NFIP 的正式计划。

应急计划实施后,洪水保险的参加者虽有所增加,但直到 1973 年 5 月,仍然有 85% 的面临洪水风险的社区没有参加。由于国家的救灾费用仍不断上升,1973 年 12 月,国会通过了《洪水灾害防御法》,强制推行洪水灾害保险,要求所有受洪水威胁的社区无条件参加保险。

4. 洪水风险图与保险费率

美国的洪水风险图(flood risk map)是为了配合 1956 年的《联邦洪水保险法》而绘制

的。美国内务部地质调查局从 1959 年起开始确认洪水风险区,陆续绘制了许多地区的洪水风险区边界图(flood hazard boundary map),这种图基于历史洪水资料,用于确定一个社区的特定洪水风险区域。1960 年的防洪法公布后,根据授权,陆军工程兵团开始为各地区绘制洪水灾害地图,并编制洪泛区信息通报。这些图基本上都是根据历史洪水资料或加上水文资料分析确定的洪水淹没范围图。

1968 年开始推行《国家洪水保险计划》后,为了合理确定洪水保险费率,仅有洪水淹没范围图还不够,于是,新组建的联邦保险管理局(FIA)面对的一个紧迫任务是为希望参加 NFIP 的各社区组织详细的洪水风险研究,绘制社区的洪水保险费率图(flood insurance rate map)。FIA 并入 FEMA 之后,FEMA 制定了洪水风险研究与洪水保险费率图的统一规范,并委托有关公司负责绘制了全国洪水保险费率图,并在随后根据环境与防洪工程条件的变化,不断对洪水保险费率图进行修改。据 FEMA 官员介绍,自 1968 年以来,美国绘制全国洪水保险费率图的费用累计已超过了 100 亿美元。

费率图的绘制方法通常为:首先,利用洪水风险区边界图大致确定一个社区的洪水风险研究范围,然后通过更为详细的水文、水力学计算,确定特定洪水风险区域内的水位、水深分布,再据此进行洪水风险区划,用于确定洪水保险费率。洪水保险费率图以 100 年一遇洪水的淹没范围为洪泛区的"特别洪水风险区",100—500 年一遇洪水之间的淹没范围为"中度洪水风险区",此外为"最小洪水风险区"。100 年一遇洪水被作为洪水保险费率区划的基准洪水(base flood),并标注行洪区与水位分布。由水位与地面高程可以确定水深分布,进而可以根据风险大小计算保险费率。洪水保险费率地图除标示上述洪水风险区外,一般还标有洪泛区边界、标准洪水位及分洪河道等。

国家洪水保险计划的保险费率基于洪水保险费率图。它对居民家庭财产和企业财产实行不同的费率制度。对于企业财产,实行的是实际费率,即没有政府补贴,而由保险公司自负盈亏的费率;对于居民家庭财产则实行补贴费率,它低于实际费率,差额由政府补贴。但补贴费率仅限于国家洪水保险的承保限额,超过限额的部分按实际费率收取保费。

目前,美国联邦洪水保险计划的规模和重要性已仅次于联邦保险计划的老年、遗属和伤残保险,且已覆盖每个州总共约 2 万个可能的洪泛区。现约有 200 万洪水保险保单持有人,其中一半集中在佛罗里达州、得克萨斯州和路易斯安那州等重灾区。美国的洪水保险充分发挥了其巨大的社会效益,为洪水灾区减少水灾的经济损失起了重要作用。

5. 保障范围

(1) 保障对象

国家洪水保险计划的保障对象仅限于居民和小型企业所有的有墙有顶的建筑及内部财产。标准的住宅洪水保险单可以包括不超过保额总数的 10% 的附属建筑物,如与住宅分开的车库、车棚。但不包括工具储藏棚或类似建筑物。

以下各项不属于保障范围:完全在水上的建筑与地下建筑、天然气和液体的储蓄罐、动物、鸟、鱼、飞机、码头、田里的庄稼、灌木、土地、牲畜、道路、露天的机器设备、机动车及地下室里的财产等。超出国家洪水保险范围之外的财产如果有更高的保险要求,可向私营保险公司投保。由此可见,国家洪水保险计划的宗旨是维持水灾之后的社会安定。

美国的水利工程与公共设施均不在国家洪水保险计划的范围内。如果遭受水灾而导致毁坏,前者由政府负责修复,后者由有关市政部门负责修复。

(2) 保险责任

国家洪水保险计划的保险责任包括:由于江河泛滥、山洪暴发、潮水上岸及横泄对建筑物及其内部的财产所引起的泡损、淹没、冲散、冲毁等造成的损失。在1973年通过的《洪水灾害防御法》中,还扩大了洪水保险计划的责任范围,将地震、塌方、地表移动等列入赔偿范围。

(3) 承保限额

根据1994年的国家洪水保险改革法案,美国国家洪水保险对因洪水而受损的财产的最高承保限额为:居民住宅性房屋的最高赔付不超过25万美元,室内财产不超过10万美元;小型企业的非住宅性房屋不超过50万美元,室内财产不超过50万美元,如表18.1所示。无论是房屋本身还是室内财产,均要扣除500美元的免赔额,被保险人也可以申请更高的免赔额,相应地,保费按比例下降。[①]

表 18.1　国家洪水保险计划的承保限额

保　险	保险限额(美元)
房屋	
独户住宅	250 000
2—4 户共居住宅	250 000
其他住宅	250 000
非住宅(包括小生意)	500 000
室内物品	
住宅	100 000
非住宅(包括小生意)	500 000

资料来源:Pritchett,S. T. 等著,孙祁祥等译:《风险管理与保险》,北京:中国社会科学出版社1998年版,第149页。

三、国家洪水保险计划的具体操作

1. 销售

国家洪水保险计划从制订之初到1978年,都是由民间保险公司通过美国洪水保险协会进行销售。1978年到1983年11月,仅由其通过契约者和保险代理人进行洪水保险销售和开展业务。1981年,联邦保险局再次努力将民间保险公司纳入到NFIP之中(即 WYO Program)。在此基础上,联邦保险局建立了保险代理人通过私人财产保险公司销售洪水保险的体制。

2. 购买

根据销售办法,如果社区参加了国家洪水保险计划,就可以选择两种方法购买洪水保险:第一种方法是在其所在州持准购证到信誉较好的财产保险经销处和经纪人处购

[①] 每年的最低保费是50美元。

买;第二种方法是从参加 WYO 的保险公司的经销处购买。这两种方法都是基于同等条件的。

3．保单生效期

通常在保险单购买后,要有 30 天的等待期,保单才开始生效。但有两种情况例外:

(1) 如果购买的洪水保险与贷款的业务相联系,就没有等待期。在保险申请和保险费支付后,贷款期内保险就生效。

(2) 如果开始购买洪水保险时,正值洪水风险等级图改版的 13 个月内,那么只有一天的等待期。

除了上述两种情况外,联邦洪水保险局还发布了一个政策,规定在下述情况下将不执行 30 天的等待期:

(1) 已经有了洪水保险单,但因为要进行贷款或是增加或继续原来的贷款而需要增加保额,增加的保额只要在递交保险申请和保险费支付兑现后,就在贷款期内保持有效。

(2) 由于地图改版的原因而要求增加保额,该增加保额只要在递交保险申请和保险费支付兑现后的第一天的中午 12 点就生效。

(3) 由于贷款者决定某一个未做洪水保险的贷款需要强制洪水保险,该保险单在递交保险申请和保险费支付兑现后即刻生效。

(4) 为原有的保单续保,在重定票据收到后即行生效。

4．索赔

任何洪水损失发生后,保险单持有人必须立刻向保险公司或机构报告。保险公司会立即指派调停者受理此事。客户须在损失发生后 60 天内提供损失证明。如果是"WYO Program"的保险公司,索赔须遵从该公司的程序,但递交损失证明 60 天的期限是相同的。

损失证明是客户对所要索赔的损失的评估价值,通常可从调停者那里取得印刷好的表格。

如果在保单接收前房屋及其内的财产实际上已经遭受损失,则该损失称为"进行中的损失"。国家洪水保险计划的任何保单都不为该损失提供保障。

洪水保险客户不会得到超过保单总保额的赔偿金。所以业主在购买保险单时要慎重考虑,并与保险公司或经纪人商量所需购买的总保额。

四、国家洪水保险计划的管理

联邦紧急事务管理局(FEMA),是负责国家洪水保险计划的唯一行政和财政代理人。美国是由 50 个州组成的联邦制政府,各州政府具有相对独立的行政和管理权力。1950 年以后,联邦政府通过法律,必要时可以向各州地方政府提供紧急事务帮助。1979 年,震惊全球的"三里岛事件"发生后,卡特总统随即签发总统执行法案,组建一体化的应对灾难和危机的机构——联邦紧急事务管理局,作为危机应对中事后管理的牵头机构。FEMA 总部设在华盛顿特区,在全美设有 10 个区域办公室,负责协调若干州的紧急事务管理。各州也设有州紧急事务管理机构。

美国的防洪救灾主要依靠州政府和州以下的县、市事务管理局提出申请报告,联邦紧急事务管理局立即组织审查,并派人到现场调查;当 FEMA 认为发生的灾害超出州政府的救灾能力时,会立即向总统报告。同时 FEMA 协调各部门做好进入灾区一切准备,在总统签字授权后,FEMA 立即协调各部门按计划开展救灾工作。对于总统宣布的灾害(a presidentially declared disaster),FEMA 将负责:(1) 评估灾害损失并决定救援的需求;(2) 组织灾害救援,处理贷款和保险理赔的申请、审批和发放等;(3) 建立联邦与州的灾区办公室,根据联邦应急反应计划,协调其他 26 个在联邦应急反应计划上签约的联邦部委的抗灾减灾活动;(4) 通过 FEMA 主办的报纸、广播和电子邮箱及时向公众通报灾情;(5) 探讨减轻未来灾害的途径。

此外,FEMA 的职责还包括与保险业合作开展洪水保险的销售和售后服务,与国家的助贫机构合作保护个人抵押,增强洪水保险效益意识以及为方便洪水保险的购买途径提供帮助。

国家洪水保险计划的具体管理工作由 FEMA 下属的联邦保险管理局负责。FIA 最初是由国会授权住宅建设与城市发展部组建的,1979 年 FEMA 成立后,FIA 转归 FEMA 领导。除了管理工作以外,它还负责对参加了洪水保险的居民提供联邦资助的洪水保险费。目前,私营保险公司根据国家洪水保险计划的指导出售洪水保险,FIA 仅负责有关管理工作,并代表政府拨付保险赔偿费的补助款。

第四节　日本的地震风险保险制度

世界上许多地方发生的地震都是典型的巨灾。从地理位置上看,日本是地震多发国家,也是地震保险制度较为完备的国家。这里我们就以日本为例介绍地震风险的保险与再保险。

日本的地震保险制度始于新潟地震。新潟是位于日本中西部的一个拥有近百万人口的工业城市,1964 年 6 月 14 日,新潟县粟岛外 60 公里的海底发生 7.5 级地震,其有感距离达 600 公里。剧震使沙基液化,地面陷落,此外,地震还伴有海啸和火灾。在这次地震中,约 500 人伤亡,6 万栋房屋受损,其中 4 000 余栋完全倒塌;两座大桥成数段沉入江底;75% 的煤气管道和 11 个电站遭到破坏。新潟发生地震后,日本各界要求建立地震保险制度的呼声日益高涨。1966 年,日本通过立法开始建立和实施地震保险制度。

日本地震保险制度的一个显著特点是,政府将家庭财产和企业财产区别对待。对于家庭财产实行商业性保险与政策性保险相结合,并以政策性保险为主的保险制度,而对企业财产则实行完全意义上的商业保险制度。

一、日本家庭财产的地震保险制度

1. 家庭财产地震保险的程序

日本的法律规定,对于家庭财产,由政府和民营保险公司共同承担保险责任。具体操作上,家庭财产的地震保险业务先由民营保险公司承保,然后全部分给由日本各保险公司参股成立的地震再保险公司;地震再保险公司自留一部分风险,其余按各保险公司的市场份额再回分给各保险公司;超出限额的部分由国家承担最终赔付责任,如图 18.3

所示。

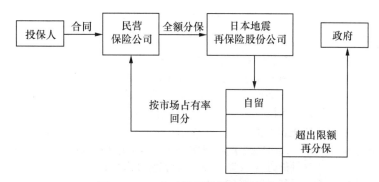

图 18.3　日本地震风险的再保险程序

在承保方式上,日本采取了超额赔款再保险的方式,具体做法是:750 亿日元以下的损失由民营保险公司全部承担,750 亿日元至 8 186 亿日元的损失由民营保险公司和政府各承担 50%,8 186 亿日元至 41 000 亿日元的部分由政府承担 95%,民间承担 5%。这里,41 000 亿日元的划分是根据 1995 年阪神大地震如果发生,在 1999 年将造成的损失。

由此看出,日本地震保险制度的宗旨是:较小的损失由民营保险公司承担,大的巨灾损失由民营保险公司和政府共同承担,而特大的巨灾损失主要由政府承担。

2. 家庭财产地震保险的承保限额

日本的家庭财产地震保险是作为家庭财产保险的附加险由民营保险公司和政府共同承保的。由于政府财政和保险公司的承受能力的限制,家庭财产的地震保险采取限额承保的方式,保险金额限定为财产保险(火险)的保险金额的 30%—50%。也就是说,家庭财产即使投保了地震附加险,如果发生全损,也只能从民营保险公司和政府那里获得一部分损失补偿。

这样的保险制度在某种程度上来说是一种折中的办法,一方面,这种安排有效地发挥了民营保险机构和政府两方面的作用,克服了民营保险公司对严重地震损失承受能力的限制,对地震风险提供一定的保险保障,使遭受地震损失的居民获得必要的援助;另一方面,承保限额的设定又可以将保险公司和政府的责任控制在一定限度内,避免它们承担过大的赔偿风险。

3. 家庭财产地震保险的责任范围与赔偿

日本家庭财产地震保险的责任范围包括:地震所造成的保险财产的直接损坏、埋没损失、火灾(包括连锁性火灾)和冲毁所造成的损失。其中,埋没损失是指地震发生时由于建筑物倒塌等原因所造成的保险财产被埋没而造成的损失;火灾损失是指由地震引起的火灾(包括连锁性火灾)造成的损失;冲毁损失是指由地震引起的堤坝破裂、决口等使保险财产被冲毁而造成的损失。

为了保护居民家庭的利益,使其在地震发生后能够通过保险渠道获得经济补偿,日本的地震保险制度还规定,如果承保家庭财产地震保险的保险公司破产,其承保的业务由其他各保险公司分担。

在赔偿金额上,首先依损坏程度分为局部损失、半损和全损三大类,根据类别确定具体数额①,见表 18.2。

表 18.2 日本家庭财产地震保险的损失分类和赔偿金额

损失分类	对象	损害程度	赔偿金额
局部损	建筑物	主要结构的损失占建筑物时价的 3%—20%	保险金额×5%
	建筑物	损坏金额超过时价的 10%—30%	
半损	建筑物	主要结构的损失占建筑物时价的 20%—50%,或者建筑面积的 20%—70%遭到冲毁	保险金额×50%
	家庭财产	损坏金额超过时价的 30%—80%	
全损	建筑物	主要结构(地基、房柱、墙壁、房顶)的损失金额占建筑物时价的 50%以上,或者建筑物总面积的 70%以上遭到冲毁或烧毁	保险金额×100%
	家庭财产	损坏金额超过时价的 80%以上	

资料来源:赵苑达:《日本的家庭财产地震保险制度》,《中国保险报》,2003 年 8 月 21 日。

4. 家庭财产地震保险的保险费率

日本家庭财产地震保险的费率由损害保险费率算定会②负责厘定。对地震风险影响最大的两个风险因素,一是区域,二是建筑物类型,日本家庭财产地震保险的费率就按地区和建筑物结构不同而分别计算。

费率由纯费率和附加费率两部分构成。首先,根据过去 502 年间发生的 372 次有损地震的基础数据,听取地震学、地震工学专家的意见,估算出预期损失额,再以该损失额除以年数计算出平均损失额,最后以年平均损失额除以现有保险金额得出平均纯费率。

由于日本的法律规定了家庭财产地震保险具有非商业性,因此在附加费率中不包括保险公司的预期利润率。

家庭财产地震保险的再保险费率,由政府与专业再保险公司共同商定。

5. 地震风险准备金的提存

由于政府承担的家庭财产地震保险业务的规模涉及在地震发生后政府的赔偿责任,尤其是大的地震所引起的政府的赔偿责任很可能会大大超过其提存的地震风险准备金的规模,一旦出现这种情况,就需要动用大量的财政资金。因此,政府承担的家庭财产地震保险业务的规模每年都要提交国会审议。

政府要设立专项再保险会计管理,与一般财政分开。对于其所收取的再保险费,支付保险赔偿后的剩余部分要全部结存,作为政府的地震风险准备金。民间保险公司在保险费收入中扣除所支付的保险金和经营费用后,如有剩余,也要作为地震风险准备金全部提存。

为了保证地震风险准备金的安全和具有很好的流动性,使地震发生后能够对受损居民家庭及时提供补偿,地震风险准备金只能以投资债券的形式加以运用。

---

① 企业财产的再保险则按实际损失计算赔偿金额。
② 一个中立性的费率厘定机构。

二、日本企业财产的地震保险制度

1. 日本企业财产地震保险的承保与投保

日本企业财产的地震保险是商业性保险,它作为企业财产保险(火险)的附加险而由民营保险公司单独承保,政府并不参与,发生损失后政府也不承担赔偿责任,这一点和家庭财产不同。在投保时,企业可以投保火灾保险并特约投保地震保险。

承保企业财产地震风险的保险公司的设立和经营范围必须经政府批准,并取得这项业务的经营权。

由于民营保险公司承受能力的限制,企业财产的地震保险也采取了限额承保方式,也就是说,已经投保了地震附加险的企业财产即使发生了全损,作为被保险人的企业从保险公司那里获得的保险赔偿也只能相当于实际损失的一部分。同样的道理,这种做法既可以缓解民营保险公司承保能力的限制,使遭受地震损失的企业获得一定的经济补偿,又可以避免对民营保险公司造成过大的赔偿风险。

对于具体的业务,保险公司自行决定是否承保,也可以自行安排再保险。企业财产的再保险大多采取由比例再保险和超额再保险相互组合的承保方式。由于在比例再保险条件下,再保险费率受原保险费率制约,再保险合同双方当事人选择余地很小,因此,再保险公司更倾向于采用超额赔款再保险的方式承保。

日本企业财产地震保险的责任与家庭财产地震保险的范围基本相同:包括地震所造成的保险财产的直接损坏和埋没,以及火灾(包括连锁性火灾)和冲毁所造成的损失。

2. 日本企业财产地震保险的费率

企业财产地震保险的费率由保险公司自行设定,保险公司可以参考其他公司的设定模式和地震保险风险再保险的费率水平,也可以按照自己的模式进行厘定。

决定企业财产地震保险的费率差异的因素主要包括财产所在地区、结构、建筑时期和地基的不同等。例如,日本在1972年和1981年两次修改建筑物标准法,此后所建的建筑物抗震性能大大提高,这就可以用建筑时期来反映,在这个时期之后所建的建筑物费率就会降低。

第五节 其他可能的解决途径

既然巨灾风险管理在融资方面的措施不能通过再保险完全解决,人们很自然就把眼光投到保险以外,试图寻找其他的办法来应对巨灾风险,这其中包括依靠资本市场(也就是巨灾证券化)与依靠政府两种办法。

一、巨灾证券化

巨灾证券化是目前保险业界转移巨灾风险最常使用的一种办法。证券化的方式有两种,一种是巨灾衍生产品,包括巨灾期货、巨灾期权等,另一种是巨灾债券。

芝加哥交易所(CBOE)于1992年推出巨灾期货,1994年又推出了巨灾期权。从理论上说,巨灾衍生产品并不太容易被单个市场参与者所控制,因此它的道德风险以及逆选择问题相对要小一些,同时它还具有较低的交易成本以及能够更好地控制整体风险等优点。但是它推出后并没有收到应有的效果,在芝加哥交易所的交易量一直不高。究其原因,是因为巨灾衍生产品存在着一个致命缺点:巨灾衍生证券是基于整个行业的损失,而不是某个具体保险人的损失,因此它天生就具有一个基差风险(basis risk)。

为了克服这个问题,CBOE 也推出了一些基于某些地区的巨灾衍生产品,也就是说,这些产品是以某个地区,如佛罗里达州的损失为标的物的。但实际效果仍然不佳。这类产品的基差风险并不高,它基本上可以有效地规避掉很大一部分巨灾风险,但为什么这类产品仍然在市场上表现不佳呢?可能的解释包括:在 20 世纪 90 年代以后,再保险的价格相对下降,这就使得再保险相对于巨灾衍生产品更有价格优势,从而使人们更倾向于去进行再保险,同时巨灾衍生产品在会计上要求使用的是法定会计准则(SAP),这也会对它的应用产生一定的影响。

另外一种巨灾证券化的方式是巨灾债券。巨灾债券的收益率也是取决于巨灾是否发生。如果没有发生,它的收益率往往就会很高。比如 USAA 的巨灾债券所承诺的收益率在 1997 年比 LIBOR(伦敦同业拆借利率)要高 576 个点,1998 年要高 416 个点。

相对于巨灾衍生产品而言,巨灾债券的应用要更为广泛一些。据统计,从 1995 年到 2000 年,大约有 40 余种巨灾债券被发行。关于巨灾债券为什么会流行,许多经济学家把它归结于与其他方式相比,债券融资可以获得更多的税收优惠。而且,代理成本相对也要小一些。同时,巨灾债券的应用还有一个非常重要的作用,因为它带来了竞争的压力,可以促使再保险费的降低。

二、政府

还有一种观点坚持认为,应该依靠政府来对付巨灾风险。这种方法在现实中也很常见,即便在美国这样一个市场化程度很高的国家,洪水、地震等许多巨灾风险的应对也主要是由政府来完成的。

首先,应对巨灾风险,常常要涉及资源在不同地区、不同时段之间的转移。而由政府来完成这个工作,往往是成本最低的。

其次,单纯依靠市场中的商业保险这种形式没有办法完全解决巨灾风险所带来的挑战。市场没有办法解决的问题,政府可能就会有所作为。

在政府干预的方式选择上,无论在理论还是实践上都有许多可喜的进展。比如,美国许多州都开始建立自己的州基金来应对巨灾风险,如夏威夷飓风救助基金(Hawaii Hurricane Relief Fund,HHRF)、佛罗里达飓风灾害基金(Florida Hurricane Catastrophe Fund,FHCF)、加利福尼亚地震保障(California Earthquake Authority,CEA)等。

本章总结

1. 巨灾风险的特点包括:客观性、损失巨大、不确定性程度高及不完全满足可保风险的条件。

2. 近年来,年度巨灾风险损失呈上升趋势。

3. 实践表明,随着承保损失的增加,再保险的比例逐渐下降。由此可见,在现实世界中,再保险并没有像理论预测的那样发挥其应有的作用。

4. 美国水灾的风险管理制度经历了"堤防万能"、综合性工程措施、国家洪水保险计划至洪泛平原管理统一规划的过程。

5. 除了保险之外,巨灾风险的解决途径还包括巨灾证券化和政府管理。

进一步阅读的相关文献

1. Burton L., Karters R. W., White G. F., *The Environment as Hazard* (2nd ed.), New York: Guilford Press, 1993.

2. Blaikie P. T., Davis I. and Wisner B., *At Risk: Natural Hazards, People's Vulnerability and Disasters*, London: Routledge, 1994.

3. Keller A. Z., Al-Madhari A. F., Risk Management and Disaster, *Disaster Prevention and Management*, Vol. 5, No. 5, 1996.

4. Kasperson J. X., Kasperson R. E. and Turner B. L., *Regions at Risk: Comparisons of Threatened Environments*, United States University Press, Tokyo, New York, Paris, 1995.

5. Gustavson and Sandra G., *Insurance, Risk Management, and Public Policy*, Boston: Kluwer Academic Publisher, 1994.

6. Alternative risk transfer(ART) for corporations: a passing fashion or risk management for the 21 century? *Sigma*, No. 2, 1999.

7. Cummins J. D., Doherty N., Lo A., Can insurers pay for the 'big one'? Measuring the capacity of the insurance market to respond to catastrophic losses, *Journal of Banking and Finance*, 2002, No. 26.

8. 国家科委全国重大自然灾害综合研究组:《中国重大自然灾害及减灾对策(总论)》,北京:科学出版社1994年版。

9. 程晓陶:《美国洪水保险体制的沿革与启示》,《经济科学》,1998年第5期,第79—84页。

10. 陈秀万:《洪水灾害损失评估系统——遥感与GIS技术应用研究》,北京:中国水利水电出版社1999年版。

11. 马宗晋等:《中国重大减灾问题研究》,北京:地震出版社1992年版。

12. 范宝俊主编:《中国自然灾害与灾害管理》,哈尔滨:黑龙江教育出版社1998年版。

13. 刘金章主编:《再保险理论与实务》,北京:北京交通大学出版社2014年版。

思考与练习

1. 为什么巨灾风险不能完全通过保险和再保险来应对?
2. 美国的水灾风险管理经历了哪几个发展阶段?
3. 美国国家洪水保险计划是怎样达到必需赔偿和有效安全的目的的?
4. 巨灾风险是否可以完全由市场来管理?为什么?
5. 中国目前应对巨灾风险的制度是怎样的?

附录1　资产—损失分析表

资　产

A. 实物资产
1. 不动产
    a. 建筑
        (1) 地下结构
        (2) 所有者还是租用者
        (3) 生产设备
        (4) 办公室
        (5) 仓库
        (6) 车库和悬吊装置
        (7) 住房和农场
        (8) 水箱,水塔和烟囱
        (9) 码头和船坞
        (10) 地上管道和电线
    b. 地下财产
        (1) 电缆和电线
        (2) 水箱和水槽
        (3) 房屋,洞穴和隧道
        (4) 矿产和采矿设备
        (5) 井,地下水
        (6) 管道设施和管道线
    c. 地皮
        (1) 已经开发的
        (2) 未经开发的
2. 动产
    a. 设备和机器
        (1) 机器和工具
        (2) 模具,夹具,模型,铸成品
        (3) 锅炉和压力容器
            (a) 加热容器——蒸汽锅炉和热水锅炉
            (b) 非加热容器
        (4) 机械电子设备——变压器,发电机,电动机,鼓风机,抽水机,压缩机
        (5) 发动机——柴油机,汽油机,蒸汽机
        (6) 仪表和测量仪器
        (7) 涡轮机——蒸汽,煤气和水
        (8) 传送装置和起重机,吊车和升降机
    b. 家具与固定设备
    c. 电子数据处理设备
        (1) 大型计算机
        (2) 终端
        (3) 个人电脑
        (4) 文字处理及打印设备

(续表)

资　产

  (5) 监视器
  (6) 媒体软件
  (7) 电子计算器
  (8) 其他设备与附件
 d. 改进和提高
 e. 存货——储备品,原材料,处于加工过程中的未成品,成品
 f. 贵重艺术品——古董,字画,珠宝,藏书
 g. 安全设备——器械,服装,报警器,安全装置
 h. 贵重文件
  (1) 设计图纸
  (2) 公式
  (3) 应收账款
  (4) 专利和版权
  (5) 所有权证明和契约
  (6) 磁带,卡片,磁盘,程序
  (7) 本公司证券——包括已承兑的证券和未承兑的证券
  (8) 其他公司证券
  (9) 现金
3. 其他资产
 a. 传播媒介(包括其中的物品)
  (1) 商业性的传播媒介
  (2) 私人信件
  (3) 承包人的设备
  (4) 仓储设备
 b. 飞行物
  (1) 导弹和卫星
  (2) 比空气轻的飞行器
  (3) 飞行器——活塞,固定机翼,活动机翼
 c. 动物
 d. 天线
 e. 庄稼,花园,草坪
 f. 篱笆
 g. 火器和枪炮
 h. 核能资产和放射性资产——同位素,同位素追踪器,反应堆,回旋加速器,直线加速器,电子感应加速器
 i. 奖励性展示——标志,模型,图板,招贴,陈列品
 j. 娱乐设施——公园,体育馆,湖,咖啡馆
 k. 水上交通工具(包括其中的物品)——船只,快艇,驳船,轮船,潜水工具,浮标,钻探平台
B. 无形资产(不一定在企业的资产负债表和损益表中出现的资产)
1. 外部资产
 a. 市场
 b. 资源的可获得性
  (1) 供应品
  (2) 运输
  (3) 雇员(全职的和兼职的)
  (4) 公共设施
  (5) 公共安全
 c. 通信——电话,电传,电视,收音机,报纸
 d. 地区性资产——气候,政治条件,经济条件,社会稳定性,货币的可兑换性
 e. 顾问和专家——法律,建筑,会计,保险,房地产,一般管理,市场营销,广告,PR,银行

(续表)

资　产

2. 内部资产
    a. 研究和开发
    b. 商誉和名声
    c. 财务
        (1) 信用卡
        (2) 赊账最高额
        (3) 保险
        (4) 客户信用
        (5) 员工福利计划
        (6) 特许权使用费和租金
        (7) 租赁利息
        (8) 股票所有权
        (9) 公司基金(非营利的)
        (10) 税损后延
    d. 人事（一般员工和主管人员）
        (1) 教育和培训
        (2) 经历
        (3) 重要雇员
    e. 权利
        (1) 矿产和石油权——地面以上,地面以下,近海地区
        (2) 航空权
        (3) 专利权和版权
        (4) 特许协议
        (5) 分销协议
        (6) 生产权

损　失　暴　露

A. 直接暴露
1. 不可控制和不可预测的一般损失暴露
    a. 电学干扰——闪电,歇火,太阳黑子活动,电力波动,磁带去磁
    b. 降落物体——飞行器,陨石,导弹,大树
    c. 地质运动——地震,火山,山体滑坡,雪崩
    d. 声音和震动波——声呐,震动,水的拍打声
    e. 下陷——倒塌,沉降,腐蚀
    f. 战争,暴动,反叛,武装反抗,阴谋破坏
    g. 水灾——洪水,水平面上升,暴雨,泥石流,潮汐波(海啸),间歇泉,地下水,水管裂缝,下水道溢出
    h. 冰,雪
    i. 风暴——台风,飓风,旋风,龙卷风,冰雹,降雨,灰尘,沙暴
2. 可控制或可预测的一般损失暴露
    a. 玻璃或其他易碎物品破碎
    b. 故障——部件或润滑油的故障等
    c. 碰撞——水上交通工具,空中交通工具,陆上交通工具
    d. 污染物——液体,固体,气体,放射性,污染
    e. 锈蚀——磨损,撕裂,滥用,疏于保养
    f. 员工疏忽
    g. 爆炸和内破裂
    h. 环境控制失败——温度,湿度,气压
    i. 动物区系——哺乳动物,啮齿类动物,昆虫,害虫
    j. 火
    k. 卸载货建筑危险——物体不慎摔坏

(续表)

损 失 暴 露

 l. 国际破坏——向海中投弃货物
 m. 海上风险——海盗,船长或海员的非法行为
 n. 物理变化——缩水,蒸发,变色,生霉,膨胀,收缩
 o. 桶、箱、罐、槽的破裂或刺穿
 p. 烟尘危害,熏烟
 q. 溢出,渗漏,颜料泼洒
 r. 建筑缺陷,起重机或升降机失控
 s. 恐怖分子袭击,爆炸
 t. 运输——翻倒,碰撞
 u. 无意过失——雇员,电脑,顾问
 v. 植物
 w. 破坏行为,恶意损害,损坏财产
3. 一般的财务风险
 a. 雇员的欺骗行为——造假,挪用公款,盗窃
 b. 征用——国有化,查封,充公,
 c. 欺诈,伪造,小偷,窃贼,抢劫
 d. 契约、所有权、专利权或版权的失效
 e. 存货短缺——神秘消失,财产遗失
 f. 荒废
B. 间接的或引致的损失暴露
1. 所有直接损失暴露对下列各种人的影响
 a. 供应商
 b. 消费者
 c. 公用设施
 d. 运输——职员和财产
 e. 雇员
2. 额外费用——租金,通信,产品
3. 资产集中
4. 风格、味道和期望的变化
5. 破产——雇员,管理人员,供应商,消费者,顾问
6. 教育系统的破坏——民族的,政治的,经济的
7. 经济波动——通货膨胀,衰退,萧条
8. 流行病,疾病,瘟疫
9. 替代成本上升,折旧
10. 版权或专利权遭到侵犯
11. 成套、成双、成组部件的遗失
12. 档案受损造成的权力丧失
13. 管理上的失误
 a. 定价,市场营销
 b. 分销方式
 c. 生产
 d. 扩张
 e. 经济预测
 f. 政治预期
 g. 投资
 h. 分发红利
 i. 交税
14. 产品取消
15. 废品

(续表)

损 失 暴 露

C. 第三方责任(补偿性和惩罚性损失)
1. 飞行责任
    a. 自己拥有的或者租赁的飞行器
    b. 非所有者——官员和雇员
    c. 地面责任和连带责任
2. 运动——运动队的赞助关系,娱乐设施
3. 广告商和出版商的责任
    a. 作为代理人的责任
    b. 对产品特征的诽谤、诬蔑
    c. 媒体应用——广播,电视,报纸,样品,展览
4. 机动车责任
    a. 驾驶车辆——所有者和非所有者
    b. 装货和卸货
    c. 危险物品——体然物品和易暴物品
5. 合同责任
    a. 购货协议
    b. 销售协议
    c. 租赁协议——动产或不动产
    d. 服务
    e. 债务,抵押,票据
    f. 无害条款
    g. 保险协议
6. 董事长和高级职员的责任
7. 地役权
    a. 总的地役权
    b. 附属物
    c. 普通法的支持或反对
    d. 获取阳光、水、排水设施、支持设施的权利
8. 业主的责任
    a. 《员工赔偿法》或其他类似法律
    b. 《联邦雇员责任法》
    c. 普通法
    d. 《美国码头装卸工人和港口工作人员法》
    e. 《琼斯法》
    f. 《军事基地法》
    g. 《外大陆架法》
    h. 失业赔偿
    i. 就业歧视
9. 受托人和额外福利计划责任
    a. 养老金,托管金,利润共享计划,投资
    b. 保险——人寿保险,意外事故保险,健康保险
    c. 信托协会
10. 玩忽职守责任——失误与疏忽
    a. 医疗事故——医生,护士,专家
    b. 律师
    c. 工程师
    d. 养老金计划理事
    e. 侵犯专利权
11. 普通的玩忽职守责任
    a. 雇员

(续表)

损 失 暴 露

  b. 代理商
  c. 受邀请的和未受邀请的顾客
  d. 承包人和次级承包人
  e. 未能提供安全设备和安全警示
  f. 法律法规没有得到充分执行
  g. 食物准备不当
12. 非所有权责任
  a. 租赁的动产和不动产
  b. 受托者责任
  c. 雇员使用交通工具、飞行器和水上交通工具
13. 业主责任
  a. 障碍,损害,妨害
  b. 受邀请的顾客
  c. 侵犯(他人土地)者
  d. 其他权利——河岸权,矿产权,阳光,空气,视野,侧面支持,在他人土地上的通行权,局部墙壁,执照,排水,征用权
14. 产品责任
  a. 暗示担保
  b. 明示担保
   (1) 代理商得明示担保——销售,广告
   (2) 雇员的明示担保
   (3) 可销售性
   (4) 适合使用
   (5) 资格
   (6) 样品
15. 保护责任
  a. 受雇的工业承包人
  b. 建筑物损害
16. 铁路责任
  a. 旁轨协议
  b. 道路权
  c. (道路与铁路的)平面交叉
17. 董事长和高级职员的责任(股东的派生责任)
18. 水上交通责任
  a. 所有权,租赁,操作
  b. 类型——小船,游艇,轮船,潜水工具,钻探平台,工作平台

资料来源:A. E. Pfaffle and Sal Nicosia, *Risk Analysis Guide to Insurance and Employee Benefits*, reviseded edition, New York: AMA Membership Publications Division, American Management Association, 1986, pp. 82—88.

附录 2　厦门市防洪预案

一、组织指挥(略)

二、职责分工(略)

三、汛期前准备工作(略)

四、预案实施

市人民政府防汛抗旱指挥部成员单位、各区防汛抗旱指挥部要密切注视气象动态。气象部门要及时准确地预测预报。市人民政府防汛抗旱指挥部在接到市气象台的预报后要立即做出反应。

1. 当接到气象台发布 24 小时内有暴雨(降雨量 50—100 毫米)时：

(1) 市人民政府防汛抗旱指挥部应立即把气象信息和防范工作要求以明传电报的形式通知指挥部各成员单位以及各区防汛抗旱指挥部。

(2) 各级防汛抗旱指挥部、各有关部门要按照明传电报的精神认真落实、检查防洪预案的准备情况，并做好各项准备工作。气象部门要加强预测、预报。

(3) 各级防汛抗旱指挥部、各有关部门要坚持每天 24 小时值班，安排加强班，领导带班，时刻保持与市人民政府防汛抗旱指挥部的联络，并与气象部门保持密切联系。

2. 当接到气象台发布 24 小时内有大暴雨或特大暴雨(降雨量大于 100 毫米)时：

(1) 由市人民政府防汛抗旱指挥部提出具体的措施，用明传电报向指挥部各成员单位以及各区防汛抗旱指挥部发出通知。

(2) 市行政首长要上岗并坚守岗位，到防汛抗旱指挥部坐镇指挥，部署全市的防洪抗灾工作；分管副市长要按照职责分工到位指挥；副指挥要主动到位协助指挥做好调度工作；包库、包堤、包闸领导要到工程地点坚守自己的岗位，检查落实各项准备工作，现场指挥。

(3) 各区防汛抗旱指挥部、各有关部门要按照明传电报的精神，立即行动起来，检查落实各区及各自系统的防洪预案的各项准备工作，并处于临战状态。对低洼易涝、泥石流易发生地带的居民、仓库要按照职责分工由相关单位及时做好安全转移，确保人民生命财产的安全。

(4) 各级防汛抗旱指挥部、各有关部门要坚持 24 小时值班，安排加强班，领导带班。防汛无线电台要全天候开机，确保通信畅通，时刻保持与市人民政府防汛抗旱指挥部的联络。

(5) 各水利工程单位要加强工程巡视，发现问题及时处理并上报，要加强运行调度工作，小(二)型以上水库要严格按照汛限水位运行，必要时腾出部分库容。超过限汛水位,可能再现溢洪的水库要提前通知下游做好安全防范工作,并按水库制定的防洪预案组织实施。汀溪水库、杏林湾水库要根据海潮情况考虑错峰提前排放,易涝地区要做好排涝工作。

(6)各级防汛抗旱指挥部、各水利工程管理单位的一线抢险物资、抢险队伍要完全落实,责任人要到位,防汛抢险物资代储备单位要及时做好物资的供应工作,一旦出现险情,做到随调随到,迅速投入抢险救灾。

(7)市防汛抢险物资代储备单位要及时做好物资的供应工作,保证随时服从调用;32404部队、厦门警备区、水警区要迅速组织好抢险救灾队伍,一旦接到市政府防汛抗旱指挥部的抢险救灾通知,应立即携带救生器材,迅速投入抢险救灾。所需抢险救灾的物资器材各区应备足。

(8)出现灾情时,各级防汛抗旱指挥部、各有关部门都要按各自制定的防洪预案组织实施。卫生、医疗部门要迅速组织救护队伍深入灾区,切实做好防病、治病及防疫工作;民政部门要做好灾民的安置和赈灾钱物的分发保管工作。

(厦门市人民政府,1999年3月30日)

附录3 本书专用术语英汉对照表

B

保单检视表	insurance checklist
暴露	exposure
保险监管信息系统	insurance regulation information system, IRIS
标准差	standard deviation
不确定性	uncertainty
不言自明	res ipsa loquitur

C

残余不确定性成本	cost of residual uncertainty
财产风险	property loss exposure
财务报表法	financial statement method
偿付能力财务分析工具	financial analysis solvency tools, FAST
财务性风险	financial risk
操作风险	operational risk
操作环境	operational environment
策略管理	strategic management
超级基金法	Superfund Law
承保费用	underwriting expense
持续期	duration
出面公司	fronting company
初始保证金	initial margin
传统服务付费方式	traditional fee-for-service arrangement
纯粹风险	pure risk

D

大陆法系	code law system
道德风险因素	moral hazard

F

法律环境	legal environment
法律风险	law risk
方差	variance
分销成本	distribution cost
风险	risk
风险成本	cost of risk
风险池	risk pool
风险分析调查表	risk analysis questionnaire
风险管理	risk management

风险汇聚	risk pooling
风险价值	value at risk, VaR
风险认知	risk perception
风险事故	peril
风险因素	hazard
风险源	sources of risk
风险中和	risk neutralization

G

概率分布	probability distribution
工薪税	payroll tax
估计量	estimator
估计值	estimate
雇主责任法	employer liability law
管理式医疗	managed care
过失	negligence
国家风险	country risks
国家洪水保险计划	national flood insurance plan, NFIP

H

洪水保险费率图	flood insurance rate map
洪水风险区边界图	flood hazard boundary map
洪水风险图	flood risk map
互换	swap

J

基本保险金额	primary insurance amount, PIA
基本风险	fundamental risk
基差风险	basis risk
基础资产	underlying asset
基准洪水	base flood
价格风险	price risk
健康维持组织	health maintenance organization, HMO
经济环境	economic environment
经营管理	operational management
巨灾	catastrophe

K

看涨期权	call option
看跌期权	put option
客观不确定性	objective uncertainty
客观概率	objective probability

L

蓝十字-蓝盾组织	blue cross-blue shield organization
老年、遗属、伤残和健康保险	old-age, survivors, disability, and health insurance, OASDHI
理赔费用	claims adjustment expense

里氏级	richter scale
联邦雇主责任法案	the Federal Employers' Liability Act
联邦洪水保险法	National Flood Insurance Act
流动性风险	liquidity risk
流程图法	flow-chart method

M

蒙特卡罗模拟	Monte Carlo simulation
明示担保	express warranty

N

内部风险抑制成本	cost of internal risk reduction
默示担保	implied warranty

P

平均标准误差	standard error of the mean
普通法系	common law system

Q

期货合约	futures contracts
期权	option
期权价格	option price
期望值	expected value
敲定价格	strike price
琼斯法案	Jones Act
确定给付计划	defined benefit plan
确定缴费计划	defined contribution plan

R

人身风险	personal loss exposure
认知环境	cognitive environment

S

社会环境	social environment
生命价值	human life value
圣彼得堡悖论	St. Petersburg paradox
市场风险	market risk
事故树分析	fault tree analysis
事后效率	ex post efficiency
事前效率	ex ante efficiency
随机变量	random variable
随机数	random number
损害	damage
损失	loss
损失减少	loss reduction
损失控制成本	cost of loss control
损失融资成本	cost of loss financing
损失预防	loss prevention

T

弹性福利计划	flexible-benefit plan
弹性支出账户	flexible spending account
特定风险	particular risk
团体医疗费用保险	group medical expense coverage
投机风险	speculative risk
凸性	convexity
团体医疗费用保险	group medical expense coverage

W

维持保证金	maintenance margin
危害性风险	hazard risk
伪随机数	pseudo-random number

X

相关系数	correlation coefficient
心理风险因素	morale hazard
信用风险	credit risk
信用限额	line of credit
修正梅氏强度等级	modified morally intensity scale

Y

延期利润分享计划	deferred profit sharing plans, DPSP
衍生工具	derivative instrument
样本	sample
样本均值	sample mean
有效风险水平	efficient level of risk
有形风险因素	physical hazard
员工赔偿法	Workers' Compensation Law
远期合约	forward contracts
优先服务提供者组织	preferred provider organization, PPO

Z

责任风险	liability loss exposures
自保公司	captive insurance company
资产—暴露分析	asset-exposure analysis
自我保险计划	self-insurance
自然环境	natural environment
自选式福利计划	cafeteria benefit plan
政治环境	political environment
指定服务计划	point-of-service, POS
指数化月均收入	average indexed monthly earning, AIME
执行价格	exercise price
注册的退休储蓄计划	registered retirement saving plans, RRSP
注册的养老金计划	registered pension plans, RPP
主观概率	subjective probability
住院保险	hospital insurance, HI
最大年薪税基	maximum taxable wage base

主要参考文献

1. Athearn, J. L., *Risk and Insurance*, New York: West Publishing Co., 1977.
2. Blaikie, P. T. Cannon, I. Davis and B. Wisner, *At Risk: Natural Hazards, People's Vulnerability and Disasters*, Routledge, London, 1994.
3. C. Arthur Williams, Jr., Michael L. Smith, Peter C. Young, *Risk Management and Insurance*, 8th ed., New York: Irwin/McGraw-Hill Inc., 1998.
4. Chicken, J. C. and Posner, T., *The philosophy of risk*, London: Thomas Telford, 1998.
5. Covello, V. T., and J. Mumpower, Risk analysis and risk management: an historical perspective, *Risk Analysis*, Vol.5, No.1, 1985.
6. David Dranove, *What's Your Life Worth? Health Care Rationing... Who Lives? Who Dies? And Who Decides?* Pearson Education Inc., 2003.
7. Doherty, N. A., *Corporate Risk Management—A Financial Exposition*, New York: McGraw-Hill, 1985.
8. Doherty, N. A., *Integrated Risk Management: Techniques and Strategies for Reducing Risk*, New York: McGraw-Hill, 2000.
9. Douglas, M., *Risk Acceptability According to the Social Sciences*, London: Routledge & Kegan Paul, 1985.
10. Emmett J. Vaughan, *Risk Management*, New York: John Wiley & Sons, Inc., 1997.
11. Emmett J. Vaughan, Therese M. Vaughan, *Fundamentals of Risk and Insurance*, 8th ed., New York: John Wiley & Sons, Inc., 1999.
12. Froot, K., The evolving market for catastrophe risk, *Risk Management and Insurance Review*, No.2, 1999, pp.1—28.
13. George O. Rogers, The dynamics of risk perception: how does perceived risk respond to risk events? *Risk Analysis*, Vol.17, No.6, 1997.
14. Harold D. Skipper, *International Risk and Insurance: An Environmental Managerial Approach*, McGraw-Hill Inc., 1998.
15. Head, George L., and Stephen Horn, *Essentials of Risk Management*, 3rd ed., Vols. 1 and 2, Malvern, PA.: Insurance Institute of America, 1997.
16. Hogg, R. V. and Klugman, S. A., *Loss Distributions*, New York: Wiley, 1984.
17. H. Wagne Snider, Risk management: a retrospective view, *Risk Management*, No.4, 1990.
18. H. W. Heinrich, *Industrial Accident Prevention*, 4th ed., New York: McGraw-Hill Co., 1959.
19. Jaffee, D., Russell, T., Catastrophe insurance, capital markets, and uninsurable risks, *Journal of Risk and Insurance*, No.64, 1997, pp.205—230.
20. Jorion P., *Value at risk: the new benchmark for controlling market risk*, New York: McGraw-Hill Inc., 1997.
21. JP Morgan, *Risk Metric-Technical Document*, 4th ed., New York: Morgan Guaranty Trust Company, 1996.
22. Lupton D., *Risk*, London: Routledge, 1999.
23. Megill A., Introduction: four senses of objectivity. In: Megill A. ed., *Rethinking objectivity*, Durham and London: Duke University Press, 1994, pp.1—15.

24. Peter L. Bernstein, *Against the Gods-the Remarkable Story of Risk*, John Wiley & Sons, Inc., 1996.
25. Press, S. J., *Bayesian Statistics: Principles, Models, and Applications*, John Wiley & Sons, Inc., 1989.
26. Renn, O., Concepts of risk: a classification, In: Krimsky, S. and Golding D. ed., *Social Theories of Risk*, Westport: Praeger, 1992, pp. 53—83.
27. Scott E. Harrington and Gregory R. Niehaus, *Risk Management and Insurance*, 2nd ed., New York: Irwin/McGraw-Hill Inc., 2004.
28. S. Kaplan and B. J. Garrick, On the quantitative definition of risk, *Risk Analysis*, Vol. 1, No. 1, 1981.
29. S. Kaplan, The words of risk analysis, *Risk Analysis*, Vol. 17, No. 4, 1997.
30. William A. Glasser, *Health Insurance in Practice-International Variations in Financing, Benefits, and Problems*, Sanfrancisco: Jossey-Bass Publishers, 1991.
31. William J. Petak, Arthur A. Atkisson, *Natural Hazard Risk Assessment and Public Policy*, Springer-Verlag New York Inc., 1982.
32. Yacov Y. Haimes, et al., When and how can you specify a probability distribution when you don't know much, *Risk Analysis*, 1994, 14(5).
33. 〔美〕马里奥·F. 特里奥拉著,刘新立译:《初级统计学(第8版)》,北京:清华大学出版社2004年版。
34. 戴维·德兰诺夫著,李国芳译:《你的生命价值多少?》,北京:中国人民大学出版社2004年版。
35. 董克用、王燕:《养老保险》,北京:中国人民大学出版社2000年版。
36. 范宝俊主编:《中国自然灾害与灾害管理》,哈尔滨:黑龙江教育出版社1998年版。
37. 房绍坤主编:《侵权行为法案例教程》,北京:北京大学出版社2004年版。
38. 《风险管理》编写组:《风险管理》,成都:西南财经大学出版社1994年版。
39. 国家科委全国重大自然灾害综合研究组:《中国重大自然灾害及减灾对策(总论)》,北京:科学出版社1994年版。
40. 李仁玉:《英美侵权法严格责任的产生》,《中国法学》,1987年第3期。
41. 卢有杰、卢家议:《项目风险管理》,北京:清华大学出版社1998年版。
42. 姜付仁、向立云、刘树坤:《美国防洪政策演变》,《自然灾害学报》,2000年第9卷第3期,第38—45页。
43. 姜守明、耿亮:《西方社会保障制度概论》,北京:科学出版社2002年版。
44. 仇雨临、孙树菡:《医疗保险》,北京:中国人民大学出版社2001年版。
45. 施兵超、杨文泽:《金融风险管理》,上海:上海财经大学出版社1999年版。
46. 宋明哲:《现代风险管理》,北京:中国纺织出版社2003年版。
47. 王春峰:《金融市场风险管理》,天津:天津大学出版社2001年版。
48. 王胜明主编:《中华人民共和国侵权责任法释义》,北京:法律出版社2010年版。
49. 奚晓明、王利明主编:《侵权责任法热点与疑难问题解答》,北京:人民法院出版社2010年版。
50. 谢志刚、韩天雄:《风险理论与非寿险精算》,天津:南开大学出版社2000年版。
51. 许谨良主编:《风险管理(第二版)》,北京:中国金融出版社2003年版。
52. 徐念慈、郭宝柱主编:《资产评估理论与实务》,长沙:中南工业大学出版社1997年版。
53. 杨学进:《出口信用保险国家风险评价——理论·方法·实证》,北京:经济科学出版社2004年版。
54. 杨燕绥:《企业年金理论与实务》,北京:中国劳动社会保障出版社2003年版。
55. 张新宝:《中国侵权行为法(第二版)》,北京:中国社会科学出版社1998年版。
56. 赵苑达:《日本的家庭财产地震保险制度》,《中国保险报》,2003年8月21日。
57. 赵苑达主编:《再保险》,北京:中国金融出版社2003年版。
58. 钟仁耀:《养老保险改革国际比较研究》,上海:上海财经大学出版社2004年版。

后 记

从 2000 年 9 月至今,我在北京大学从事风险管理教学与研究工作已经五年多了。而我对风险管理的接触与学习,可以追溯到十年前。十多年的研究让我深切体味到,风险虽然看不见、摸不着,但它却与各行各业都密不可分,如影随形,魅力无穷。风险管理在中国还是一个崭新的领域,在 2006 年即将到来的时候,这本书终于完成了,我希望这本书既能体现风险管理的理论前沿,又能兼顾中国的实际,成为理论研究和实际工作的工具。

风险管理是一个极富挑战性的领域,因为它面对的是未来。那么,对未来的风险要控制到一个什么程度呢?要尽量降低风险吗?对这个问题的回答有两个要点:第一,风险管理并不是要把"风险"降到最低,而是要把"风险成本"降到最低;第二,对风险管理措施的评价基于的是长期的效果,即以期望作为标准。这两点也正是风险管理的精髓,是贯穿于全书的基本思想。

本书共十八章,分为三篇,基本按照风险管理的实践程序来安排。第一篇是风险管理基础,主要内容包括风险原理、风险管理的目标分析。因为本书主要讨论一般企业的风险管理,所以特别对企业所面临的风险及风险管理的实践经历与程序做了介绍。第二篇是风险的识别与分析,主要讨论怎样识别风险,并对企业面临的四类主要风险,即财产损毁风险、法律责任风险、人力资本风险和金融风险的性质进行了剖析,并讨论了常用的风险评估方法。第三篇是风险管理措施,首先,将风险管理措施分门别类,构建了一个整体的框架并分析各类措施的优缺点与适用性;其次,深入探讨了对应于第二篇中企业面临的四种典型风险的风险管理技术,即保险、民事侵权责任体系、雇员福利计划和套期保值;最后,对风险中的"异类"——巨灾风险的管理进行了讨论。

本书系统、完整地讲授了风险管理的基本原理与实践方法。目前国内的风险管理教材要么偏重纯粹风险的管理,要么只论及金融风险,没有体现当前整合风险管理的趋势,对法律责任风险与人力资本风险的着墨更少,本书弥补了这方面的不足。国外教材(主要是美国教材)虽然完整地涵盖了企业风险管理的内容,但其中缺乏中国的案例,特别是在法律和员工福利计划方面,西方国家与中国有很大的差异,本书将理论与实践紧密地结合了起来。本书体例新颖,内容丰富,信息量大,不仅在每章开始有本章概要、学习目标、引言,各章之后有总结、进一步阅读的相关文献及思考与练习,书中还穿插了大量以专栏形式出现的案例、事实与评论,这些都有助于拓宽读者的知识面,使之加深对相关问题的理解。此外,本书还具有开放性及学术前沿性。各章都安排有"进一步阅读的相关文献",这里不仅有此章节的主要参考文献,更有与此章节内容有关的反映了学术前沿的教材、专著和论文,阅读这些文献,对于继续本领域的学习与研究大有裨益。

在本书即将付梓出版之际,特别感谢北京大学经济学院副院长、风险管理与保险学系主任孙祁祥教授。感谢她多年以来在工作中对我的关心、帮助、支持与鼓励,让我得以接触风险管理理论与实践的前沿,孙老师勇于进取、不知疲倦的精神让我受益匪浅,这既是我前进的动力,又是我学习的榜样。而事实上,在我刚刚开始讲授风险管理的时候,孙老师就提出希望我能写这样一本书,并始终关注本书的写作进程,现如今,在书稿完成之际,往事仍历历在目。

衷心地感谢我的导师,北京师范大学的史培军教授和黄崇福教授。我在讲课、写论文、申请课题、做研究以及指导研究生的时候,都不自觉地回想起导师当初的教诲。我深感幸运,能够在学习阶段就接触到大量高水平的课题,有机会在国际会议上做报告,可以享受舒适的科研条件以及导师的鼓励与认可。正是因为有了那些年的锻炼与积淀,才有我今天的一点成绩。

感谢北京大学经济学院风险管理与保险学系本科1997级、1998级、2000级和2001级的同学,以及北京大学圆明园学院、北京大学远程教育学院以及北京工商大学的学生,在我讲授"风险管理"这门课的过程中,他们对本课程在内容安排方面的需要和对本专业知识方面孜孜渴求的精神,为我最终确立本书的结构与体例提供了宝贵的财富。

我还要感谢我的家人。我的父母和公婆大都已是古稀之年,还在帮我照顾孩子、料理家务,使我得以心无旁骛地完成本书的写作,我非常感激他们。我的先生董杰一直以来都在耐心地支持和鼓励我,陪伴我度过了很多灯下的时光。最后,感谢我的儿子董心知,感谢他对我的爱与依恋,他的懵懂天真让我感受到生活中无与伦比的享受,同时,我也为要进行本书的写作而将时而哭泣的他拒之门外而抱歉。

刘新立

2005年12月

再版后记

《风险管理》第一版自2006年由北京大学出版社出版以来，受到了广大读者的厚爱，重印了7次，先后获得普通高等教育"十一五"国家级规划教材、北京市高等教育精品教材等荣誉。在这期间，不断有高等院校、政府部门及科研院所的同行和相关领域的工作者与我交流阅读与使用本书的体会，我一方面非常感谢他们和我分享一些意见，另一方面，要修订本书的责任感也由来已久。

从第一版出版至今，时间已经过去了八年，在这期间，中国风险管理领域的理论与实践都发生了很大变化，很多方面都经历了从无到有的过程。2009年，国际标准化组织推出了《ISO 31000 风险管理 原则与实施指南》《IEC/ISO 31010 风险管理 风险评估技术》，以及《ISO/IEC Guide 73:2009 风险管理 术语——标准用词使用指南》，使得风险管理的实践有了权威的参考。中国标准化委员会也相应进行了等同采用，发布了一系列国家标准，如《GB/T 24353-2009 风险管理 原则与实施指南》与《GB/T 23694-2009 风险管理 术语》，我有幸作为全国风险管理标准化技术委员会委员参与了这些标准的翻译和起草，并参与了一些行业的应用项目。我国通过了《侵权责任法》和《社会保险法》，使得法律责任风险和人力资本风险的管理具备了法律基础。实践领域中，在国资委的推动下，我国企业全面风险管理启动，并已初具规模，企业风险管理意识得到普遍提升。国际上，由美国次贷危机演变而来的金融危机影响之大令世人震惊，使得人们对金融风险管理有了更深入的认识。

在这样的背景下，本书的修订版调整和增加了很多内容，主要包括：

相关的概念全部更新为《ISO/IEC Guide 73:2009 风险管理 术语——标准用词使用指南》中相应的术语定义。

2009年12月6日全国人大常委会通过了《中华人民共和国侵权责任法》草案，2010年7月1日正式颁布实施，因此"法律责任风险分析"一章将第一版以美国侵权责任法为主的内容修改为以中国侵权责任法为主的内容。

增加了理论方面的内容，例如"民事侵权责任体系"一章增加了民事侵权责任体系的不足和弥补一节。此外，多个问题的理论分析也进行了丰富。

更新和补充了许多实践方面的素材和评论，例如"员工福利计划"一章补充了我国社会保障领域的最新发展；"金融风险分析"一章补充了美国金融危机的案例；"人力资本风险分析"一章补充了人口老龄化的数据。

增加了很多新的专栏，特别是侵权责任归责原则的发展部分，补充了大量典型责任归责原则发展过程中的经典案例，这样有助于读者对法律责任风险的产生与演变有更深入的了解。

将所有数据尽可能更新到最新年份。

感谢北京大学经济学院院长孙祁祥教授。她对我所从事的风险管理教学与科研工作一直给予鼓励和肯定，并支持我于2008—2009年作为富布莱特访问学者赴美访问一年,使我在专业领域开阔了眼界,有很大收获。特别是在宾夕法尼亚大学沃顿商学院听了 Harrington 教授讲授的"风险管理与保险"课程,他是本书重要的参考书《风险管理与保险》(Scott E. Harrington, Gregory R. Niehaus, 2004)的作者。这一经历对本书的修订以及课程的讲授都有很大的启发。

感谢几年来修读过我主讲的北京大学经济学院本科课程"风险管理"的同学,你们对教材的反馈以及与我在课堂内外的交流都对本书的修订提供了很多帮助。

我还要感谢北京大学出版社的郝小楠。本书的再版修订工作很早就启动了,但几年来一直进展缓慢,她一直鼓励我并耐心地与我沟通修订进度,不断反馈教材风格发展的动向,感谢她的支持与理解。

最后,再一次感谢家人的支持和鼓励。

刘新立
2014 年 7 月

教辅申请说明

北京大学出版社本着"教材优先、学术为本"的出版宗旨，竭诚为广大高等院校师生服务。为更有针对性地提供服务，请您按照以下步骤通过**微信**提交教辅申请，我们会在 1~2 个工作日内将配套教辅资料发送到您的邮箱。

◎ 扫描下方二维码，或直接微信搜索公众号"北京大学经管书苑"，进行关注；

◎ 点击菜单栏"在线申请"—"教辅申请"，出现如右下界面：

◎ 将表格上的信息填写准确、完整后，点击提交；

◎ 信息核对无误后，教辅资源会及时发送给您；如果填写有问题，工作人员会同您联系。

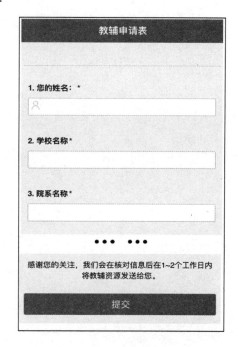

温馨提示：如果您不使用微信，则可以通过以下联系方式（任选其一），将您的姓名、院校、邮箱及教材使用信息反馈给我们，工作人员会同您进一步联系。

联系方式：

北京大学出版社经济与管理图书事业部

通信地址：北京市海淀区成府路 205 号，100871

电子邮箱：em@pup.cn

电　　话：010-62767312 /62757146

微　　信：北京大学经管书苑（pupembook）

网　　址：www.pup.cn